자원풀이로 깨치는
통하는 한자 3000

자원풀이로 깨치는 통하는 한자 3000

개정판 1쇄 발행 2015년 3월 10일
　　　2쇄 발행 2016년 10월 20일

지은이 조대산

펴낸곳 도서출판 이비컴
펴낸이 강기원
디자인 김광택
마케팅 양경희, 박선왜

주　소 (02635) 서울 동대문구 천호대로81길 23 수하우스 201호
전　화 (02)2254-0658 **팩　스** (02)2254-0634

등록번호 제6-0596호(2002.4.9)
전자우편 bookbee@naver.com

ISBN 978-89-6245-109-2　13710

ⓒ 조대산, 2015

- 책값은 뒤표지에 있습니다.
- 파본이나 잘못 인쇄된 책은 구입하신 서점에서 교환해드립니다.
- 이 책 내용의 일부 또는 전부를 재사용하려면 반드시 저작권자의 동의를 얻어야 합니다.

「이 도서의 국립중앙도서관 출판예정도서목록(CIP)은 서지정보유통지원시스템 홈페이지(http://seoji.nl.go.kr)와 국가자료공동목록시스템(http://www.nl.go.kr/kolisnet)에서 이용하실 수 있습니다.(CIP제어번호: CIP2015005191)」

자원풀이로 깨치는
통하는 한자 3000

조대산 지음

이비락 樂

책을 내면서

한국외국어대학교·한양대학교에서 한자 강의 시 학생들에게 들은 공통된 이야기는 "한자가 생각처럼 잘 익혀지지 않았다는 것"이었다. 그러나 전체 강의를 마치고 난 후에 학생들의 반응은 다음과 같았다.

1. 모든 한자의 구성 및 자원풀이를 하니 한자를 편하게 대할 수 있었다는 점.
2. 같은 음이나 같은 뜻이 들어 있는 한자를 함께 공부하니 효율적이었다는 점.
3. 부수(部首 214자)와 자모(字母 400자)가 한자의 기본 바탕임을 인식하였다는 점.

이는 저학년 즉 초등학생에게서도 같은 반응을 얻을 수 있었다. 도리어 저학년이 더욱 효과적인 경우도 있는데 이는 한자라는 문자가 그다지 어렵게 만들어진 것이 아니라는 것이다. 자연·그 시대의 생활상·여러 현상 등을 바탕으로 누구라도 이해 될 정도의 뜻을 담아 만든 사람이 만든 문자인 것이다.

여기에는 하나의 체계 System가 존재한다. 즉 하나의 줄기 stem에서 여러 가지가 나오듯, 한자의 원리도, 하나의 자모(字母)에 다른 것이 붙어 여러 글자가 만들어진 것이다 (古 → 姑 枯 苦 固 故 胡 湖). 한자 공부에도 이제는 새로운 패러다임(Paradigm ; 본보기가 되는 좋은 예)을 가질 때이다.

어느 학문이거나 그 학문의 기본적인 지식을 습득하는 것은 그다지 어려운 과제는 아니다. 그것을 접하는 사람의 바탕 지식 Infra Knowledge이나, 지적 능력 Intelligence에 따라 다소 차이는 있을 수 있다. 3차원의 Three-Dimensional 시대에 살고 있는 현대인이 지식을 얻고자 할 때에는 접근 Approach · 선택 Choice · 입력 Input · 출력 Output · 활용 Application의 단계를 생각하여야 한다.

1. 접근 : 일의 시작은 접근에 있다. 어떤 사람·교육 기관·책 등을 처음 접하느냐가 일차적 관건.

2. 선택 : 선택만으로도 결과 예측 가능. 탁월한 선택은 들인 시간·비용·노력 등을 보상해 준다.

3. 입력 : 입력은 출력이 쉽도록, 순차적으로, 논리적으로 그리고 정확히 입력하여야 한다는 점.

4. 출력 : 출력의 능력은 인간 문화의 꽃이다. 출력을 잘 하는 사람이 얼마나 멋있어 보이는가.

5. 활용 : 응용·적용·개선·수익 등을 통하여 자신의 삶에 플러스가 되는 실용학문으로.

20대 후반 일본의 도쿄에서 공부할 때 많은 일본인과 중국 학생들을 접할 수 있었다. 그들이 어떻게 한자를 익히는지 알아 본 즉 대부분 외우는 식의 단순한 공부였다. 경쟁 구도인 한·중·일. 책을 쓴 이유 중 하나가 문자(한자)에서 우리가 앞서 나가는 것도 의미가 있다고 보았기 때문이다. 또한 정신세계를 바탕으로 나온 것이 한자라는 점에서 이 책을 통하여 자신의 삶의 질에 보탬이 되기를 바라는 마음이다.

끝으로 한자의 풀이를 통하여 한국(韓國)의 뜻을 알아보기로 하자. 韓은 나뭇가지(十十) 사이에 해(日)가 걸린 모양에서 해 돋는 동쪽의 뜻에, 가죽(韋 가죽 위)이 소를 둘러싸고 있듯, '해 돋는 동쪽에 산으로 둘러싸인 나라'라는 뜻과, 고조선(古朝鮮), 삼한(三韓), 대한제국(大韓帝國)의 의미와 그 뒤를 잇는 나라라는 데서 한(韓)자가 쓰이게 된 것이다.

2015. 02. 15

우리가 쓰는 한자는 漢字가 아닌 韓字로 표기해야 한다

한자는 한정된 지역이나 몇 사람에 의해서 만들어져 발전된 것이 아니다. 여러 곳에서 많은 사람과 시간의 흐름에 의하여 생성, 변화, 발전된 것이기에 한자는 그 유래와 풀이에 있어 학자들의 의견이 서로 다르기도 하다. 그래서 한자의 기원에 대해서는 여러 가지 가능성을 생각할 수가 있다. 이러한 점을 고려하여 우리가 쓰는 한자만큼은 漢字가 아닌 韓字로 표기하고자함을 역사적 사실과 저자의 주관적인 견해에 의하여 논하고자 한다.

한반도에서 한자는 위만조선시대(衛滿朝鮮 : BC195-BC108)부터 사용 된 것으로 알려져 있다. 위만은 한나라(漢 : BC202-AD220)의 영향을 피해 연(燕)나라에서 고조선으로 망명한 후 고조선의 준왕(準王)을 몰아내고 고조선의 마지막 나라인 위만조선을 세운 자로서 중국사서(史書)에는 연나라 사람으로 되어 있으나 망명 당시의 기록에 의하면,

1. 위만이 망명 시 상투를 틀고 조선옷을 입은 점.
2. 위만을 받아들인 준왕(準王)의 신임을 받은 점.
3. 조선과 국경을 접한 연나라의 요동지방에 조선의 후예가 많은 점.
4. 진(秦), 한(漢)과 같이 국호를 단자(單字)가 아닌 그대로 조선이라 한 점.
5. 위만조선 말기의 관직명이 조선식이었다는 점

등을 고려하여 볼 때 위만은 요동방면에 토착한 조선인이라는 가설이 있다. 위만이 조선인이건 아니건 간에 최소한 위만을 따라온 1000여명의 추종자 중에는 많은 조선인의 후예가 있었음은 미루어 짐작할 수 있다. 이들 역시 나름대로 한자를 계승, 발전시키며 사용하였을 것이라 보았을 때 우리의 조선인도 한자 창시자의

일원이라 할 수 있지 않을까 하는 점이다.

한편 위만조선은 한나라의 침입으로 망하기까지(BC108) 한나라와 수동적인 외교를 펼치는 과정에서 많은 문화적 영향을 받았을 것이다. 그리고 漢의 멸망(AD220)까지 지배와 통제를 받는 과정에서 우리의 문화와 전통, 문자 등 많은 것이 한(漢)나라에 의해 변화와 종속을 당하였다고 본다. 이처럼 문화와 문자의 형성 과정에서 나라가 망하고 상대국의 자주성을 인정하지 않는 수직적 외교의 시대에 우리는 그들이 문화와 글자의 종주국임을 인정하여 그들의 문화, 문자를 따를 수밖에 없었을 것이라 사료된다. 즉 우리의 자주성(自主性)을 내 세울 수 없는 상황이었던 것이다.

한자(漢字)라고 불리게 된 배경은 한나라시대(BC202-AD220년)에 문화가 정비되고, 여러 글자체를 통하여 한말에 이르러 글자의 체계가 잡혀 해서(楷書 : 현재 쓰는 正字)가 만들어져 이것이 고정되어 지금까지 쓰이고 있다. 이리하여 한나라 때 체계가 잡힌 字라 하여 한자(漢字)라 불리게 되었다.

이렇게 쓰여 온 한자 가운데 약 2,200자를 중국은 1950년대부터 보다 간략하게 고쳐 현재 간체자(簡體字)라 하여 널리 쓰이고 있는 실정이다. 지금 우리가 쓰는 한자와는 그 모양이 달라 알 수 없는 자가 태반이다. 즉 뜻이 같은 자(字)이더라도 자(字)의 모양이 서로 다르다. 이러한 점을 비추어 보더라도 중국이 쓰는 한자와 우리가 쓰는 한자는 지금부터라도 부르는 명칭에 구별이 있어야 한다는 점이다.

공교롭게도 한자(韓字)와 한자(漢字)의 음은 같지만 이것을 영문으로 나타내어 본다면 漢字는 'a Chinese character'이며, 韓字는 'a kind of Korean characters'라고 할 수 있다. 이 말은 우리의 글자에는 한글과 한자라는 두 가지의 자체(字體:character)가 있음을 의미한다. 한글이 주체가 되며 한자(韓字)가 이를 보조하는 글자 체계라고 보자는 것이 개인적인 지론이다.

특히 한국과 중국이 같은 한자를 쓰던 입장에서 중국이 한자의 모양을 바꾼 점을 볼 때, 그들 문자와 우리 문자의 명칭에는 구분이 있어야 한다고 본다.

현재 한자(漢字)의 '漢'은 중국을 의미한다. 한자로 쓴 우리의 이름, 지명, 상호, 명칭 등이 모두 중국 글자를 의미하는 것이 아니다. 우리 선조가 써 오던 한자(韓字)인 것이다. 한자를 漢字로 계속하여 쓴다는 것은 종속된 문화를 의미하며, 의식 속에 사대주의(事大主義)를 벗어나지 못한 면이 있기 때문이 아닌가 한다. 바로 한자는 韓字의 의미로 인식되어야 한다는 주장이다.

알파벳이라 하는 A, B, C, D, E... 등의 기원을 보면, 그리스인이 페니키아 문자를 차용하여 A, I, U, E, O 등의 원형이 만들어졌으며, 로마인은 이 문자를 빌려 라틴어Latin를 표기하였다. 라틴 문자, 즉 로마자Roman letters는 그 후 서유럽의 여러 언어를 표기하는 데 쓰이게 되었다. 영어, 불어, 독어, 러시아어 등이 바로 이 알파벳(일정한 차례로 벌이어 놓은 로마자 字母)을 기초하여 각자의 문자와 언어로 발전하였던 것. 영어나 불어가 로마자라는 인식보다 그 민족이나 국가의 문자와 언어 자체로 인식되듯, 우리가 쓰는 한자는 중국을 느끼게 하는 한자(漢字)가 아닌 한자(韓字)로 표기함으로서 우리 글자라는 인식을 가질 때가 아닌가 한다.

우리가 한자를 한자(漢字)로 표기를 계속하여 나간다면 여러 면에서 문제가 발생되리라 사료(思料)된다. 현재의 중국 한자와 우리의 한자의 모양이 확연히 다른 이유로 인하여 시간이 지나면 그들의 입장에서는 우리의 한자는 고자(古字)가 된다는 것이다. 저들이 보다 간단하게 고쳐 쉽게 사용하는 동안 우리는 복잡한 고자(古字)에서 벗어나지 못한 문자 후진국으로 평가될 수 있다는 점이다. 또한 우리가 쓰는 한자를 보는 외국의 시각에서도 우리의 것이라는 것보다는 중국의 것이라는 선입관이 앞설 것은 당연한 일이라 본다.

그러나 이러한 문제를 일거에 지워 없애는 방법이 없는 것은 아니다. 바로 우리 한국(韓國)을 상징하는 한(韓)자를 넣어 한자(韓字)라고 표기한다면, 외국인에 대한 한자(韓字)의 설명과 학문을 익히는 학생에게 있어 보다 많은 애착심과 이를 통한 글을 이해하는 수준의 향상으로 한층 깊이 있는 학습에 의한 양적, 질적인 발전이 있으리라 믿어 의심치 않는다.

한(韓)이란 字를 쓰게 된 배경은 한족(韓族), 고조선(古朝鮮), 삼한(三韓), 그리고 한국(韓國)의 전신인 대한제국(大韓帝國:1897-1910)과 관련된다. 한족(韓族)은 구석기시대를 전후하여 중앙아시아로부터 몽고와 만주를 거쳐 신석기시대에 한반도에 정착했다는 설이 인정되고 있으며, 韓族은 중국의 漢族과 대립하면서 독자적 문화전통을 유지, 발전시키며 성장한 민족이다.

기자조선(箕子朝鮮:기자가 세운 고조선시대의 전설적인 나라)의 마지막 왕인 준왕(準王)의 성(姓)이 한씨(韓氏)임을 미루어보아 기자조선은 우리나라 사람이 세운 부족 국가인 한씨조선(韓氏朝鮮)이라는 주장이 유력하다.

위만에게 밀려난 한씨조선(韓氏朝鮮)의 준왕(準王)은 후에 삼한(三韓)이라 불리는 남으로 망명한다. 이 지역은 일찍부터 북에서 남하 이주하는 사람들로 형성된 집단사회가 있었다. 이 사회는 준왕 이래로 스스로 한(韓)이라 불렀는데 이것이 확대되어 후에 진한(辰韓)과 아울러 마한(馬韓), 변한(弁韓)이라는 명칭이 나타나게 되었다. 부족국가인 삼한(三韓)은 역사적으로 고조선 이후 우리 민족의 터전이 되어 발전하여 삼국시대(三國時代), 통일신라(統一新羅), 고려(高麗), 대한제국(大韓帝國)을 거쳐 오늘의 대한민국(大韓民國)에 이른다. 즉 한(韓)은 우리의 뿌리며 역사의 시작을 의미하는 자이기도 하다.

21세기를 앞둔 시점에서 우리가 쓰는 한자는 韓字로 표기하여 문자의 자주화는 물론, 가능하다면 우리 정서에 맞는 한자 개발을 통하여 사용하기에 보다 간단하고 편리한 韓字로의 발전이 있기를 바라는 바이다.

한눈으로 보는 이책의 구성

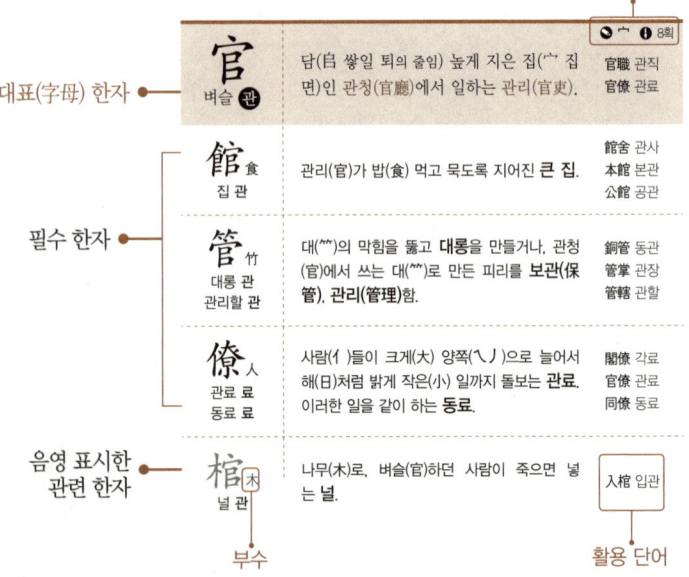

이 책을 통한 한자 학습법

1. 한자의 구성(構成) 원리와 자원(字源)을 이해한다. 한자는 부수(部首)와 부수 또는 부수와 한자의 조합이다. 한자의 자모(字母)를 활용하여 익히면 한자 학습을 좀더 효율적으로 할 수 있다.

2. 부수한자 214자 포함하여 자모(字母)별 연관 한자들, 그리고 급수별 한자를 합하여 총 3000자를 연결하여 익힐 수 있다.

3. 한자를 만드는 기본 자모(字母) 300자를 익히며 이 자모(字母)가 들어있는 한자들을 연결하여 학습한다.

4. 난이도가 있는 특수 자모(字母) 100자를 익히면서, 이 자모(字母)가 들어있는 한자들을 차례차례 학습한다.

• 본 책은 글자(字) 하나하나가 어떻게 만들어 졌는지를 스토리텔링 형식으로 풀이하였음.

한자 구성 6가지

한자의 구성 형태는 6가지로 분류하여 이를 육서(六書)라 함.

육서(六書)는 한자를 논리성과 합리적인 방법으로 분류한 것으로 한자를 습득하는데 있어서 한자를 보는 눈을 가지게 함은 물론, 육서의 이해를 통하여 처음 본 한자라도 기본적인 한자 지식을 활용 그 뜻을 쉽게 파악할 수 있다.

육서(六書)

명 칭	부 수 위 치
상형(象形)	사물의 모양이나 형태를 본떠 만든 字(구체적 개념). 山 木 馬 鳥 象(코끼리 상)
지사(指事)	형태를 그리기 힘들며 위치나 방향, 또는 무언가를 지적하는 字(추상적 개념). 上 下 中 本 辛(매울 신)
회의(會意)	두 글자의 뜻을 합하여 새로운 뜻을 만든 字. 林 森 志 信 休
형성(形聲)	뜻글자와 소리글자를 합하여 만든 字.(가장 많음) 問 聞 味 頭(豆는 음, 頁은 머리의 뜻)
전주(轉注)	원래의 뜻과, 또한 다른 뜻으로도 쓰이는 字. 　　樂 : 악기 악, 즐길 락, 좋아할 요 　　惡 : 악할 악, 미워할 오 　　北 : 북녘 북, 달아날 배
가차(假借)	뜻은 다르나 음이 같은 다른 글자를 빌려 쓰는 법. 외래어 등을 한자음으로 나타낼 때 쓰이며, 음을 빌릴 때 되도록 뜻과 연관성 있는 字를 빌려서 씀. 　　이태리(伊太利:Italy)　　불란서(佛蘭西:France) 　　불타(佛陀:Buddha)　　기독(基督:Christ)교

한자의 음(音)

한자음이란 한자를 읽을 때 나는 소리를 말한다. 유럽이 그리스어나 라틴어를 받아들여 신어(新語)를 만들 때 음을 각국의 언어에 순응시켜 나름대로 음의 체계를 형성하였듯이, 우리의 한자음도 중국의 자음이 한자와 함께 각 시대에 끊임없이 전래되어 우리의 언어에 순응, 정착한 음을 말한다.

상호 연관성 있는 자음이 들어있는 한자음의 이해

'ㄱ' 'ㅇ' 'ㅎ'	입을 둥글게 하여 내는 음으로 연관성 있음. 可(옳을 가) – 阿(언덕 아) – 河(물 하)　覺(깨달을 각) – 學(배울 학) 干(방패 간) – 岸(언덕 안) – 汗(땀 한)　共(함께 공) – 洪(넓을 홍) 降(내릴 강, 항복할 항) → 하나에서 갈라져 나온 두 개의 음.
'ㄷ'과 'ㅌ' 'ㅈ'과 'ㅊ'	음의 고저나 강약의 차이에 의하여 음이 나누어진 字. 糖(달 당, 달 탕)　宅(집 댁, 집 택)　洞(마을 동, 통할 통) 〈糖, 宅, 洞 : 하나에서 갈라져 나온 두 개의 음으로 봄〉 中(가운데 중) – 忠(충성 충)　　早(일찍 조) – 草(풀 초) 靑(푸를 청) – 情(뜻 정)　　　次(버금 차) – 資(재물 자)
'ㅂ'과 'ㅍ'	파열음으로 연관성을 가짐. 反(반대할 반) – 販(팔 판)　半(반 반) – 判(가를 판) 補(채울 보) – 捕(잡을 포) 便(오줌 변, 편할 편) → 하나에서 갈라져 나온 두 개의 음으로 봄.
'ㅅ'과 'ㅈ'	발음상 비슷하게 나는 연관성이 있음. 直(곧을 직) – 植(심을 식)　失(잃을 실) – 秩(차례 질) 朱(붉을 주) – 殊(다를 수) 召(부를 소) – 照(비칠 조) – 超(넘을 초) → 'ㅅ'에서 'ㅈ', 'ㅈ'에서 'ㅊ' 辰(때 신, 별 진) 狀(모양 상, 문서 장) → 하나에서 갈라져 나온 두 개의 음.

차 례

- 책을 내면서
- 우리가 쓰는 한자는 漢字가 아닌 韓字로 표기해야 한다
- 한눈에 보는 이 책의 구성
- 한자 구성 6가지
- 한자의 음

014 · 한자 부수 214자 및 관련자
122 · 기본 자모 300자 및 관련자
272 · 특수 자모 100자 및 관련자
325 · 부록
  동자 | 정자·약자 | 반대·상대자 | 반의어
  유의자 | 유의어 | 동음이의어
  두 가지 이상 음을 가진 한자

350 · 8급 – 1급까지의 급수별 한자 모음집
381 · 사자성어

452 · 찾아보기

한자부수 214자 및 관련자

漢字部首 214字

• 부수(部首)란

인간사에 관계된 유형, 무형의 모든 것을 중요 항목으로 나누어 이 가운데 중심이 되는 것의 모양을 본떠 만든 '뜻글자'.

部(나눌 부) : 유형, 무형의 모든 것을 대분류함.

首(머리 수) : 사람의 머리처럼 가장 중요하여 중심이 되는 것.

• 유래(由來)

청(淸)나라 때 가장 큰 자전(字典)인 강희자전(康熙字典)에 1획(一)부터 17획(龠)까지 214字가 수록된 것을 현재 사용.

부수의 위치, 형태에 따른 분류

명칭	부수위치	형태
변(邊)	부수가 글자의 왼쪽에 위치한 것. (扌 亻 冫)	
방(傍)	부수가 글자의 오른쪽에 위치한 것. (刂 卩 頁)	
머리(冠)	부수가 글자의 위에 위치한 것. (亠 宀 艹)	
발(脚)	부수가 글자의 밑에 위치한 것. (灬 心 廾)	
받침(辵)	부수가 왼쪽에서 밑으로 위치한 것. (辶 廴 走)	
엄(掩)	부수가 위에서 왼쪽으로 위치한 것. (广 疒 尸)	
몸(口)	글자를 에워싸고 있는 것. (口 冂 凵 匚 行)	

부수의 올바른 이해

• 부수(部首) 명칭이란?

음과 뜻보다는 부수를 부르는 이름을 말한다.

• 부수자(部首字) 란?

음과 뜻을 가지고 있으며 부수로 쓰이는 字.

부수는 세월의 흐름에 따라 그 명칭이 변하여 사용되고 있는 것이 많이 있는데, 그 중 일부는 원래의 뜻이 사라지고 부르는 명칭만 남아 실제의 뜻을 모르고 사용하는 관계로 인하여 학습 향상을 저해하는 요인이 되었기에, 여기에 그와 관련된 부수를 적어 부수 원래의 뜻을 익힐 수 있도록 하였다.

• 부수자의 명칭과 원래의 뜻 비교

부수자	원래의 뜻	관련자	부수자	원래의 뜻	관련자
亠 돼지해머리	머리부분 두	京 서울 경 亭 정자 정	厶 마늘모	사사로울 사	私 개인 사 去 갈 거
冫 이수변	얼음 빙	冬 겨울 동 凍 얼 동	巛 개미허리	내 천	州 고을 주 巡 돌 순
冖 민갓머리	덮을 멱	冠 갓 관 冥 저승 명	廴 민책받침	길게걸을 인	建 세울 건 延 끌 연
宀 갓머리	집 면	家 집 가 守 지킬 수	辶 책받침	멀리갈 착	送 보낼 송 速 빠를 속
凵 위터진입구	입벌릴 감	凶 흉할 흉 出 날 출	攵(攴) 둥글월문	칠 복 두드릴 복	攻 칠 공 敲 두드릴 고
匚 터진입구	상자 방	匠 장인 장 匪 도둑 비	殳 갖은둥글 월문	창 수 칠 수	殺 죽일 살 毆 때릴 구
匚 터진에운담	감출 혜	區 나눌 구 匿 숨을 닉	爿 장수장변	널빤지 장	牀 평상 상 牆 담 장
彐(彑) 터진가로왈	돼지머리 계	彙 무리 휘 彗 비 혜	癶 필발머리	걸을 발	登 오를 등 發 나아갈 발
厂 민엄호	언덕 한 굴바위 엄	岸 언덕 안 厄 재앙 액	豸 갖은돼지시	맹수 치	豹 표범 표 貍 너구리 리
广 엄호밑	터진집 엄	庫 창고 고 店 가게 점			

부수 214자

1획

一	한	일	
丨	뚫을	곤	
丶	점	주	
丿	삐침	별	
乙	새	을	
亅	갈고리	궐	

2획

二	두	이
亠	머리부분	두
人	사람	인
儿	어진사람	인
入	들	입
八	여덟	팔
冂	멀	경
冖	덮을	멱
冫	얼음	빙
几	책상	궤
凵	입벌릴	감
刀	칼	도
力	힘	력
勹	쌀	포
匕	비수	비
匚	상자	방
匸	감출	혜
十	열	십
卜	점	복
卩	무릎	절
厂	언덕	한
厶	사사로울	사
又	또	우

3획

口	입	구
囗	에워쌀	위
土	흙	토
士	선비	사
夂	뒤져올	치
夊	천천히걸을	쇠
夕	저녁	석
大	큰	대
女	여자	녀
子	아들	자
宀	집	면
寸	마디	촌
小	작을	소
尢	절름발이	왕
尸	주검	시
屮	싹날	철
山	메	산
巛	내	천
工	장인	공
己	몸	기
巾	수건	건
干	방패	간
幺	작을	요
广	터진집	엄
廴	길게걸을	인
廾	들	공

4획

心	마음	심
戈	창	과
戶	외짝문	호
手	손	수
支	가를	지
攴	칠	복
文	글월	문
斗	말	두
斤	도끼	근
方	사방	방
无	없을	무
日	날	일
曰	말할	왈
月	달	월
木	나무	목
欠	하품	흠
止	그칠	지
歹	뼈앙상할	알
殳	칠	수
毋	말	무
比	견줄	비
毛	터럭	모
氏	성씨	씨
气	기운	기
水	물	수
火	불	화
爪	손톱	조
父	아비	부
爻	엇걸릴	효
爿	널빤지	장
片	조각	편
牙	어금니	아
牛	소	우
犬	개	견
耂	늙을	로
艹	풀	초
辶	멀리갈	착

5획

玄	검을	현
玉	구슬	옥
瓜	오이	과
瓦	기와	와
甘	달	감
生	날	생
用	쓸	용
田	밭	전
疋	발	소
疒	병들	녁
癶	걸을	발
白	흰	백

皮	가죽	피
皿	그릇	명
目	눈	명
矛	창	모
矢	화살	시
石	돌	석
示	보일	시
禸	짐승발자국	유
禾	벼	화
穴	구멍	혈
立	설	립

6획
竹	대나무	죽
米	쌀	미
糸	실	사
缶	질그릇	부
网	그물	망
羊	양	양
羽	깃	우
而	말이을	이
耒	쟁기	뢰
耳	귀	이
聿	붓	율
肉	고기	육
臣	신하	신
自	스스로	자
至	이를	지
臼	절구	구
舌	혀	설
舛	발엇갈릴	천
舟	배	주

艮	볼	간
色	빛	색
虍	범	호
虫	벌레	충
血	피	혈
行	다닐	행
衣	옷	의
襾	덮을	아

7획
見	볼	견
角	뿔	각
言	말씀	언
谷	골짜기	곡
豆	콩	두
豕	돼지	시
豸	맹수	치
貝	조개	패
赤	붉을	적
走	달릴	주
足	발	족
身	몸	신
車	수레	거
辛	매울	신
辰	때	신
酉	닭	유
釆	분별할	변
里	마을	리

8획
| 金 | 쇠 | 금 |
| 長 | 어른 | 장 |

門	문	문
隶	밑	이
隹	새	추
雨	비	우
青	푸를	청
非	아닐	비

9획
面	낯	면
革	가죽	혁
韋	다룸가죽	위
韭	부추	구
音	소리	음
頁	머리	혈
風	바람	풍
飛	날	비
食	먹을	식
首	머리	수
香	향기	향

10획
馬	말	마
骨	뼈	골
高	높을	고
髟	머리길	표
鬥	싸움	두
鬯	술	창
鬲	솥	력
鬼	귀신	귀

11획
| 魚 | 고기 | 어 |
| 鳥 | 새 | 조 |

鹵	소금밭	로
鹿	사슴	록
麥	보리	맥
麻	삼	마

12획
黃	누를	황
黍	기장	서
黑	검을	흑
黹	바느질	치

13획
黽	맹꽁이	맹
鼎	솥	정
鼓	북	고
鼠	쥐	서

14획
| 鼻 | 코 | 비 |
| 齊 | 가지런할 | 제 |

15획
| 齒 | 이 | 치 |

16획
| 龍 | 용 | 룡 |
| 龜 | 거북 | 귀 |

17획
| 龠 | 피리 | 약 |

一 한 일	손가락 하나, 또는 가로 선을 하나 그어 하나를 가리킴.	❶ 1획
	一 二 三 四 五 六 七 八 九 十 百 千 萬 億 兆 京	

上 윗 상	사물의 **위**를 가리키는 글자.	上部 상부 上陸 상륙
下 아래 하	사물의 **아래**를 가리키는 글자.	下心 하심 下流 하류
世 인간 세	열 십(十)자가 세 개 연결되어 변형된 자로, 인간의 한 세대를 30년으로 본데서 나온 자.	世上 세상 世界 세계
貰 세낼 세	일정 기간(世) 금품(貝)을 내어 **세내다**.	朔月貰 삭월세

丨 뚫을 곤	송곳을 본뜬 자로, 위에서 내려 뚫음의 뜻.	❶ 1획

中 가운데 중	사물(口)의 **중심**을 뚫은(丨) 모양에서 **중심**.	中心 중심 中央 중앙
忠 충성 충	마음(心 마음 심) 한 가운데(中)서 우러나오는 진실 된 마음인 **충심**(忠心)을 나타낸 자.	忠信 충신 忠誠 충성
患 근심 환	꼬챙이로 마음(心)을 찔린(串 꿸 관)듯 **괴롭고**, **근심**스럽다.	患者 환자 病患 병환
仲 버금 중	사람(亻)들 중간(中)에 있다 하여 중매(仲媒)하다. 또는 **두 번째**를 뜻함.	仲介 중개 伯仲之勢 백중지세

丶 점, 불똥 **주**	점이나 떨어져 나간 불똥 모양.		❶ 1획

火火 불 화	타오르는 모닥불을 보고 그린 글자.	火星 화성 火災 화재
太大 클 태	큰(大) 것에 점(丶)이 더해져 한층 **크다**는 뜻.	太極 태극 太陽 태양
丹丶 붉을 단 꽃이름 란	광석을 캐는 굴 입구(冂)와 평평한 나무(一)로 만든 갱목(坑木), 광물을 가리키는 '丶'를 합쳐 광산에서 캔 광물인 단사(丹砂)가 **붉음**을 뜻함.	丹心 단심 丹楓 단풍 牡丹 모란

丿 삐침 **별**	오른쪽에서 왼쪽으로 삐치면서 당기는 모양을 나타낸 글자. 丶 (파임 불) 삽으로 땅을 파고 들어가는 모양. – 한자를 구성하는 획으로 왼쪽에서 오른쪽으로 비스듬히 내려 그음.	❶ 1획

久丿 오랠 구	사람(人)이 늙어서 굽은(丿)모양에서 **오래다**.	永久 영구 長久 장구
之丿 갈 지	지그재그로 **간다**는 뜻. 之東之西 동서로 이리저리 왔다갔다 갈팡질팡함.	之東之西 지동지서
芝艹 지초 지	풀(艹 풀 초) 등이 썩어 가며(之) 생기는 버섯인 **芝草(지초)**.	靈芝 영지
乏丿 모자랄 핍	삐져(丿) 나가(之) 있을 것이 없어 **모자라다**.	缺乏 결핍 窮乏 궁핍

乙 새 **을**	새의 굽은 앞가슴, 또는 초목의 새싹이 구부러져 나온 모양. 乚 '새을변'	❶ 1획
乞乙 빌 걸	사람(ㅅ)이 새(乙)처럼 몸을 구부리고 **구걸하다**.	乞食 걸식 求乞 구걸
九乙 아홉 구	열 십(十)의 가로 획을 구부려 열보다 적은 **아홉**의 뜻. 열에 가까운 수라는 뜻에서 **많음**을 나타냄.	九死一生 구사일생
乾乙 하늘 건 마를 건	나뭇가지(十十) 사이로 해(日)가 돋으면 사람(ㅅ)이 일어나듯 새(乙)도 일어나 날아오르는 **하늘**. 해 돋은 하늘에 의하여 사물이 **마르다**.	乾坤 건곤 乾燥 건조 乾杯 건배

亅 갈고리 **궐**	밑 끝이 구부러진 갈고리를 본뜬 자.	❶ 1획
了亅 마칠 료	아이(子 아들 자)가 양팔을 몸에 붙이고 태어난 모양에서, 어려운 해산이 끝났다 하여 **마치다**.	完了 완료 修了 수료
亨亅 형통할 형	음식을 높이(高의 획 줄임) 쌓고 제사를 지내니, 일이 잘 마치어져(了) **뜻과 같이 잘 되어 감**.	萬事亨通 만사형통
事亅 일 사 섬길 사	한(一) 입(口) 먹고 살려고 손(크)을 갈고리(亅)처럼 움직여 **일하다**. 일을 잘 하여 윗사람을 **섬기다**.	事務 사무 事大 사대
鳩鳥 비둘기 구	구구구(九) 소리 내는 새(鳥)인 **비둘기**. 鳩首會議(구수회의) 비둘기들이 머리를 맞대고 먹이를 먹듯, 자기 쪽의 이익을 위해서 하는 회의를 빗대서 이르는 말.	

		❶ 2획
二 두 이	두 손가락 또는 두 선을 그어 둘을 나타냄.	

互 서로 호	서로 엇물려 있는 모양에서 **서로**를 뜻한 글자.	互惠 호혜 相互 상호
井 우물 정	가로 세로로 얽혀서 만든 **우물**의 틀. 之 (어조사 지)는 '~의 '로 해석. _{蛙 개구리 와}	井底之蛙 정저지와
仁 어질 인	두(二) 사람(人)이 서로를 대하고 있는 모양으로 **사람을 바르게 대한다**는 데서 **어질다**는 뜻.	仁義禮智 인의예지

		❶ 2획
亠 머리부분 두	상투 튼 사람 모습으로 머리 부분이나 위를 나타낸 자. 亥(돼지 해)의 머리 부분에서 따와서 '돼지해머리'라고도 함.	

京 서울 경	높이(高 높을 고) 솟아 있는(小) 궁성 모양으로, 나라를 다스리는 궁성이 있는 **서울**.	上京 상경 京畿 경기
景 빛 경	해(日)가 궁(京)을 비추는 모양에서, **밝은 빛**. 景氣 매매나 거래 따위에 나타난 경제 활동의 상황. 빛이 뻗어나가는 기운(氣運)에서, 그 기운이 좋으면 호황(好況), 구름 등에 의해 뻗지 못하면 불황(不況).	景致 경치 景氣 경기
亥 돼지 해	돼지 머리(亠)와 몸, 다리의 뼈대를 본뜬 자로 넓 게 써 보면 **돼지** 모양이 된다.	亥時 해시 밤9~11시
鯨 고래 경	고기(魚) 중 서울에 있는 궁성(京)처럼 가장 큰 **고래**. 왕조(王朝)시대에 일반인의 집은 궁(宮)보다 더 크게 지을 수 없었음.	捕鯨船 포경선

人 사람 **인**	다리를 벌리고서 있는 사람 亻 '사람인변'　　⌐ 누운사람 인 儿 어진사람 인　　勹 굽은사람 인	❶ 2획
休 人 쉴 휴	사람(亻)이 나무(木)에 기대어 **쉬다**.	休息 휴식 休校 휴교
仙 人 신선 선	산(山)처럼 변함없이 사는 사람(亻)인 **신선(神仙)**.	仙女 선녀 仙藥 선약
來 人 올 래	나무(木) 아래로 사람들(人人)이 쉬러 **오다**.	來世 내세 往來 왕래
介 人 끼일 개	사람(人) 둘(丿丨) 사이에 **끼이다**.	介入 개입 仲介 중개
界 田 지경 계	밭(田) 사이(介)에 있는 경계선, 즉 **지경(地境)**.	世界 세계 政界 정계
儿 어진사람 **인**	걸어가는 사람의 다리를 가리킨 글자. 사람의 뜻으로 많이 쓰임.	❶ 2획
先 儿 먼저 선	소(牛 소 우)를 끌고 사람이(儿) **먼저** 앞서간다.	先生 선생 先見 선견
洗 水 씻을 세	물(氵)에 먼저(先) 손을 씻는다는 데서 **씻다**.	洗手 세수 洗濯 세탁
兒 儿 아이 아	양 손(臼)을 벌리고 서 있는(儿) **아이**.	兒童 아동 幼兒 유아

		❶ 2획
入 들 **입**	사람이 장막 따위를 밀치고 들어가는 모양.	

內 入 안 내	빈(冂 빌 경) 공간 **속**, **안**으로 들어간다(入)는 뜻.	內部 내부 案內 안내
全 入 모두 전	들어(入) 있는 것이 모두 온전한 구슬(王=玉)이라는 데서 **모두**, **온전**의 뜻으로 쓰이는 글자.	全部 전부 安全 안전
兩 入 둘 량	양쪽에 같은 무게의 물건을 올려놓는(入入) 저울(兩)의 모양에서 둘의 뜻이 된 글자.	兩親 양친 兩家 양가
滿 水 찰 만	물(氵)이 그릇(凵 그릇 감) 양(兩)쪽에 가득 **차다**.	滿足 만족 圓滿 원만

		❶ 2획
八 여덟 **팔**	두 손의 네 손가락을 펴서 서로 등지게 하여 **여덟** 또는 갈라짐을 표시한 글자.	

兵 八 병사 병	도끼(斤 도끼 근)를 양 손(八) 위(一)에 들고 있는 **병사**(兵士).	兵卒 병졸 將兵 장병
六 八 여섯 륙	여덟(八)에서 막대기 두(ㅣ一) 개를 빼니 **여섯**. 활음조(滑)현상 두 음소가 이어날 때 소리내기 쉽고 듣기 부드럽게 변하는 현상. 예) 시월(十月) 초파일(初八日) 모과(木瓜) 보시(布施)	六旬 육순 六月 유월
只 口 다만 지	말은 **다만** 입(口)에서 갈라져(八) 나온다.	只今 지금 但只 단지

冂 멀 경	멀리 둘러싸고 있는 성곽. 여기서 둘러싸다는 뜻도 나옴.	❶ 2획
冊冂 책 책	대로 엮은 죽간(冂)에 나라의 이름을 적어 멀리(冂) 변방까지 보낸 것이 후에 일반 **책**으로 쓰임.	冊封 책봉 書冊 서책
再冂 두번 재	왕(王)은 멀리(冂) 내다보고 **두 번** 또는 **거듭** 생각한다.	再考 재고 再生 재생
冒冂 무릅쓸 모	두(二) 눈(目)을 수건으로 둘러싸(冂) 가리고 나아가듯 한다 하여, **무릅쓰다**. 冒頭 말이나 글의 첫머리. 冃 머리에쓰는쓰개 모	冒險 모험 冒頭 모두

冖 덮을 **멱**	덮개를 본뜬 글자. '민갓머리'라고도 함. 이는 갓머리(宀)에서 윗점이 빠져 밋밋하다에서 온 말임.	❶ 2획
冠 갓 관	두(二) 손(寸)으로 사람(儿)이 덮어(冖) 쓰는 **갓**. 弱冠 남자가 20살이 되면 관례(冠禮)를 하는 20세가 된 때. 관례는 하였으나 학식, 경험 등이 부족하니 더욱더 매진해야 할 나이.	弱冠 약관 冠詞 관사
冥 어두울 명 저승 명	서녘 아래로(冖) 해(日)가 지는 겨울철 6(六)시는 **어둡다**. 어둡다는 데서 **저승**.	冥想 명상 冥福 명복
夢 夕 꿈 몽	눈썹(卝)이 눈(目=罒)을 덮고(冖) 자면서 저녁(夕 저녁 석)에 꾸는 **꿈**.	吉夢 길몽 解夢 해몽

冫 얼음 **빙**	고드름에서 떨어지는 물 모양에서 **차다, 춥다, 얼다.** 氷(얼음 빙)이 본 글자. 부수로 부를 때는 氵(삼 수)에서 한 획 줄어 '이수변'이라고 함.	❶ 2획
凍 冫 얼 동	찬(冫) 기운이 동쪽(東)에서 오니 얼음이 **얼다.**	凍死 동사 解凍 해동
冬 冫 겨울 동	계절 중 맨 뒤(夂 뒤져올 치)에 오며 얼음(冫)이 어는 **겨울.**	立冬 입동 冬至 동지
終 糸 마칠 종	실(糸 실 사)처럼 길게 이어지는 무언가가 계절의 마지막인 겨울(冬 겨울 동)처럼 끝나 **마치다.**	終點 종점 終結 종결

几 책상 **궤**	기대앉는 **책상**이나 덮개의 모양. '안석 궤'라고도 함. 안석(案席) : 앉을 때 몸을 기대는 방석.	❶ 2획
凡 几 모두 범	물체(丶)를 덮고(几) 있는 천의 모양으로, 전체를 덮는다 하여 **모두**라는 뜻. 모두는 **평범**하다.	凡人 범인 平凡 평범
鳳 鳥 봉황새 봉	모든(凡 모두 범) 새(鳥) 가운데 으뜸인 **봉황**.	鳳仙花 봉선화
凰 几 봉황새 황	모든(凡) 새 중에서 황제(皇 황제 황) 격인 **봉황**.	鳳凰 봉황

凵 입벌릴 감	위가 터진 그릇 또는 구덩이를 뜻한 글자. '위터진입구'라고도 함.	❶ 2획

出 凵 날 출	구덩이(凵)에서 싹이 흙을 뚫고(丨) 위로 **나오다**.	出入 출입 出世 출세
凶 凵 흉할 흉	가뭄으로 물구덩이(凵 구덩이 감) 바닥이 갈라져 (乂 벨 예) 보기가 **흉함**을 나타냄.	凶年 흉년 凶器 흉기
胸 肉 가슴 흉	몸(月=肉)에서 흉하게(凶) 생긴 기관들을 싸고(勹 쌀 포)있는 **가슴**. 月 '달'의 의미가 아닐 경우 고기나 신체, 목 밑 부분을 뜻함.	胸部 흉부 胸襟 흉금

刀 칼 도	칼의 모양을 본뜬 자로 베다, 자르다의 뜻. 刂 '선칼 도'라 함	❶ 2획

切 刀 끊을 절 모두 체	여러(七) 번 칼질(刀)을 하여 **끊는다**. 끊을 때는 모두를 자른다 하여 **모두**를 뜻하기도 함.	切斷 절단 一切 일체
七 一 일곱 칠	왼 손가락 5개를 펴서 일자(一)를 만들고 오른손 엄지·검지를 펴서 90도로 만들어 더해 **일곱**.	北斗七星 북두칠성
初 刀 처음 초	옷(衤=衣 옷 의)을 만드는 것은 천을 자르는(刀) 것이 **시작**이라는 데서 **처음**을 뜻한 글자.	初期 초기 初步 초보
別 刀 나눌 별	먹기(口) 좋게 칼(刀의 줄임)과 칼(刂)로 **나누다**.	別館 별관 特別 특별

力 힘 **력**	팔에 힘을 줬을 때 어깨에 생기는 근육의 모양.	❶ 2획
功 力 공로 **공**	장인(工)이 힘써(力) 일하여 이룬 **공로(功勞)**.	**功臣** 공신 **成功** 성공
劣 力 못날 **렬**	어려서(少) 힘(力)이 **부족해** 남보다 **못나다**.	**劣等** 열등 **劣勢** 열세
男 田 사내 **남**	논이나 밭(田 밭 전)에서 힘써(力) 일하는 **사내**.	**男性** 남성 **男便** 남편
勹 쌀 **포**	사람이 팔이나 손으로 무언가를 감싸고 있는 모양.	❶ 2획
勿 勹 없을 **물** 하지말 **물**	싼(勹) 물건이 모두 빠져(丿丿) 남은 것이 **없음**. 또는 그렇게 **하지 말**라는 뜻.	**勿論** 물론 **勿驚** 물경
物 牛 만물 **물**	소(牛 소 우)는 버릴게 없다(勿) 하여 **만물**.	**物質** 물질 **物體** 물체 **格物** 격물
忽 心 문득 **홀**	없는(勿) 생각(心)이 갑자기 **문득** 떠오르다.	**疏忽** 소홀
匈 勹 오랑캐 **흉**	흉한(凶 흉할 흉) 무기 등을 가지고(勹) 다니는 **오랑캐**.	**匈奴** 흉노

匕 비수 **비**	날카로운 비수, 숟가락 또는 앉아 있는 사람의 모습을 그린 자.		❶ 2획
北 ヒ 북녘 **북** 달아날 **배**	두 사람이 등을 맞댄 모양. 추워서 등지고 앉는 쪽인 **북쪽**의 뜻과 서로 등지고 **달아나 패**하다.	南北 남북 敗北 패배	
背 肉 등 **배**	사람은 보통 따뜻한 남쪽을 향해 있으므로 북쪽(北)을 향하고 있는 신체(月 육달 월)인 **등**을 뜻함.	背泳 배영 背信 배신	
匙 ヒ 숟가락 **시**	말(日)을 바르게(正 바를 정) 하듯, 올바른(是 옳을 시) 법도로 음식을 떠서(匕) 먹는 **숟가락**.	十匙一飯 십시일반	

匚 상자 **방**	통나무의 측면을 파서 물건을 넣을 수 있도록 만든 홈통이나 상자. '터진입구'라고도 함.		❶ 2획
匠 匚 장인 **장**	도끼(斤)로 상자(匚) 등을 만드는 **장인**(匠人).	巨匠 거장 意匠 의장	
匣 匚 궤 **갑** 상자 **갑**	갑옷(甲 갑옷 갑) 따위를 넣어 두는(匚) **상자**.	紙匣 지갑 手匣 수갑	
匪 匚 도둑 **비**	상자(匚) 안처럼 으슥한 곳에 숨어 있는 나쁜(非 아닐 비) **도둑**.	共匪 공비 匪賊 비적	

匸 감출 **혜**	덮개(一)를 하여 가리거나, 감춤. '터진에운담'이라고도 하며 쓸 때는 'ㄷ(상자 방)'과 모양이 같기도 함.		❶ 2획

匹ㄷ 짝 필	감추어져(ㄷ) 있어 안 보이는 것과 같이 어딘가에 있는 어진 사람(儿 어진사람 인)인 나의 **짝**.	配匹 배필 匹敵 필적
區ㄷ 나눌 구	물건(品 물건 품)을 나눠 감추어(ㄷ) 넣어둔 모양에서, **나누다**.	區分 구분 區域 구역
匿ㄷ 숨길 닉	보통 약초(艹)는 오른손(右)으로 취하는데, 만약(萬若)에 대비해 감추어(ㄷ) 둔다하여 **숨기다**.	匿名 익명 隱匿 은닉

		❶ 2획
十 열 **십**	두 손 열 손가락을 엇걸어 열 또는 많다는 뜻으로 쓰임.	

千十 일천 천	쌓여 있는 것이 기울어질(丿) 정도로 많다(十) 하여 **많다**. 또는 **일천**(一千)을 뜻한 자.	千金 천금 千古 천고
卒十 병사 졸 마칠 졸	모자(亠)를 쓴 여러(十) 사람(人人)인 **병졸**(兵卒). 병졸은 싸우다 잘 죽는다 하여 **마치다**.	兵卒 병졸 卒業 졸업
卓十 높을 탁	점(卜 점 복)을 쳐서 일어날 일을 일찍(早 이를 조) 아는 사람은 보통 식견이 높거나 **뛰어남**.	卓子 탁자 卓越 탁월
南十 남녘 남	많은(十) 풀이 나 있는 들판(冂)에 양(羊의 줄임)이 있는 모양에서 따뜻한 **남녘**을 뜻한 자.	南極 남극 南北 남북

卜 점 복	점을 치기 위해 거북의 껍데기나 동물의 뼈를 태울 때 생긴 가로세로의 금 모양으로, 그 금을 보고 길흉(吉凶)을 판단한 데서 점의 뜻이 됨. ❶ 2획	
占 卜 점칠 점 차지할 점	입(口)으로 중얼거리며 **점(卜)을 침**. 차지한 땅(口)에 깃대(卜) 꽂아 **점령(占領)하다**.	占術 점술 占有 점유
外 夕 바깥 외	저녁(夕 저녁 석)에 별 점(卜)을 치던 **바깥**.	外國 외국 外信 외신
朴 木 순박할 박 성씨 박	나무(木)껍질의 갈라진(卜) 모양처럼 자연 그대로라는 데서 **투박하거나 순박(淳朴)하다**는 뜻.	素朴 소박 質朴 질박
卩 무릎 절	튀어 나온 무릎 모양. 卩=㔾(마디 절) '병부 절'이라고도 함. 병부(兵符)란, 卩자를 새긴 대쪽을 쪼개 한쪽을 외지에 나가는 병사에게 준 후, 나중에 그 병사가 돌아 올 때 신분 확인 시 맞추어 보는 군사간의 신표(信標). ❶ 2획	
却 卩 물러날 각	무릎(卩)을 구부리고 뒤로 **물러나다**(去 갈 거).	退却 퇴각 棄却 기각
危 卩 위태로울 위	벼랑(厂 언덕 한)에 걸려 있는 사람(⺈)이나, 벼랑 아래에 앉아있는(㔾) 모양이 **위태(危殆)롭다**.	危險 위험 危機 위기
犯 犬 범할 범	짐승(犭 짐승 견)이 발(㔾)을 들고 덤벼들려는 모양에서 **범하다**.	犯罪 범죄 犯法 범법
尼 尸 여승 니	여자의 삶을 마치고(尸 주검 시) 자신을 낮추며(匕 굽은사람 비) 사는 **여승**.	比丘尼 비구니

厂 언덕 한	가파른 낭떠러지 모양으로 언덕, 벼랑, 절벽. '민엄 호'라고도 하며, 이는 엄호(广)에서 점이 빠져 밋밋하다는 뜻.	❶ 2획
厄 厂 재앙 액	벼랑(厂) 아래에 앉아(㔾 마디 절) 있으니 위험하다는 데서 **재앙(災殃)**.	厄運 액운
原 厂 근본 원	언덕(厂)의 경사로 인하여 맑은(白 흰, 깨끗할 백) 물이 작게 (小 작을 소) 흐름으로 시작되는 **사물의 시작이나 근본(根本)**.	原始 원시 原本 원본
厚 厂 두터울 후	언덕(厂)을 비추는 따스한 해(日)처럼, 자식(子)에 대한 부모의 정이 **두텁다**.	厚待 후대 厚謝 후사

厶 사사로울 사	팔꿈치를 구부려 물건을 감싸는 모양으로, 자신의 이익만을 챙긴 다는 데서 사사롭다가 됨. 마늘 모양과 같아 '마늘 모'라고도 함.	❶ 2획
去 厶 갈 거	흙(土)을 밟고 개인(厶 사사 사)이 길을 **가다**.	去來 거래 去者 거자
私 禾 개인 사	벼(禾 벼 화)를 팔(厶)로 끌어안은 모양에서 **사사롭다, 개인의 이익을 추구한다**는 뜻.	私立 사립 私利 사리
參 厶 갖은석 삼 참여할 참	사람(人) 머리(彡 터럭 삼)에 세 개의 비녀(厶)를 꽂고 잔치 등에 **참여(參與)하다**. '갖은'이란 수량을 속이지 못하게 획을 늘림의 뜻.	參席 참석 參加 참가 參億 삼억
慘 心 슬플 참	마음(忄)에 슬픈 일만 끼여(參) 있어 **슬프다**.	慘酷 참혹 悲慘 비참

又 또 **우**	깍지를 끼고 있는 손 모양으로 두 손, 즉 하나가 아닌 둘이라는 데서 또, 다시의 뜻. '又'는 글자 안에서는 대부분 손의 뜻으로 쓰임.		❶ 2획

取 又 취할 **취**	전쟁에서 승리의 증표로 적군의 귀(耳 귀 이)를 손(又 손 우)으로 **취한다**.	取扱 취급 爭取 쟁취
友 又 벗 **우**	하나(一)의 삐침(丿 삐침 별)도 없이 손(又 손 우)에 손을 잡고 서로를 돕는 절친한 **벗**.	友情 우정 親友 친우
怪 心 괴이할 **괴**	마음(忄) 같이, 힘써(圣 힘쓸 골) 일해도 잘 되지않아 **이상(異常)하다, 괴이(怪異)하다**는 뜻. 圣 손(又)으로 흙(土) 일을 힘써하다.	怪奇 괴기 怪變 괴변
叉 又 깍지낄 **차**	두 손(又)을 하나(丶)로 한다 하여 깍지 끼다. 交叉(교차)夜叉(야차) 밤에 사람의 피를 빨아 먹고 사는 냉혹한 귀신.	

口 입 **구**	사람의 둥근 입을 본뜬 자로 먹다, 말하다. 한자에서 둥근 것은 네모(口)로 표시.		❶ 3획

吉 口 좋을 **길**	훌륭한 선비(士 선비 사)의 말(口)은 **좋다**.	吉日 길일 吉夢 길몽
向 口 향할 **향**	집(宀 집 면)의 입구(口)는 남쪽을 **향한다**.	向方 향방 指向 지향
商 口 장사 **상**	서서(立) 사람(儿)이 소리치며(口) 하는 **장사**.	商業 상업 商品 상품

口 에워쌀 **위**	울타리나 성벽으로 에워싼 모양. '큰입구몸'이라고도 함.	❶ 3획

困 곤란할 곤	좁은 공간 (口)에서는 나무(木)가 자라기 **곤란함**.	困境 곤경 困難 곤란
囚 가둘 수	좁은 공간(口) 안에 사람(人)을 **가두다**.	罪囚 죄수 脫獄囚 탈옥수
菌 버섯 균	곡식(禾 벼 화)을 넣어두는 곳간(口)에서 자란(艹) **곰팡이나 세균(細菌)**.	殺菌 살균 保菌 보균
四 넉 사	사람(儿 어진사람 인)을 둘러싸고(口 에워쌀 위) 있는 사방(四方)을 나타내어 **넷**을 뜻한 자.	四季 사계 四柱 사주

土 흙 **토**	싹(十)이 돋아나는 땅(一)의 흙을 나타낸 자.	❶ 3획

吐 토할 토	흙(土)에서 싹 나오듯 입(口)에서 나오니 **토하다**.	嘔吐 구토 實吐 실토
在 있을 재	한(一) 사람도 빠짐없이 사람(亻)은 흙(土) 위에 존재(存在)한다는 데서 **있다**는 뜻. 健 튼튼할 건	現在 현재 健在 건재
均 고를 균	물건을 쌀(勹 쌀 포) 때 가지런히(二) 하듯 흙(土)을 평평하게 한다 하여 **고르다**는 뜻.	均等 균등 平均 평균

士 선비 사	하나(一)를 들으면 열(十)을 아는 **선비**. 士는 문사(文士), 무사(武士)를 통칭 함.	❶ 3획

仕亻 벼슬 사	선비(士) 중에서 뛰어난 사람(亻)이 하는 **벼슬**.	奉仕 봉사 給仕 급사
志心 뜻 지	선비(士)가 마음(心) 속에 품고 있는 **큰 뜻**.	志願 지원 意志 의지
誌言 기록할 지	말(言)이나 품고 있는 뜻(志)을 **기록(記錄)함**.	日誌 일지 雜誌 잡지
壹士 갖은한 일	사람(士)이 먹는 뚜껑(冖 덮을 멱) 덮인 항아리에 콩(豆 콩 두)으로 만든 간장, 된장이 들어 있는 모양에서 '一'의 갖은 자로 쓰이는 자. '갖은 자'란 : 장부 상 수량(數量) 등을 속이지 못하게 획수를 늘릴 자.	壹萬 일만

夂 뒤져올 치	머뭇거리며 걸어오는 다리의 모양으로 뒤지다라는 뜻을 지님. 夂이 부수로 쓰이는 실용한자는 없음.	❶ 3획

冬冫 겨울 동	계절 중 맨 뒤(夂)에 오며 얼음(冫)이 어는 **겨울**.	立冬 입동 冬至 동지
後彳 뒤 후	걸음(彳 조금걸을 척)을 작게(幺 작을 요) 하여 걸으니(夂) **늦거나 뒤지다**.	後退 후퇴 後悔 후회
麥麥 보리 맥	중요성이 쌀보다 뒤처져(夂) 오는(來 올 래) 곡식인 **보리**.	麥酒 맥주 麥芽 맥아

夂 천천히걸을 쇠	두 다리를 끌며 천천히 걸어감. 실제로의 쓰임은 夊(뒤져올 치)와 같은 모양으로 쓰이기도 함.	❶ 3획

夏 夂 여름 하	머리(頁 머리 혈) 위로 태양이 내리쬐어 더위에 느릿느릿 걷는(夂) 계절인 **여름**. 夏蟲疑氷 여름만 사는 벌레는 얼음이 어는 겨울을 믿지 않음. 견문이 좁은 사람이 함부로 사물을 의심함.	立夏 입하 夏至 하지 夏蟲疑氷 하충의빙
憂 心 근심 우	머리(頁 머리 혈)에 근심(心)이 가득하여 발걸음(夂)이 무거운 모양에서 **근심, 걱정하다**.	憂愁 우수 憂患 우환
優 人 뛰어날 우	사람(亻)은 앞날을 걱정하여(憂) 미리 준비하는 이가 **뛰어나다**. 뛰어난 재능을 가진 **배우(俳優)**.	優秀 우수 聲優 성우

夕 저녁 석	달(月)에서 한 획을 줄인 반달 모양의 달이 뜬 저녁의 뜻과, 썰어 놓은 고기 조각의 뜻도 있음. 夕은 肉=月(육달 월)의 획 줄임 자이기도 함.	❶ 3획

夜 夕 밤 야	지붕(亠) 아래, 즉 집에서 사람(亻)이 저녁(夕)에 몸을 비스듬히(乀) 하거나 누워 자는 때인 **밤**.	夜間 야간 夜勤 야근
液 水 진 액	수분(氵)의 증발이 적은 밤(夜)에 많이 생기는 **진**. 진액 생물의 몸에서 생겨나는 수액·체액 따위.	津液 진액 液體 액체
多 夕 많을 다	고기(夕 고기조각 석)를 썰어 쌓은 모양이 **많다**.	多量 다량 多讀 다독

大 큰 **대**	어른이 양팔을 벌리고 서 있는 모양으로 큼을 뜻 함.	❶ 3획
天 大 하늘 **천**	넓게 펼쳐져(一) 사람(大) 위에 있는 **하늘**.	天地 천지 天下 천하
夫 大 사내 **부**	갓(宀) 쓴 어른(大)이나 **사내**, 글 읽는 **지아비**. 지아비 남편을 낮추어 부르는 말.	夫婦 부부 工夫 공부 農夫 농부
扶 手 도울 **부**	손(扌=手)으로 사내(夫)의 일을 **돕는다**. 扶助 잔칫집, 상가(喪家) 등에 돈이나 물건을 보냄. '부주'는 잘못된 발음	扶養 부양 扶助 부조
夭 大 굽을 **요**	너무 커서(大) 휘어(丿) **구부러지다**.	夭折 요절
女 여자 **녀**	여자가 앉아서 바느질 하는 모습. 사회성을 비추어 '계집 녀'보다 '여자 여(녀)'라고 함이 옳음.	❶ 3획
好 女 좋을 **호**	여자(女)가 아이(子)를 안고 **좋아한다**.	好感 호감 好評 호평
姑 女 시어미 **고**	여자(女)가 오래(古 오랠 고) 살면 되는 **할머니**나 **시어미**.	姑婦 고부 姑母 고모
姦 女 간사할 **간**	여자(女) 여럿 모이면 좋지 않은 짓을 한다 하여 **간사하다**.	姦通 간통 强姦 강간

子 아들 자	양팔을 벌린 아이 모습. 아들, 자식, 씨나 열매(枸杞子), 접미사(獅子), 학덕 있는 이의 호칭(孔子), 시간으로는 밤11시~01시.	❶ 3획
孝子 효도 효	늙은(耂=老 늙을 로) 부모를 자식(子)이 업고 있는 모양에서 **효도(孝道)**를 뜻한 자.	孝心 효심 孝子 효자
字子 글자 자	집(宀 집 면)에서 아이(子)가 갈수록 늘어나듯, 시간이 갈수록 늘어나는 **글자**.	漢字 한자 文字 문자
存子 있을 존	한(一) 인간(亻)으로 자식(子)을 봐야 후세가 **있음**.	存立 존립 存在 존재
孔子 구멍 공	작고(子 작을 혈) 구부러져(乚) 나 있는 **구멍**	眼孔 안공 孔子 공자
季子 계절 계	벼(禾 벼 화)나 곡식이 열매(子 열매 자)를 맺는다는 데서 수확(收穫)을 하는 **계절(季節)**의 뜻.	夏季 하계 季刊 계간

宀 집 면	지붕으로 덮여 있는 **집**. 머리에 쓰는 갓과 같아 '갓머리'라고도 함.	❶ 3획
安 宀 편안할 안	집(宀)에는 여자(女)가 있어야 **편안(便安)함**.	安心 안심 安全 안전
守 宀 지킬 수	집(宀)을 법도(寸 법도 촌) 있게 다스려 **지킨다**.	守備 수비 守護 수호
宴 宀 잔치 연	편안한(安 편안할 안) 날(日)에 여는 **잔치**.	宴會 연회 酒宴 주연

寸 마디 촌	손목에서 맥박이 뛰는 사이를 엄지(丶)로 맥을 재는 모양에서 재다, 헤아리다, 길이의 단위인 한 치(3.03Cm), 법도, 손의 뜻으로 많이 쓰임. 三寸 寸數	❶ 3획
村 木 마을 촌	나무(木)가 촘촘히(寸) 늘어서 있듯 형성된 **마을**.	村落 촌락 農村 농촌
討 言 칠 토	말(言)을 법도(寸) 있게 하여 일을 처리하거나 잘못된 적을 바로잡기 위해 **친다**는 뜻.	討論 토론 討伐 토벌
尋 寸 찾을 심	손(彐)으로 만든 물건(工)을 입(口)으로 말하며 작은(寸) 결함이 없는지 살피며 **찾는다**.	尋訪 심방 尋人 심인

小 작을 소	흙을 뚫어(丨←丨) 가르고(八) 나오는 싹이 작음. 글자의 멋을 내기 위해 'ㅣ(뚫을 곤)'을 'ㅣ(갈고리 궐)'로 씀.	❶ 3획
少 小 적을 소	크기가 작아(小) 잘 삐져(丿 삐침 별) 나가 그 수나 부피가 주는데서 **부피, 수, 양이 적다**와 **나이가 어리다**는 뜻으로 쓰임.	少量 소량 少年 소년
尖 小 뾰족할 첨	위는 작고(小) 아래는 큰(大) 모양으로 **뾰족하다**.	尖端 첨단 尖塔 첨탑
光 小 빛 광	불을 켜서 높은(兀 우뚝할 올) 곳에 올려 두는데 여기에서 나오는 (ㅣ·) **빛**.	光線 광선 榮光 영광

			3획
尤 절름발이 **왕**	한쪽 다리를 절며 걷는 다리 모양. 大의 변형 자.		
就 尤 나아갈 취 이룰 취	좋은 것이 많은 서울(京)로 발을 절면서라도(尤) 한(ヽ) 걸음 한 걸음 나아가 그 뜻을 **이루다**.	就任 취임 就職 취직	
尤 尤 더욱 우	개(犬)가 앉아 있는 모양이 보기에 **더욱** 그렇다. 개는 갇히지 않고 돌아다니며 사는 것이 행복.	尤隙 우극 尤甚 우심	
蹴 足 찰 축	발(足 발 족)로 차면서 나아간다(就) 하여 **차다**.	蹴球 축구	

			3획
尸 주검 **시**	사람이 죽어 누워 있는 모양. 글자 안에서는 **집(戶 집 호)**의 뜻으로도 쓰임.		
尿 尸 오줌 뇨	마시면 죽어(尸) 나오는 물(水)인 **오줌**.	尿道 요도 糖尿 당뇨	
刷 刀 인쇄할 쇄	집(尸←戶 집 호)에서 천(巾 수건 건)으로 닦고 칼 (刂)로 새겨 만들어 **인쇄하다**.	刷新 쇄신 印刷 인쇄	
屛 尸 병풍 병	집(尸←戶 집 호)에서 쓰는 나무틀에 종이를 합쳐 서(幷 합할 병, 8획) 만든 **병풍**. 幷 벽의 못(″)에 방패(干干) 두 개를 걸어둔 모양.	屛風 병풍 畫屛 화병	
屠 尸 잡을 도	사람(者)이 동물 등을 죽여(尸 주검 시) 잡는다.	屠殺(도살) 屠戮(도륙)	

屮 싹날 철	흙(凵 입벌릴 감)을 뚫고(丨) 삐죽이 나오는 싹의 모양.		❶ 3획

屯 屮 모일 둔	새싹(屮)이 땅을 뚫고(丿) 나온 모양에서, 그 싹이 포기져 **모이다**.	屯兵 둔병 駐屯 주둔
鈍 金 무딜 둔	쇠(金 쇠 금)로 만든 무기의 날이 떡잎(屯) 같이 두껍게 되어 **무디다**.	鈍器 둔기 愚鈍 우둔
純 糸 순수할 순	잡것이 섞이지 않은 생실(糸 실 사)로만 뭉쳐져 (屯 모일 둔) 있다 하여 **순수(純粹)하다**는 뜻. 새싹(屯) 역시 때 묻지 않아 깨끗함을 뜻함.	純潔 순결 純眞 순진

山 메 산	우뚝 솟은 산 모양.	❶ 3획

岸 山 언덕 안	산(山)과 바다가 만나는 벼랑(厂 언덕 한)의 모양. 파도를 막아주는(干 방패 간) **언덕, 해안**.	沿岸 연안 海岸 해안
島 山 섬 도	새(鳥 새 조)가 쉬어가는 바다에 솟은(山) **섬**. 嶼 작은섬 서	島嶼國家 도서국가
峴 山 고개 현	솟아있어(山) 눈에 잘 보이는(見 볼 견) **고개**.	阿峴洞 아현동

川
내 천

물이 흐르는, 그리 크지 않은 **내의 모양**.

川 = 巛 '개미허리' | 巜 큰도랑 괴 | 〈 도랑 견

❶ 3획

巡 川
돌 순

물(巛=川) 흐르듯 두루 **돌아다님**(辶 갈 착).

巡警 순경
巡視 순시

順 頁
따를 순
순할 순

물(川) 흐르듯 우두머리(頁 머리 혈)를 **따르다**.
잘 따르니 **순하다**.

順序 순서
溫順 온순

流 水
흐를 류

물(氵)은 위(亠 머리부분 두)에서부터 시작하여 굽이쳐(厶) 흐르다 끝에는 넓게(川) **흐른다**.

流行 유행
流動 유동

荒 艹
거칠 황

풀(艹)이 없어지고(亡 없을 망) 내(川)가 마르니 땅이 황폐(荒廢)하다 하여 **거칠다**.

荒野 황야
荒蕪地
황무지

工
장인 공

상하의 판자에 구멍 뚫어 막대로 연결한 자로 기술자, 공구 등의 뜻.

❶ 3획

左 工
왼 좌

하나(一)의 자막대(工)를 비스듬히(丿) 들고 있는 **왼손**.

左右 좌우
左遷 좌천

佐 人
도울 좌

사람(亻)을 도울 때는 왼쪽(左)에서 **도움**.

輔佐官
보좌관

差 工
다를 차

양(羊 양 양)은 삐져나오며(丿 삐침 별) 자란 풀을 좋아하고, 장인(工)은 치우침 없이 바르게 하기에 서로 연관성이 없어 **다르다**.

差異 차이
天壤之差
천양지차

己 몸 기	구부러져 있는 상태에서 일어나는 몸을 그림.	❶ 3획

已 ㄹ 이미 이	보습 모양으로 밭갈이를 **이미** 끝냈다. 보습 쟁기에서 땅을 갈아 뒤집는 삽 모양의 쇳조각.	已往之事 이왕지사
巳 ㄹ 뱀 사	둥그렇게 말려 있는 **뱀**, **구렁이**.	巳時 사시 오전9~11시
祀 示 제사 사	제단(示 제단 시)에 빙 둘러(巳) 지내는 **제사**.	祭祀 제사 告祀 고사

巾 수건 건	몸(ㅣ)에 두른(冂) 수건 모양으로, 천이나 천의로 만든 것.	❶ 3획

布 巾 베 포	세로(ノ)와 가로(一)로 걸어 짠(巾) **베**. 베를 쫙 편다하여 **펴다**.	布木 포목 布敎 포교
希 巾 바랄 희	엇걸어(メ) 짠 베(布)가 촘촘한 비단으로, 이처럼 비단 같이 귀한 것을 **바란다**.	希望 희망
稀 禾 드물 희	농사(禾 벼 화)가 잘 되길 바라지만(希) 바라는 만큼 실제로 잘 되기는 **드물다**.	稀貴 희귀 古稀 고희

干 방패 간	손잡이가 달린 둥근 방패. 글자 안에서 막는다는 뜻으로 많이 쓰임.	❶ 3획

平 干 평평할 평	두 손(八)으로 든 방패(干) 모양이 **평평하다**.	平面 평면 平和 평화
坪 土 평지 평	**땅(土)이 평평함**(平). 1자(尺 자 척)는 = 30.3Cm	建坪 건평
評 言 공평할 평	말(言)은 치우치지 않고(平) **공평(公評)해야** 함.	論評 논평 好評 호평

幺 작을 요	실 뭉치 또는 갓 태어난, 웅크리고 있는 작은 아기 모습으로 작다, 어리다의 뜻.	❶ 3획

幼 幺 어릴 유	작고(幺) 힘(力)이 약한 **어린이**.	幼稚園 유치원
幽 幺 유령 유	산(山) 속에 작은(幺) 벌레처럼 눈에 안 보이는 **유령(幽靈)**, 유령은 죽음을 뜻하여 **저승**.	幽閉 유폐 幽明 유명
斷 斤 끊을 단	작은(幺) 실들이 여러 겹으로 이어져 있는 것을 도끼(斤 도끼 근)로 **끊는다**. 딱 끊듯 **결단하다**.	斷絶 단절 決斷 결단
繼 糸 이을 계	작은(幺 작을 요) 실(糸)들을 여러 겹으로 **잇다**.	繼走 계주 引繼 인계

广 터진집 엄

❶ 3획

한쪽이 터져 있는 집으로, 어떤 용도로 쓰이는 집.
언덕이나 바위가 비바람을 막아준다 하여 '엄호밑'이라고도 함.

庫 (广) 창고 고
수레(車)를 넣어두는 집(广)인 **창고(倉庫)**.

車庫 차고
書庫 서고

床 (广) 평상 상
집(广)에서 쓰는 나무(木)로 만든 **침대나 상**.

冊床 책상
平床 평상

庚 (广) 일곱째 경 / 천간 경
손(크)에 쥔 방패로 사람(人)이 몸을 가리듯(广 가릴 엄) 하늘에 있는 **일곱째 천간(天干)**.

庚申年 경신년

廴 길게걸을 인

❶ 3획

다리를 끌며 길게 걸어가는 모습.
책받침(辶)에서 점이 빠져 밋밋하다 하여 '민책받침'이라고도 함.

建 (廴) 세울 건
붓(聿 붓 율)으로 법을 써서 변방까지 멀리(廴) 보내 나라의 기강을 바로 **세운다**는 데서 나온 자.

建國 건국
建設 건설

廻 (廴) 빙돌 회
빙빙(回 돌 회) 돌아다닌다(廴)는 데서 **빙 돌다**.

迂廻 우회
輪廻 윤회

廷 (廴) 조정 정
갓(丿)을 쓴 선비(士 선비 사)들이 길게(廴) 늘어서 나라 일을 논의 하는 곳인 **조정(朝廷)**.

法廷 법정
退廷 퇴정

挺 (手) 뽑을 정
조정(廷)에서 사람을 골라(手) **뽑음**.
挺身 솔선수범하여 앞장서 나감.

挺身隊 정신대

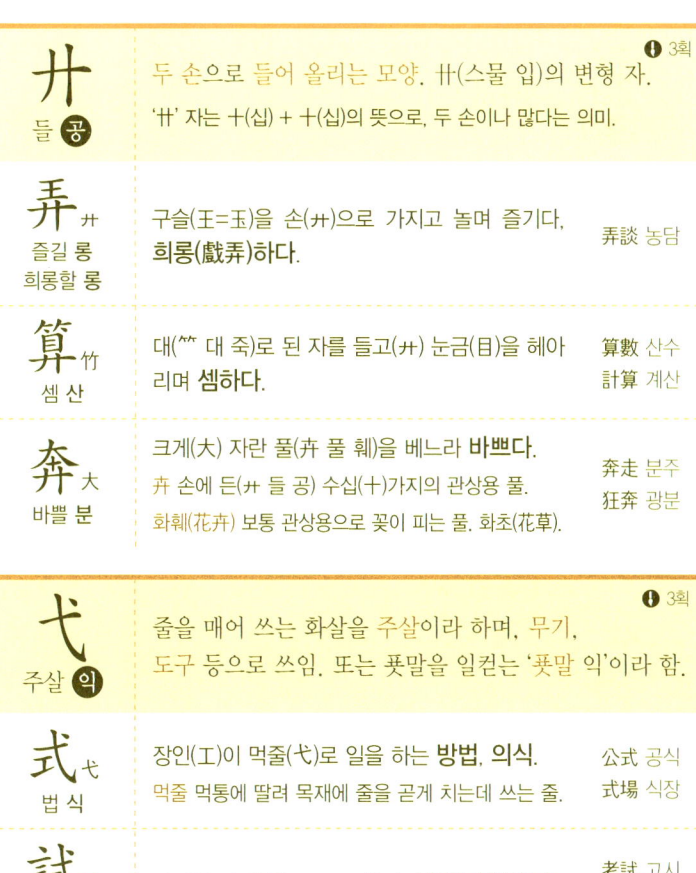

廾 들 공 ❶ 3획

두 손으로 들어 올리는 모양. 卄(스물 입)의 변형 자.
'卄' 자는 十(십) + 十(십)의 뜻으로, 두 손이나 많다는 의미.

弄 廾 즐길 롱 / 희롱할 롱
구슬(王=玉)을 손(廾)으로 가지고 놀며 즐기다. **희롱(戱弄)하다**.
弄談 농담

算 竹 셈 산
대(竹 대 죽)로 된 자를 들고(廾) 눈금(目)을 헤아리며 **셈하다**.
算數 산수
計算 계산

奔 大 바쁠 분
크게(大) 자란 풀(卉 풀 훼)을 베느라 **바쁘다**.
卉 손에 든(廾 들 공) 수십(十)가지의 관상용 풀.
화훼(花卉) 보통 관상용으로 꽃이 피는 풀. 화초(花草).
奔走 분주
狂奔 광분

弋 주살 익 ❶ 3획

줄을 매어 쓰는 화살을 주살이라 하며, 무기,
도구 등으로 쓰임. 또는 푯말을 일컫는 '푯말 익'이라 함.

式 弋 법 식
장인(工)이 먹줄(弋)로 일을 하는 **방법, 의식**.
먹줄 먹통에 딸려 목재에 줄을 곧게 치는데 쓰는 줄.
公式 공식
式場 식장

試 言 시험할 시
일정한 방식(式)으로 물어(言) **시험(試驗)하다**.
考試 고시
試合 시합

拭 扌 닦을 식
손(扌=手)으로 격식(式)에 맞추어 깨끗하게 **닦아 낸다**.
拂拭 불식

弓 활 **궁**	활의 모양.	❶ 3획
弔 弓 조상할 조	짐승으로부터 시체를 지키기 위해 사람(ㅣ)이 활(弓)을 가지고 **조상(弔喪)**하는 모양. 弔喪 남의 죽음에 대하여 슬퍼하는 뜻을 표함.	弔意 조의 弔旗 조기
弘 弓 넓을 홍	활(弓)을 팔 굽혀(厶) 당기니 활과 시위의 사이가 **넓다**. 厶은 구부러진 팔꿈치를 본뜬 자.	弘報 홍보 弘益 홍익
強 弓 굳셀 강	큰(弘 클 홍) 벌레(虫 벌레 충)의 힘이 **강하다**.	強國 강국 強力 강력
彑 돼지머리 **계**	멧돼지 머리 모양. 彑 = 彐 '彐'은 曰(말할 왈)이 터진 모양으로 '터진가로왈'이라 고도 부르나 '말하다'는 뜻은 없고, **멧돼지의 주둥이, 갈라져 있는 손가락**의 뜻을 가짐.	❶ 3획
急 心 급할 급	사람(⺈ 굽은사람 인)의 손(⺕ 손 계)과 마음(心)이 **급하다**.	急行 급행 急性 급성
慧 心 슬기 혜	비(彗)로 쓴 듯 깨끗한 마음(心)에서 나오는 **슬기**.	慧眼 혜안 智慧 지혜
彗 彑 비 혜	풀(丰 풀무성할 봉)을 묶어 손(⺕)으로 쓰는 **비**.	彗星 혜성

			❶ 3획
彡 터럭 **삼**	보기 좋게 자란 머리털.		

形 형상 **형**	하나(一)의 물건을 들고(廾 들 공) 그 위에 털(彡) 붓으로 그은 **형상**.	形容 형용 象形 상형
彩 채색 **채**	손(爫 손톱 조)으로 나무(木)에 털붓(彡)을 이용해 **색을 입히다**.	彩色 채색 光彩 광채
影 그림자 **영**	햇빛(景 볕 경)에 의해 생긴 그늘(彡)인 **그림자**.	陰影 음영 影響 영향

		❶ 3획
彳 조금걸을 **척**	허벅다리(丿) 정강이(丿) 발(ㅣ) 합한 것으로 **걷다**, **가다**는 뜻.　　'두인변'이라고도 함.	

往 갈 **왕**	왕(王) 앞에 서서 등불(丶 불똥 주) 들고 걸어간다(彳)에서 **가다**, **지나간 옛날**, **죽다**의 뜻.	往來 왕래 往年 왕년 往生 왕생
征 칠 **정**	바로잡기(正 바를 정) 위하여 **치러 간다**(彳).	征服 정복 征伐 정벌
徑 지름길 **경**	갈(彳) 때는 물줄기(巠) 따라가는 것이 **지름길**. 巠(물줄기 경) 한(一) 줄기에서 시작하여 내(巛=川)와 강(工←江)을 이루며 흐르는 물줄기.	直徑 직경 半徑 반경

阝 고을 **읍**	邑(고을 읍)을 부수로 쓸 때 쓰는 글자. 항상 글자 우측에 씀으로 '우부방'이라고 함.	❶ 3획

郡 邑 고을 군	임금(君)의 명을 받아 백성을 다스리는 **고을**(阝).	郡守 군수 郡廳 군청
那 邑 어찌 나	칼(刀) 두(二) 개로 고을(阝)을 **어찌** 지키랴. **짧은 시간**에 당하니 이것이 **지옥**.	刹那 찰나 那落 나락
鄕 邑 시골 향	어려서(幺 작을 요)부터 흰(白) 쌀밥을 수저(匕←匙 숟가락 시)로 먹으며 자라온 고을(阝)인 **시골**.	故鄕 고향 歸鄕 귀향

阝 언덕 **부**	볼록 나온 언덕. = 阜 항상 글자 좌측에 씀으로 '좌부방'이라고 함.	❶ 3획

防 阜 막을 방	사방(方)으로 언덕(阝)을 쌓아 적 침입을 **막는다**.	防衛 방위 國防 국방
降 阜 내릴 강 항복할 항	언덕(阝)을 천천히(夂 천천히걸을 쇠), 소(牛 소 우)가 걷듯이 **내려온다**. 여기서 성이나 말에서 내려와 **항복(降服)**의 뜻이 나옴.	降下 강하 投降 투항
陷 阜 빠질 함	언덕(阝) 길에서 사람(⺈ 굽은사람 인)이 구덩이(臼 절구 구)에 **빠지다**.　　㫈 허방다리 정	陷穽 함정 謀陷 모함

心 마음 심	사람의 심장을 나타낸 자로 생각, 성질, 감정, 한가운데의 뜻. 忄 㣺 '심방변'이라함.	❶ 4획
思 생각 사	논, 밭(田 밭 전) 등 농사(農事)에 대한 계획을 마음(心) 속으로 **생각한다**.	思考 사고 思想 사상
愛 사랑 애	손(爫 손톱 조)을 심장 (心)에 얹고(冖 덮을 멱) 서서(夊 발 치) 상대를 가엾게 여기는 **사랑**.	愛國 애국 愛情 애정
媤女 시집 시	여자(女)가 생각(思)하면서 행동해야 하는 **시집**.	媤宅 시댁 媤父母 시부모

戈 창 과	날이 세 갈래로 된 창이나 무기의 뜻.	❶ 4획
成戈 이룰 성	힘들여(力) 창(戈)을 만들어내듯 **이루어낸다**.	成功 성공 成事 성사
我戈 나 아	손(手 손 수)에 창(戈)을 들고 방어하는 **나**.	我執 아집 我軍 아군
戒戈 경계할 계	창(戈)을 들고 (廾 들 공) **경계하다, 주의하다**.	警戒 경계 懲戒 징계
曖日 흐릴 애	사랑(愛 사랑 애)에 빠진 사람은 판단이 흐려지는 경향이 있듯, 해(日)를 구름이 가려 **흐리다**는 뜻.　　　　　　　昧(어두울 매)	曖昧 애매

戶 외짝문 호

❶ 4획

한쪽을 축으로 열고 닫는 문이 하나만 달린 방이나 집.

'지게호'라고도 함. 지게란 마루와 방 사이의 외짝 문을 말함.

所 장소 소 (戶)
도끼(斤 도끼 근) 같은 도구나 무기를 넣어두거나 만드는 중요한 곳(戶 집 호)인 **장소(場所)**.

研究所 연구소

淚 눈물 루 (水)
집(戶)에 갇힌 개(犬)가 흘리는(氵) **눈물**.

落淚 낙루
催淚 최루

啓 가르칠 계 (口)
마음의 문(戶)을 열도록 회초리로 치거나(攵 칠 복) 말(口)로 타이르며 **인도하다, 가르치다**.

啓蒙 계몽
啓示 계시

手 손 수

❶ 4획

손 모양을 본뜬 글자.

拜 절 배 (手)
두 손(手)을 합하여 **절하다**.

歲拜 세배
崇拜 숭배

拙 못날 졸 (手)
솜씨(扌)가 들쭉날쭉(出)하지 **못하다, 못나다**.

拙劣 졸렬
拙速 졸속

攝 잡을 섭 (手)
손(扌)으로 귀를 끌어당겨 소곤거리는(聶 소곤거릴 섭) 모양에서 자기 쪽으로 끌어 **잡는다**.

攝取 섭취
攝政 섭정

探 찾을 탐 (手)
손(扌)으로, 숨은(冖 덮을 멱) 인재(儿 어진사람 인)를 찾듯이, 쓸 만한 목재(木材) 등을 **찾는다**.

探査 탐사
探究 탐구

深 깊을 심 (水)
물(氵)이 나무(木) 위에 서 있는 사람(儿 어진사람 인)을 덮을(冖 덮을 멱) 정도로 **깊다**.

深夜 심야
水深 수심

支 가를 **지**	갈라진 대나무 가지(十)를 손(又 손 우)에 쥐고 있는 모양에서 가르다, 지탱(支撐)하다. 支이 부수로 쓰이는 실용한자는 없음.	❶ 4획
枝 木 가지 **지**	나무(木)에서 갈려(支) 나온 **나뭇가지**.	枝葉末端 지엽말단
技 手 재주 **기**	손(扌)이 갈라져(支) 있어 부릴 수 있는 **재주**.	技能 기능 技藝 기예
肢 肉 사지 **지**	몸통(月 육달 월)에서 갈려(支) 나온 **팔다리**. 여기서 月이 '달'의 뜻이 '목 밑 신체부분'을 나타냄.	折肢 절지 四脂 사지

攵 칠 **복**	사람(𠂉)이 뭔가 들고 이리(丿)저리(㇏) 치다. 攵=攴(두드릴 복)	❶ 4획
攻 攵 칠 **공**	장인(工)이 연장 들고 치듯(攵) 상대방을 **치다**.	攻擊 공격 專攻 전공
敎 攵 가르칠 **교**	말을 주고받으면서(爻 엇걸릴 효) 또는 회초리로 치면서(攵) 아이들(子)에게 **가르치다**.	敎育 교육 敎師 교사
敲 攴 두드릴 **고**	손을 높이(高 높을 고) 들어 **두드린다**(攴). 推敲 僧敲月下門(스님이 달 아래 문을 두드린다)는 시의 문구 중 推(밀다)가 나을지 敲(두드리다)가 나을지 생각하다 敲로 했다는 데서, 자구(字句)를 고친다는 뜻. 推 밀 퇴, 밀 추	推敲 퇴고

文 글월 문	획을 이리저리 그어 만든 글자, 글씨 또는 무늬를 뜻한 글자. 글월 : 글, 문장, 편지의 뜻	❶ 4획
紋 糸 무늬 문	실(糸)로 이리저리(文) 수놓은 것이 **무늬** 같음.	指紋 지문 波紋 파문
憫 心 불쌍히여길 민	마음(忄)으로 대문(門)에 붙어 있는 조문(弔文)을 보고 **불쌍히 여기다**.	憐憫 연민 憫惘 민망
斑 文 얼룩 반	구슬(王=玉)이나 옥(王)에 글(文) 쓰면 **얼룩**처럼 보인다.	斑點 반점

斗 말 두	곡식의 양을 헤아리는 말의 모양. 한 말은 열 되로 18리터.	❶ 4획
料 斗 헤아릴 료	쌀(米 쌀 미)을 말(斗)로 담아 **헤아린다**.	料金 요금 材料 재료
斜 斗 기울 사	사람(人)의 두(二) 작은(小 작을 소) 손으로 곡식을 말(斗)에 수북이 담으면 '人' 모양이 되어 비스듬히 흘러내리는데 이를 가리켜 **기울다**는 뜻.	斜線 사선 傾斜 경사
科 禾 나눌 과	곡식(禾 벼 화)을 말(斗)로 담아 **나누다**.	科目 과목 科學 과학
魁 鬼 우두머리 괴	사악하며(鬼) 말(斗)과 같이 머리가 큰 **우두머리**.	首魁 수괴

斤 도끼 **근**	도끼의 모양으로 끊다, 베다, 무기의 뜻. 도끼날을 저울추로 사용했던 데서 무게의 단위인 '근'의 뜻.	❶ 4획

斥 斤 물리칠 척	도끼(斤)로 내려쳐(`찍을 주) **물리친다**.	排斥 배척 斥邪 척사
訴 言 하소연할 소	말(言)로 억울함을 **하소연하다**.	告訴 고소 訴訟 소송
新 斤 새로울 신	도끼(斤)로 자른 나무(木) 위에 돋아난(立 설 립) 싹이 **새롭다**.	新生 신생 新聞 신문

方 사방 **방**	쟁기 모양으로 이것이 나아가는 방향을 뜻함. '모방'이라고도 하는데, 이는 붙인 배 두 척의 네 군데의 모퉁이를 말함.	❶ 4획

旅 方 나그네 려	사방(方)으로 뻗어나가는 뿌리(氏)처럼 사방을 돌 아다니는 사람(人)인 **나그네**. 氏(성씨 씨) 뻗어 나가는 뿌리 모양.	旅行 여행 旅客 여객
族 方 겨레 족	크기나 모양 비슷한 화살(矢 화살 시) 같이, 같은 방향(方)에 모여 함께 사는 사람(人) 무리인 **겨레**.	家族 가족 民族 민족
施 方 베풀 시	뱀(也 뱀 야)이 똬리를 풀고 움직이듯, 사방(方)으 로 사람(人)이 힘써 **행하여 베풀다**. 也는 뱀이 몸을 둥글게 만 모양.	施設 시설 施行 시행

无 없을 무	天(하늘 천)의 변형자로, 하늘은 텅 비어 아무것도 없음의 뜻.	❶ 4획

旣 无 이미 기	흰(白 흰 백) 쌀밥을 수저(匕←匙 숟가락 시)로 퍼서 먹어 **이미 없다**(无).	旣往之事 기왕지사
槪 木 대강 개	전체를 만들기 전에 나무(木)로 이미(旣) 모양을 **대강 만듦**의 뜻.	槪念 개념 槪論 개론
慨 心 슬플 개	이미(旣) 지난 일의 아쉬움에 마음(忄)이 **슬프다**.	慨歎 개탄 憤慨 분개

日 날 일	해 모양으로 밝다, 따뜻하다, 날씨 등의 뜻.	❶ 1획

明 日 밝을 명	낮은 해(日)가, 밤은 달(月)이 있어 **밝다**.	明暗 명암 明晳 명석
盟 皿 맹세할 맹	명확히(明) 하기 위해 그릇(皿 그릇 명)에 피를 담아 마시며 **맹세하다**.	盟誓 맹서 同盟 동맹
曇 日 흐릴 담	해(日)를 구름(雲 구름 운)이 가려 **흐리다**.	晴曇 청담

		❶ 4획
曰 말할 **왈**	입(口) 안의 혀(一)를 움직여 **말하다**.	

會 曰 모일 **회**	사람(人)들이 하나(一)의 작은(小) 장소(口)에 모여 서로의 의견을 말한다(曰)는 데서 **모이다**.	會議 회의 會社 회사
最 曰 가장 **최**	말한(曰) 바를 행동으로 취하는(取 취할 취) 것이 최고라는 데서 **가장**의 뜻.	最高 최고 最上 최상
替 曰 바꿀 **체**	두 사내(夫 사내 부)가 말(曰)을 주고받으며 하던 일 등을 대신하여 **바꾸다**는 뜻.	交替 교체 代替 대체

		❶ 4획
月 달 **월**	달 모양으로 **밝다**, 세월의 뜻.	

有 月 있을 **유**	가느스름한(丿) 하나(一)의 초승달(月)도 해처럼 빛을 **가지고 있다**.	有無 유무 有利 유리
朝 月 아침 **조**	서녘으로 달이(月)질 때 나뭇가지(十十) 사이로 떠오르는 해(日) 모양에서 **아침**을 뜻한 자.	朝夕 조석 朝刊 조간
潮 水 조수 **조**	아침(朝)에 밀려들었다 나가는 바닷물(氵).	潮流 조류 滿潮 만조

木 나무 목	서 있는 나무.	❶ 4획
本 木 밑 본	나무(木)의 아래(一) 부분인 **뿌리**. 뿌리라는 데서 **근본(根本)**. 학문(學問)의 근본인 **책**.	基本 기본 讀本 독본
李 木 자두나무 리	나무(木)에서 아들 같이 귀한 열매(子 열매 자)가 여는 **자두나무**, **성씨**.	桃李 도리 李氏 이씨
樹 木 심을 수	많은(十) 음식을 제기(豆 제기 두)에 세워 올려놓 듯, 나무(木)를 손(寸 마디 촌)으로 **심는다**.	樹木 수목 植樹 식수

欠 하품 흠	입을 크게 벌리며 사람(人)이 하는 하품.	❶ 4획
吹 口 불 취	입(口)을 크게 벌려(欠) **불다**.	吹打 취타 鼓吹 고취
欲 欠 바랄 욕	갈라진 골짜기(谷 골 곡)와 같이, 입 벌리고(欠) 먹고 싶은 마음이라는 데서 **바라다**, **탐하다**.	欲求 욕구 欲情 욕정
欽 欠 공경할 흠	윗사람의 말을 금(金)과 같이 여겨 몸을 구부려(欠) 듣는 모양에서 **공경하다**. 欽欽心書 (조선 정 약용의 저서로) 죄수를 다루는 일에 경솔한 당시에, 관리가 죄수를 다루거나 유의할 점을 적은 책.	欽慕 흠모 欽欽心書 흠흠심서
宥 宀 너그러울 유	집(宀 집 면)에 재물이 풍족해(有) 마음이 **너그 럽다**.	宥和政策 유화정책

止 그칠 지	사람이 멈추어 선 모양에서 **그치다**. 두 발.	❶ 4획
正 止 바를 정	두 발(止)을 한데(一) 모아 **바르게** 서 있는 모양.	正義 정의 正直 정직
企 人 세울 기	사람(人)이 멀리 내다 볼 때 발(止) 뒤꿈치를 들어 보듯, 멀리 내다보고 계획 등을 **세우다**.	企劃 기획 企業 기업
肯 肉 즐길 긍	서서(止) 고기(月=肉)를 맛있게 먹으며 **즐기다**.	肯定的 긍정적

歹 뼈앙상할 알	뼈(一)에 살(夕 고기조각 석)이 조금 붙은 **뼈**, 죽음. '죽을사변'이라고도 함. 歹=歺	❶ 4획
死 歹 죽을 사	뼈만 앙상히(歹) 남아 굽어(匕 굽은사람 비) **죽다**.	死亡 사망 死因 사인
葬 艹 장사지낼 장	죽은(死) 이를 들어(廾 들 공) 풀(艹)로 덮어 **장사(葬事)지내다**.	葬禮 장례 葬地 장지
殉 歹 따라죽을 순	사람이 죽으면(歹) 열흘(旬 열흘 순) 안에 **따라 죽는다**.	殉葬 순장 殉國 순국

		❶ 4획
殳 칠 수	창이나 몽둥이(几 책상 궤)를 손(又 손 우)에 들고 치다. '갖은둥글월문'이라고도 함	

殺 殳 죽일 살 감할 쇄	나무(木)를 찍고(丶) 베듯(乂 벨 예) 무기로 쳐(殳)서 **죽인다**. 상대나 적을 죽여 그 수를 **감하다**.	殺生 살생 相殺 상쇄
段 殳 계단 단	비스듬히(丿) 세워(丨) 층지게(三) 잘 다듬어(殳) 만든 **계단(階段)**.	段落 단락 手段 수단
毀 殳 헐 훼	장인(工 장인 공)이 만든 절구(臼 절구 구)에 곡식을 찧으니(殳) 절구가 **헐어지다**, **못쓰게 되다**.	毀損 훼손 毀謗 훼방

		❶ 4획
毋 말 무	입(口)을 막아(十) 말을 못하게 하다.	

毒 毋 독 독	하나(一)의 버섯을 땅(土)에서 따서 먹었는데 독버섯이라 말을 못한다는(毋) 데서 **독**의 뜻.	毒藥 독약 毒性 독성
每 毋 항상 매	사람(人)은 항상 어머니(母)를 그리워하다는 데서 **항상**의 뜻.	每日 매일 每番 매번
梅 木 매화 매	나무(木) 중 해마다 항상(每) 아름다운 꽃이 피는 **매화**.	梅實 매실 梅花 매화

比 견줄 비	두 사람을 나란히 세워놓고 비교함. 比가 부수로 쓰이는 실용 한자는 없음.	❶ 4획
批 手 비평할 비	손(扌)으로 지적하여 비교하며(比) **비평하다**.	批判 비판 批評 비평
混 水 섞일 혼	흐르는 물(氵)은 다 같이 모두(昆 모두 곤) **섞인다**. 昆 해(日)는 비교하지(比) 않고 모두를 비춤.	混合 혼합 混雜 혼잡
庇 广 덮을 비	집(广 집 엄) 물건을 가지런히(比) **덮어** 보관함.	庇護 비호
毖 比 삼갈 비	장단점(長短點)이나 좋고 나쁨을 함부로 비교(比)함을 **삼가다**.	懲毖 징비

毛 터럭 모	짐승의 꼬리털이나 새의 깃털을 본뜬 자.	❶ 4획
毫 毛 가는털 호	높고(高 높을 고) 길게 자란 **가는 털**(毛).	毫毛 호모 秋毫 추호
尾 尸 꼬리 미	동물이 죽어도(尸 주검 시) 유용하게 쓰이는 털(毛)이 있는 부분인 **꼬리**.	尾行 미행 交尾 교미
毬 毛 공 구	털(毛)을 구해(求 구할 구) 단단하고 둥글게 뭉쳐 겉을 가죽으로 싸서 만든 **공**.	擊毬 격구

			❶ 4획
氏 성씨 씨	나무뿌리가 뻗어나가는 모양과 같이 뻗어나가는 사람의 성씨.		

民 氏 백성 민	여러 성씨(氏)가 한(一) 덩어리가 되어 만든 나라의 뿌리인 **백성(百姓)**의 뜻.	民心 민심 國民 국민
眠 目 잘 면	눈(目)을 감고 백성들이(民) **잠을 자다**는 뜻.	睡眠 수면 冬眠 동면
紙 糸 종이 지	실(糸 실 사) 같이 가는 섬유질이 뿌리(氏) 처럼 줄을 이루며 만들어진 **종이**.	紙面 지면 白紙 백지
脈 肉 줄기 맥	몸(月=肉)에, 언덕(厂 언덕 한)에 뻗어 나온 나무뿌리(氏) 같이, 뻗어 있는 **혈맥(血脈)**이나 **줄기**.	動脈 동맥 山脈 산맥
派 水 갈래 파	물(氵)이 언덕(厂)에서 뿌리(氏)처럼 여러 **갈래**로 흐름.	派生 파생 宗派 종파

			❶ 4획
气 기운 기	피어오르는 수증기 모양으로 뻗어나가는 기운. 부수로 부를 때는 '기운기엄'라 함.		

氣 气 기운 기	밥(米 쌀 미) 지을 때 피어오르는 증기(气)가 나중에 구름, 비가 된다는 데서 **기후(氣候)**. 또는 피어오르는 증기 같이 솟는 **기운**.	氣力 기력 氣勢 기세
汽 水 증기 기	수증기(氵)가 피어오르는(气) 모양에서 **증기(蒸氣)**. '엄'이라 함은 글자에서 부수가 글자를 감싸는 모양. 예). 厂 广 尸 气 疒 → 厄 庫 居 氣 病	汽車 기차 汽船 기선

水 물 수	흐르는 물을 보고 그린 글자. 水 = 氺 水 = 氵 : '삼수변'이라 부름	❶ 4획
永水 길 영	한(丶) 줄기로 시작된 물(水) 줄기가 **길게** 흐름.	永久 영구 永遠 영원
氷水 얼음 빙	물(水)이 얼어 한(丶) 덩어리가 된 **얼음**.	氷山 빙산 氷壁 빙벽
漆水 칠할 칠	옻나무(桼 옻나무 칠)의 진(氵)으로 **옻칠하다**. 桼 나무(木)에서 흐르는(八) 진(氺)을 나타냄.	漆器 칠기

火 불 화	타오르는 불 모양으로 **불, 타다, 태우다**의 뜻. 火 = 灬 : '불화발'이라 부름.	❶ 4획
災火 재앙 재	흐르는 물(巛=川 내 천)과 불(火)에 의한 **재앙**.	災難 재난 火災 화재
焦火 그을일 초	새(隹 새추)를 불(灬=火)로 굽는 모양에서 **태우다, 그을리다**.	焦眉 초미 焦燥 초조
燕火 제비 연	머리(卄)·몸통(口)·양 날개(北)·갈라진 꼬리(灬)를 본떠 **제비**.	燕雀 연작 燕尾服 연미복
焚火 불사를 분	장작(林) 쌓은 후 불(火) 태운다 하여 **불사르다**. 焚書 진나라 때 책을 불사르고(BC213) 坑儒 선비들을 구덩이에 파묻어 죽인 사건.	焚身 분신 焚書坑儒 분서갱유

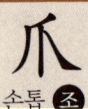

爪 손톱 조	긁어당기는 손톱을 본뜬 글자. 爪 = 爫 '손톱조머리'라 부름.	❶ 4획
妥 女 어루만질 타	손(爫)으로 여자(女)를 **어루만져** 달래듯이, **상황**(狀況)이나 형편(形便)을 좋게 한다.	妥協 타협 妥結 타결
爭 爫 다툴 쟁	손톱(爫)과 손(크 손 계)으로 서로 할퀴듯(亅갈고리 궐) **다투다**.	爭取 쟁취 戰爭 전쟁
爵 爫 벼슬 작	손(爫)으로 그물(罒 그물 망)처럼 음식(食의 축약)을 펼쳐 차려 놓고 법도(寸) 있게 제사를 지내는 **벼슬**.	爵位 작위 公爵 공작

父 아비 부	회초리 들고 있는 아버지. 父가 부수로 쓰이는 실용 한자는 없음.	❶ 4획
釜 金 가마솥 부	솥 중에서 아비(父)격이라 보는 쇠(金)솥인 **가마솥**. 釜中生魚(부중생어) 오래도록 밥을 짓지 못하여 솥 안에 물고기가 생긴다는 뜻으로, 극빈(極貧)의 비유.	釜山 부산
斧 斤 도끼 부	아비(父)가 사용하는 **작은 도끼**(斤 도끼 근). 磨斧作針(마부작침) 어려운 일도 참고 계속하면 언젠가는 이루어짐. 시인 이태백이 공부가 싫증 나 하산하다 냇가에서 바늘을 만들려고 도끼를 갈고 있는 한 노파를 만났다. "언제 되겠냐"는 말에 할머니는 "되고말고, 중도에 그만두지만 않는 다면..." 이 말에 태백은 반성한 후 다시 학문에 매진했다는 故事.	斧鉞 부월 鉞 큰 도끼

爻 엇걸릴 **효**	엇걸려 있는 모양에서 주고받거나, 사귀다는 뜻.	❶ 4획

學子 배울 학	양쪽(臼)으로 마주보고 앉아 서로 주고받으며(爻) 집(冖)이나 학교에서 아이들(子)이 **배우다**.	學業 학업 學文 학문
覺見 깨달을 각	보고(見 볼 견) 배워(學) **깨닫는다**.	覺悟 각오 錯覺 착각
爽爻 시원할 상	크게(大) 틈난(爻 爻) 사이로 빛살이나 바람이 들어와 **시원하다**.	爽快 상쾌

爿 널빤지 **장**	통나무를 둘로 쪼갤 때 생기는 왼쪽 모양으로 길쭉한 널빤지. 將(장수 장)에 들어 있어 '장수장변'이라고도 함.	❶ 4획

壯士 씩씩할 장	널빤지(爿) 같이 몸이 크고 선비(士) 같은 기상을 지닌 젊은이의 **씩씩함**.	壯士 장사 壯年 장년
將寸 장수 장	널빤지(爿) 같이 신체(月 육달 월)가 크고 법도(寸 법도 촌) 있게 부하를 다스리는 **장수(將帥)**.	將軍 장군 將兵 장병
奬大 권할 장	장수(將)처럼 크게(大) 잘 되라고 **권하다**.	奬勵 장려 勸奬 권장
 모양 상 문서 장	널빤지(爿)로 된 문 옆에 개(犬)가 있는 **모양**. 큰 (爿) 개(犬)에게 명령 내리듯, 윗사람이 내리는 내용 적힌 **문서**.	狀況 상황 令狀 영장

片 조각 **편**	통나무를 둘로 쪼갰을 때 생기는 오른쪽의 작은 조각 모양. 爿은 좁고 긴 널빤지. 片은 가로, 세로가 비슷한 크기의 **나무판**.	❶ 4획

版 片 인쇄할 판	판목(片으로 반복하여(反) 책 등을 **인쇄하다**. 反(반복할 반) : 벼랑(厂)을 오를 때 손(又)으로 무언가를 반복(反復)해서 잡으며 올라간다는 뜻.	**版畫** 판화 **出版** 출판
牒 片 서찰 **첩**	나무(木) 조각(片)에 써 세상(世) 사람에게 알리는 **글, 편지**.	**通牒** 통첩 **請牒** 청첩
牌 片 패 **패**	나무 조각(片)을 깎아 작게(卑) 만든 **패**.	**賞牌** 상패 **門牌** 문패

牙 어금니 **아**	뾰족한 어금니를 그린 글자. 또는 코끼리의 상아(象牙) 모양.	❶ 4획

芽 艹 싹 **아**	어금니(牙)처럼 돋아나는(艹) 어린 **새싹**.	**發芽** 발아 **麥芽** 맥아
雅 隹 우아할 **아**	새(隹 새 추) 어금니(牙)는 **아담하며 아름답다**.	**雅淡** 아담 **優雅** 우아
邪 邑 간사할 **사**	어금니(牙)처럼 드러나지 않는 고을(阝)에 숨어 사는 사람은 **사악·간사**한 경향이 있다.	**邪惡** 사악 **奸邪** 간사

牛 소 우

소를 옆에서 보고 그린 글자.
牛자를 넓게 써 보면 소 모양이 됨. 牜 소

❶ 4획

牧 牛
기를 목
다스릴 목

소(牛)를 먹이 있는 곳으로 모는(攵 칠 복) 모양에서 기르다. 소를 이끌어 가듯 사람을 바른 길로 이끌며 **다스린다**.

牧童 목동
牧師 목사

件 人
조건 건

사람(亻)이 소(牛) 고를 때 따지는 여러 **조건(條件)**.

事件 사건
用件 용건

遲 辶
늦을 지

무소(犀 무소 서)는 천천히 걸어(辶 걸을 착) **느리다**.
犀 갑옷 입은 모양을 한 소(牛)인 코뿔소.

遲刻 지각
遲延 지연

牽 牛
이끌 견

검은(玄 검을 현) 천을 덮어(冖 덮을 멱) 소(牛)를 끌다.

牽引 견인
牽制 견제

犬 개 견

앞발 들고 있는 개. 개 크기 정도의
네발짐승이나 좋지 않은 뜻.
犬 = 犭 '개사슴록변'이라 하며, 사슴(鹿 사슴 록)의 뿔 모양.

❶ 4획

伏 人
엎드릴 복

사람(亻)이 개(犬)처럼 **엎드리다**.

伏兵 복병
伏線 복선

狂 犬
미칠 광

개(犭)가 폭군(王)처럼 날뛴다 하여 **미치다**.

狂氣 광기
發狂 발광

獻 犬
바칠 헌

범(虍 범 호)의 발 같은 다리가 달린 솥(鬲 솥 력)에 개고기(犬)를 담아 **바친다**.

獻身 헌신
獻血 헌혈

늙을 **로**	땅(土)에 지팡이(丿)를 짚고 있는 노인. 부수로 부를 때는 '늙을로엄'이라 함.	❶ 4획
老 耂 늙을 로	늙어(耂) 등이 굽은(匕) 노인에서 **늙음**을 나타냄.	老馬之智 노마지지
者 耂 사람 자	늙으면(耂) 백발(白)이 되어 죽는 모든 **사람**.	仁者無敵 인자무적
考 耂 깊이생각 할 고	노인(耂)이 막힌(丂 막힐 고) 일에 대하여 **깊이 생각한다**.	思考 사고 考慮 고려

艹 풀 **초**	흙을 뚫고 나온 풀이나 꽃을 그린 자. 艹은 3획이 아닌 4획(艹)임. 부수로 부를 때는 草(풀 초)의 머리 부분이라 하여 '초두'라 함.	❶ 4획
草 艹 풀 초	땅에서 가장 일찍(早 일찍 조) 돋아나는(艹) 풀. 草露 풀잎에 맺힌 이슬. 짧게 왔다가는 인생을 비유.	草露 초로 草食 초식
早 日 일찍 조	해(日)가 지평선(一)을 뚫고(丨 뚫을 곤) **일찍** 뜸.	早期 조기 早退 조퇴
英 艹 뛰어날 영	초목(艹)에서 꽃의 중심부인(央 가운데 앙) 꽃부리가 가장 아름다워 **뛰어나다**.	英才 영재 英國 영국

			4획
辶 갈 **착**	쉬엄쉬엄 멀리 걸어가는 모습에서 **가다**. 글자 밑에 받침처럼 쓰여 '책받침'이라고도 함.		

近 辶 가까울 근	도끼(斤)를 들고 다니는(辶) 거리는 보통 **가깝다**.	近視眼 근시안
送 辶 보낼 송	타고난 팔자(八)나 하늘(天)의 뜻에 따라 갈(辶) 것은 **보낸다**.	送年 송년 放送 방송
遷 辶 옮길 천	물건을 싸고 덮어(覀 덮을 아) 큰(大) 발걸음 (巳 무릎 절)으로 간다(辶) 하여 **옮기다**는 뜻.	遷都 천도 左遷 좌천

			5획
玄 검을 **현**	중국 하늘을 덮고(亠) 있는 작은(幺 작을 요) 알갱이 황사(黃砂)가 가물가물하게 보이거나, 햇빛을 가려 그 빛이 어두움을 뜻한 글자.		

率 玄 거느릴 솔 비율 률	머리 검은(玄) 사람을 여기저기서 많이 모아(十) **거느리다**. 잘 거느리기 위해 일정하게 나눈다 하여 **비율(比率)**의 뜻.	統率 통솔 確率 확률
絃 糸 악기줄 현	현악기 줄(糸) 튕길 때 가물거리는(玄) **악기줄**.	管絃樂 관현악
弦 弓 활시위 현	활(弓 활 궁)의 양귀를 연결한 검은(玄) **활줄**.	上弦 상현 下弦 하현
眩 目 아찔할 현	눈(目) 앞이 깜깜하니(玄) **아찔하다**.	眩氣症 현기증

玉 구슬 **옥**	구슬 여러(三) 개를 꿴(丨) 모양. 王(임금 왕)자와 혼동 피하기 위해 점(丶)을 덧붙임. 글자 안에서 王자는 대개 玉의 뜻으로 쓰인 것임.. 구슬		❶ 5획

王 玉 임금 **왕**	한(一) 곳의 땅(土)을 다스리는 **왕**.	王冠 왕관 王權 왕권
現 玉 나타날 **현**	옥돌(王)을 갈고 닦고 보니(見) 아름다운 빛깔이 **나타난다**. 이러한 아름다움이 보이는 **지금**, 또는 **현재**.	現狀 현상 現代 현대
班 玉 나눌 **반**	증표로 주려고 쌍옥(王王)을 칼(刂)로 **나누다**.	班長 반장 兩班 양반
琢 玉 쫄 **탁**	구슬(玉)을, 멧돼지(豕 돼지 시)가 나무를 찍듯(丶 찍을 주), 다듬기 위해 **쪼다**.	切磋琢磨 절차탁마

瓜 오이 **과**	끝이 구부러진 오이가 매달려 있는 모양.	❶ 5획

孤 子 외로울 **고**	오이(瓜) 덩굴이 먼저 마르고 오이만 남듯, 부모를 일찍 잃고 홀로 남은 아이(子)가 **외롭다**.	孤獨 고독 孤兒 고아
弧 弓 활 **호**	오이(瓜)처럼 **굽어있는 활**(弓 활 궁).	括弧 괄호
狐 犬 여우 **호**	짐승(犭 짐승 견) 중 등이 구부정한(瓜) **여우**. 狐假虎威 여우가 범의 위세를 빌어 호기를 부린다.	狐假虎威 호가호위

			❶ 5획
瓦 기와 **와**	엇걸려 물려 있는 기와를 보고 그린 글자.		
瓶 瓦 병 병	기와(瓦))와 함께(幷 합할 병, 6획) 굽는 **병**.		花瓶 화병 酒瓶 주병
瓷 瓦 그릇 자	기와(瓦)를 먼저 굽고 다음(次 다음 차)에 굽는 **도자기**.		靑瓷 청자 瓷器 자기
甕 瓦 독 옹 막을 옹	제비가 지붕(宀) 아래 집을 지어 어린(幺 작을 요) 새끼 새(隹 새 추)를 보호하며 기르듯, 보호(保護)가 필요해 기와(瓦) 만드는 흙으로 구워 만든 **독**.		甕器 옹기 鐵甕城 철옹성

		❶ 5획
甘 달 **감**	입(口) 속 혀(一)로 단맛을 보는 모양.	
甚 甘 심할 심	달콤(甘)함에 한 쌍(匹 짝 필)이 **심하게** 빠지다.	甚深 심심 極甚 극심
紺 糸 감색 감	실(糸 실 사)에 과일처럼 단맛(甘)이 나게 하는 색을 물들인 데서 나온 색인 **감색**.	紺色 감색 紺靑 감청
嵌 山 새겨넣을 감	단(甘) 것을 입(欠 하품 흠)에 넣듯, 파인 산(山) 골짜기처럼 표면에 무늬를 **파고 새겨 넣음**. 象嵌靑瓷 (물체) 표면에 무늬를 파고 그 속에 금, 은, 자개등 다른 재료를 부어 채우거나 끼워 만든 청자.	象嵌靑瓷 상감청자

生 날 생	싹이 땅(土)을 뚫고 돋아나는 모양에서 낳다.		❶ 5획
産 生 낳을 산	언덕(厂 언덕 한)에 나서 서(立) 있는 풀처럼 사람이 자식을 **낳는다(生)**와 생산(生産)하다.	産母 산모 産業 산업	
甥 生 남자조카 생	누이가 낳은(生) 남자(男 사내 남) **조카**.	甥姪 생질	
隆 阜 솟을 륭 클 륭	언덕(阝)을 서서히(夊 뒤져올 치) 오르듯, 태어난 한(一) 생명(生)도 **위로 솟듯 크게** 자란다.	隆起 융기 隆崇 융숭	
用 쓸 용	점통(冂) 돌리다 하나 뽑아 점을 쳐서 맞으면(中 맞힐 중) 그 일을 힘써 한다. 글자 안에서는 '빙글빙글 돈다'는 뜻도 있음.		❶ 5획
備 人 갖출 비	사람(亻)이 언덕(厂 언덕 한)에 난 풀(艹)을 베어 쓰기(用) 좋게 **갖추어 둔다**.	準備 준비 完備 완비	
庸 广 쓸 용	집(广 집 엄)에서 필요한 일손(彐)을 쓴다(用)는 데서 **사람을 쓰다**.	登庸 등용 中庸 중용	
傭 人 품삯 용	사람(亻)을 쓸(庸)때 주는 **품삯**.	傭兵 용병 雇傭 고용	
田 밭 전	여러 갈래로 구분 지어져 있는 밭이나 논.		❶ 5획
鈿 金 비녀 전	금속(金)으로 만든, 정렬된 밭(田)처럼 단정하게 쪽진 머리에 꽂는, **비녀. 나전 세공**. 螺 소라 라	螺鈿漆器 나전칠기	

畜 田
기를 축
털이 검은(玄 검을 현) 염소를 기르는 밭(田) 모양에서 가축(家畜)을 **기르다**.

畜産 축산
牧畜 목축

蓄 艹
쌓을 축
기르는(畜) 가축에게 먹일 풀(艹)을 **쌓아 둔다**.

備蓄 비축
貯蓄 저축

畓 田
논 답
물(水)이 차 있는 밭(田), 즉 **논**.   沃 기름질 옥

門前沃畓
문전옥답

踏 足
밟을 답
발(𧾷)을 거듭하여(沓 거듭 답) **밟는**다.
沓 물(水)이 흐르듯 말(曰)을 거듭하다.

踏步 답보
踏査 답사

疋
발 소
❶ 5획

발목에서 발끝까지의 모양으로 발을 뜻한 글자.
疋 = 龰

疏 疋
드물 소
발(龰)로 나무 다발 누르고 묶은(束 묶을 속) 것이 엉성하여 **성기다. 드물다. 트이다.**   疎 = 疏

疎外 소외
疎脫 소탈

疑 疋
의심할 의
비수(匕 비수 비)나 화살(矢 화살 시)을 가지고 다니니(疋) **의심(疑心)한다**.

疑問 의문
疑惑 의혹

礎 石
주춧돌 초
집을 지을 때 돌(石)을 나무기둥(林)의 발(疋)처럼 괴어놓는 **주춧돌**. 여기서 **사물의 기초(基礎)**의 뜻.

礎石 초석

旋 方
돌 선
사방(方)으로 사람(𠂉)이 발(疋 발 소)로 **돌아다닌다**.

旋回 선회
旋盤 선반

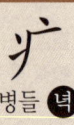 병들 녁	집(广 집 엄)에 찬바람(冫 얼을 빙)이 들어와 병들다.	❶ 5획
病 广 병들 병	병들어(广) 몸에서 열(丙 남녘 병)이 나는 병.	病院 병원 問病 문병
丙 一 남녘 병	한(一) 사람(人)이 성곽(冂 성곽 경)에 올라 북녘을 바라보는 이곳은 남녘. 丙子胡亂 1636년 병자년 12월, 청나라의 침략.	丙子胡亂 병자호란
症 广 증세 증	어떤 병(广)인지 정확히(正) 알 수 있는 **증세**.	痛症 통증 症勢 증세

걸을 발	두 발을 벌리고 걸어 나가는 모양. '필발머리'라고도 함(發 필 발).	❶ 5획
登 癶 오를 등	발판(豆) 밟고 오르는(癶) 모양에서 **오르다**. 豆를 넓게 써보면 발판 모양이 됨.　　豆 登龍門 용문에 오른다는 뜻으로, 입신출세의 어려운 관문. 용문은 황하 상류에 있는 물살이 매우 빠른 협곡인데 여기를 잉어가 거슬러 올라가면 용이 될 수 있다는 전설에서 유래. 登山(등산)	登龍門 등용문
燈 火 등불 등	불(火)을 켜서 높은 곳에 올려(登) 두는 **등불**.	燈火 등화 電燈 전등
癸 癶 열째천간 계	하늘(天)을 덮고(癶) 있는 **열째 천간**(天干).	癸丑日記 계축일기

白 흰 **백**	해(日)에서 뻗어 나오는(ノ) 빛이 희다. 누에고치 입(日)에서 나오는(ノ) 실이 희다. 또는 깨끗하게 말하다.		❶ 5획

的 白
과녁 적

흰(白) 동그라미 한가운데 검은 점(丶)을 싸고(勹 쌀 포) 있는 **과녁**.

標的 표적
的中 적중

皇 白
황제 황

임금(王) 위에서 말하는(白 말할 백) **황제(皇帝)**.

皇室 황실
敎皇 교황

碧 石
푸를 벽

흰(白)빛을 띠는 **푸른빛**의 옥(王 = 玉) 돌(石).
桑田碧海 뽕밭이 변해 푸른 바다가 됨. 세상이 전혀 딴판으로 바뀜. 세상이 덧없이 바뀜.

桑田碧海
상전벽해

皮 가죽 **피**	짐승의 가죽을 손(又 손 우)으로 당겨(丨) 벗기는 모양으로, 보통 털이 붙어 있는 날가죽을 의미함.		❶ 5획

疲 疒
피로할 피

아픈(疒 병들 녁)것 처럼 겉(皮)에 보이는 **피로**.

疲困 피곤
疲勞 피로

被 衣
입을 피

옷(衤 옷 의)을 겉(皮)에 **입는다**.

被服 피복
被害 피해

披 手
펼 피

손(扌)으로 가죽(皮)을 벗겨 쫙 **펼친다**.
披露宴 (결혼 등을) 널리 알리는 뜻으로 베푸는 잔치.

披露宴
피로연

			❶ 5획
皿 그릇 명	위가 넓고 받침이 있는 그릇.		

盜皿 훔칠 도	그릇(皿)의 것이 탐나 입을 벌리고(欠 하품 흠) 침(氵)을 흘리는데서 도둑이나 **훔치다**.	盜難 도난 盜賊 도적
溫水 따뜻할 온	물(氵)을 죄수(囚 가둘 수)에게 그릇(皿)에 떠주는 마음이 **따뜻하다**. 좋은 행위를 몸에 **익히다**. 溫故知新 옛 것을 익히고 그것을 미루어 새로운 것을 앎.	溫室 온실 溫故知新 온고지신
盡皿 다할 진	손(⺕)에 부젓가락(ㄴ)을 들고 불(灬)이 있는 그릇(皿)을 뒤적이는 모양에서 불씨가 **다함**.	盡力 진력 脫盡 탈진

			❶ 5획
目 눈 목	눈을 그린 자로 보다의 뜻이 많음. 目 = 罒 : 누운눈 목 눈		

盲目 소경 맹	볼 수 있는 눈(目)이 없으니(亡 잃을 망) **소경**.	盲人 맹인 盲目的 맹목적
看目 볼 간	손(手)을 눈(目) 위에 얹어 **잘 살펴보다**.	看護 간호 看破 간파
 眉目 눈썹 미	지붕(尸 지붕 시) 같이 위에서 눈(目) 보호하는 털(丨)인 **눈썹**. 焦眉 눈썹에 불이 붙은 것과 같이 매우 위급함의 뜻. 白眉 여러 사람 또는 여러 사물 중 가장 뛰어남. 옛 중국 마씨 집 5형제가 모두 뛰어났으나 그 중 흰 눈썹을 한 마량(馬良)이 가장 뛰어났다 함.	眉間 미간 焦眉 초미 白眉 백미

矛 창 모	긴 자루가 달린 끝이 뾰족한 창.	❶ 5획
矜 자랑 긍	창(矛)을 지금(今 이제 금) 다루니 **자랑스럽다**.	矜持 긍지
柔 木 부드러울 유	창(矛)을 만드는 나무(木)는 보통 잘 부러지지 않고 **부드러움**.	柔軟 유연 柔道 유도
蹂 足 짓밟을 유	발(足)로 밟아 부드럽게(柔) 하듯 **짓밟다**. 躙 짓밟을 린 蹂躙 (남의 권리나 인격 등을) 폭력으로 침해하여 짓밟음.	蹂躪 유린

矢 화살 시	화살 모양. 빠르다와 화살은 활에 비해 짧아 **짧다**는 뜻을 가짐.	❶ 5획
知 矢 알 지	화살(矢)처럼 빨리 대답하거나, 남의 말(口)을 빨리 알아듣는 것은 그것에 대해 **안다**는 뜻.	知識 지식 知能 지능
智 日 슬기 지	아는(知) 것을 밝게(日) 활용하니 **슬기롭다**.	智慧 지혜 智略 지략
短 矢 짧을 단	화살(矢), 콩(豆 콩 두) 모두 **짧다**는 뜻.	短點 단점 長短 장단

石 돌 석	언덕 밑에 굴러 떨어진 돌(口).		❶ 5획

砲石 대포 포	돌(石)을 싸서(包 쌀 포) 쏘는 **대포(大砲)**.	砲彈 포탄 砲兵 포병
硯石 벼루 연	먹 갈 때 잘 보며(見 볼 견) 가는 돌(石)인 **벼루**.	硯墨 연묵 硯滴 연적
拓手 넓힐 척 박을 탁	손(扌)으로 돌(石) 주워내고 농지를 **넓힌다**. 손(扌)으로 돌(石)에 새겨진 글씨를 눌러 **박아내다**.	開拓 개척 干拓 간척 拓本 탁본

示 보일 시 제단 시	제사 지내는 제단 모양으로 제물을 제단에 올려 신에게 보임. 제사, 기원, 바라다는 뜻을 가짐. 示 = 礻 '보일시변'이라 함.	❶ 5획

祝示 빌 축	제사(示)를 올리는 맏형(兄)이 잘 되라고 **빌다**.	祝賀 축하 慶祝 경축
祈示 빌 기	제단(示) 앞에서 두 손을 도끼날(斤 도끼 근)처럼 모아 **빌다**.　　　　　　　　禱 빌 도	祈禱 기도 祈願 기원
社示 모일 사	토지(土) 신에게 제사(示) 지내려 **모이다** 社稷 나라를 세운 후 사직단(社稷壇)을 세우고 땅의 신(社 토지신 사)과 곡식 신(稷 곡식신 직)에게 제사를 지냈던 데서 유래하여 나라, 조정을 뜻하게 됨.	會社 회사 社會 사회 社稷 사직

内 짐승발자국 유

❶ 5획

새나 짐승의 발자국을 본뜬 글자.

禽 内 새 금	날개(人)로 덮고(亠) 있는 가슴(凶←胸 가슴 흉)의 획 줄임)과 다리(内)모양을 나타내 **새**의 뜻.	禽獸 금수 家禽 가금
離 隹 떠날 리	짐승(离 짐승 리), 새(隹 새 추)가 철 따라 **떠남**.	離別 이별 離散 이산
擒 手 사로잡을 금	손(手)으로 새(禽)를 **사로잡는다**. 縱 놓아줄 종	拘禁 구금 七縱七擒 칠종칠금

禾 벼 화

❶ 5획

익으면 고개를 숙이며(丿) 자라는(木) 벼 또는 곡식의 뜻.

和 口 화목할 화	곡식(禾)을 나누어 먹으니(口) **화목(和睦)하다**.	和合 화합 平和 평화
移 禾 옮길 이	벼(禾)를 많이(多) 옮겨 쌓는다는 데서 **옮기다**.	移動 이동 移住 이주
秋 禾 가을 추	벼(禾 벼 화)가, 불(火)에 타듯이 익어가는 **가을**.	秋夕 추석 秋收 추수
愁 心 근심 수	가을(秋)에 겨울을 어찌 날까 하여 마음(心)으로 **근심함**. 옛날 가장 큰 걱정거리는 먹을거리 걱정.	愁心 수심 憂愁 우수
稱 禾 부를 칭	벼(禾)를 손(爫 손톱 조)으로 땅(土)에서 들어 저울(冂)에 달며 중량을 **부른다**.	名稱 명칭 呼稱 호칭

穴
구멍 혈

❶ 5획

비바람을 피할(宀) 수 있게 파헤쳐진(八) 굴이나 구멍.

究 穴 연구할 구	구불구불한(九) 굴 속(穴)을 끝까지 들어가 본다는 데서, **끝까지 파고들어 알아본다.**	研究 연구 探究 탐구
突 穴 갑자기 돌	구멍(穴)에서 개(犬)가 **갑자기** 튀어나오는 모양.	突發 돌발 突出 돌출
窓 穴 창 창	벽에 구멍(穴)을 뚫어 만든 것으로 개개인(厶←私 개인 사)의 마음(心)을 시원하게 하는 **창**.	窓口 창구 同窓 동창

立
설 립

❶ 5획

땅(一)에 두 발로 서 있는 사람의 모습.

竝 立 나란할 병	두 사람이 함께 서(立) 있는 모양이 **나란하다.**	竝列 병렬 竝行 병행
位 人 자리 위	사람(亻)이 서(立) 있는 **자리**.	位置 위치 地位 지위
泣 水 울 읍	눈물(氵)을 흘리며 서서(立) **운다**는 뜻. 泣斬馬謖 울며 마속의 목을 베다. 또는 큰 목적을 위하여 아끼는 사람이라도 처벌하거나 버림. 제갈량이 군령을 어긴 아끼는 부하 장수인 마속의 목을 베게 한 후 돌아와 괴로워하며 울었다는 고사에서 유래.	泣訴 읍소 泣斬馬謖 읍참마속
競 立 다툴 경	서로 서서(立立) 서로가 형(兄兄)이라 **다투다.**	競爭 경쟁 競技 경기

竹 대나무 죽	대나무의 대와 그 잎을 그린 글자. 竹 = ⺮ : '대죽머리'라 함.	❶ 6획
筆 붓 필	대(⺮)로 만든 붓(聿 붓 율) 能書不擇筆(능서불택필) 글씨에 능한 사람은 붓을 가리지 않는다. 지금은 좋은 재료, 재질 도구, 기기, 장비 등도 중요하게 작용함.	筆記 필기 筆力 필력
筋 힘줄 근	대(⺮)처럼 몸(月)에서 힘(力)을 지닌 **힘줄**.	筋肉 근육 筋力 근력
築 지을 축	대(⺮)를 장인(工)이 잘 엮어 지붕을 하여 모두(凡 모두 범) 덮고 나무(木) 기둥을 세워 **짓는다**.	築臺 축대 建築 건축

米 쌀 미	여러 방향으로 흩어져 있는 쌀알 모양.	❶ 6획
迷 헷갈릴 미	길이 여러 방향(米)으로 나 있어 어디로 가야(辶 갈 착) 할지 **헷갈린다**.	迷宮 미궁 迷惑 미혹
菊 국화 국	꽃(艹) 중 쌀(米)을 한줌 쥔(匊) 모양인 **국화**. 匊(줌 국) 손(勹 쌀 포)으로 쌀(米)을 한줌 쥔 모양.	菊花 국화
粧 단장할 장	쌀가루(米) 바르듯 집(广 집 엄)에 흰 흙(土)을 발라 **단장(丹粧)하다**.	化粧 화장 粧飾 장식

糸 실 사	幺(작을 요)와 小(작을 소)의 결합으로, 가는 실을 감은 실타래 모양으로 길다, 잇다, 실로 만든 것. ❶ 6획 絲 실제로 쓰이는 '실 사'.	
絲 糸 실 사	가는 실(糸) 여러 가닥을 꼬아 만든 **실**.	絹絲 견사 綿絲 면사
結 糸 맺을 결	실(糸) 매듭 좋은(吉 좋을 길) 날, 계약 등을 **맺다**. 結者解之 매듭을 맨 사람이 그 매듭을 푼다는 데서, 일을 저지른 사람이 그 일을 해결해야 함.	結婚 결혼 結者解之 결자해지
納 糸 드릴 납	직물(糸)을 짜서 관청에 바친다(內 들일 내) 하여 **드리다**.	納稅 납세 納品 납품
細 糸 가늘 세	뽕밭(田)의 누에에서 나온 실(糸)이 **가늘다**.	細菌 세균 細工 세공

缶 질그릇 부	배가 불룩하고 아가리가 좁은 질그릇. '장군 부'라고도 함. **장군** 물, 술 따위를 담아 옮길 때 쓰는 뚜껑있는 통. ❶ 6획	
陶 阜 질그릇 도	언덕(阝 언덕 부) 아래에 있는 가마에 구은 흙으로 싸서(勹) 만든 그릇(缶)인 **질그릇**.	陶工 도공 陶冶 도야
缺 缶 빠질 결	질그릇(缶)의 일부가 깨졌거나(夬 터놓을 쾌) 이지러졌다는 데서 **빠지다, 모자라다**. 夬 사람(大)이 활(弓)을 당기어 벌어진 데서 터놓다.	缺席 결석 缺陷 결함
寶 宀 보배 보	집(宀 집 면) 안에 있는 그릇(缶)에 들어 있는 값진 구슬(王=玉)이나 재물(貝)이라는 데서 **보배**.	寶物 보물 國寶 국보

网 그물 망	얽혀(ㄨㄨ) 있는 그물의 모양. 网 = 罒 단 '罒'은 5획 그물	❶ 6획
罪 罒 죄지을 죄	결국 법망(罒)에 걸리는 그릇(非 아닐 비)된 **죄**.	罪囚 죄수 犯罪 범죄
罰 罒 벌할 벌	잡힌(罒) 죄인을 꾸짖으며(言) 칼(刂)로 **벌하다**.	刑罰 형벌 罰金 벌금
署 罒 관청 서	그물(罒)로 새를 잡듯, 사람(者)을 잡는 **관청**. 署理 결원 된 직위의 직무를 대신함. 국무총리 서리)	警察署 경찰서 署理 서리

羊 양 양	두 뿔이 나 있는 양의 머리를 앞에서 보고 그린 글자. 羊 = 𦍌 ⺷ 양	❶ 6획
美 羊 아름다울 미	양(羊)이 크고(大) 살쪄 **아름답다**.	美術 미술 美國 미국
群 羊 무리 군	목동(君 사내 군)이 이끄는 양(羊)의 **무리**.	群衆 군중 群島 군도
着 目 붙을 착	양(羊)은 서로 바라보며(目) 의좋게 **붙어** 다닌다는 데서...	着席 착석 着手 착수

羽 깃 우	새의 깃 또는 날개를 그린 글자.		❶ 6획

習 羽 익힐 습	날개(羽)를 움직여 어린(白) 새가 날기를 **익히다**.	學習 학습 習慣 습관
翼 羽 날개 익	깃(羽)이 서로 다른(異 다를 이) 쪽으로 난 **날개**. 右翼 점진적이며 보수·국수적(國粹的)인 입장. 左翼 급진적, 또는 사회주의적·공산주의적 혁신 사상.	右翼 우익 一翼 일익
濯 水 씻을 탁	물(氵)에 깃(羽)을 새(隹 새 추)가 살짝 **씻는다**.	濯足 탁족 洗濯 세탁

而 말이을 이	늙은이의 긴 턱수염 모양. 잔소리가 많은 늙은이의 말이 길게 이어지다. 문장에서 그리고, 그러나로 해석.	❶ 6획

耐 而 견딜 내	수염(而)을 손(寸)으로 만지는 모양. 부드러운 수염처럼 끊이지 않고 끈질기게 **참고 견디다**.	忍耐 인내 耐久 내구
需 雨 구할 수	내리는 비(雨 비 우)와 같이 시원하게 말잘하는 (而) 사람을 **구한다**.	需要 수요 需給 수급
儒 人 선비 유	시원한 비(雨)처럼 말 잘하는(而) 사람(亻)인 **선비**. 儒敎 공자(孔子)를 시조로 하여 그와 그의 제자들이 확립한 유학을 받들어 모시는 종교로, 인의(仁義)를 근본으로 정치적, 종교적 실천을 주장함.	儒敎 유교 儒學 유학

耒 쟁기 **뢰**	잡초(丰 풀무성할 봉)를 갈아엎고 밭을 가는 나무(木)로 된 **쟁기**.	❶ 6획
耗 耒 줄어들 **모**	쟁기(耒 쟁기 뢰)로 털(毛)처럼 많이 난 잡초를 갈아 없애듯, 조금씩 **줄어듬**.	消耗 소모 磨耗 마모
耕 耒 밭갈 **경**	쟁기(耒)로 가로 세로(井 우물 정)로 **밭을 갈다**.	耕作 경작 晝耕夜讀 주경야독
耘 耒 김맬 **운**	쟁기(耒)로 밭 갈고 이야기(云) 하며 **김매다**. 김매기 김(논밭에 나는 잡풀)을 없애는 일.	耕耘機 경운기

耳 귀 **이**	소리를 듣는 사람의 **귀** 모양.	❶ 6획
聞 耳 들을 **문**	문(門) 열듯 귀(耳)를 열고 **듣다**. 聰 귀밝을 총 聞一知十 하나를 들으면 열을 안다.	見聞 견문 新聞 신문 聞一知十 문일지십
恥 心 부끄러울 **치**	귀(耳)로 듣고 양심(心)에 찔리니 **부끄럽다**. 厚顔無恥 뻔뻔스러워 부끄러움이나 창피함을 모름.	恥辱 치욕 厚顔無恥 후안무치
聲 耳 소리 **성**	악기(声 악기 성)를 치니(殳 칠 수) 귀(耳)에 들리는 **소리**.	聲樂 성악 音聲 음성

聿 붓 율	세 손가락(크)과 나머지 두(二) 손가락으로 쥔 붓(l).		❶ 6획

書 글 서	사람이 말한(日) 것을 붓(聿)으로 적은 **글**이나 **책**.	書籍 서적 書店 서점	
晝 낮 주	붓(聿)으로 해(日)를 하나(一) 그려 **낮**.	晝夜 주야 晝間 주간	
律 법 률	지켜가야(彳 걸을 척) 할 바를 붓(聿)으로 적은 **법**.	法律 법률 律令 율령	
畵 그림 화 그을 획	붓(聿)으로 논이나 밭(田)의 경계(니)를 **긋거나 그리다**. 획(畵) : 그은 줄이나 점 따위를 통틀어 이르는 말.	畵家 화가 畵數 획수 畵順 획순	
劃 계획 획	논밭 경계를 그어(畵) 나눈다(刂) 하여 긋다. 미리 경계를 그어 분쟁 소지를 없앤다 하여 **계획하다**.	計劃 계획 劃策 획책	

肉 고기 육	고깃덩이의 힘살이나 그 단면을 본떠 그린 글자.		❶ 6획

肩 어깨 견	문(戶 문 호)처럼 몸(月)에서 딱 벌어진 **어깨**.	肩章 견장 兩肩 양견	
育 기를 육	갓난 아이(云←子)를 살(月)이 오르게 **기르다**.	育兒 육아 敎育 교육	
徹 통할 철	걸을(彳 걸을 척) 때부터 교육(育)을 매(攵 칠 복)를 대며 엄히 하니 사리에 막힘없이 **통하다**.	貫徹 관철 徹頭徹尾 철두철미	

臣 신하 신	임금 앞에서 몸을 구부리고 엎드린 신하.	❶ 6획
臥 臣 누울 와	몸을 구부린 신하(臣)처럼 사람(人)이 **누워있다.**	臥床 와상 臥病 와병
臨 臣 임할 림	몸을 구부린 신하(臣)처럼 사람(亠)이 몸을 굽혀 물건(品 물건 품)을 다루기 위해 가까이 **임함.** 降臨 신이 인간 세상으로 내려 옴. 臨 윗사람이아랫사람에게올 림	臨戰 임전 臨時 임시 降臨 강림
品 口 물품 품	여러 사람의 입(口)에 오르내릴 정도로 훌륭한 **물품.**	品質 품질 人品 인품

自 스스로 자	사람 코를 본뜬 자로, 중국인은 자신의 코를 가리키며 자기를 나타낸 데서 스스로. 또는 자기(自己) 자신(自身)이라는 뜻.	❶ 6획
臭 自 냄새 취	개(犬가) 코(自)로 맡는 좋지 않은 **냄새.**	口臭 구취 惡臭 악취
息 心 숨쉴 식 자식 식	심장(心)을 싸고 있는 폐가 코(自)로 숨을 쉬다. 스스로(自) 마음(心)을 편히 하여 **쉰다.** 또한 자식이 있어야 자신(自) 마음(心)이 편하다.	瞬息間 순식간 休息 휴식 子息 자식
邊 辶 변두리 변	콧(自)구멍(穴 구멍 혈) 안쪽(方 방향 방)은 잘 보이지 않듯 멀리(辶 멀리갈 착) 떨어진 **변두리.**	邊方 변방 海邊 해변

至 이를 지	한(一) 마리 새의 발(内 새발자국 유)이 땅(土)에 이름을 뜻한 글자.	❶ 6획
臺 至 무대 대	좋게(吉좋을 길) 덮어서 (冖 덮을 멱) 바닥에서 어느 정도 높이에 이르게(至) 만든 **무대(舞臺)**. 下石上臺 아랫돌을 빼서 윗돌을 괸다. 즉 임시변통으로 이리저리 둘러맞춤. 또는 일의 효과가 없음.	臺詞 대사 下石上臺 하석상대
致 至 이룰 치 이를 치	목표에 이를(至) 수 있도록 열심히 행하여(攵 행복할 복) 목적(目的)을 **이루다**.	誘致 유치 送致 송치
緻 糸 촘촘할 치	날실·씨실(糸)로 이루어진(致) 천이 **촘촘하다**.	緻密 치밀
臼 절구 구	곡식이 들어 있는 절구 모양. 은 7획임. 절구	❶ 6획
舊 臼 예 구	풀(艹)밭의 새(隹 새 추)가 절구(臼)의 곡식을 먹으려고 모양에서 과거 지나간 추억의 **옛날**.	新舊 신구 舊正 구정
稻 禾 벼 도	손(爫)으로 절구(臼)에 넣고 찧어 먹는 **벼(禾)**. 立稻先賣 아직 논에서 자라고 있는 벼를 미리 팖.	稻熱病 도열병 立稻先賣 입도선매
寫 宀 베길 사	집(宀 집 면)에서 먹통(臼)의 먹으로 붓을 쥐고(勹 쌀 포) 찍어서(灬) **베낀다**.	寫本 사본 寫眞 사진

舌 혀 설	천(千 일천 천) 개의 입(口)이 있어도 혀가 없으면 말 할 수 없다는 데서… 또는 방패(干 방패 간) 같이 입(口)을 막는 혀.	❶ 6획	
舍 舌 집 사	지붕(亼), 기둥(十) 네 벽(口)으로 된 **집**.	館舍 관사 舍監 사감	
捨 手 버릴 사	손질(扌) 않고 집(舍)을 **버려두면** 못쓰게 된다.	喜捨 희사 取捨選擇 취사선택	
話 言 이야기 화	말(言)이나, 혀(舌)를 놀려 길게 하는 **이야기**.	童話 동화 逸話 일화	
活 水 활기찰 활	물(氵)이 혀(舌)에 닿으니 **활기(活氣)차다**, 살다.	生活 생활 死活 사활	
舛 발엇갈릴 천	왼발과 오른발이 엇갈려 있는 모양. 舛은 고기 조각(夕 고기조각 석)과 소(卋 ← 牛 소 우)의 축약형. 즉 쇠고기를 먹는 것이 좋은 일이라 발을 엇갈려 춤추는 모양에서 나온 자.	❶ 6획	
傑 人 호걸 걸 뛰어날 걸	사람(亻) 발(舛)이 단상(木)에 있으니 **뛰어나다**.	豪傑 호걸 傑作 걸작	
憐 心 불쌍히 여길 련	밥(米 쌀 미)을 못 먹어 비틀거리며 걷는(舛) 모습을 보니 측은한 마음(忄)에 **불쌍히 여기다**.	憐憫 연민 可憐 가련	
隣 阜 이웃 린	언덕(阝) 아래 함께 농사(米 쌀 미) 지으며 왕래하며(舛) 살아가는 가까운 **이웃**.	隣近 인근 隣接 인접	
瞬 目 눈깜작할 순	눈(目)을 손(爫 손톱 조)으로 가리고(冖 덮을 멱) 한 걸음(舛) 옮기는 데에 걸릴 정도 **짧은 시간**.	瞬間 순간 瞬息間 순식간	

舟 배 주 ❶ 6획
통나무(几)를 파서 만든 쪽배에서 노(一)를 젓는 모양.

船舟 배 선
배(舟) 중 늪이나 강을 다니기 좋게 앞이 뾰족하고(八) 뒤가 반듯한(口), 주로 사람을 나르는 **배**.
旅客船 여객선

般舟 일반 반
배(舟)를 노로 젓는(殳 몽둥이 수) 모양. 여러 사람이 타는 배라는 데서 **일반**, **보통**의 뜻.
一般 일반
全般 전반

舶舟 큰배 박
흰(白) 돛을 높이 달고 외국을 다니는 **큰 배(舟)**.
船舶 선박

艮 볼 간 ❶ 6획
目(눈 목)의 변형자로, 눈을 뜨고 보는 모양에서 눈, 보다는 뜻.

懇心 정성 간
짐승이 서서(豸 맹수 치) 무언가를 바라보듯(艮), 무언가를 바라는 **간절(懇切)한 마음(心)**.
懇曲 간곡
懇談 간담

良艮 좋을 량
보는(艮) 눈동자(ヽ)가 바른 데서 **어질고 좋다**.
良心 양심
良好 양호

銀金 은 은
금속(金) 중 눈(艮)의 흰자위와 같은 색깔인 **은**.
杏林 살구나무 숲. 의원의 미칭(美稱). 인술(仁術)을 베품. 어느 의원이 돈 없는 환자에게는 치료 해 준 값으로, 중환자에게는 살구나무 다섯 그루, 경환자에게는 한 그루씩을 심게 하여 이룬 숲에서 유래(由來).
銀行 은행
銀杏 은행

色 빛 색	사람이 몸을 굽혀(⺈ 굽은사람 인) 앉았다.　　　❶ 6획 물컹하여 보니 큰 뱀(巴 뱀 파)임을 알고 깜짝 놀라 변하는 얼굴색.	
絕 糸 끊을 절	실(糸)이나 뱀(巴)처럼 긴 것을 칼(刀)로 **끊는다**. 色 '⺈'은 사람의 뜻이나 여기서는 '刀'의 뜻으로 쓰임. 경성미인(傾城美人) 성주가 혹하여 성이 기울 정도로 썩 뛰어난 미녀.　　**傾 : 기울 경** 경국지색(傾國之色) 임금이 혹하여 국정을 게을리 함으로써 나라를 위태롭게 할 정도 미녀. 절세가인(絕世佳人) 이 세상에서 비길 사람이 없을 만큼 아름다운 여자.　　**絕 : 뛰어나 극에 이르다**	絕交 절교 斷絕 단절 絕頂 절정
艶 色 고울 염	풍만한(豊 풍성할 풍) 얼굴 색(色)이 **곱다**.	妖艶 요염 艶聞 염문

虍 범 호	얼룩덜룩한 줄무늬의 호랑이 가죽을 본뜬 자.　　❶ 6획	
虎 虍 범 호	어슬렁거리며 걷는(儿) 범(虍). 不入虎穴 不得虎子(불입호혈 부득호자) 호랑이 굴에 들어가야 호랑이 새끼를 잡는다. 결심하고 위험을 무릅쓰면 어떤 일이든 할 수 있다.	虎患 호환 虎死留皮 호사유피
號 虍 부를 호	입(口) 크게 벌려(丂) 범(虎)의 소리처럼 큰 소리로 이름 따위를 **부르다**(보통 차례를 붙여 부름).	號數 호수 號外 호외
處 虍 곳 처	범(虍)이 걸음(夂 걸을 쇠)을 멈추고 걸터앉는(几) **곳**. 편한 **상태**를 취하거나 그러한 상황.	出處 출처 處世 처세 處女 처녀

虫 벌레 충	❶ 6획 사리고 있는 뱀 모양. 주먹 크기보다 작은 동물을 나타냄.	
蟲 虫 벌레 충	虫을 세 개 합쳐 **많은 벌레**를 뜻함. 獅子身中蟲(사자신중충) 사자 몸속의 벌레. 국가, 사회, 단체를 좀먹는 사람(사리 사욕을 탐하는 정치·경제·종교인 등). – 사자가 죽는 경우는 외부 힘에 의해서가 아니라, 대부분 자신이 공급한 먹이를 먹고 사는 몸속의 蟲에 의해 일찍 죽는다.	蟲齒 충치 害蟲 해충
蛇 虫 뱀 사	벌레(虫) 같이 집(宀) 근체에서 많이 볼 수 있는 비수(匕) 같은 날카로운 이빨을 가진 **독사**.	蛇足 사족 長蛇陣 장사진
蝕 虫 좀먹을 식	벌레(虫)가 **조금씩 먹어**(飠←食 먹을 식) 들어감.	腐蝕 부식 日蝕 일식
蠢 虫 꿈틀거릴 준	따듯한 봄(春)이 되니 벌레들이 **꿈틀거리기** 시작한다.	蠢動 준동

血 피 혈	❶ 6획 제사 때 쓸 피(丶)가 그릇(皿) 위에 떨어지는 모양.	
衆 血 무리 중	같은 핏줄(血) 가진 사람(亻)이 많이 모인 **무리**. 衆口難防(중구난방) 여러 사람의 입은 막기 어려움.	衆生 중생 群衆 군중
恤 心 도울 휼	마음(忄)으로부터 금품을 내어 피눈물(血)나게 어려운 일을 당한 이웃이나 백성을 **도움**. 患難相恤 향학(鄕學 고려 시대 지방 학교)의 네 덕목 중 하나로, 어려운 일이 있을 때 서로 도와줌.	患難相恤 환난상휼

		❶ 6획
行 다릴 **행**	왼발(彳 걸을 척)과 오른발(亍 걸을 촉)을 움직여 걸어가는 모양에서 **다닌다, 행하다**.	

街行 거리 **가**	다니기(行) 좋게 흙길(圭)을 잘 닦아놓은 **거리**.	市街 시가 街路 가로

衝行 부딪칠 **충**	무거운(重 무거울 중) 것을 움직이다(行) **부딪히다**.	衝突 충돌 衝擊 충격

衛行 지킬 **위**	가죽(韋 가죽 위)옷 입은 병사가 성곽을 **돌며**(行) **지킨다**. 衛正斥邪 바른 것을 지키고 그른 것을 버린다. 조선 말기, 주자학 을 지키고 천주학을 물리치자는 주장. **斥 물리칠 척 ㅣ 邪 사악할 사**	衛生 위생 衛正斥邪 위정척사

		❶ 6획
衣 옷 **의**	위에 입는 옷 모양. 옷, 천으로 만든 것 등의 뜻. 衤 '옷의변'	

依人 의지할 **의**	사람(亻)이 자신의 몸을 보호하기 위해 옷(衣)에 **의지하다**.	依存 의존 依託 의탁

表衣 겉 **표**	옷(衣)은 겉감과 안감의 두(二) 겹으로 되어있는데, 바깥쪽인 **겉**을 뜻한 자.	表面 표면 表裏 표리

衰衣 쇠할 **쇠**	풀(艹)로 엮은(二) 옷(衣)을 입은 사람의 모습이 **쇠약(衰弱)해 보인다**는 뜻.	衰退 쇠퇴 老衰 노쇠

西 덮을 아	그릇의 아가리나 구멍에 끼워 막는 마개 모양으로 덮는다. 西 = 襾	❶ 6획
西襾 서녘 서	한(一) 명의 사람(儿 어진사람 인)이 집(口)으로 들어가는 모양에서 해지는 **서녘**의 뜻.	西紀 서기 西洋 서양
要襾 중요할 요	여자(女)는 몸을 덮어(襾) 감싸는 것이 **중요하다**.	要求 요구 要請 요청
腰肉 허리 요	신체(月) 중 가장 중요한(要 중요할 요) **허리**.	腰痛 요통 腰椎 요추
價人 값 가	사람(亻)이 장사(賈 장사 고) 할 때 부르는 **값**. 賈 덮거나(襾) 쌓아 놓고 재물(貝)을 파는 장사.	價格 가격 價値 가치

見 볼 견	사람이 눈(目)으로 서서(儿) 본다.	❶ 7획
視見 볼 시	보이는(示 보일 시) 것을 눈으로 **본다**(見).	視力 시력 視聽 시청
規見 법 규	사내들(夫 사내 부)이 보고(見) 지켜야 할 **법**.	規律 규율 規定 규정
親見 어버이 친	나무(木)에 올라 가 있는(立) 자식을 걱정스레 바라보는(見) **어버이**. 어버이는 항상 **친함**.	兩親 양친 親舊 친구

角 뿔 **각**	짐승의 뿔 모양을 그린 글자.	❶ 7획

解 角 풀 해	소(牛 소 우)의 뿔(角) 사이를 칼(刀)로 쳐서 잡아 **가른다** 하여 **풀다**의 뜻이 된 자.	解剖 해부 解決 해결
觸 角 닿을 촉	더듬이(角)로 벌레(蜀)가 감지하기 위해 **닿다**. 蜀(벌레 촉) 고치 안(勹)에 있는 눈(罒=目)이 큰 벌레(虫).	觸感 촉감 觸手 촉수
觴 角 술잔 상	사람이(人) 해(昜)진 후 술 마실 때 쓰는 뿔(角)로 만든 **술잔**. 昜(볕 양) 아침(旦 아침 단)부터 내리쬐는(勿) 햇볕. 濫觴 (술잔을 띄운다는 말로, 배를 띄우는 강물도 처음에는 이처럼 적은 양의 물에서 비롯된다는 뜻에서) 사물의 시초(始初)나 근원(根源). 濫 넘칠, 띄울 람	獻觴 헌상 濫觴 남상

言 말씀 **언**	두(二) 번 이상 거듭(二) 생각한 후 입으로(口) **말한다**.	❶ 7획

計 言 셈 계	말(言)로 수량을 십(十) 단위로 헤아리며 **셈하다**. 셈을 하여 계획(計劃)을 세운다 하여 **꾀하다**.	計算 계산 計略 계략
信 人 믿을 신	사람(亻)의 말(言)은 **믿음**이 가야 하며, 또한 훌륭한 이의 말을 믿고 따른다.	信賴 신뢰 信仰 신앙
訓 言 가르칠 훈	말(言)을 물 흐르듯(川) 이치에 맞게 **가르치다**.	訓戒 훈계 敎訓 교훈

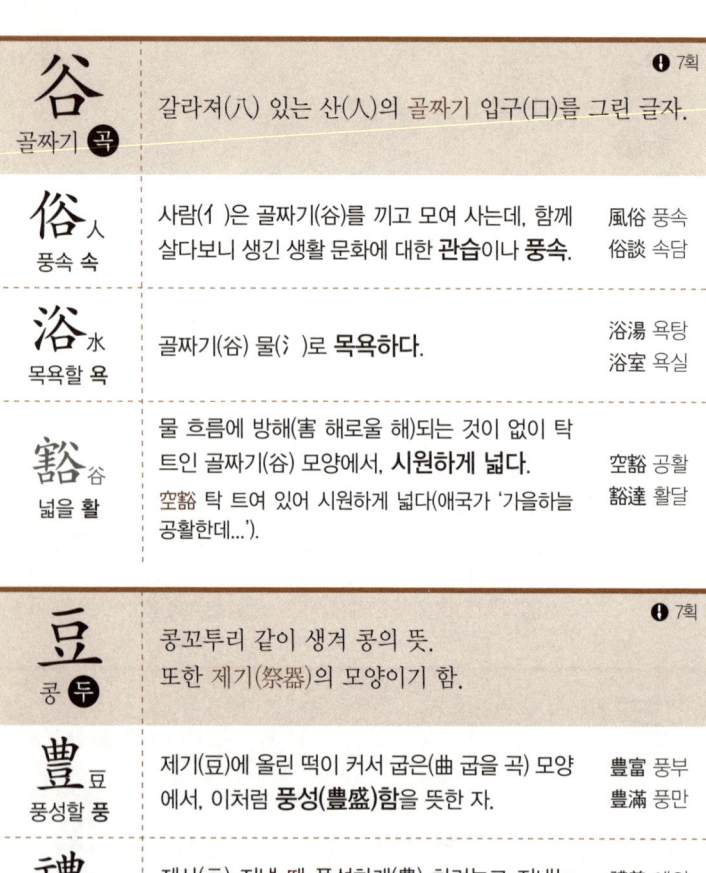

豕 돼지 **시**	돼지의 머리, 등, 발, 꼬리를 그린 글자.	❶ 7획
豚 豕 돼지 돈	살(月=肉 고기 육)이 많은 **집돼지**(豕).	豚舍 돈사 養豚 양돈
象 豕 코끼리 상	**코끼리**의 코, 이마, 어금니, 네 발, 꼬리를 그린 자. 象形文字 물체의 모양을 본떠 만든, 한자와 고대 이집트 문자.	象牙 상아 象形文字 상형문자
豪 豕 호걸 호	높은(高의 줄임) 기상과 멧돼지(豕) 같이 크고, 강한 **호걸**(豪傑).	豪雨 호우 文豪 문호

豸 맹수 **치**	발을 들고 덤벼들려는 맹수 모양.	❶ 7획
貌 豸 모습 모	서 있는 맹수(豸)처럼, 서 있는 사람의 목(丶), 몸통(日), 다리(儿) 모양에서 **전체적인 모습**.	全貌 전모 美貌 미모 容貌 용모
貊 豸 북방종족 맥	맹수(豸)처럼 날쌔며 많은(百) 무리를 이루었던 **북방 종족**. 濊貊 고구려의 전신(全身)인 부족 국가 이름. 또는 한족(韓族)의 선민(先民)들을 총칭하던 칭호. 연(燕)에 쫓겨 동쪽으로 옮겨 동예(東濊)가 됨. 濊 물깊을 예	濊貊 예맥
豹 豸 표범 표	맹수(豸) 중 점(丶)에 싸인(勹 쌀 포) **표범**. 君子豹變 표범이 털갈이 후 깨끗한 상태로 변하듯, 군자는 잘못을 깨달으면 바로 좋게 고침.	君子豹變 군자표변

			❶ 7획
貝 조개 **패**	줄무늬 있는 조개가 살을 내밀어 이동하는 모습. 옛날 조개껍데기를 화폐로 사용했던 데서 돈, 재물.		

敗 攵 패할 패	조개(貝)를 치면(攵 칠 복) 깨지듯 **패하다**.	敗北 패배 失敗 실패
質 貝 바탕, 물을 질	도끼(斤 도끼 근)와 재물(貝)은 생활의 **바탕**. 두 도끼(斤)의 **품질**이나 가격(貝)을 **물어본다**.	素質 소질 質問 질문
負 貝 짐질 부	사람(⺈)이 재물(貝)을 등에 지고 있는 모양으로 **짐지다, 빚지다**는 뜻을 나타낸 자.	負債 부채 勝負 승부
賴 貝 힘입을 뢰	나무 다발(束 묶을 속)을 지고(負) 갈 것을 믿고 **부탁하여 힘입다**.	信賴 신뢰 依賴 의뢰

		❶ 7획
赤 붉을 **적**	솟아 있는 흙(土)과 같이 타오르는 불(火) 빛이 붉다는 뜻.	

赦 赤 놓아줄 사	붉은(赤) 색으로 표시 된 죄인을 매로(攵 칠 복) 다스리지 않고 **용서(容恕)하여 놓아준다**는 뜻.	赦免 사면 特赦 특사
赫 赤 빛날 혁	땅(土)에 이는 불(火)인 赤을 두 개 합하여 크게 **빛나다**. 혁혁(赫赫)한 공(功)을 세우다. 朴赫居世(박혁거세) 기원전(紀元前) 57년 신라(新羅) 건국 왕으로, 박처럼 생긴 큰 알에서 나와서 성(性)은 '박'으로 하였고, 아기의 몸에서 광채(光彩)가 나기에 '밝은 세상'이라는 뜻으로 이름은 '혁거세'로 지어짐.	赫赫 혁혁

走 달릴 주	땅(土) 위를 다리(疋 발 소)를 벌려 달리는 모습.	❶ 7획
赴走 다다를 부	달려가(走) 점(卜 점 복)친 결과를 알리기 위해 **다다르다**.	赴任 부임
訃言 죽음알릴 부	말(言)로 점친(占 점칠 점) 결과를 알리듯 사람의 **죽음을 알리다**.	訃告 부고
徒彳 무리 도	걷거나(彳 걸을 척) 뛰어다니는(走) **무리**.	生徒 생도 徒黨 도당
越走 넘을 월	도끼(戉 큰도끼 월) 들고 달려(走) 경계를 **넘다**.	越權 월권 越南 월남

足 발 족	무릎 아래의 발 모양을 그린 글자. 足 = 𧾷	❶ 7획
促人 재촉할 촉	사람(亻)이 발걸음(足)을 **재촉하다**.	促進 촉진 督促 독촉
捉手 잡을 착	달려가(足) 손(扌)으로 **잡는다**.	捕捉 포착
蹟足 자취 적	한 걸음 한 걸음(𧾷) 책임(責 맡을 책) 있게 일을 해온 행적(行蹟)이나 **발자취**.	古蹟 고적 史蹟 사적

			❶ 7획
身 몸 신	배가 크고 근육이 단단하게 형성 된 좋은 몸.		

窮 穴 궁할 궁	굴(穴 구멍 혈) 안을 몸(身)을 활(弓)처럼 구부리고 들어가던 굴이 막혀 **막히다**에서 **궁하다**와 살림살이가 궁하여 **가난하다**는 뜻의 글자.	窮地 궁지 窮塞 궁색 困窮 곤궁
軀 身 몸 구	몸(身)은 여러 기관으로 나누어져(區 나눌 구)이루어져 있는 데서, 신체 부분을 강조한 **몸**.	體軀 체구

		❶ 7획
車 수레 거	차 바퀴 달린 수레를 위에서 본 모양.	

軍 車 군사 군	수레(車)를 둘러싸고(冖) 있는 **군사(軍事)**. 軍國主義 국가의 모든 조직을 전쟁을 위하여 활용(活用)하며 군사력에 의하여 국가를 발전시키려는 주의(前 日本이 대표적).	軍隊 군대 軍國主義 군국주의
軟 車 부드러울 연	수레(車)를 오래 타 하품(欠 하품 흠)이 나며 몸이 늘어져 **유연(柔軟)**하다는 뜻.	軟性 연성 軟鐵 연철
陣 阜 진칠 진	언덕(阝 언덕 부)에 전차(車)를 이용하여 **진치다**.	背水陣 배수진
軋 車 삐걱거릴 알	수레(車)가 고르지 못한 길(乚)을 가며 **삐걱거리다**.	軋轢 알력
轢 車 삐걱거릴 력	수레(車)가 구를 때 소리(樂 악기 악)가 나며 **삐걱거리다**.	

辛 매울 신 죄인 신	세워(立 설 립) 놓고 죄인 이마에 十자를 바늘로 새긴다는 데서, 혹독하여 맵다는 뜻. 글자 안에서는 죄인의 뜻으로 많이 쓰임.		❶ 7획

辨 辛 분변할 변	두 죄인(辛辛)의 잘 잘못을 칼(刂=刀)로 가르듯, 판가름한다는 데서 **분별(分別)하다**는 뜻이 됨.	辨明 변명 辨證法 변증법
辯 辛 말잘할 변	죄인들(辛辛)을 도와 **잘 말한다**(言 말씀 언)는 뜻.	辯護 변호 辯論 변론 雄辯 웅변
宰 宀 재상 재	집(宀 집 면)안일이 잘 되기를 고민하듯(辛)나라 를 잘 다스리기 위해 고심하는 **재상**.	宰相 재상 伴食宰相 반식재상

辰 때 신 별 진	조개가 입을 벌려 움직이는 모양으로, 이 때 농사철(봄)을 알리는 전갈자리별이 나타나는 데서 온 자.	❶ 7획

辱 辰 욕될 욕	농사 철(辰 때 신)에 할 일을 하지 않는 자를 법도 (寸 법도 촌)에 따라 **욕보이다**. 壽則多辱 오래 살아 도리어 욕을 봄. – 젊어서 해 놓은 것 없이 오래 살아 주위에 신세를 지거나 나 이에 맞는 덕망(德望)을 갖추지 못해 사람들에게 받 는 수모(受侮)	侮辱 모욕 屈辱 굴욕 壽則多辱 수즉다욕
農 辰 농사 농	허리를 굽혀(曲 굽을 곡) 별(辰 별 진)이 보이는 새벽부터 일찍 밭에 나가 일하는 **농사(農事)**.	農夫 농부 農業 농업
娠 女 애밸 신	여자(女)가 때(辰 때 신)가 되어 **애를 배다**는 뜻.	姙娠 임신

酉 닭 유 술 유	술병 모양으로 酒(술 주)의 옛 글자. 술, 술병의 뜻으로만 쓰임.	❶ 7획
	'닭'의 뜻으로 쓰이게 됨은, 술은 보통 일이 끝날 때인 유시(酉時:17시)부터 마시는데 이 무렵에 닭이 닭장으로 들어가는 데서, 시간을 나타내는 동물 중 하나인 닭이 됨. 닭.	

酒 酉 술 주	물(氵)로 만든 술병(酉)에 든 **술**.	酒量 주량 禁酒 금주 酒邪 주사

配 酉 나눌 배 짝 배	술(酉)을 사람(己)에게 **나누어** 따라주거나, 술 부어놓고 신랑, 신부가 몸을 구부려 절하는 **짝**.	分配 분배 配匹 배필 配達 배달

醒 酉 술깰 성	술(酉) 취했다 별빛(星)같이 정신 반짝 들며 **깨다**. 醉中妄言 醒後悔(취중망언 성후회) 술 취했을 때 잘못한 말을 술 깬 후에 후회한다. 술 취하면 평소에 가지고 있는 감정이나 해서는 안 될 말 등을 하기 쉬우니 술을 마실 때나 마신 후에 말조심하라는 뜻.	覺醒 각성

采 분별할 변	쌀(米 쌀 미)에 섞여있는 불순물(丿)을 가려내는 데서 분별한다.	❶ 7획

采 采 캘 채 빛날 채	손(爫 손톱 조)으로 나무(木)를 캐다. 손(爫)으로 나무(木)에 단청(丹靑)한 것이 아름다워 **빛나다**.	風采 풍채 喝采 갈채

菜 艹 나물 채	풀(艹)에서 캐서(采 캘 채) 먹는 **나물**.	菜蔬 채소 野菜 야채

竊 穴 훔칠 절	구멍(穴 구멍 혈)을 뚫어 하나(一)씩 쌀알(米 쌀 미)을 벌레(卨 벌레 설)가 **훔치다**.	竊盜 절도 剽竊 표절

里 마을 리	농토(田) 가까운 땅(土)에 자리 잡은 마을. 1里는 약 393m	❶ 7획
理 玉 다스릴 리	옥(王←玉)을 잘 다듬듯 마을(里)을 잘 다스리다.	理解 이해 管理 관리
裏 衣 속 리	산천(山川)에 둘러싸여 있는 마을(里)과 같이 옷(衣)의 안쪽이라는 데서 **안, 속, 보이지 않는 곳**.	表裏 표리 裏書 이서
量 里 헤아릴 량	말(日 말할 왈) 한마디(一)만 들어도 마을(里)의 상황(狀況)을 짐작(斟酌)하여 **헤아린다**.	裁量 재량 重量 중량
糧 米 양식 량	쌀(米)은 헤아려(量) 먹어야 할 중요한 **양식**.	糧食 양식 糧穀 양곡
埋 土 묻을 매	마을(里) 근처의 땅(土)에 **묻는다**.	埋立 매립 埋葬 매장
金 쇠 금	덮여(亼) 있는 흙(土) 속 여기저기(丶 丿)에 흩어져 있는 금속(金屬).	❶ 8획
針 金 바늘 침	쇠(金)로 된 **바늘**(十) 모양을 본뜬 자.	方針 방침 針葉 침엽
鎖 金 쇠사슬 쇄	작은(小) 조개(貝)를 꿰어 엮듯이 금속(金)의 고리를 엮어 만든 **쇠사슬**. 또는 **닫다**는 뜻.	連鎖 연쇄 鎖國 쇄국
鐵 金 쇠 철	금속(金) 중 흙(土)에서 나와(口) 금속의 왕(王)이며 무기(戈 창 과)를 만드는데 으뜸인 **쇠**.	鐵鋼 철강 製鐵 제철

長 어른 장	수염이 긴 노인이 지팡이 짚고 있는 모양으로 길다, 어른의 뜻.	❶ 8획

張 弓 펄 장	활(弓)을 길게(長) 잡아당긴다는 데서 **펼치다**.	伸張 신장 擴張 확장
帳 巾 휘장 장	바람이나 햇빛을 막기 위해 천(巾 수건 건)으로 길게(長) 이어 만든 **휘장(揮帳)이나 장막(帳幕)**.	通帳 통장 帳中 장중
脹 肉 배부를 창	몸(月)속 긴(長) 창자가 부풀어 **배부르다**.	膨脹 팽창

門 문 문	두 짝으로 된 문. 집, 열다, 닫다 등의 뜻을 가짐.	❶ 8획

問 口 물을 문	문(門) 열듯 입(口)을 열어 **묻다**.	問題 문제 質問 질문
開 門 열 개	문(門)의 빗장(一)을 들어(廾 들 공) **열다**.	開業 개업 開咬 개교
閉 門 닫을 폐	문(門)에 빗장(才)을 끼워 **닫다**.	閉會 폐회 閉幕 폐막
閑 門 한가한 한	겨울철에는 농사가 **한가(閑暇)하여** 외양간의 문(門)을 나무(木)로 막는다.	忙中閑 망중한

隶 밑 이	손(ㅋ)으로 밑에 있는 물(氺)을 뜨는 모습.	❶ 8획
隷 종 례	선비(士)를, 제단(示) 위에 음식을 올리듯 밑에서 (隶) 받들어, 모시는 종. 종은 주인을 **따른다**.	奴隷 노예 隷屬 예속
康 广 편안할 강	집(广)에서 손(ㅋ)으로 물(氺) 길으니 **편하다**.	健康 건강 康寧 강녕
逮 辶 잡을 체	안 보이게 밑(隶)으로 기어가(辶 갈 착) **잡다**.	逮捕 체포
糠 米 쌀겨 강	쌀(米)을 먹기 편하게(康) 쓿을 때 나온 **쌀겨**. 糟 지게미 조	糟糠之妻 조강지처

隹 새 추	새가 앉아 있는 모양. 보통 꽁지가 짧고 작은 새.	❶ 8획
雀 隹 참새 작	몸체가 작은(小 작을 소) 새(隹 새 추)인 **참새**.	燕雀 연작 孔雀 공작
集 隹 모을 집	새(隹)가 나무(木)에 모이는 모양에서 **모이다**.	集合 집합 召集 소집
雙 隹 둘 쌍	한 쌍의 새(隹)가 손(又 손 우)에 있는 모양에서 **둘**. 손(又)에 있는 두 마리 새(隹) 즉 **한쌍**의 뜻.	雙方 쌍방 無雙 무쌍

雨 비 우	구름(一)에서 넓게(冂) 떨어지는(丨) 빗방울(丶丶) 모양에서 비. 하늘에서 떨어지는 것을 나타냄.	❶ 8획 雨傘 우산 降雨 강우
雪 雨 눈 설	비(雨)가 얼어서 내리는 손(크)으로 받을 수 있는 눈.	雪景 설경 大雪 대설
露 雨 이슬 로	비(雨) 온 듯 길가(路 길 로) 풀잎에 내린 이슬. 길(路)에서 비(雨) 맞는 모양에서 드러내놓다.	結露 결로 露骨 노골 露宿 노숙 露店 노점
路 足 길 로	발(𧾷 발 족)로 각자(各 각각 각)가 걸어가는 길.	路線 노선 道路 도로

青 푸를 청	둥근(圓 둥글 원의 약자) 화분에서 뚫고(丨뚫을 곤) 나온 많은(三) 새싹이 푸르다. 푸르니 젊다.	❶ 8획 青果 청과
靜 青 고요할 정	푸름(青)은 풍요를 뜻하여, 다툼(爭 다툴 쟁) 없이 편하고 안정(安靜)되어 조용하다는 뜻.	靜寂 정적 靜淑 정숙
淸 水 맑을 청	물(氵)이 푸르니(青) 맑음. 깨끗함. 청나라. 水至淸 則無魚(수지청 즉무어) 너무 물이 맑으면 물고기가 없다. 이처럼 사람도 너무 결백(潔白)하면 남이 가까이 하지 않음.	淸潔 청결 淸廉 청렴 淸算 청산
靖 青 편안할 정	굳게 서(立) 있는 젊은이(青) 모습이 편안하다. 靖國 나라를 다스리어 태평(泰平)하게 함. 神社(신사) 일본에서 황실의 조상이나 국가에 공로가 큰 사람을 신으로 모시고 참배하는 사당. 일본어로는 '야쓰쿠니진자(靖國神社)'.	靖國 정국 便安 편안

| 非
아닐 비 | 새의 두 날개가 서로 다른 두 방향으로 향하여 같은 방향이 아니다. 또는 나쁘다, 없다 등. | ❶ 8획
非理 비리
非情 비정 |

| 悲 心
슬플 비 | 내 마음(心)이 아닐(非) 정도로 **슬프다**. | 悲哀 비애
慈悲 자비 |

| 排 手
밀칠 배 | 사람은 손(扌)으로, 새는 날개(非)로 **밀치다**. | 排斥 배척
排球 배구 |

| 輩 車
무리 배 | 두 날개(非) 펼치듯 수레(車)의 행렬이 양쪽으로 펼쳐져 가는 **무리**. | 先輩 선배
輩出 배출 |

| 面
낯 면 | 사람의 앞 얼굴을 본뜬 글자.
'面'자가 부수로 쓰이는 실용한자는 없음. | ❶ 9획
面目 면목
面接 면접 |

| 麥
밀가루 면 | 보리(麥 보리 맥)의 모양(面)을 알 수 없을 정도로 곱게 만든 **밀가루**. | 麵拔 면발 |

| 韋
다룸가죽 위 | 부드럽게 한 소(牛)가죽을 본뜬 글자.
皮 날 가죽 ｜ 革 털 뽑은 가죽
다룸가죽 매만져서 부드럽게 만든 가죽. | ❶ 9획 |

| 韓 韋
나라이름 한 | 나뭇가지(十十) 사이로 해(日) 돋는 동쪽에 많은 산으로 둘러싸인(韋 가죽, 에울 위) **나라**. | 韓國 한국 |

革 가죽 혁	짐승의 가죽을 벗겨 펴놓고 말리는 모양에서 털 뽑은 가죽. 또한 좋게 고치다는 뜻.	❶ 9획 革新 혁신 革命 혁명
漢革 한나라 한 사나이 한	가죽(革)처럼 질긴 진흙이 많은 양자강(氵) 상류에 크게(大) 세워진 **한나라**. 군침(氵) 흘리며 서 있는 질긴(革) **사나이**(大).	漢族 한족 怪漢 괴한 門外漢 문외한
歎欠 탄식할 탄	가죽(革) 같이 의지가 강한 사람(大)도 입 벌리고(欠 하품 흠) **탄식(歎息)하다**.	歎聲 탄성 恨歎 한탄
難隹 어려울 난	가죽(革)처럼 끈질긴 사람(大)도 새(隹 새 추) 잡기는 **어렵다**.	難解 난해 困難 곤란
靷 氵 가슴걸이 인	가죽(革)으로 된 끈을 가슴에 걸고 당기는(引 끌 인) **가슴걸이**를 뜻한 자. 가슴걸이 마소의 가슴에 매는 끈	發靷 발인
靴革 가죽신 화	가죽(革)을 가공하여(化 바꿀 화) 만든 **신**.	軍靴 군화 製靴 제화
鞭革 채찍 편	가죽(革)으로 쓰기 편하게(便 편할 편) 만든 **채찍**. 鞭撻 채찍으로 때림. 종아리나 볼기를 침. 타이르고 격려함. 撻 매질할 달	敎鞭 교편 指導鞭撻 지도편달
鞍革 안장 안	가죽(革)으로 앉기 편하게(安 편안할 안) 만든 **안장(鞍裝)**. 鞍馬(안마) 체조 경기 중 하나.	

韭 부추 구	땅(一) 위에 여러 갈래로 나온 부추. 韭자가 부수로 쓰이는 실용한자는 없음.	❶ 9획
纖 糸 가늘 섬	실(糸)이, 사람들(人人)이 창칼(戈 창 과)로 끊은 부추(韭 부추 구)처럼 **가늘다**. 䌺 가늘 섬	纖維 섬유 纖細 섬세
殲 歹 다죽일 섬	사람들(人人)을 부추(韭) 베듯 창(戈 창 과)으로 찔러 **다 죽인다**(歹←死 죽을 사)는 뜻.	殲滅 섬멸
籤 竹 제비 첨	대(⺮)를 사람들(人人)이 부추(韭)처럼 가늘게 창칼(戈 창 과)로 갈라 뽑기 할 때 쓰는 **제비**	抽籤 추첨 當籤 당첨

音 소리 음	사람이 서서(立) 입(曰)으로 내는 소리.	❶ 9획 音樂 음악 音聲 음성
韻 音 운 운	사람(員 인원 원)이 글을 읽을 때 소리(音)의 높낮이를 가리킨 **운**.	韻律 운율 音韻 음운
響 音 울릴 향	시골(鄕 시골 향)에서 듣던 메아리 소리(音)를 나타낸 자로, **울림**을 뜻하게 된 자.	音響 음향 影響 영향
暗 日 어두울 암	해(日)지고 소리(音)만 들리는 **어둠**. 疑心暗鬼 의심하는 마음은 없는 귀신도 만들어 낸다.- 마음속에 의심이 생기면 무서운 망상(妄想) 등이 일어나 불안해지거나 상대를 믿지 못하는 등 판단이 빗나가게 됨.	暗記 암기 暗鬱 암울 疑心暗鬼 의심암귀

頁
머리 혈

사람의 머리(一)에서 얼굴(自), 목(八)까지 신체를 본뜬 자.

❶ 9획

頁은 부수(部首)로만 쓰이며 한자로 '머리'는 首(수), 頭(두)를 씀.

頭 머리 두

제기(豆 제기 두) 같이 생긴 신체의 **머리**(頁).

頭腦 두뇌
頭角 두각

項 목 항

'工' 같은 모양을 한 머리(頁) 어깨 사이의 목은 **중요하다**.

項目 항목
事項 사항

類 무리 류

쌀알(米 쌀 미)같이 많은 개들(犬)이 머리(頁)를 맞대고 있는 모양에서 **무리**. 무리는 서로 **닮다**.
類類相從 같은 무리끼리 서로 내왕(來往)하며 사귐. 이 말은 낮은 수준에 쓰는 말이니 고매한 이들의 만남에는 조심해서 사용해야 함 (뛰어난 이는 몰려다님을 꺼려함).

類例 유례
類似 유사
類類相從
유유상종

寡 적을 과

집(宀)의 우두머리(頁)인 남편과 갈라진(分 나눌 분) 과부(寡婦). 또는 갈라짐으로 그 수가 **적음**.

寡黙 과묵
寡守 과수

煩 괴로울 번

불(火)이 머리(頁)에 일 정도로 심적으로 **괴롭다**.

煩惱 번뇌
煩雜 번잡

須 모름지기 수

수염(彡)이 얼굴(頁)에 많이 나야 풍채가 좋게 보인다는 것은 두말 할 나위가 없다는 데서 **모름지기**의 뜻이 됨.
男兒須讀五車書 남자는 모름지기 다섯 수레의 책을 읽어야 함.

男兒須讀
五車書
남아수독
오거서

風 바람 풍	모든(凡 모두 범) 벌레(虫 벌레 충)는 바람에 민감하다 하여 바람 풍.	❶ 9획 風習 풍습 風俗 풍속
楓 木 단풍나무 풍	나무(木) 중, 찬바람(風) 불면 잎의 색이 변하는 **단풍나무**.　　　　　　　丹 붉을 단	丹楓 단풍
颱 風 태풍 태	바람(風) 중, 개인 개인(厶←私 개인 사)의 입(口)에 들어갈 곡식(穀食)을 쓸어가 버리는 큰 바람인 **태풍**. 싹쓸 바람.	颱風 태풍
諷 言 빗대어말 할 풍	말(言)로써, 보이지 않으나 바람(風)이 초목 흔들듯, 대놓고 하지 않으나 저절로 깨닫게 **빗대어 말하다**.　　　　　　　刺 찌를 자	諷刺 풍자

飛 날 비	새가 두 날개를 펴고 나는 모양.	❶ 9획 飛行 비행 飛躍 비약
翻 飛 뒤집을 번 번역할 번	나는(飛) 새가 날개를 차례(番 차례 번)로 **뒤집다**. 사람의 말이나 글을 뒤집는 즉 **번역(翻譯)하다**는 뜻. 翻案 원작의 줄거리나 사건은 그대로 두고 풍속·인명·지명 등을 자기 나라에 맞게 바꾸어 고침.	翻覆 번복 翻案 번안

食 먹을 식	사람(人)이 좋은(良 좋을 량) 것을 먹는다. 또는 그런 밥. 食 = 슽食 밥	❶ 9획 食堂 식당 食事 식사
飮食 마실 음	먹을(슽) 때 입 크게 벌려(欠 하품 흠) **마신다**.	飮料 음료 飮福 음복
飾食 꾸밀 식	음식(슽) 차릴 때 사람(𠂉)이 식탁을 천(巾)으로 **꾸미다**.	裝飾 장식 修飾 수식
飢食 주릴 기	상(几 책상 궤)에 차려 먹을 밥(슽)이 없어 **굶주리다**.	飢渴 기갈 飢餓 기아
餓食 주릴 아	먹을(슽) 것이 없어 내(我 나 아)가 **굶주린다**.	餓死 아사 餓鬼 아귀

首 머리 수	털 난 머리 모양. 머리는 맨 위에 있어 우두머리의 뜻.	❶ 9획 手相 수상 首都 수도
道辶 길 도	사람이 살아가는데(辶 갈 착) 있어 머리(首)에 있는 중요한 **바른 길**. 사람 다니는(辶) 중요한(首) **큰 길**.	道德 도덕 道路 도로
導寸 이끌 도	갈 길(道)을 손(寸)을 잡아 바르게 **이끌어** 준다.	導入 도입 指導 지도

香 향기 **향**	쌀밥(米 쌀 미)에서 나는, 입맛(日)을 香氣(향기) 돋구는 고소한 냄새에서 **향기**.	❶ 9획 香辛料 향신료	

馬 말 **마**	달리는 말의 모습	❶ 10획 競馬 경마 馬賊 마적	
駐馬 머무를 주	말(馬)을 여관집 주인(主 주인 주)에게 맡기고 **머무르다**.	駐車 주차 駐屯 주둔	
篤竹 도타울 독	대나무(竹)처럼 항상 서서 살아가는 말(馬)들의 사이가 **도탑다**. 敦 투터울 돈	敦篤 돈독 篤志家 독지가	
騷馬 시끄러울 소	말(馬)이 벼룩(蚤)에 물려 **시끄럽게** 날뛴다. 蚤(벼룩 조) 손톱(丶叉)으로 꼬집듯 깨무는 벌레(虫).	騷動 소동 騷亂 소란	

骨 뼈 **골**	살을 발라낸 뼈에 살(月=肉)이 조금 붙어 있는 모양.	❶ 10획 骨折 골절 骨格 골격	
體骨 몸 체	뼈(骨)에 살집 보기 좋게(豊 풍성할 풍) 이루어진 **몸**.	體格 체격 體育 체육	
滑水 미끄러울 활	물(氵)이 뼈(骨) 묻으니 **미끄럽다**.	滑降 활강 滑走路 활주로	
 麻 대장기 휘	부드러운 삼(麻)의 줄기나 털(毛)처럼 휘날리는 **대장기**.	麾下 휘하	

높을 **고**

성곽(冂) 위에 높이 세워 만든 망루(望樓) 모양에서 높다는 뜻.

❶ 10획

高麗 고려
高見 고견

머리길 **표**

늘어져 있는 긴(镸=長) 머리카락(彡).
長은 8획 镸은 7획

❶ 10획

髮 彡
터럭 **발**

개(犬)가 발을 앞으로(丿) 뻗으며 달릴 때 뒤로 늘어지는 **긴(镸=長) 터럭(彡).**

頭髮 두발
間髮 간발

싸움 **두**

서로 맞서서(丨丨) 왕(王)이 되려고 싸우다.

❶ 10획

鬪 鬥
싸울 **투**

콩(豆 콩 두) 같이 작은 것을 빼앗기 위해 손(寸 마디 촌)으로 다투어(鬥) **싸우다.**

鬪爭 투쟁
戰鬪 전투

술 **창**

그릇(凵)에 기장쌀로 담근 술을 국자(匕)로 푸는 모양.

❶ 10획

鬱 鬯
답답할 **울**

담근 술(鬯)을 단지(缶 그릇 부)에 담아 숲(林)에 묻고 풀(彡 터럭 삼)로 덮으니(冖 덮을 멱) **답답하다.** 답답할 정도로 산림(山林) 빽빽하여 **무성(茂盛)하다.**

憂鬱 우울
鬱蒼 울창
鬱陵島 울릉도

鬲 오지병 격 솥 력	오지병 또는 굽은 다리가 셋 달린 큰 솥. **오지병** 진흙으로 만들어 잿물을 입혀 구은 병.		❶ 10획

| 隔 阜
사이 격 | 떨어져 있는 양쪽 언덕(阝 언덕 부)과 같은 곳에 솥(鬲)을 거는 데서 **떨어져 있는 사이**를 뜻한 글자. | 隔離 격리
隔世之感
격세지감 |

| 融 虫
화할 융 | 솥(鬲)에서 나오는 수증기가 벌레(虫) 꿈틀거리듯 움직여 올라가 공기 중에 녹는다 하여 **화하다**. | 鎔融 용융
融和 융화
融通 융통 |

| 膈 肉
흉격 격 | 몸(月)에서 오지병(鬲)처럼 생긴 위장 입구부분에 **가슴과 배를 구분하는 막인 흉격**.
흉격(胸膈) 가슴과 배의 사이.
橫膈膜 배와 가슴사이에 가로놓인 근육성 막. | 橫膈膜
횡격막 |

| 鬼
귀신 귀 | 비뚤어진(丿) 생각(思 생각 사)으로
사사롭게(厶←私 개인 사) 사람을 해치는
귀신(鬼神). 또는 큰 머리에 뿔난 도깨비. | ❶ 10획 |

| 魂 鬼
넋 혼 | 구름(云←雲)처럼 떠다니는 죽은(鬼) 이의 **넋**. | 魂靈 혼령
魂飛魄散
혼비백산 |

| 塊 土
덩어리 괴 | 머리 큰 도깨비(鬼)처럼 흙(土)이 뭉쳐서 된 **덩어리**. 鬼은 머리에 뿔난 도깨비 모양. | 塊炭 괴탄
金塊 금괴 |

| 愧 心
부끄러워
할 괴 | 마음(忄) 속으로 귀신(鬼)을 생각함은 부끄러운일이 있기 때문이라는 데서 **부끄러워하다**. | 無愧我心
무괴아심 |

魚 고기 어	물고기의 머리('), 몸통(田), 지느러미(…) 모양. **魚頭肉尾**(어두육미) 물고기는 대가리, 짐승은 꼬리 쪽이 맛있다 함.	❶ 11획 魚群 어군 漁類 어류
漁 水 고기잡을 어	물(氵)에서 **물고기(魚)**를 잡다. 漁夫 물고기 잡는 것이 생업인 사람. 漁父 물고기 잡는 어느 아이의 아버지.	漁夫 어부 漁父之利 어부지리
鮮 魚 고울 선	물고기(魚)가 양(羊 양 양)처럼 곱고 **신선하다**.	鮮明 선명 新鮮 신선 朝鮮 조선
蘇 艹 깨어날 소	약초(艹)·물고기(魚)·곡식(禾)을 먹이니 **깨어나다**.	蘇生 소생 蘇聯 소련

鳥 새 조	꽁지가 긴 새가 앉아 있는 모양. **鳥足之血**(조족지혈) 새발의 피. 매우 적은 분량.	❶ 11획 鳥類 조류 鳥獸 조수
鳴 鳥 울 명	입(口)으로 새(鳥)가 **울다**. 泰山鳴動鼠一匹(태산명동서일필) 태산이 떠나갈듯이 떠들썩하였으나 나타난 것은 고작 생쥐 한 마리. 크게 떠벌리기만 하고 결과는 보잘 것 없음.	悲鳴 비명 自鳴鐘 자명종
鷄 鳥 닭 계	손톱(爫)과 같이 작고(幺 작을 요) 큰(大) 발톱으로 싸우는 새(鳥)인 **닭**. 鷄肋 닭의 갈비는 먹을거리는 못되나 그냥 버리기도 아깝다는 데서, 큰 소용은 없으나 그냥 버리기는 아까운 것. 肋 갈비 륵	養鷄 양계 鷄肋 계륵
鶴 鳥 학 학	하늘(冖 덮을 멱)을 뚫고 오르는 새(隹 새 추) 중 큰 새(鳥)인 **학**.	群鷄一鶴 군계일학

卤 소금밭 로	소금이 엉기어 있는 소금 밭, 또는 포대(口)에 담아 묶은(卜) 모양.	❶ 11획
鹽 卤 소금 염	염전(卤)에 바닷물을 끌어들여 관리(監 살필 감)를 잘 하여 만든 **소금**.	食鹽 식염 天日鹽 천일염

鹿 사슴 록	사슴의 뿔, 머리, 몸통, 다리를 보고 그린 자.	❶ 11획 鹿角 녹각 鹿皮 녹비←녹피
麗 鹿 고울 려	두 사슴(鹿)이 나란히 짝지어 가는 모양이 **곱다**. 高句麗 朱蒙(주몽)이 세운 '산 높고 물 맑은 아름다운 나라'(BC37-AD668).	高句麗 고구려 華麗 화려
 경사 경	사슴(鹿의 축약) 한(一) 마리를 축하하는 마음(心)으로 가지고 간다(夂 걸을 쇠)는 데서 **경사**의 뜻.	慶祝 경축 慶州 경주
티끌 진	사슴(鹿)이 달릴 때 일어나는 흙(土) **먼지**나 **티끌**.	粉塵 분진 塵肺症 진폐증

麥 보리 맥	중요성이 쌀보다 뒤쳐져(夂 뒤져올 치) 오는 (來 올 래) 곡식인 보리. 또는 보리 이삭 모양.	❶ 11획 麥芽 맥아 麥酒 맥주
麵 麥 국수 면	보리(麥)나 밀의 형태(面 낯 면)를 알아볼 수 없을 정도로 빻아서 만든 **국수**를 뜻한 자.	素麵 소면 冷麵 냉면

麻 삼 마	집(广 집 엄)에 삼의 줄기를 늘어놓고 섬유를 뽑는 모양.	❶ 11획 麻衣 마의 大麻 대마
磨 石 갈 마	삼(麻)을 돌(石)로 짓이겨 겉껍질 벗기는 모양에서 **갈다**. 切磋琢磨 옥 갈고 닦아 빛내다. 학문이나 덕행을 배우고 닦음. 切 자를 절 磋 갈 차 琢 쪼을 탁	硏磨 연마 磨耗 마모 切磋琢磨 절차탁마
摩 手 문지를 마	삼(麻) 껍질을 물에 빨고 다듬어 손(手)질한다 하여 **문지르다, 만지다**. 撫 어루만질 무	摩擦 마찰 撫摩 무마
痲 疒 저릴 마	대마초(大麻草)를 피거나 마약(痲藥)을 먹은 듯, 손발이 **저리는** 병(疒 병질 녁). 痺 저릴 비	痲痺 마비
魔 鬼 마귀 마	대마초(大麻草)를 피거나 마약(痲藥)을 먹어서 제정신이 아닌 **마귀(魔鬼)**들린 것 같다는 뜻.	病魔 병마 魔術 마술

黍 기장 서	벼(禾 벼 화) 과의 식물로 물(氺) 넣어(入) 술을 만드는데 가장 좋은 기장을 뜻한 글자.	❶ 12획
黎 黍 검을 려	기장(黍)으로 담근 술을 싸서(勹) 빛 들어(丿)오지 않는 어두운 곳에 둔다 하여 **검다**는 뜻.	黎明 여명

| 黹 바느질 치 | 천(巾)에 수놓는 모양에서 바느질하다. 부수로 쓰이는 실용한자 없음. | ❶ 12획 |

| 黽 맹꽁이 맹 | 큰 두 눈에 배가 불룩 나온 맹꽁이. | ❶ 13획 |

| 鼎 솥 정 | 두 귀와 발이 세 개인 솥 모양.
鼎立 육지로 이어진 이웃하는 세 세력이 공존함. | ❶ 13획
鼎立 정립 |

| 鼓 북 고 | 음식(十)을 제기(豆)에 올리듯, 올려놓고 나뭇가지(支)로 치는 북. | ❶ 13획
鼓手 고수
鼓笛 고적 |

| 鼠 쥐 서 | 절구(臼 절구 구) 밑에서 곡식을 주워 먹는 꼬리(乀)가 긴 쥐. | ❶ 13획
窮鼠 궁서
鼠盜 서도 |

| 鼻 코 비 | 코 모양인 自에, 논밭(田)에서 난 것을 손(廾 들 공)으로 줍듯, 공기를 흡입해 주는 코를 뜻한 자.
鼻祖 맨 처음 조상. 어떤일의 창시자. | ❶ 14획
鼻祖 비조
鼻炎 비염 |

齊 가지런할 제	곡식을 베어서 가지런히 묶은 모양에서 가지런하다.	❶ 14획 濟唱 제창 齊家 제가
齋齊 재계할 재	작은(小) 일이나 행동, 몸가짐을 **바르게(齊)** 하다. 齋戒 몸과 마음을 깨끗이 하고 부정한 일을 멀리 함.	齋戒 재계 書齋 서재
濟水 건널 제 구제할 제	물(氵)을 나란히(齊) 건너다. 물을 **건너다.** 빠진 사람을 **구하다.**	決濟 결제 經濟 경제
劑刀 약지을 제	약초를 가지런히(齊) 하여 칼(刂)로 썰어 **약을 짓다.**	調劑 조제 痲醉劑 마취제

齒 이 치	나란히(止) 혀(一) 위(人人) 아래(人人)로 잇몸(凵)에 박혀 있는 이.	❶ 15획 齒列 치열 齒牙 치아
齡齒 나이 령	하늘이 내린 명(令 명령 령)에 따라 살아가는 동물의 **나이**는 그 이(齒)를 보면 알 수 있다.	年齡 연령 妙齡 묘령
齧齒 갈 설	여러(丰 풀무성할 봉) 번에 걸쳐 칼(刀)처럼, 이(齒)로 **갉아먹**거나 **이를 간다**는 뜻.	齧齒類 설치류

五福(오복) 수(壽, 오래 삶), 부(富, 넉넉함), 귀(貴, 존경받음), 강녕(康寧, 건강함), 다산(多産, 많은 자식) '이(齒) 좋으면 오복에 하나'라고 하는데, 이 말은 이가 좋아 밥 잘 먹고, 잘 먹으니 건강하고, 건강하니 자식 많이 낳고 오래 산다는 뜻이 함축(含蓄)되어 치아(齒牙)의 중요함을 이르는 말.

龍 용 **롱**	몸(月)을 세워(立) 꾸불꾸불 하늘로 오르는 용을 상상하여 그린 글자.	❶ 16획 龍床 용상 龍宮 용궁
襲衣 엄습할 **습**	용(龍)은 번개 치며 비가 억수로 내릴 때 하늘로 오르는데 이 때 비를 맞으면 옷(衣) 안으로 비가 다 들어오듯이, **안으로 무섭게 쳐들어오는 것**.	掩襲 엄습 襲擊 습격
寵宀 사랑 **총**	집(宀 집 면)이나 어느 조직(組織), 단체(團體)에서 용(龍)처럼 가장 높은 이가 **베푸는 사랑**.	寵愛 총애 恩寵 은총
聾耳 귀머거리 **롱**	용(龍)은 번개 치며 비가 억수로 내릴 때 하늘로 오르는데 이 소리도 못 듣는(耳 귀 이) **귀머거리**.	聾啞 농아
瓏玉 영롱할 **롱**	옥(玉)의 무늬가 용(龍) 같이 **눈부시게 아름다움**.	玲瓏 영롱
籠竹 바구니 **롱**	대(竹)로 용(龍) 비늘같이 엮어 짠 **바구니**. 籠城 적에게 밀리고 밀리면 최종적으로 성문 굳게 닫고 지킨다는 데서, 목적(目的)을 이루기 위하여 한자리에서 줄곧 머물며 버티는 일.	欌籠 장롱 籠球 농구 籠城 농성

龜 거북 **귀** 갈라질 **균**	머리와 꼬리를 내놓고 네 발로 기어가는 거북. 거북 등껍데기 모양에서 트다, 갈라지다는 뜻.	❶ 16획 龜裂 균열 龜鑑 귀감

龠 피리 **약**	여러 구멍(口口口)에서 나는 소리가 뭉쳐서(侖 뭉치 륜) 소리의 조화를 이루는 피리. 侖 글을 적은 종이를 사람(人)이 하나(一)의 책(冊)으로 뭉침.	❶ 17획

기본자모 300자 基本字母300字 및 관련자

• 자모(字母)란

한자의 자모(字母)는 '글자를 만드는 기본자'.

  자모(字母)에 부수나 다른 자(字)가 붙어 새로운 자를 만듦.

• 같은 음으로 이루어진 글자

古
오랠 고

姑 시어미 고 : 여자(女)가 늙으면(古) 되는 시어미.
枯 마를   고 : 나무(木)가 오래(古) 되어 마르다.
苦 쓸   고 : 약초(艹)는 오래(古) 된 것이 쓰다.

• 같은 뜻이 들어있는 글자

者
사람 자

暑 더울 서 해(日)가 사람(者) 위에 가까이 있어 덥다.
著 지을 저 초목(艹)에 사람(者)이 글을 쓰다.
奢 사치할 사 씀씀이가 큰(大) 사람(者)이 사치하다.

기본 자모 300자

可	옳을	가	高	높을	고	其	그	기	利	이로울	리
加	더할	가	雇	품살	고	奇	기이할	기	林	수풀	림
家	집	가	谷	골짜기	곡	豈	어찌	기	莫	없을	막
各	각각	각	曲	굽을	곡	幾	몇	기	亡	망할	망
干	방패	간	工	장인	공	奈	어찌	내	每	항상	매
間	사이	간	公	공개할	공	奴	종	노	買	살	매
敢	감히	감	共	함께	공	能	능할	능	孟	맏	맹
監	살필	감	果	열매	과	尼	여승	니	免	면할	면
甲	갑옷	갑	官	벼슬	관	旦	아침	단	名	이름	명
皆	다	개	貫	꿸	관	單	하나	단	某	아무개	모
巨	클	거	關	빗장	관	唐	당나라	당	沒	빠질	몰
去	갈	거	交	사귈	교	代	대신할	대	卯	토끼	묘
建	세울	건	九	아홉	구	帶	띠	대	苗	싹	묘
擊	칠	격	求	구할	구	度	법도	도	武	무예	무
見	볼	견	句	글귀	구	同	같을	동	無	없을	무
兼	겸할	겸	區	나눌	구	東	동녘	동	未	아직	미
京	서울	경	丘	언덕	구	童	아이	동	微	작을	미
更	고칠	경	具	갖출	구	樂	즐길	락	半	반	반
竟	마칠	경	君	임금	군	亂	어지러울	란	反	반대할	반
敬	공경할	경	軍	군사	군	良	어질	량	般	일반	반
頃	잠깐	경	屈	굽을	굴	連	이을	련	發	나아갈	발
戒	경계할	계	貴	귀할	귀	列	벌릴	렬	方	사방	방
系	이을	계	今	이제	금	令	명령	령	白	흰	백
告	알릴	고	及	미칠	급	累	포갤	루	伐	칠	벌
古	오랠	고	己	몸	기	栗	밤	률	番	차례	번

保	보호할	보	召	부를	소	耶	어조사	야	獄	지옥	옥
步	걸을	보	疏	드물	소	弱	약할	약	夭	구부러질	요
普	넓을	보	束	묶을	속	羊	양	양	容	얼굴	용
不	아닐	부	秀	빼어날	수	於	어조사	어	雨	비	우
付	줄	부	垂	드리울	수	焉	어찌	언	原	근본	원
分	나눌	분	受	받을	수	余	나	여	元	으뜸	원
弗	아닐	불	壽	목숨	수	予	나	여	員	인원	원
朋	벗	붕	叔	어릴	숙	女	여자	여	韋	가죽	위
卑	낮을	비	宿	잘	숙	與	줄	여	胃	밥통	위
非	아닐	비	肅	엄숙할	숙	亦	또	역	爲	할	위
賓	손님	빈	旬	열흘	순	役	일할	역	委	맡길	위
史	역사적을	사	盾	방패	순	易	바꿀	역	尉	벼슬	위
寺	절	사	戌	개	술	沿	흐를	연	由	말미암을	유
司	살필	사	升	되	승	延	끌	연	酉	닭	유
射	쏠	사	丞	도울	승	然	그럴	연	遊	놀	유
散	흩어질	산	乘	탈	승	炎	불꽃	염	閏	윤달	윤
相	서로	상	市	시장	시	厭	싫어할	염	隱	숨을	은
尙	높일	상	是	옳을	시	永	길	영	矣	어조사	의
喪	죽을	상	申	아뢸	신	五	다섯	오	義	옳을	의
索	찾을	색	失	잃을	실	午	낮	오	意	뜻	의
生	살	생	亞	버금	아	吳	오나라	오	疑	의심할	의
庶	무리	서	安	편안할	안	烏	까마귀	오	夷	오랑캐	이
昔	옛	석	央	가운데	앙	畏	두려울	외	以	써	이
成	이룰	성	哀	슬플	애	于	어조사	우	益	더할	익
少	적을	소	也	어조사	야	右	오른	우	刃	칼날	인

引	끌	인	祭	제사	제	昌	번창할	창	合	합할	합
因	인할	인	宗	으뜸	종	倉	창고	창	巷	거리	항
寅	범	인	從	좇을	종	采	캘	채	害	해로울	해
壬	북방	임	坐	앉을	좌	責	맡을	책	亥	돼지	해
者	사람	자	朝	아침	조	妻	아내	처	奚	어찌	해
爵	벼슬	작	兆	억조	조	尺	자	척	幸	행복할	행
丈	어른	장	主	주인	주	泉	샘	천	享	누릴	향
壯	씩씩할	장	朱	붉을	주	妾	첩	첩	玄	검을	현
章	글	장	周	두루	주	聽	들을	청	縣	고을	현
藏	감출	장	中	가운데	중	靑	푸를	청	顯	나타날	현
才	재주	재	重	무거울	중	肖	베낄	초	兄	맏	형
爭	다툴	쟁	曾	더할	증	隹	새	추	刑	형벌	형
前	앞	전	卽	곧	즉	丑	소	축	衡	저울	형
專	오로지	전	州	고을	주	春	봄	춘	兮	어조사	혜
展	펼	전	至	이를	지	充	찰	충	乎	어조사	호
折	꺾을	절	旨	맛	지	取	취할	취	虎	범	호
占	점칠	점	直	곧을	직	則	법	칙	或	혹시	혹
丁	장정	정	眞	참	진	侵	침입할	침	昏	저물	혼
正	바를	정	辰	별	진	包	쌀	포	化	바꿀	화
廷	조정	정	徵	부를	징	暴	사나울	폭	華	화려할	화
貞	바를	정	此	이	차	票	쪽지	표	環	고리	환
呈	드릴	정	且	또	차	皮	가죽	피	黃	누를	황
帝	황제	제	次	다음	차	必	반드시	필	回	돌	회
弟	아우	제	贊	도울	찬	寒	찰	한	灰	재	회
制	제도	제	斬	벨	참	咸	다	함	喜	기쁠	희

可 옳을 가 / 가능할 가	장정(丁 장정 정)이 입(口)으로 옳은 말을 하여 일의 진행을 가능(可能)하게 함. 丁 팔을 펴고 있는 장정.	❷ 口 ❶ 5획 可否 가부 不問可知 불문가지
歌 欠 노래 가	입을 가능하고 가능한(哥) 한 입을 크게 벌려(欠 하품 흠) **노래 부르다.** 哥(부를 가) 입 크게 벌려 부르다(金哥 李哥).	歌手 가수 歌曲 가곡
阿 阜 언덕 아	언덕(阝 언덕 부)을 오를 때 사람(丁)이 몸을 약간 구부리고 입(口) 벌리고 오르면 힘이 덜 든다하여 **언덕. 몸을 구부려 아부하다.** 峴 고개 현	阿附 아부 阿峴 아현
河 水 큰물 하	**큰 물(氵)**은 항상 올바른(可) 방향으로 흐른다. 百年河淸 황하가 늘 흐리듯, 오래지나도 안되는 일.	黃河 황하 百年河淸 백년하청
何 人 어찌 하 / 누구 하	사람(亻)이 올바르니(可) 누가 **어찌**하랴? 사람(亻)과 사람(丁)이 서로 **누구**냐고 묻는다(口). 誰 누구 수	何必 하필 誰何 수하
荷 艹 짐 하, 멜 하	풀짐(艹)을 누군가(何 누구 하) **멘** 모양.	荷役 하역 荷重 하중
呵 口 꾸짖을 가	입(口)으로 옳은(可) 일이 아니기에 **꾸짖는다.**	呵責 가책
柯 木 가지 가	나무(木)에서 성장 가능한(可) 쪽으로 뻗은 **가지.**	南柯一夢 남가일몽
苛 艹 가혹할 가	풀(艹)을 밟듯 옳은(可) 사람을 짓밟으니 **가혹함.**	苛酷 가혹

加 더할 가	더욱더 힘(力)을 내라고 말(口)로 부추겨 힘을 더하다.	◎ 力 ❶ 5획 加減 가감 參加 참가
架木 걸칠 가	나무(木)를 더하여(加) 가로질러 **걸쳐 놓음**.	架橋 가교 架設 가설
賀貝 축하할 하	좋은 일에 재물(貝)을 더해(加) 주며 **축하하다**.	賀客 하객 賀禮 하례
迦辶 부처이름 가	먼(辶) 길 가듯 수행을 더해가는(加) **부처**.	釋迦 석가
伽人 절 가	수행하려 오는 사람(亻) 수가 더해져(加) 된 **절**.	伽藍 가람
袈衣 가사 가	옷(衣) 위에 더하여(加) 승려가 입는 옷인 **가사**.	袈裟 가사
跏足 책상다리 가	왼 발(足)에 오른 발을 더해(加) 앉는 **책상다리**.	跏趺坐 가부좌
嘉口 아름다울 가	기쁜(喜) 일에 힘(力)을 실어주니 **아름답다**.	嘉禮 가례
駕馬 수레 가	말(馬)에 멍에를 덧(加) 씌워 끄는 **수레**.	御駕 어가

家 집 **가**	한 지붕(宀 집 면) 아래 돼지(豕 돼지 시)를 함께 키우는 농촌의 집.	◐ 宀 ❶ 10획 家門 가문 家畜 가축 家訓 가훈
逐 辶 쫓을 축	멧돼지(豕)를 멀리(辶 멀리갈 착) **쫓아내다**.	逐出 축출 角逐 각축
遂 辶 이룰 수	사방팔방(八)에서 농지나 밭에 들어온 멧돼지(豕)를 멀리(辶) 쫓아버려 뜻한 바를 **이루다**.	完遂 완수 未遂 미수
隊 阝 무리 대	산언덕(阝 언덕 부) 여기저기 사방팔방(八)으로 먹이 찾아 떼지어 돌아다니는 멧돼지(豕) **무리**.	軍隊 군대 樂隊 악대
像 人 모양 상	사람(亻)이 비슷하게 그린 코끼리(象 코끼리 상)라는 데서, **실물과 비슷하게 만든 것, 그린 것**.	銅像 동상 映像 영상
緣 糸 인연 연	실(糸)로 끊어진(彖) 곳을 잇듯 이어진 **인연**. 彖(끊을 단) 주둥이(彑 돼지머리 계)로, 돼지(豕)가 달아 나려고, 우리의 이곳저곳을 물어 끊어 놓음을 뜻함. 緣木求魚 나무에 올라 물고기를 구함. 불가능한 일을 무리하게 하려 함.	因緣 인연 緣故 연고 緣木求魚 연목구어
蒙 艹 어리석을 몽	풀(艹)로 지붕 하여 덮은(冖 덮을 멱) 우리 안에서 먹는 일 한(一) 가지에만 관심 있는 돼지(豕)처럼 **어리석다**.	蒙古 몽고 啓蒙 계몽

| 各 각각 각 | 앞 사람 말과 뒷(夊 뒤져올 치) 사람 말(口)이 각각 다르다. | ○ 口 ❶ 6획
各者 각자
各樣各色 각양각색 |

| 閣門
집 각 | 여기저기에서 각각(各) 문(門)이 있는 **큰 집**. | 鐘閣 종각
閣下 각하 |

| 客宀
손 객 | 남의 집(宀 집 면)에 각자(各) 드나드는 **손님**. | 客室 객실
主客 주객 |

| 格木
모양 격 | 나무(木)에도 나름대로 각각(各)의 **모양**이 있음. | 格式 격식
人格 인격 |

| 額頁
이마 액
돈 액 | 손님(客)이 들 때 먼저 내미는 머리(頁 머리 혈)에 있는 **이마**. 손님(客) 머리(頁)수가 곧 **돈**이다. | 金額 금액
額子 액자 |

| 落
떨어질 락 | 풀(艹) 잎에서 물방울(氵)이 똑똑(各) **떨어지다**.
艹 모양은 3획이나 획수는 항상 4획으로 세야 함. | 落第 낙제
落葉 낙엽 |

| 絡糸
이을 락 | 실(糸)로 떨어져 있는 각각(各)의 것을 **이음**. | 連絡 연락
脈絡 맥락 |

| 略田
대략 략
빼앗을 략 | 밭(田)의 경계를 발걸음으로 각기(各) **대충** 정하다. 대략(大略) 정한 이웃 밭을 침략(侵略)하여 **빼앗다**. | 略字 약자
省略 생략 |

干 방패 간	손잡이 달린 둥근 방패. 막는다, 말리다는 뜻으로도 쓰임.	❶干 ❷3획 干拓 간척 干滿 간만
刊 刀 새길 간	방패(干)에 칼(刂)로 이름, 무늬 등을 새긴다.	刊行 간행 朝刊 조간
肝 肉 간 간	신체(月) 중 독을 해독하여 병을 막아주는(干) 간.	肝炎 간염 肝臟 간장
幹 干 줄기 간	나뭇가지(十十) 사이로 비치는 햇빛(日)을, 씌워서(人) 막기(干) 위해 천막 등을 칠 때 쓰이는 중심이 되는 나무의 줄기.	幹部 간부 幹線道路 간선도로
汗 水 땀 한	막고(干) 있는 피부 밖으로 나오는(氵) 땀.	不汗黨 불한당
旱 日 가물 한	햇빛(日)이 강해, 창칼에 찢긴 방패(干)와 같이, 땅이 금이 갈 정도로 가물다. 魃 가물귀신 발	旱害 한해 旱魃 한발
軒 車 집 헌	전차(車)가 적의 공격을 막아(干) 주듯 비바람을 막아주는 집. 東軒 고을 원님 등이 공사(公事)를 처리하는 곳.	東軒 동헌
竿 竹 장대 간	대(⺮)로 방패(干)를 공격하는 모양에서 긴 장대.	竿頭 간두
奸 女 간사할 간	약한 여자(女)가 상대를 막기(干) 위해 내는 꾀가 간사함.	奸邪 간사
罕 网 드물 한	그물(罒 그물 망)로 막아(干) 잡는 경우는 드문 일이다.	稀罕 희한

기본 자모 300자 및 관련자 | 131

間 사이 간	문(門)틈 사이로 햇빛(日)이 들어오는 모양에서 사이.	❍ 門 ❶ 12획 間隔 간격 間髮 간발
簡 竹 편지 간 간단할 간	대쪽(竹) 사이(間)에 **간단히** 적은 글인 **편지**.	簡潔 간결 書簡 서간
癇 疒 간질 간	병(疒 병질 녁)이 사이(間)를 두고 발작(發作)하는 **간질**.	癇疾 간질
敢 감할 감	적을 치고(攻 칠 공) 승리 표시로 적의 귀(耳)를 잘라오니 용감(勇敢)하다.	❍ 攵 ❶ 12획 敢行 감행 焉敢生心 언감생심
嚴 口 엄할 엄	언덕(厂 언덕 한) 위에서 용감하게(敢) 호령(號令)하는 모습이 **엄하다**.	嚴命 엄명 嚴罰 엄벌
巖 山 바위 암	산(山) 위에 위엄(嚴 위엄 엄)있게 서 있는 **바위**.	巖石 암석 奇巖 기암
瞰 目 볼 감	용감한(敢) 자가 눈(目)으로 상대를 **내려다본다**.	鳥瞰圖 조감도
儼 人 의젓할 엄	사람(亻)의 말에 위엄(嚴)이 있어 **의젓하다**.	儼然 엄연

監 살필 감	신하(臣 신하 신) 한(一) 사람(⺊)이 그릇(皿 그릇 명)에 담긴 음식 같은 것을 살피다.	◎ 皿 ❶ 14획 監視 감시 監督 감독
鑑 金 거울 감	구리(金)거울에 얼굴을 비추어 **잘 살펴봄(監)**.	鑑定 감정 龜鑑 귀감
濫 水 넘칠 람	물(氵)을 다룰 때 잘 살핌(監)은 차면 **넘치기 때문**.	濫用 남용 濫伐 남벌
覽 見 볼 람	살피어(監) 본다(見). 특히 **잘 살피어 보다**.	觀覽 관람 閱覽 열람
藍 艹 쪽 람	식물(艹) 중 잘 살펴(監) 가며 물감 들이는데 쓰는 **쪽**. 青出於藍(청출어람) 쪽에서 뽑아낸 파란물이 쪽빛보다 짙다는데서, 제자나 후배가 스승이나 선배를 앞설	藍色 남색
籃 竹 바구니 람	대(⺮)로 잘 살펴(監) 가며 엮어 만든 **바구니**. 搖籃 1. 젖먹이를 눕히거나 앉히고 흔들어 즐겁게 하는 채롱.　　　　　　搖 흔들 요 2. 사물(事物)이 발달(發達)하는 처음이나 시작.	搖籃 요람
襤 衣 누더기 람	옷(衤) 차림새를 살펴(監) 봄은 **누더기**라서...	襤褸 남루
艦 舟 싸움배 함	배(舟) 중 적을 살펴(監) 가며 **싸우는 배**.	艦艇 함정
檻 木 난간 함	나무(木)로 위험 등을 잘 살피어(監) 만든 **난간**.	折檻 절함

甲 갑옷 갑	돋아난 싹이 껍질을 뒤집어쓰고 있는 모양에서 갑옷. 처음 나는 것이 싹이라하여 十干의 첫째로 쓰임.	◐ 田 ❶ 5획 鐵甲 철갑 甲子 갑자
押 手 누를 압	손(扌)으로 감싸(甲) 밀어 **누른다**.	押釘 압정 押收 압수
鴨 鳥 오리 압	넓은 떡잎(甲) 같은 주둥이를 가진 새(鳥)인 **오리**.	鴨綠江 압록강
匣 匚 궤 갑	갑옷(甲) 등을 넣어 두는 상자(匚 상자 방)인 **궤**.	文匣 문갑
閘 門 물문 갑	물을 막거나(甲) 열어 수위를 조절하는 문(門).	閘門 갑문

皆 다 개	비교(比 견줄 비)할 것도 없이 다 같이 찬성의 말(白 말할 백)을 한다 하여 모두의 뜻.	◐ 白 ❶ 9획 皆勤 개근 皆兵 개병
階 阜 계단 계	언덕(阝 언덕 부)진 부분에 여러(皆) 개의 돌을 쌓아 만든 **계단(階段)**.	階級 계급 階層 계층
偕 人 함께 해	사람(亻)이 모두 다(皆) 같이 살아간다 하여 **함께**.	偕老 해로
楷 木 해서 해	반듯하게 자라는 나무(木)처럼 모든(皆) 글자를 바르게 다듬어 만든 서체(書體)인 **해서**.	楷書 해서
諧 言 익살 해	말(言), 행동으로 하여 모두(皆)를 웃기는 **익살**.	諧謔 해학

巨 클 거	'ㄷ' 자 모양의 큰 자를 손에 쥔 모양에서 **크다**.	◐ 工 ❶ 5획 巨物 거물 巨星 거성
拒 手 막을 거	손(扌)을 크게(巨) 휘저으며 **막는다**. 絶 끊을, 가로막을 절	拒否 거부 拒絶 거절
距 足 거리 거	발(足 발 족)을 크게(巨) 벌린 것처럼 떨어진 **거리**. 離 떨어질 리	距離 거리
去 갈 거	흙(土)을 밟고 각자 개인(厶=私 개인 사)이 간다.	◐ 厶 ❶ 5획 去來 거래 過去 과거
却 卩 물러날 각	뒤로 갈(去) 때 무릎(卩 무릎 절)을 구부리고 **물러나다** 또는 물러가라고 **물리친다**. 棄 버릴 기	退却 퇴각 棄却 기각
脚 肉 다리 각	신체(月) 중 뒤로 구부러지며 물러나는(却) **다리**. 馬脚 연극에서 말의 탈을 쓴 사람의 다리를 이르는 말에서, 거짓으로 꾸며 숨겨 놓은 본성이나 실상.	脚光 각광 馬脚 마각
法 足 법 법	물(氵) 흘러가듯(去) 삶이 잘 흐르게 만든 **법**.	法律 법률 法官 법관
蓋 艹 덮을 개	풀(艹)로 안 보이게(去 없앨 거) 그릇(皿 그릇 명)을 **덮는다**. 蓋然性 열어 보지 않아 확실치는 않지만 대개 그럴 것 같음.	覆蓋川 복개천 蓋然性 개연성

建 세울 건	붓(聿 붓 율)으로 나라 법(法)을 써서 변방까지 멀리(廴 길게걸을 인) 보내어 나라의 기강을 바로 세운다.	❶ 廴 ❷ 9획 建國 건국 建設 건설
健 人 튼튼할 건	사람(亻)이 바르게 서(建) 있으니 **튼튼하다**. 튼튼하니 일 등을 많이 자주한다 하여 **자주**.	健康 건강 保健 보건 健忘 건망
鍵 金 열쇠 건	쇠(金 쇠 금)로 만들어 서(建) 있는 빗장을 여는 **열쇠**.	關鍵 관건 鍵盤 건반
腱 肉 힘줄 건	몸(月 육달 월=肉)을 세우는(建) **힘줄**. 달의 뜻이 아닌 다른 뜻으로 쓰일 때는 '육달 월'(月=肉)이라 하여 고기나, 목 밑 신체부분을 나타냄. '달 월'(月)은 건너긋는 두 획의 오른쪽이 떨어지고, '육달 월'(月=肉)은 신체가 붙어 있듯이 양쪽이 다 붙음.	腱腱反射 조건반사

擊 칠 격	수레(車 수레 거)에서 빠지기 쉬운 바퀴를 보강한(凵) 전차를 타고 창(殳 창 수)을 손(手)에 들고 치다.	❶ 手 ❷ 17획 擊退 격퇴 電擊 전격
繫 糸 맬 계	전차의 수레바퀴(軎 굴대끝 세)가 벗어나지 않도록 비녀장(殳 몽둥이 수)을 꽂고 끈(糸)을 **얽어매다**. 비녀장 바퀴 따위가 벗어나지 않도록 굴대에 찔러 놓는 큰 못.	繫留 계류

見 볼 **견** 나타날 **현**	사람이 눈(目)으로 서서(儿) **본다**. 보이게 **나타나다**. **謁見** 지체가 높고 귀한 사람을 찾아뵙는 일.	❷ 見 ❶ 7획 見學 견학 謁見 알현
現 玉 나타날 현	옥돌(王)을 갈고 닦고 보니(見) 아름다운 빛깔이 나타난다. 이러한 것이 보이는 **지금**. **현재**.	現狀 현상 現代 현대
親 見 어버이 친	나무(木)에 올라 가 있는(立) 자식을 걱정스레 바라보는(見) **어버이**. 어버이는 항상 가깝고 **친함**.	兩親 양친 親舊 친구
規 見 법 규	사람들(夫 사내 부)이 보고(見) 지켜야 할 **법**.	規則 규칙 規定 규정
寬 宀 너그러울 관	집(宀) 화초(卄) 보니(見) 마음(丶) **너그러워지다**.	寬大 관대 寬容 관용
兼 겸할 **겸**	벼(禾 벼 화) 둘을 한(一) 손(彐 손 계)에 쥐고 있는 모양에서 **겸하다**.	❷ 八 ❶ 10획 兼用 겸용 兼備 겸비
謙 言 겸손할 겸	사양한다는 말(言)을 거듭(兼)하니 **겸손하다**.	謙讓 겸양 謙遜 겸손
廉 广 청렴할 렴 쌀 렴	집(广 집 엄)에서 여러(兼) 일을 하니 **청렴하다**. 청렴(淸廉)함은 비싼 것과 거리가 멀어 **싸다**.	廉價 염가 廉恥 염치
嫌 女 싫어할 혐	여자(女) 둘(兼)을 놓고 저울질하니 **싫어한다**.	嫌惡 혐오

京 서울 경	높이(高) 솟아 있는(小) 궁성 모양으로, 나라 다스리는 궁성 있는 서울.	◐ 亠 ❶ 8획 上京 상경 京畿 경기
景 日 볕 경	해(日)가 궁(京)을 비추는 따스한 볕, 밝다.	景致 경치 景氣 경기
凉 氵 서늘할 량	물(氵)이 넓은 서울(京)처럼 많아 **서늘하다**.	納凉 납량 淸凉 청량
諒 言 헤아릴 량	남의 말(言)을 큰(京) 마음으로 **헤아려** 듣는다.	諒解 양해 諒知 양지
掠 手 빼앗을 략	손(扌)으로 서울(京) 같이 좋은 곳에 침입해 **빼앗다**.	掠奪 약탈 擄掠 노략

更 고칠 경 다시 갱	한마디(一) 말(曰)이라도 틀렸을 때에는 이를 올바로 고쳐서, 다시 말함이 사람(人)의 도리.	◐ 曰 ❶ 7획 甲午更張 갑오경장 更新 갱신
硬 石 굳을 경	용암이 돌(石)과 같이 다시(更) 단단하게 **굳음**.	硬度 경도 肝硬化 간경화
便 人 편할 편 똥오줌 변	사람(亻)이 불편한 점을 고쳐(更) 쓰니 **편리(便利)함**. 사람(亻)이 배출하면 몸이 편하게 고쳐지는(更) **똥·오줌**.	便安 편안 便器 변기

竟 마칠 필 마 경	소리(音 소리 음)를 사람(儿 어진사람 인)이 질러 오래 해 온 어려운 일을 마침내 마침을 뜻한 글자.　　　　　　　　**畢** 바칠 필	◎ 立　❶ 11획 **畢竟** 필경
境 土 지경 경	영토(土)가 끝나는(竟) 즉 땅의 경계인 **지경(地境)**.	**國境** 국경 **境界** 경계
鏡 金 거울 경	금속(金)을 갈고 닦으니 마침내(竟) **거울**이 됨. 破鏡 깨진 거울. 부부가 영영 합칠 수 없음. 즉 이혼(離婚). 전쟁으로 떨어져 있게 된 부부가 다시 만날 기회가 있을 경우를 대비해 거울을 쪼개어 한쪽씩 가지게 되었다. 전쟁이 끝나고 남편이 부인을 찾고 있을 때 어느 시장에서 깨진 반쪽 거울을 파는 여인이 있다고 하여 가서 보니 바로 아내였던 것이었다는 고사(故事)가 지금은 이혼을 뜻하게 됨.	**眼鏡** 안경 **破鏡** 파경 **望遠鏡** 망원경
敬 공경할 경	뿔(艹) 달린 양이 몸을 구부려(句) 받으려(攵 칠 복) 하자 놀라 몸을 움츠리듯, 황송하여 몸을 움츠린다 하여 공경의 뜻이 된 글자.	◎ 攵　❶ 13획 **恭敬** 공경 **敬天愛人** 경천애인
警 言 경계할 경	공경하는(敬) 자세로 말한다(言) 하여 조심. **경계하다**.	**警告** 경고 **警察** 경찰
驚 馬 놀랄 경	조심성(敬)이 많은 말(馬)이 잘 **놀란다**는 뜻. 말은 크기에 비해 잘 놀라는 성질이 있는 동물. 驚天動地(경천동지) 세상(世上)을 깜짝 놀라게 함.	**驚歎** 경탄 **驚異** 경이

頃 잠깐 경	비수(匕 비수 비)에 목(頁 머리 혈)을 찔려 목숨이 잠깐 사이에 끊어짐을 나타낸 글자.	❶頁 ❶11획 頃刻 경각
傾 人 기울 경	사람(亻)의 생각이 잠깐(頃) 사이에 **기울어짐**. 左傾 1. 왼쪽으로 기울어짐. 　　 2. (사회주의, 공산주의 따위의) 좌익사상에 물듦.	傾斜 경사 左傾 좌경
戒 경계할 계	창(戈 창 과) 들고(廾 들 공) 경계(警戒)·주의(注意)하다.	❶戈 ❶7획 訓戒 훈계 戒嚴令 계엄령
械 木 기계 계	죄인을 벌주기(戒 징계할 계) 위해 만든 나무(木) 형틀. 후에 **기계(機械)**의 뜻으로 쓰임.	器械體操 기계체조
賊 貝 도적 적	재물(貝) 빼앗으려 무기(戈) 휘두르는(乂) **도적**. 賊反荷杖 도둑이 반대로 매를 듦. 잘못한 사람이 도리어 아무 잘못이 없는 사람을 나무람. 杖 지팡이 장	義賊 의적 賊反荷杖 적반하장
盜 皿 훔칠 도	침(氵)을 흘리며 입을 벌리고(欠 하품 흠) 그릇(皿 그릇 명)에 담긴 것이 탐이 나서 **훔치다**.	盜賊 도적 盜難 도난

系 이을 계	매듭(丿)을 매어 실(糸)을 이어나감을 뜻함. 특히 위 아래로 이어지는 계보(系譜)·직계(直系)·계통(系統).	❍ 糸 ❶ 7획 系派 계파 系列社 계열사
係 人 관계할 계	사람(亻)이 어떤 일과 이어져(系) 있어 **관계(關係)하다**.	係長 계장 係員 계원
孫 子 손자 손	자식(子)이 자식을 이어(系) 낳으니 **손자(孫子)**.	代代孫孫 대대손손
遜 辶 겸손할 손	손자(孫)는 행해 나아감(辶 갈 착)이 **겸손해야** 함.	謙遜 겸손 恭遜 공손

告 알릴 고	소(牛 소 우)가 받으려 하자 위험을 소리쳐(口) 알린다.	❍ 口 ❶ 7획 警告 경고 告發 고발 告白 고백
造 辶 만들 조	미리 알리고(告) 멀리(辶 멀리갈 착) 내다보고 **만들다**.	創造 창조 製造 제조
浩 氵 넓을 호	미리 알려야(告) 할 정도로 물(氵)이 많고 **넓다**. 浩然之氣 세상(世上)에 가득 찬 넓고 큰 원기(元氣).	浩蕩 호탕 浩然之氣 호연지기
皓 白 흴 호	흰(白) 종이에 써서 알린다(告)는 데서 **희다**. 丹脣皓齒 붉은 입술(脣)과 흰 이. 아름다운 여인.	丹脣皓齒 단순호치

古 오랠 고	열(十) 사람 입(口)을 통한 것은 이미 오래된 옛 것.	❶口 ❶5획 古代 고대 古書 고서
姑 女 시어미 고	여자(女)가 오래(古) 살아 **할머니**나 **시어미**.	姑婦 고부 姑母 고모
苦 艹 쓸 고	약초(艹) 등이 오래되(古) 쓰다. **쓰니 괴롭다**.	苦生 고생 苦樂 고락
枯 木 마를 고	나무(木)가 오래되(古) **마르다**. 말라 **없어지다**.	枯木 고목 枯渴 고갈
故 攵 연고 고	옛(古) 일을 들추어(攵 칠 복) 그 까닭을 캐어본다 하여 **고향(故鄕)·연고(緣故)·죽음·일** 등.	故人 고인 故事 고사 事故 사고
固 口 굳을 고	성곽(口 에워쌀 위)이 쌓은지가 오래되(古) **굳어짐**.	固體 고체 固執 고집
個 人 낱 개	사람(亻)마다 굳게(固) 가지고 있는 개성(個性)으로, 이처럼 개인행동을 한다하여 **낱낱**을 뜻.	個人 개인 個別 개별
居 尸 살 거	집(尸=戶 집 호)에 오래(古 오랠 고)도록 **살다**.	居住 거주 別居 별거
克 儿 이길 극	오래(古) 참고 견디는 사람(儿)이 **이기다**.	克己 극기 克服 극복
湖 氵 호수 호	물(氵)이 오랜(古) 세월(月)동안 고여서 된 **호수(湖水)**. 畔 물가 반	湖畔 호반 江湖 강호
胡 月 오랑캐 호	오랫(古) 동안 고기(月=肉)를 보관하여 먹는 **오랑캐**. 丙子胡亂 조선조 1636년 병자년 청나라의 2차 침입.	丙子胡亂 병자호란

| 雇
품살 고 | 집(戶 집 호)에서 모이 주며 기르는 새(隹 새 추)처럼, 품삯 주고 사람을 부려 **품사다**. 반대로 품을 팔다. | ❯ 隹 ❶ 12획
雇用主
고용주 |

| 顧 頁
돌아볼 고 | 자신이 한 일(雇)에 대하여 머리(頁 머리 혈)를 돌려 뒤를 보듯, **돌아본다**. | 顧問 고문
回顧 회고 |

| 高
높을 고 | 성곽(冂) 위에 높이 세워 만든 망루(望樓) 모양에서 **높다**. | ❯ 高 ❶ 10획
高校 고교
高手 고수
高麗 고려 |

| 稿 禾
볏짚 고
원고 고 | 볏단(禾 벼화)을 높게(高) 쌓아 올린 **볏짚**. 벼이삭이 나옴으로 벼의 자람이 시작되듯, 글을 쓸 때 처음 써 놓은 **원고(原稿)**. | 草稿 초고
脫稿 탈고 |

| 敲 攴
두드릴 고 | 손 높이(高) 들어 **두드린다**(攴 두드릴 복). 推敲 글의 자구(字句)를 수정함. 推 밀 퇴, 추 | 推敲 퇴고 |

| 膏 肉
기름 고 | 높이(高) 부어오른 몸(月)에 바르는 **고약(膏藥)**. 이 같은 **기름**. 梁 좋은쌀 량
膏粱珍味 기름진 고기와 곡식으로 만든 맛있는 음식. | 膏粱珍味
고량진미 |

| 藁 艹
짚 고 | 풀단(艹) · 장작(木)을 높이(高) 쌓듯, 탈곡 후 높이 쌓아 놓은 **짚**. | 席藁待罪
석고대죄 |

| 嚆 口
울 효 | 입(口)으로 풀피리(艹)를 불면 음이 높이(高) 올라가며 **울다**. | 嚆矢 효시 |

谷 골짜기 곡	갈라져(八) 있는 산(人)의 골짜기 입구(口)를 그린 글자.	◎ 谷 ❶ 7획 溪谷 계곡 峽谷 협곡
欲 欠 바랄 욕	갈라진 골짜기(谷 골 곡)와 같이, 입 벌리고(欠) 먹고 싶은 마음이라는 데서 **바라다. 탐하다.**	欲求 욕구 欲情 욕정
慾 心 욕심 욕	갈라진 골짜기(谷) 같이, 입을 크게 벌리고(欠 하품 흠) 무언가 많이 먹고 싶은 마음(心)이라는 데서 **욕심(慾心).**	慾望 욕망 貪慾 탐욕
裕 衣 넉넉할 유	옷(衤=衣)이 골짜기(谷) 같이 주름져 **넉넉하다.**	餘裕 여유 富裕 부유

曲 굽을 곡	입(口)의 혀(一)를 길게 내미니(ㅣㅣ) 구부러진다는 데서 굽다. 곡선(曲線)을 이루는 악곡(樂曲).	◎ 曰 ❶ 6획 曲解 곡해 作曲 작곡
農 辰 농사 농	허리를 굽혀(曲) 별(辰 별 진)이 뜨는 새벽부터 일하는 **농사.**	農夫 농부 農業 농업
濃 水 짙을 농	물(氵)이 풍족하여 농사(農)가 잘 되 곡식이 많고 **짙다.**	濃度 농도 濃淡 농담
典 八 법 전	목판에 글을 새겨 굽어지지(曲) 않도록 평평하며 (一) 받침이(八) 있는 널빤지 위에 보관하던 **방대한 책.**	法典 법전 佛典 불전

工 장인 **공**	상하의 판자에 구멍 뚫어 막대로 연결한 자로 기술자, 공구 등의 뜻.	❷ 工 ❶ 3획 工學 공학 工業 공업
恐 心 두려울 공	장인(工)들도 모두(凡 모두 범) 자신이 만든 물건에 문제가 있지 않을까 하여 마음으로(心) **두려워하다**.	恐怖 공포 恐慌 공황
空 穴 빌 공 구멍 공	장인(工 장인 공)이 연장으로 목재에 구멍(穴)을 파서 만드니 그 속은 텅 **비어** 있는 **하늘**과 같음.	空間 공간 空港 공항
貢 貝 바칠 공	만든 물건(工)을 재물(貝)처럼 위에 **바친다**. 朝貢 왕조(王朝) 때, 속국(屬國)이 종주국(宗主國)에 때마다 예물을 바치던 일. 貢 특산물바칠 공	貢獻 공헌 朝貢 조공
江 水 강 강	물(氵)이 넓게(工) 흐르는 **강**.　　　　漢 한수 한	江山 강산 漢江 한강
鴻 鳥 큰기러기 홍	강(江)에 사는 새(鳥)인 큰 **기러기**.　　鵠 고니 곡	鴻鵠 홍곡
紅 糸 붉을 홍	실(糸)에 물감을 넣어 가공하여(工) **붉게** 만듦.	紅葉 홍엽 紅柿 홍시

公 공평할 공	사사로움(厶=私 사사로울 사)을 가르고(八) 대중에게 공평(公平)하게 한다와 이 같이 하는 귀인.	◐ 八 ❶ 4획 公立 공립 公正 공정
松 木 소나무 송	재목(木)으로 대중에게(公) 널리 쓰이는 **소나무**.	松林 송림 松板 송판
訟 言 잘잘못가릴 송	말(言)로 공정히(公)하여 **잘 잘못을 가림**. 訴 하소연할 소	訟事 송사 訴訟 소송
頌 頁 기릴 송	대중(公)이 머리(頁) 숙여 받들어 그 뜻을 **기리다**.	讚頌 찬송 稱頌 칭송
翁 羽 늙은이 옹	새 깃(羽)처럼 가지런히 수염 난 귀인(公 귀 공)인 **늙은이**. 塞 변방 새 塞翁之馬 인간의 길흉화복은 알 수가 없음.	塞翁之馬 새옹지마
共 함께 공	많은(卄 스물 입) 사람이 두 손(八)을 하나(一)로 모아 함께 받드는 모양으로, 함께라는 뜻 글자.	◐ 八 ❶ 6획 共和 공화 共産 공산
供 人 바칠 공	사람들(亻)이 함께(共) 받들어 **모신다. 바치다**.	供養 공양 供給 공급
恭 心 공경할 공	마음(忄)으로 함께(共) 받들어 **공경(恭敬)하다**.	恭遜 공손 恭待 공대
洪 水 넓을 홍	물(氵)이 함께(共) 많이 모여 있다는 데서 **넓다**.	洪水 홍수 洪福 홍복
選 辶 뽑을 선	무릎(已) 꿇고 함께(共) 멀리(辶) 보고 **뽑는다**.	選擧 선거 選擇 선택
異 田 다를 이	밭(田) 일은 함께(共)하지만 결과는 노력에 따라 **다르다**.	異見 이견 異常 이상

果 열매 과	밭(田)의 과일나무(木)로 여기서 나는 열매.	◎ 木　❶ 8획 果實 과실 結果 결과
課言 매길 과	농사의 결과(果)를 물어(言) 세금으로 **매겨 부과함**.	課稅 과세 課題 과제
官 벼슬 관	담(𠂤 쌓일 퇴의 줄임) 높게 지은 집(宀 집 면)인 관청(官廳)에서 일하는 관리(官吏).	◎ 宀　❶ 8획 官職 관직 官僚 관료
館食 집 관	관리(官)가 밥(食) 먹고 묵도록 지어진 **큰 집**.	館舍 관사 本館 본관 公館 공관
管竹 대롱 관 관리할 관	대(⺮)의 막힘을 뚫고 **대롱**을 만들거나, 관청(官)에서 쓰는 대(⺮)로 만든 피리를 **보관(保管), 관리(管理)**함.	銅管 동관 管掌 관장 管轄 관할
僚人 관료 료 동료 료	사람(亻)들이 크게(大) 양쪽(ヽノ)으로 늘어서 해(日)처럼 밝게 작은(小) 일까지 돌보는 **관료**. 이러한 일을 같이 하는 **동료**.	閣僚 각료 官僚 관료 同僚 동료
棺木 널 관	나무(木)로, 벼슬(官)하던 사람이 죽으면 넣는 **널**.	入棺 입관
關 빗장 관	북에 실 뭉치(幺幺)를 꿰어(卝 북양귀 관) 넣듯, 문(門) 잠글 때 끼워 넣는 빗장. 빗장 끼이듯 서로 관계(關係)하다.	◎ 門　❶ 19획 稅關 세관 關門 관문
聯耳 이을 련	실(幺幺)을 꿴(卝) 북의 귀(耳 귀 이)를 통하여 실이 풀려 나가며 천을 **잇는다**.	聯合 연합 關聯 관련

貫 꿸 관	돈(貝)을 꿰어(毋) 놓은 모양. 무게의 단위인 관(貫). **1관(貫)** 3.75 Kg | **1량(兩)** 37.5 g | **1돈** 3.75 g	◯ 貝 ❶ 11획 **貫通** 관통 **本貫** 본관
慣 心 버릇 관	마음(忄)이 막힘(貫) 없을 정도로 몸에 밴 **습관**.	**慣例** 관례 **慣性** 관성
實 宀 열매 실	집(宀 집 면) 안에 꿰어(貫) 말리는 수확한 **열매**.	**結實** 결실 **眞實** 진실
交 엇갈릴 교 사귈 교	갓(亠) 쓴 아비(父)가 오고가며 사람들을 사귀다.	◯ 亠 ❶ 6획 **交際** 교제 **交通** 교통 **交叉** 교차
校 木 학교 교	나무(木)를 엇걸어(交) 똑바로 쌓은 모양. 사람을 가르쳐 바르게 인도(引導)하는 **학교(學校)**.	**校長** 교장 **將校** 장교 **校訂** 교정
較 車 비교할 교	수레(車)가 교차(交)할 때 그 크기가 **비교됨**.	**比較** 비교
郊 邑 도시밖 교	쉽게 왕래(交)할 수 있는 고을(阝 고을 읍) 근처 지역.	**郊外** 교외 **近郊** 근교
效 攴 효험 효	매(攴 칠 복) 대신 친하게(交) 지내니 **효험**있다.	**效能** 효능 **效率** 효율
絞 糸 목멜 교	끈이나 동아줄(糸)을 얽어(交) 매어 **목을 맴**.	**絞殺** 교살

九 아홉 **구**	열 십(十)의 가로 획을 구부려 열보다 적은 아홉. 열에 가까운 수라는 뜻에서 **많음을** 나타냄.	◑ 乙 ❶ 2획 九死一生 구사일생
究 穴 연구할 **구**	구불구불한(九) 굴 속(穴 구멍 혈)을 끝까지 들어가본다는 데서, **끝까지 파고들어 알아본다**.	研究 연구 學究 학구
染 木 물들일 **염**	삶은 나무(木) 물(氵)에 여러(九) 번 담가 **물들이다**.	染色 염색 染料 염료
軌 車 궤도 **궤**	많은(九) 차들(車 수레 차)이 다니는 길인 **궤도**.	軌道 궤도 仇敵 구적
鳩 鳥 비둘기 **구**	구구(九九) 소리를 내는 새(鳥 새 조)인 **비둘기**. 鳩首會議 비둘기들이 먹이를 하나라도 더 먹으려는 모양에서, 자신들의 이익만을 위하여 머리 맞대고 하는 회의.	鳩首會議 구수회의
求 구할 **구**	한(一) 방울(丶)의 물(水)이라도 필요하니 **구하다**.	◑ 水 ❶ 7획 求人 구인 求職 구직
救 攵 구제할 **구**	구할(求) 가치가 있을 때는 매(攵 칠 복)를 대서라도 **구제(救濟)**함. 攵 들고 치다. 또는 동사성을 나타내는 부수.	救出 구출 救助 구조
球 玉 둥글 **구**	옥돌(王=玉)을 구해(求) 갈고 닦으니 **둥글게 됨**.	球技 구기 野球 야구 地球 지구

句 글귀 구	말(口)을 일정한 형식으로 묶은(勹 쌀 포) 글귀.	❍ 口 ❶ 5획 句文 구문 句節 구절
拘 手 잡을 구	손(扌)을 묶고 입(口)을 감싸(勹) 막으며 **잡다**.	拘束 구속 拘留 구류
苟 ⺾ 구차할 구	푸성귀(⺾)만을 싸서(勹) 먹고(口) 사니 **구차하다**.	苟且 구차
狗 犭 개 구	짐승(犭=犬) 중에서 사람의 말귀(句)를 알아듣는 **개**.	黃狗 황구
區 구역 구 나눌 구	물건(品 물건 품)을 감추기(匸 감출 혜) 위해 나누다. 일정 범위(匸)에 있는 지역을 나누어(品) 놓은 구역.	❍ 匸 ❶ 11획 區別 구별 區域 구역
驅 馬 몰 구	말(馬)을 일정한 구역(區)으로 **몰다, 몰아내다**. 驅使 1. 사람이나 동물을 마구 몰아쳐 부림. 2. 외국어 따위를 마음대로 다루어 씀.	驅蟲 구충 驅使 구사 驅逐 구축
鷗 鳥 갈매기 구	바닷가의 일정한 구역(區)에 사는 새(鳥)인 **갈매기**.	海鷗 해구
歐 欠 토할 구	입을 벌리고(欠 하품 흠) 음식(區)을 **토하다**. 歐羅巴 유럽(Europe)의 한자식 음역(音譯).	歐羅巴 구라파

丘 언덕 **구**	땔감 하러 도끼(斤 도끼 근) 하나(一) 들고 갈 만한 나지막한 언덕. **陵** 큰언덕 릉	❷ 一 ❶ 5획 丘陵地 구릉지
岳 山 큰산 악	언덕(丘)처럼 산(山)이 넓게 되어 있으니 **큰 산**. 嶽(큰산 악) 짐승(犭=犬) 많이 살아 위험하며 험한 산.	山岳 산악
邱 邑 언덕 구	언덕(丘)이 있는 고을(阝 고을 읍). **언덕, 땅 이름**.	大邱 대구

具 갖출 **구**	제사상(一) 위에 상다리(八)가 휠 정도로 높이 (冂) 많이 (三) 차려 갖추어 놓은 모양.	❷ 八 ❶ 8획 道具 도구 家具 가구
俱 人 함께 구	일정한 조건을 갖춘(具) 사람(亻)이 **함께** 모임. 俱樂部 클럽(club)의 한자식 음역(音譯).	俱現 구현 俱樂部 구락부

君 임군 **군**	다스리는(尹) 말(口)을 하는 임금, 남편, 사내. 尹(다스릴 윤) 손(彐)에 지휘봉(ノ)을 들고 다스린다.	❷ 口 ❶ 7획 君臣 군신 郞君 낭군
郡 邑 고을 군	임금(君)의 명을 받아 다스리는 **고을**(阝).	郡守 군수 郡廳 군청
群 羊 무리 군	사내(君) 목동(牧童)이 이끄는 양(羊)의 **무리**. 群鷄一鶴(군계일학) 모여 있는 여럿 중에 가장 뛰어난 무엇. 群盲撫象(군맹무상) 소경 코끼리 만지기(撫 어루만질 무)라는 데서, 사물을 자기 주관대로 그릇 판단하거나 그 일부분만 파악함. **撫** 어루만질 무	群衆 군중 群島 군도

軍 군사 군	수레(車)를 둘러싸고(冖 덮을 멱) 있는 군사(軍事).	◎ 車 ❶ 9획 軍紀 군기 軍警 군경
運 운전할 운	군사(軍)들이 수레를 끌고 나아가며(辶 갈 착) 운전하다.	運轉 운전 運命 운명
揮 휘두를 휘	손(扌)으로 군사(軍)를 지휘하기 위해 휘두르다.	指揮 지휘 揮毫 휘호
輝 빛날 휘	불을 피워 놓은(光) 군영(軍)이 밝게 빛나다.	輝石 휘석 輝煌 휘황
屈 굽을 굴	집(尸=戶 집 호)을 출입(出 날 출) 할 때 몸을 구부림. 옛 날, 대문 없는 집의 방의 출입문이 보통 낮은데서...	◎ 尸 ❶ 8획 屈折 굴절 屈指 굴지
掘 팔 굴	손(扌)으로 몸을 구부리고(屈) 흙이나 땅을 파다.	發掘 발굴 盜掘 도굴
貴 귀할 귀	사물 중(中) 첫째(一) 가는 재물(貝)이 가장 귀하다.	◎ 貝 ❶ 12획 貴重 귀중 貴中 귀중
遺 남길 유	귀한(貴) 것을 남기고 간다(辶 갈 착) 하여 남기다, 물려주다.	遺物 유물 遺産 유산
遣 보낼 견	중앙(中)에서 한(一) 사람을 뽑아 임무를 주어 언덕(𠂤 언덕 퇴) 넘어 멀리 보내다(辶 갈 착).	派遣 파견
潰 무너질 궤	귀한(貴) 것이 물(氵)에 닿아 헐거나 무너지다.	胃潰瘍 위궤양

今 이제 금	사람(人) 한(一) 명이 몸을 구부리고(ㄱ) 일하고 있는 현재를 나타내어 지금(只今)인 이제.	❸ 人 ❶ 4획 今日 금일 古今 고금
琴 거문고 금 (玉)	구슬(玉王)이 부딪치듯 지금(今)도 아름다운 소리 내는 **거문고**.	心琴 심금 琴瑟 금슬
陰 그늘 음 (阝)	언덕(阝 언덕 부)을 지금(今) 구름(雲-云)이 가려 생긴 **그늘**.	陰陽 음양 陰曆 음력
吟 읊을 음 (口)	입(口)으로 지금(今) 중얼거리듯 **읊다**. 呻 끙끙거릴 신	吟味 음미 呻吟 신음
念 생각 념 (心)	지금(今) 마음(心)에 항상 가지고 있는 **생각**.	念頭 염두 信念 신념
含 머금을 함 (口)	지금(今) 입(口) 안에 가지고 있어 **머금다**.	含量 함량 包含 포함
貪 탐할 탐 (貝)	이제(今)나 저제나 재물(貝)만을 **탐한다**는 뜻.	貪官 탐관 貪慾 탐욕
蔭 덕택 음 (艹)	초목(艹)이 만든 그늘(陰) 덕을 본다 하여 **덕택**. 蔭敍 아비의 덕에 따라 관직을 내린다는 뜻으로, 공신이나 고급 벼슬의 자제를 과거에 의하지 않고 관리로 채용하던 일.　　　敍 관직줄 서	蔭德 음덕 蔭敍 음서

及 이를 급	어느 범위 내(乃 이에 내)에 사람(人)이 이르다, 들다.	❷ 又 ❶ 4획 及第 급제 普及 보급
級 糸 등급 급	실(糸)은 차례로 이어지는(及) 정해진 **등급**. 실을 꼴 때는 앞 실과 뒷 실을 서로 알맞게 이어서 꼼.	等級 등급 級數 급수
吸 口 마실 흡	입(口)으로 물·공기 등을 폐나 위에 이르게(及) **마시다**.	吸入 흡입 吸煙 흡연
乃 ノ 이에 내	지팡이(ノ) 짚은 허리 굽은(㇉) 노인 모습으로 이처럼 사람은 곧 **이에** 이른다는 데서…	人乃天 인내천
扱 扌 다룰 급	손(扌)으로 어느 수준에 이루도록(及) **다루다**.	取扱注意 취급주의
汲 氵 물길을 급	강(江)이나 우물가(氵)에 이르러(及) **물을 길다**.	汲水 급수
幾 몇 기	여러 가닥의 가는 실(幺幺)을 베틀(一)에 걸어 놓고 북을 이쪽(乀) 저쪽(丿)으로 보내, 사람(人)이 실(丶) 공급하며 베 짜는 모양에서, 베틀에 걸린 실올이 몇 가닥인지 물음.	❷ 幺 ❶ 12획 幾何學 기하학 幾數 기수
機 木 틀 기	나무(木)로 베를 짜는(幾) 틀. 베 짜기 좋은 **시기(時機)**.	機械 기계 機會 기회 機智 기지
畿 田 경기 기	서울에서 몇(幾) 리 안쪽의 논밭(田) 많은 땅인 **경기**. 畿湖 경기도와 충청도를 이르는 말.	京畿 경기 畿湖地方 기호지방

其 그 기	곡식을 고르는 키(箕 키 기) 모양으로, 키를 두는 일정한 그곳, 거기라는 데서 그가 됨.	❍ 八 ❶ 8획 其他 기타 各其 각기
基土 터 기	키(其)로 곡식 고르듯 흙(土)을 잘 골라 놓은 터.	基礎 기초 基本 기본
期月 기약할 기	정해 놓은 그(其) 날짜(月)나 기간 · 기약(期約).	期限 기한 時期 시기
欺欠 속일 기	그것(其)이라고 하품(欠 하품 흠)하듯 말하는 것은 진실이 아닌 **속임**의 뜻. 瞞 속일 만	欺瞞 기만 詐欺 사기
旗方 깃발 기	사방(方)의 사람(𠂉)을 통제하는 그것(其)이 **깃발**.	國旗 국기 弔旗 조기
斯斤 이 사	잃어버린 그(其) 도끼가 바로 **이** 도끼(斤)이다.	斯界 사계
棋木 바둑 기	나무판(木)에 키(其) 엮은 모양처럼 가로, 세로로 그어 만든 **바둑판**.	棋院 기원
箕竹 키 기	대(⺮)로 엮어(其) 곡식을 까불리는 도구인 **키**.	箕子朝鮮 기자조선
騏馬 천리마 기	말(馬) 중 그것(其)이 최고라는 데서 **천리마**.	騏驥 기린
麒鹿 기린 기	사슴(鹿) 같이 순한 목이 긴(其) 동물인 **기린**. 麒麟兒 슬기와 재주가 남달리 뛰어난 젊은이.	麒麟兒 기린아

己 몸 기	구부러져 있는 상태(狀態)에서 일어나는 몸을 그림.	◐ 己 ❶ 3획 利己 이기 克己 극기

起 走 일어날 기
달리듯(走 달릴 주) 몸(己)을 빠르게 **일으키다**.

起床 기상
起寢 기침

紀 糸 벼리 기
실그물(糸)에서 몸(己) 같이 중요한 **벼리**. 벼리가 그물을 헝클어지지 않게 잡는다 하여 **기강**, **기율**.
벼리 그물의 코를 꿰어 오므렸다 폈다하는 중요한 줄.

紀念 기념
西紀 서기
紀行 기행

記 言 적을 기
형태가 없는 말(言)의 몸(己)을 만들어 **적음**.

記錄 기록
記者 기자

忌 心 꺼릴 기
몸(己)을 얽어매는 마음(心)이라하여 **꺼리다**.

忌避 기피
禁忌 금기

妃 女 왕비 비
여자(女) 중 가장 중요한 몸(己)이신 **왕비**.

廢妃 폐비
妃嬪 비빈

改 攵 고칠 개
몸(己)에 매를 대서(攵 칠 복)라도 잘못을 **고치다**.

改善 개선
改革 개혁

杞 木 구기나무 기
나무(木) 열매가 몸(己)에 이로운 **구기나무**. 나라 이름.

憂 근심 우

杞憂 杞人憂天(기인우천)의 준말로, 기(杞)나라 사람의 근심. 사람이 하는 걱정의 대부분은 일어나지도 않는 쓸데없는 것.— 杞나라 사람 중에 '하늘이 무너질까 땅이 꺼질까' 걱정하여 침식을 폐하고 말았다. 친구가 걱정되어 찾아와 "하늘은 공기가 모인 것이라 무너질 수 없고, 땅은 속이 꽉 찬 덩어리로 되어 있어 꺼질 수가 없다"라고 하자 안심하였다는 故事.

枸杞子 구기자
杞憂 기우

奇 기이할 **기**	너무 커서(大) 가히(可 가히 가) **기이하다**. 기이하여 짝이 없다는 데서 **홀수**의 뜻.	◐ 大 ◑ 8획 奇蹟 기적 奇數 기수
寄 宀 붙어살 기	남의 집(宀)에 기이한(奇) 운명이라 **붙어살다**.	寄生 기생 寄宿舍 기숙사
騎 馬 말탈 기	말(馬 말 마)을 기이할(奇) 정도로 잘 **타다**.	騎馬 기마 騎手 기수
綺 糸 비단 기	옷감(糸) 중 기이하게(奇) 아름다운 **비단(緋緞)**. 綺羅星 반짝이는 수많은 별처럼, 실력자들이 늘어선 것을 비유.	綺羅星 기라성
崎 山 험할 기	산(山) 형세(形勢)가 기이할(奇) 정도로 **험하다**. 嶇험할 구	崎嶇 기구
畸 田 뙈기밭 기	논밭(田) 모양이 일정치 않고 **기이한(奇) 뙈기밭**.	畸形 기형
椅 木 의자 의	나무(木)로 기묘하게(奇) 엮어 만든 **의자(椅子)**.	竹椅 죽의
豈 어찌 **기**	산(山)과 들에 나는 콩(豆 콩 두)이 어찌 나겠는가... **豈不成功** 어찌 성공하지 못하겠는가?	◐ 豆 ◑ 10획 豈不成功 기불성공
凱 几 이길 개	어찌(豈) 잔칫상(几 책상 궤)이 없으랴 싸움에서 **이기고** 돌아왔는데...	凱旋 개선

奈 어찌 나 / 어찌 내	큰(大) 제사(示 제단 시)를 어찌 잘 지낼 것인가...	❍ 大 ❶ 8획 奈落 나락 莫無可奈 막무가내
捺 手 찍을 날	어찌(奈) 할까 망설이다 손(扌)으로 도장을 **찍다**.	捺印 날인 捺染 날염

奴 종 노	여자(女) 같이 손(又 손 우)으로 일 많이 하는 종.	❍ 女 ❶ 5획 奴隷 노예 奴婢 노비
努 力 힘쓸 노	무언가 하고자 할 때는 종(奴)처럼 **힘써(力) 한다**.	努力 노력
怒 心 성낼 노	종(奴) 같이 좁은 마음(心)을 가진 사람이 **성내다**. 天人共怒 하늘과 땅이 함께 노함.	天人共怒 천인공노
駑 馬 둔할 노	머리 둔한 종(奴)처럼 말(馬) 움직임이 **둔하다**.	駑馬 노마
拏 手 붙잡을 나	죄지은 사람(奴 노예 노)을 손(手)으로 **붙잡는다**.	漢拏山 한라산

能 능할 **능**	곰의 주둥이(厶)·몸통(月)·발(匕)을 나타내어, 곰이 발을 잘 사용하여 끈기 있게 일을 한다는 데서 능하다는 뜻.	◎ 肉 ❶ 10획 能力 능력 修能 수능
態 心 모양 태	지능(知能)이나 마음(心)에 의해 겉으로 나타나는 **모양**.	態度 태도 狀態 상태
罷 网 그만둘 파	법망(罒)에 걸리면 능력(能) 있는 이도 일을 **그만둔다**.	罷免 파면 罷業 파업
熊 火 곰 웅	곰 모양의 '能' 자가 '능하다'라는 뜻으로 쓰이자 여기에 灬(불 화)를 덧붙여 가죽이 따뜻한 **곰**으로 쓰이게 된 자.	熊女 웅녀 熊膽 웅담

尼 여승 **니**	사람이 구부리고(匕) 죽은(尸 주검 시) 모양에서, 여자로서의 생을 그치고 중이 된 여승.	◎ 尸 ❶ 5획 比丘尼 비구니
泥 水 진흙 니	흐름이 그친(尼) 물(氵) 속에 있는 **진흙**. 雲泥之差 하늘(雲)과 땅(泥)의 차이. 아주 심한 차이 = 천양지차(天壤之差) 천연지차(天淵之差) 泥田鬪狗 ('뻘밭에서 싸우는 개'의 뜻으로) 명분(名分)이 서지 않는 일로 악착(齷齪)같이 꼴사납게 싸우는 사람. 또는 그런 싸움을 뜻함.	雲泥之差 운니지차 泥田鬪狗 이전투구

旦 아침 단	해(日)가 수평선이나 지평선(一) 위로 떠오르는 아침.	◎ 日 ❶ 5획 元旦 원단 旦夕 단석
但 人 다만 단	사람(亻)만이 아침(旦)에 뜨는 해의 의미(意味)를 안다는 데서 **오직**, 또는 **단지**를 뜻하게 된 글자.	但只 단지 但書 단서
壇 土 제단 단	흙(土)으로 높고 크게(亶 클 단) 쌓아 만든 **제단**. 亶 갓(亠)은 둥근(回) 모양으로 해(旦)와 같이 큼.	壇上 단상 祭壇 제단
檀 木 박달나무 단	나무(木) 중에서 크고(亶 클 단) 단단한 **박달나무**. 檀君 최초의 우리나라인 단군조선(B.C2333)을 세운 분.	檀君 단군 檀紀 단기
得 彳 얻을 득	일터에 나가(彳 걸을 척) 아침(旦)부터 열심히 손(寸)을 움직여 일을 하여 많은 것을 **얻다**.	得失 득실 利得 이득
單 하나 단	여러 입(口口)에서 나온 말(日)을 모아(十) 하나로 만듦.	◎ 口 ❶ 12획 單語 단어 單身 단신
戰 戈 싸울 전	하나(單)의 창(戈)을 들고 **싸우다**. 싸움은 **두렵다**. 慄 두려울 률	戰爭 전쟁 戰慄 전율
禪 示 참선할 선	제사(示 제단 시) 지내듯 조용히 홀로(單) **참선(參禪)하다**.	禪宗 선종 坐禪 좌선
彈 弓 튕길 탄	활(弓)에 하나(單)의 화살을 매겨 **튕기다**. 튕겨 나가는 **탄알**.	彈力 탄력 銃彈 총탄

唐
황당할 **당**
나라 **당**

●口 ❶10획

집(广 집 엄)에서 손(크 손 계)에 몽둥이 들고 갑자기 큰소리쳐서(口) 황당하다. 당시 큰소리 칠만한 나라인 당나라(618-907).

唐突 당돌
唐慌 당황

당(唐) 수(隋)나라를 대항해 일어난 이연이 대륙을 통일. 나라 이름을 당으로 바꿈. 이연의 둘째 아들 이세민이 뒤를 이어 당 태종에 올라 나라를 안정시킴. 당 고종의 비(妃)로 들어온 무광이 황제로 오르니 그녀가 바로 측천무후(690년). 당 현종의 후궁 양귀비의 수양아들을 자처한 안녹산의 난(755)으로 국력 쇠퇴. 황소가 난을 일으키고 (870년) 그의 부하였던 주전충이 마지막 황제를 폐위 시킴(907년).

糖 米
달 **당**
사탕 **탕**

쌀(米 쌀 미)로 죽을 쑤어 엿기름을 넣고 끓이니 갑자기(唐 갑자기 당) **엿**. **사탕처럼 단맛이** 남.

糖尿 당뇨
砂糖 사탕

塘 土
못 **당**

흙(土)이 갑자기(唐) 크게 파여 만들어진 **못**.

少年易老 學難成 一村光陰 不可輕
未覺池塘 春草夢 階前梧葉 已秋聲

池塘 지당

代
대신할 **대**

●人 ❶5획

푯말(弋 푯말 익)을 세워 사람(亻)을 대신하다.

代理 대리
代表 대표

貸 貝
빌릴 **대**,
빌려줄 **대**

빌려 쓰는 대가(代)로 돈(貝)을 준다는 데서 **빌리다** 또는 **빌려주다**.

賃貸 임대
貸與 대여

垈 土
집터 **대**

土는 보통 농토(農土)를 의미하는데, 농사(農事)를 대신(代)하여 집을 앉히는 **택지(宅地)**.

垈地 대지

袋 衣
자루 **대**

옷(衣 옷 의)을 대신(代)할 수 있는 **포대나 자루**.

包袋 포대

| 帶 띠 대 | 걸쳐 입은 옷(巾 수건 건) 위(冖 덮을 멱)로 장식하여 둘러매는 띠. | ◐ 巾 ❶ 11획
腹帶 복대
革帶 혁대 |

| 滯 水
막힐 체
머무를 체 | 물(氵)이 띠(帶) 모양의 둑이나 제방(堤防)에 막힘. 물이 머무르듯 일정기간 일정한 곳에서 머무르다. | 滯症 체증
滯留 체류 |

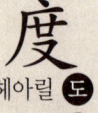
헤아릴 도
헤아릴 탁

여럿(庶 무리 서의 줄임)이 손(又 손 우)으로 헤아림. 이와 같이 여러 사람이 만든 기준, 법도(法度).

◐ 广 ❶ 9획
溫度(온도)
度地(탁지)

| 渡 水
건널 도 | 물(氵)의 깊이를 헤아려(度) 건넌다. | 渡河 도하
不渡 부도 |

| 席 巾
자리 석 | 뭇 사람들(庶 무리 서의 줄임)이 깔고 앉는, 천(巾 수건 건)으로 만든 깔개. 또는 자리. | 缺席 결석
座席 좌석 |

| 庶 广
무리 서 | 집(广 집 엄)에 여럿(卄 스물 입)이 한(一)곳에 모여 불(灬 = 火)을 피고 있는 무리. | 庶民 서민
庶子 서자 |

| 鍍 金
도금할 도 | 금속(金)의 성질을 잘 헤아려(度) 도금하다. | 鍍金 도금 |

同 같을 동	둘러싸고(冂 둘러쌀 경) 있는 사람의 말(口)이 한가지로(一) 같다.	◎ 口 ❶ 6획 同意 동의 同盟 동맹
洞 水 마을 동 통할 통	흐르는 물(氵)을 같이(同) 쓰는 **마을**. 물(氵)과 같이(同) 막힘없이 **통하다**. 窟 굴 굴 察 살필 찰	洞窟 동굴 洞察 통찰
銅 金 구리 동	금(金) 같은(同) 색인 황동(黃銅)에서 **구리**를 뜻하는 글자.	銅像 동상 銅錢 동전

東 동녘 동	나무(木) 사이로 해(日) 뜨는 쪽인 동쪽.	◎ 木 ❶ 8획 東洋 동양 東方 동방
凍 冫 얼 동	동쪽(東)에서 찬 기운이 오니 얼음(冫 얼을 빙)이 **얼다**.	凍傷 동상 冷凍 냉동
陳 阜 벌일 진	해 뜨는 언덕(阝 언덕 부) 즉 동쪽(東 동녘 동)을 향하여 벼나 곡식을 말리기 위해 **벌여놓다**.	陳列 진열 陳述 진술
棟 木 용마루 동 건물 동	지붕 위를 가로 꿰뚫어(東) 지른 나무(木)인 **마룻대**나 **용마루**. 용마루가 있는 **큰 집**이나 **건물**. 용마루 지붕 위의 마루. 대마루.	病棟 병동

童 아이 동	마을(里 마을 리)에서 서서(立) 뛰어 노는 아이.	◐ 立 ❶ 12획 童顔 동안 兒童 아동
憧 忄 그리워할 동	마음(忄)으로 어린(童) 시절을 **그리워하다**.	憧憬 동경
瞳 目 눈동자 동	바라보는 눈(目)이 맑은 아이(童)들의 **눈동자**.	瞳孔 동공
樂 악기 악 즐길 락 좋아할 요	북통(白) 양쪽에 줄(幺幺)을 맨 북인 악기를 나무(木) 받침대 위에 올려놓은 모양. 음악을 들으니 즐겁고 이를 좋아한다.	◐ 木 ❶ 15획 音樂 음악 娛樂 오락 樂山 요산
藥 艹 약 약	약초(艹)로 만들어 환자에게 즐거움(樂)을 주는 **약**.	藥局 약국 洋藥 양약
亂 어지러울 란	얽힌 실타래나 새(乚 새 을)떼처럼 어지럽다.	◐ 乙 ❶ 13획 亂動 난동 戰亂 전란
辭 辛 말씀 사 물러날 사	얽힌 실타래처럼 복잡하게 얽혀 있는 죄인(辛)을 다스리는말이라는 데서 **복잡한 말**. 복잡한 사정이 있어 **그만두다**. 辛(매울, 죄인 신) 세워(立) 놓고 '十'자를 바늘로 새기는 죄인의 모습에서 맵다, 혹독하다.	辭典 사전 辭職 사직 辭讓 사양

良 어질 량	보는(艮 볼 간) 눈동자(丶)가 바른 모양에서 어질다.	◐ 良 ❶ 7획 良心 양심 良好 양호
浪 氵 물결 랑	물(氵)이 보기 좋게(良) 출렁이는 **물결**.	風浪 풍랑 浪費 낭비
郎 阝 사내 랑	어질고(良) 착한 고을(阝 고을 읍) 출신의 **사내**.	花郎 화랑 新郎 신랑
朗 月 밝을 낭	어질고 좋음(良 좋을 량)이 달(月)과 같이 **밝고, 명랑(明朗)하다**.	朗讀 낭독 朗報 낭보
廊 广 행랑 랑	집(广 집 엄)에서 사내(郎)가 머무는 **행랑(行廊)**. 行廊 1. 대문의 양쪽이나 문간 옆에 있는 방. 　　　2. 하인들이 거처하는 방.	畵廊 화랑 舍廊 사랑
娘 女 아가씨 낭	여자(女)의 일생 중 가장 좋은(良) 때인 **아가씨**.	娘子 낭자
狼 犭 이리 랑	짐승 중 개(犭=犬)보다 크고 몸이 좋은(良) **이리**. 狼狽 뜻하지 않은 실패나 사고를 당하여 곤경에 처하게 됨. (狼은 뒤 두 다리가 아주 짧음. 狽는 앞 두 다리가 짧음). 狼과 狽는 앞뒤로 서로를 의지해야지만 걸을 수 있는데 이 들은 이기적이며 협동 심이 없어 볼 때마다 항상 다투거나 하여 나아가지 못하는 나쁜 상태만을 보임.　　**狽 이리 패**	狼狽 낭패

連
이을 련

수레(車 수레 거)를 길게(辶 멀리갈 착) 이음.

- 辶
- 11획
- 連結 연결
- 連續 연속

蓮 ⺿
연꽃 련

물속에서 뿌리가 이어져(連) 나가는 물풀(⺿)인 **연꽃**.

불교(佛敎)를 상징(象徵)하는 연꽃은 다소 지저분한 물속 진흙 속에 뿌리 내리고 살아간다. 진흙 속 뿌리가 줄기를 뻗어 물 위에서 아름다운 꽃들을 피우는 것이 마치 속세(俗世)에서 살아가는 중생(衆生)이 여러 어려움을 이기고 깨달음을 얻어 마음의 평화(平和)와 삶의 의미(意味)를 한층 심화(深化)시킴 을 표현(表現)하는 꽃이라 할 수 있다.

- 蓮花 연화
- 蓮根 연근

列
벌릴 렬

짐승 고기(歹 뼈앙상할 알)를 칼(刂)로 발라 벌려 놓음.

- 刀
- 6획
- 列擧 열거
- 列島 열도

烈 火
세찰 렬

고기를 벌려(列) 놓고 굽는 불길(灬=火)이 세차다.

- 烈士 열사
- 先烈 선열

裂 衣
찢을 렬

벌어진(列) 옷(衣 옷 의), 즉 **찢어지거나 터짐**을 뜻함.

- 裂傷 열상
- 破裂 파열

例 人
법식 례

사람(亻)이 알기 쉽게 벌려(列) 놓은 보기나 **법식(法式)**.

- 例文 예문
- 例外 예외
- 類例 유례

令 명령 **령**	사람(人)을 한(一) 곳에 모아(스 모을 집) 놓고 무릎(卩 무릎 절) 꿇린 후 내리는 **명령**(命令).	◐ 人　❶ 5획 令狀 영장 法令 법령 令愛 영애
領 頁 다스릴 령	명령(令) 내리는 우두머리(頁 머리 혈)가 **다스리다**.	頭領 두령 領土 영토
嶺 山 재 령	산(山)봉우리를 거느리고(領) 있는 높은 고개인 **재**. 대관령(大關嶺)을 기준으로 영동(嶺東)·영서(嶺西).	嶺東 영동 嶺西 영서
零 雨 떨어질 령	비(雨)가 떨어지듯 명령(令)도 위에서 **떨어지다**.	零下 영하 零細 영세
命 口 목숨 명	말(口)로 **명령**(令) 내린다. 명령은 **목숨**과 같다.	使命 사명 生命 생명 命脈 명맥
冷 冫 찰 랭	얼음(冫 얼을 빙)과 같이 명령(令)은 **차다**.	冷凍 냉동 冷房 냉방
累 여러 **루**	밭이랑(田)이 실(糸) 같이 겹쳐져 있다는 데서 여러, 포갠다는 뜻.	◐ 糸　❶ 11획 累積 누적 累計 누계
螺 虫 소라 라	벌레(虫 벌레 충) 같이 생겨 몸이 여러 층으로 포개진(累) 모양을 하고 있는 **소라**. 螺鈿漆器 여러 모양으로 자개를 박고 옻칠을 한 옷장·밥상 따위. 螺鈿 빛이 나는 작은 자개 조각을 여러 모양으로 박아 붙여서 모양을 내는 공예 기법.　鈿 자개박는일 전	螺線 나선 螺鈿漆器 나전칠기

栗 밤 률	가시로 덮여(覀 덮을 아) 있는 밤, 밤나무(木).	◎ 木 ❶ 10획 生栗 생률 栗谷 율곡
粟 조 속	작은 쌀알(米 쌀 미) 같은 것으로 덮여(覀) 있는 곡식인 조. 膚 살갗 부 滄海一粟(창해일속) 넓은 바다에 조 한 알의 뜻으로, 매우 작은 존재 또는 매우 작음을 빗대어 이르는 말.	粟米 속미 粟膚 속부
利 이로울 리	벼(禾 벼 화)농사를 끝이 날카로운 연장(刂)으로 지으니 편리(便利)하고 이롭다.	◎ 刀 ❶ 7획 利用 이용 利益 이익
梨 배나무 리	사람에게 이로움(利)을 주는 나무(木)인 **배나무**. 烏飛梨落 까마귀 날자 배 떨어진다는 말로, 공교롭게도 어떤 일이 같은 시각에 일어나 의심을 사게 됨.	梨花 이화 烏飛梨落 오비이락
林 수풀 림	나무(木)가 많이 나 있는 수풀.	◎ 木 ❶ 8획 山林 산림 森林 삼림
禁 금할 금	숲(林)에서 제사(示 제단 시) 지냄을 **금하다**.	禁止 금지 禁煙 금연
森 나무빽빽할 삼	나무(木)가 숲(林)에 **빽빽하다**. 森羅萬象 많은 나무가 빽빽이 들어선 것처럼 우주(宇宙)에 들어 차 있는 모든 사물(事物)과 현상(現象).	森林 삼림 森羅萬象 삼라만상
桑 뽕나무 상	손(又 손 우)으로 따 먹는 '오디(뽕나무 열매)'가 많이 열리는 나무(木)인 **뽕나무**. 桑田碧海 뽕밭이 변해 푸른 바다가 됨. 세상이 전혀 딴판으로 바뀜. 세상이 덧없이 바뀜.	蠶桑 잠상 桑田碧海 상전벽해

莫 없을 막	초목(艹) 아래로 해(日)가 크게(大) 지며 없어져 없다.	❷ 艹 ❶ 11획 莫大 막대 莫逆之友 막역지우
漠 水 사막 막	물(氵) 없는(莫) 사막. 사막처럼 **아득히 넓게 펼쳐진 곳**.	沙漠 사막 漠漠 막막 漠然 막연
幕 巾 휘장 막	안보이게(莫) 수건(巾) 같은, 가리는 천인 **휘장**.	天幕 천막 帳幕 장막
募 力 모을 모	없는(莫) 사람을 채우기 위해 힘써(力) **모음**.	募兵 모병 募集 모집
慕 心 그리워할 모	없는(莫) 사람을 마음(忄)으로 **그리워하다**.	追慕 추모 思慕 사모
暮 日 저물 모	없어진(莫) 해(日), 즉 해가 져 날이 저물다는 뜻. 朝令暮改(조령모개) 아침에 내린 명(命)을 저녁에 고침. 법령(法令)이나 명령이 자주 바뀜. 朝三暮四(조삼모사) 아침에 세 개, 저녁에 네 개. 눈 앞의 차별(差別)만 알고 그 결과(結果)가 같음을 모름. 즉 간사(奸邪)한 꾀로 우매한 남을 속여 희롱(戲弄)함.— 송(宋)나라 사람이 먹이가 부족해 기르던 원숭이들에게 도토리를 '아침에 세 개 저녁에는 네 개를 준다' 하자 원숭이들이 화를 내자 다시 '아침에 네 개 저녁에 세 개 준다'고 하자 기뻐했다는 故事.	歲暮 세모
模 木 본뜰 모	없어지지(莫) 않도록 모양을 나무(木)로 **본뜨다**.	模倣 모방 模型 모형
墓 土 무덤 묘	생명 없는(莫) 죽은 이를 흙(土)으로 덮은 **무덤**.	墓所 묘소 墓碑 묘비

亡 없을 망 / 망할 망	덮어(亠) 놓은 것의 한쪽이 터져(ㄴ) 물건이 없어지다. 있어야 할 것이 없어져 망하다. 목숨이 없어져 죽다.	❶ 亠 ❶ 3획 亡失 망실 亡國 망국
妄 女 망령될 망	정신 나간(亡) 여자(女)라는 데서 **망령(妄靈)되다**.	妄言 망언 老妄 노망
忙 心 바쁠 망	다른 일에 마음(忄) 쓸 여유가 없을(亡) 정도로 **바쁘다**.	忙中閑 망중한 公私多忙 공사다망
忘 心 잊을 망	마음(心)에서 없어져(亡) **잊다**. 健 튼튼할, 자주 건	忘却 망각 健忘症 건망증
望 月 바랄 망	없는(亡) 사람을 달밤(月)에 서서(王) 돌아오길 **바라다**.	所望 소망 望夫石 망부석
罔 网 없을 망	그물(网)에 물고기가 들지 않아(亡) **없다**.	罔極 망극 罔測 망측
茫 艹 아득할 망	초목(艹)이 물(氵)에 잠겨 없어질(亡) 정도의 홍수(洪水) 등으로 **아득하거나**, 이처럼 **물이 많음**.	茫然自失 망연자실 茫茫大海 망망대해
網 糸 그물 망	실(糸)로 얽어 만든(罔) **그물**. 一網打盡(일망타진) 한 번그물 쳐서 고기를 다 잡듯이, 어떤 무리를 한꺼번에 모조리 잡음.	投網 투망 網羅 망라
憫 心 민망할 망	마음(忄) 속으로 어찌할 길이 없어(罔) **민망함**.	憫憫 민망

每 항상 매	사람(𠂉)은 항상 어미(母)를 그리워한다.	◐ 母 ❶ 7획 每日 매일 每番 매번
梅 木 매화 매	나무(木) 중 매년 아름다운 꽃이 피는 **매화(梅花)**.	梅實 매실 梅蘭菊竹 매난국죽
海 水 바다 해	물(氵)이 항상(每) 있는 **바다**. 拔 뺄 발	海拔 해발 海洋 해양
悔 心 뉘우칠 회	마음(忄)으로 항상(每) 잘못 등을 **뉘우치다**.	悔改 회개 後悔莫及 후회막급
敏 攵 빠를 민	항상(每) 가르치며 잘못은 매(攵 칠 복)로 지도(指導)하니 행동 등이 **빠르고, 민첩(敏捷)해진다**.	敏感 민감 銳敏 예민
繁 糸 번창할 번	실(糸)을 빠르게(敏) 뽑으니 날로 **번성(繁盛)하다**.	繁昌 번창 繁榮 번영
母 母 어미 모	젖을 먹이는 **어미**의 좌우 젖꼭지(丶丶)를 그린 글자.	母親 모친 母校 모교
侮 人 업신여길 모	사람(亻)은 못난 사람들을 항상(每) **업신여긴다**.	侮辱 모욕 受侮 수모
誨 言 가르칠 회	교훈적인 말(言)로 항상(每) 일깨워 **가르치다**.	誨諭 회유

		❍ 貝 ❶ 12획
買 살 **매**	망태기(罒 그물 망)에 돈(貝)으로 사서 담는 데서 **사다**.	買收 매수 買占賣惜 매점매석
賣 貝 팔 매	선비(士)는 사기(買)보다는 자신의 학식·능력을 **팔다**.	賣買 매매 販賣 판매
續 糸 이을 속	실(糸)처럼 물건을 사고팔고(賣)함이 **이어지다**.	續篇 속편 連續 연속
讀 言 읽을 독 구절 두	말(言)하며 물건 팔듯(賣) 글을 소래 내어 **읽다**. 글을 읽을 때 띄어 읽는 한 단위의 글인 구절. 讀書百遍 義自見(독서백편 의자현) 어려운 책이라도 여러번 되풀이해서 읽으면 저절로 그 뜻을 알게 됨. 讀書三到(독서삼도) 독서를 하는데 필요한 세 가지 요건. 첫번째 입으로(口到), 두번째 눈으로(眼到) 세 번째 마음으로(心到) 읽음. 讀書三餘(독서삼여) 독서에 알맞은 세 여가, 겨울·밤·비올 때. 昧 어두울 매	讀書 독서 句讀點 구두점 讀書三昧 독서삼매
贖 貝 속죄할 속	재물(貝)을 팔아(賣) 자신이 지은 죄를 **속죄하다**.	贖罪 속죄
犢 牛 송아지 독	소(牛) 중 팔아서(賣) 살림에 보탬이 되는 **송아지**. 舐犢之愛 어미 소가 송아지를 핥아 주는 사랑과 같은, 부모의 자식 사랑. 舐 핥을 지	舐犢之愛 지독지애
瀆 水 더럽힐 독	물(氵)을 팔아(賣) 먹어 명예 등을 **더럽히다**. 瀆職 직책(職責)을 더럽힘. 특히, 공무원(公務員)이 지위(地位)·직권(職權)을 남용(濫用)하여 부정(不淨) 행위를 저지름.	瀆職 독직 冒瀆 모독

孟 맏 맹	 큰 그릇(皿 그릇 명)에 목욕 시키고 있는 맏아들(子).	❶子 ❶8획 孟子 맹자
猛犬 사나울 맹	개(犭=犬)가 크고(孟 클 맹) **사납다**.	猛獸 맹수 勇猛 용맹

免 면할 면	 덫에 걸린 토끼(免=兎 토끼 토)가 꼬리(丶)만 잘리고 도망간 모양에서 죽음이나 어려움 등을 면하다.	❶儿 ❶7획 免稅 면세 免疫 면역
勉力 힘쓸 면	가난을 면하기(免) 위해서 **힘써하다**(力).	勉學 면학 勤勉 근면
晚日 늦을 만	햇빛(日)을 면하는(免) 시간인 해지는 **늦은** 때. 大器晚成(대기만성) 크게 될 사람은 오랫동안 공적을 쌓아 늦게 이루어짐.	晚學 만학 晚秋 만추
兎儿 토끼 토	머리를 들고 꼬리내민 뒷다리가 긴 **토끼**. 兎死狗烹 토끼를 다 잡고 나면 토끼 사냥에 쓰던 개를 삶는다. 요긴할 때는 귀하게 쓰다가도 필요(必要)가 없어지면 오히려 죄를 얻어 죽게 됨. 烹 삶을 팽	兎死狗烹 토사구팽
逸辶 달아날 일	약한 토끼(免)가 멀리 달아나(辶 멀리갈 착) 숨으니 **뛰어나고 편하다**.	逸話 일화 逸品 일품 安逸 안일
娩女 낳을 만	여자(女)가 태아 기르기를 면하고(免) **아이를 낳다**.	分娩 분만

名 이름 명	저녁(夕 저녁 석)에 부르는(口) 이름.	◎ 口 ❶ 6획 姓名 성명 名聲 명성
銘 金 새길 명	금속(金)에 이름(名)이나 글을 **새기다**.	銘心 명심 座右銘 좌우명

某 아무개 모	단맛(甘 달 감) 나는 나무(木)열매는 아무에게도 좋다.	◎ 木 ❶ 9획 某氏 모씨 某日 모일
謀 言 꾀할 모	말(言)을 통해 아무도(某) 모르게 일을 **꾀하다**.	謀略 모략 圖謀 도모
媒 女 중매 매	여자(女)를 아무개(某)에게 소개하니 **중매**하다.	媒體 매체 觸媒 촉매
煤 火 그을음 매	불(火)에 무언가(某)를 태우니 생기는 **그을음**.	煤煙 매연

沒 빠질 몰	물(氵)에 사람(勹 굽은사람 인)이 손(又 손 우)을 담그어 잠기듯 어딘가에 빠지다.	◎ 水 ❶ 7획 沒頭 몰두 沒入 몰입
歿 歹 죽을 몰	사람(勹)의 손(又)에 맞아 **죽다**(歹←死).	戰歿 전몰

卯 토끼 묘	1. 뒷다리(卩 무릎 절) 긴 토끼가 귀 세우고 앉아 있는 모양. 때를 나타내는 12지(支)에서만 '토끼'의 뜻으로 쓰이는 자. 2. 왕성한 봄기운을 들이기 위해 두 문짝을 활짝 열어 놓은 모양에서 글자 안에서는 무성(茂盛)하다는 뜻으로 쓰임.	◐ 卩 ❶ 5획 卯時 묘시 己卯士禍 기묘사화
柳 木 버드나무 류	나뭇가지(木)가 무성하게(卯) 늘어진 **버드나무**.	花柳界 화류계
卵 卩 알 란	길쭉한 물주머니(卯) 안에 있는 검은(丶) 개구리 알을 보고 그린 자로 **알**을 뜻하게 된 글자.	卵生 난생 鷄卵 계란
卿 卩 벼슬 경	희고(白) 긴(丨) 두(二) 개의 이를 가진 토끼(卯)처럼 일을 투명하며 사심이 없이 행하는 **벼슬**.	樞機卿 추기경
留 田 머무를 류	곡식이 무성한(卯) 논밭(田) 주위에 **머물다**.	留學 유학 留保 유보
貿 貝 바꿀 무	많은(卯) 물건(貝) 등을 거래를 통하여 **바꾸다**.	貿易 무역
印 卩 도장 인	삐져(丿) 나가듯 잘못 된 것이 없는지 뚫어지게(丨 뚫을 곤) 두(二) 문서를 확인 후 무릎(卩)치듯 딱 찍는 **도장**.	印章 인장 刻印 각인
溜 水 방울져떨어 질 류	물(氵)이 머물러(留) 있다가 방울져 **떨어지다**.	蒸溜 증류
劉 刀 묘금도 류	묘(卯)·금(金)·도(刂)자가 들어 있는 **성씨**.	劉氏 류씨

| 苗
싹 묘 | 논밭(田)에 나(艹) 있는 싹. | ❷ 艹 ❶ 9획
苗木 묘목
苗板 묘판 |

| 描 手
그릴 묘 | 붓을 쥐고(扌) 초목의 싹(苗) 등을 **그리다**. | 描寫 묘사 |

| 猫 犬
고양이 묘 | 짐승(犭 짐승 견) 중 싹(苗)처럼 부드러운 **고양이**.
猫頭縣鈴 고양이 목에 방울달기. 실현 불가능한 일. | 猫頭縣鈴
묘두현령 |

| 武
무예 무 | 두(二) 손에 무기(弋 주살 익)를 들고, 싸움이나 전쟁을 방지(止 그칠 지)할 목적으로 만들어진 군사(軍事)·무사(武士)·무기(武器)·무예(武藝). | ❷ 止 ❶ 8획
武力 무력
步武 보무 |

| 賦 貝
부과할 부
줄 부 | 세금(貝)을 강압적(武)으로 **부과(賦課)하다**. 거둔 세금으로 백성에게 혜택(惠澤)을 **주다**. | 賦役 부역
割賦 할부
天賦 천부 |

| 無
없을 무 | 새(隹 새 추)를 불판(一)에 올려놓고 불(灬=火)로 굽는 모양에서, 새의 생명이 없음을 나타낸 자. | ❷ 火 ❶ 12획
無事 무사
無念 무념 |

| 舞 舛
춤출 무 | 새(隹)를 불판(一)에 올려 구워 먹으며 발을 엇갈려(舛 발엇갈릴 천) **춤추며** 논다는 데서 춤출 무. | 舞踊 무용
歌舞 가무 |

| 撫 手
어루만질 무 | 손(扌)으로, 문제를 없애기(無) 위해 **어루만지다**. | 愛撫 애무
撫摩 무마 |

未 아직 미	나무(木) 윗부분이 덜 자라 짧은(一) 모양에서 아직.	❶ 木 ❷ 5획 未達 미달 未來 미래 未決 미결
味 口 맛 미	입(口)으로 아직(未) 덜 익은 무언가를 **맛보다**.	味覺 미각 意味 의미
妹 女 누이 매	여자(女) 중 아직(未) 어려보이는 **손아래** 누이.	妹夫 매부 男妹 남매
末 木 끝 말	나무(木) 윗부분이 넓게(一) 퍼진 모양에서 자람이 **끝남**.	末世 말세 終末 종말
魅 鬼 홀릴 매	귀신(鬼) 들린 듯 아직(未) 어린사람이 **홀리다**.	魅力 매력
昧 日 어두울 매	날(日)이 아직(未) 밝기 전의 **어두운** 상태.	三昧 삼매
寐 宀 잠잘 매	집(宀) 침대(爿 널 장)에서 아직(未) 일어나지 않고 **자다**.	寤寐不忘 오매불망
微 작을 미	걸어서(彳 걸을 척) 산(山) 아래 하나(一)의 굽은(几) 길을 조금씩 움직여(攵 행할 복) 가는 모양에서 **작다**. 작아 보이지 않아 **숨다**.	❶ 彳 ❷ 13획 微細 미세 微行 미행
薇 艹 장미 미	식물(艹) 중 작은(微) 가시가 있는 **장미(薔薇)**. 路柳墻花 길가의 버들과 울타리의 꽃이라는 데서, 이들은 아무나 쉽게 꺾을 수 있다는 뜻으로 '창녀(娼女)'를 빗대어 이르던 말.	路柳墻花 노류장화

半 반 (반)	소(牛 소 우)는 커서 잡으면 반으로 갈라놓음.	🔑 十 ✏️ 5획 半島 반도 折半 절반
伴 人 짝 반	사람(亻) 인생의 반(半)을 차지하는 중요한 **짝**.	同伴 동반 伴奏 반주
判 刀 가릴 판	소를 반(半)으로 가르(刂)듯 잘 잘못을 **가리다**.	判決 판결 判事 판사
反 반대할 (반)	똑바른(一) 것을 손(又 손 우)으로 억지로 구부리니(厂) 원래로 되돌아 갈려는 성질에서 되돌아오다, 반대(反對), 반항(反抗)하다.	🔑 又 ✏️ 4획 反響 반향 反感 반감
飯 食 밥 반	먹을(食) 때 반복해서(反) 먹는 **밥**. 反(반복할 반) 벼랑(厂)오를 때 손(又)으로 무언가를 반복(反復)해서 잡으며 올라간다는 뜻.	飯店 반점 殘飯 잔반
返 辶 돌이킬 반	반대(反)로 간다(辶 갈 착) 하여 **돌이키다**는 뜻.	返品 반품 返送 반송
叛 又 배반할 반	반(半)으로 갈려 반대(反)한다 하여 **배반하다**.	叛亂 반란 叛逆 반역
板 木 판자 판	나무(木)를 켜고 반대(反)로 뒤집어 켜서 만든 **판자**.	板子 판자 看板 간판
版 片 판목 판	판목(片)에 새겨 반복하여(反) 책 등을 **인쇄하다**.	版畫 판화 出版 출판
販 貝 팔 판	돈(貝)을 받고 반대(反)로 물건 등을 **팔다**.	販賣 판매 販路 판로

般 일반 **반**	배(舟 배 주)를 저어(殳 몽둥이 수) 나아가는 모양. 여러 사람이 타는 배라는 데서 일반, 보통의 뜻.	◐ 舟 ❶ 10획 一般 일반 全般 전반
盤 皿 소반 **반**	일반적인(般) 물건을 담는 그릇(皿 그릇 명)인 **소반(小盤)**. 밑이 넓고 평평하다 하여 사물의 밑바탕을 뜻하기도 함.	基盤 기반 盤石 반석 巖盤 암반
搬 手 옮길 **반**	물건 등을 일반적으로(般) 손(扌)으로 **옮기다**.	搬入 반입
槃 木 쟁반 **반**	일반적으로(般) 많이 쓰는, 나무(木)로 만든 **쟁반**.	涅槃 열반

發 나아갈 **발**	활(弓) 쏘고 창(殳 창 수)을 던지며 나아감(癶 걸을 발).	◐ 癶 ❶ 12획 發射 발사 發展 발전
廢 广 폐할 **폐**	집(广 집 엄)에서 나가라고(發) **쫓아내다**. 집(广)을 모두 나가(發) 돌보지 않아 못쓰게 되다.	廢妃 폐비 廢品 폐품
撥 手 튕길 **발**	손(扌)으로 나아가게(發) **튕긴다**.	反撥 반발
潑 水 물튀길 **발**	물(氵)을 쏘아(發) 뿌리니 **물이 튀긴다**.	活潑 활발
醱 酉 술괼 **발**	담근 술(酉 술 유)에서 거품이 부걱부걱 솟는(發) 모양에서 **술괴다**는 뜻.	醱酵 발효

方 사방 방	쟁기 모양으로 이것이 나아가는 방향을 뜻함. '모방'이라고도 하는데, 이는 붙인 배 두 척의 네 군데의 모퉁이를 말함.	◐ 方 ❶ 4획 方法 방법 方式 방식
妨 女 방해할 방	여자(女)가 나아가는(方) 길을 막아 **방해하다**.	無妨 무방 妨害 방해
芳 ⺾ 꽃다울 방	꽃(⺾) 향기가 사방(方)으로 퍼지듯 **꽃답다**.	芳年 방년 芳名錄 방명록
房 戶 방 방	집(戶) 안 여기저기(方)에 만들어 놓은 **방**. 書房 방에서 책 읽는 남편을 속되게 부르는 말.	冊房 책방 書房 서방
訪 言 물을 방	말(言)로 찾고자 하는 곳의 방향(方)을 **묻다**.	訪問 방문 巡訪 순방
放 攵 놓을 방	사방(方)으로 가도록 다스리지(攵 칠 복) 않고 풀어 **놓아줌**.	放生 방생 放牧 방목
倣 人 모방할 방	사람(亻)이 자신을 버리고(放) 남의 것을 **모방하다**.	模倣 모방
傍 人 곁 방	사람(亻)이 서(立) 있는 방향(方)인 **옆**.	傍觀 방관

白 흰 **백**	해(日)에서 나오는(丿) 빛이 **희다. 거짓 없이 말하다.** 白書 정부시책을 국민에게 알리는 보고서.	❍ 白 ❶ 5획 潔白 결백 告白 고백 白書 백서
百 白 일백 **백**	하나(一)부터 수를 세다 일정 단위가 되면 소리치는(白 말할 백) 숫자인 **일백. 많다**는 뜻으로도 쓰인다.	百姓 백성 百戰 백전
伯 人 맏 **백**	사람(亻) 중에서 흰(白) 수염이 난 **큰아버지.**	伯父 백부 畵伯 화백
拍 手 칠 **박**	손(扌)으로, 무언가를 말하며(白 말할 백) **박수 치다.**	拍車 박차 拍子 박자
泊 水 배댈 **박**	물가(氵)에 흰(白) 돛을 단 **배를 대다.**　碇 닻 정	碇泊 정박 宿泊 숙박
迫 辶 다가올 **박**	흰(白) 돛을 단 큰 배가 **다가오다**(辶 갈 착).	迫頭 박두 迫害 박해
綿 糸 솜 **면**	실(糸) 뽑아 흰(白) 천(巾) 짜는데 쓰이는 솜. 솜은 촘촘히 이어져 있어 **자세하다. 이어지다.**	綿絲 면사 綿密 면밀 綿綿 면면
錦 金 비단 **금**	금빛(金) 같이 고운, 흰(白) 누에고치에서 나온 실로 짠 천(巾)인 **비단(緋緞).** 錦上添花 비단 위에 꽃무늬를 더함. 좋은 일에 또 좋은 일이 더해짐.	錦上添花 금상첨화

番 차례 번	분별해서(采 분별할 변) 익은 곡식을 밭(田)에서 차례(次例)대로 거두어들인다는 데서.	❷田 ❶12획 番地 번지 番號 번호
審 살필 심	집(宀 집 면) 안을 차례(番)로 돌며 **살피다**.	審査 심사 審判 심판
播 뿌릴 파	손(扌)으로 먼저 뿌릴 씨부터 차례(番)로 **뿌리다**.	播種 파종 傳播 전파
潘 뜨물 반 성씨 반	쌀을 씻(氵)을 때 맨 처음(番)에 나오는 **뜨물**.	潘基文 반기문 (유엔 사무총장)
磻 강이름 반	돌(石) 사이사이 차례(番)로 흐르는 **강 이름**. 磻溪隧錄 실학파의 선구자인 반계 유형원이 우리나라의 여러 제도를 고찰하고 그 개혁안을 논한 책. 대상은 경제(토지 제도), 교육, 관리 임용의 세 가지.	磻溪隧錄 반계수록
伐 칠 벌	사람(亻)이 창(戈 창 과)을 들고 나무나 적군을 치다. 十伐之木 열 번 찍어 안 넘어 갈 나무가 있으랴!	❷人 ❶6획 伐木 벌목 征伐 정벌
閥 문벌 벌	문(門) 앞에 사람(亻)이 창(戈)을 들고 지키는 모양에서 지체 높은 **가문(家門)·문벌(門閥)**.	財閥 재벌 學閥 학벌
筏 떼 벌 뗏목 벌	대나무(⺮)를 베어(伐) 만든 **뗏목**.	筏橋 벌교

保 지킬 **보**	사람(亻)이 나무(木)에 올라 적의 정세를 살펴 알림으로써(口) 적의 침입(侵入)으로부터 지켜 보호함.	◐人 ❶9획 保管 보관 保育 보육
褓 衣 보자기 보	옷(衤 옷 의)처럼 사물을 보호(保)하는 **보자기**.	褓負商 보부상 襁褓 강보
堡 土 작은성 보	공격을 막기(保) 위해 돌·흙(土)으로 쌓은 **진지**.	堡壘 보루 橋頭堡 교두보
褒 衣 기릴 포	국가나 단체를 보호(保)하고 발전시킨 이에게 상으로 귀한 옷(衣)을 주어 그 뜻을 **기리다**.	褒賞 포상 褒章 포장
步 걸을 **보**	걷다 멈추고(止 그칠 지) 하여 보폭 작게(小) 걷다.	◐止 ❶7획 步行 보행 步道 보도
涉 水 건널 섭	물(氵)을 걸어(步) **건너다**.　　獵 사냥할, 찾을 렵	涉外 섭외 涉獵 섭렵
頻 頁 자주 빈	걸으며(步) 머리(頁)를 **자주** 움직인다는 데서…	頻度 빈도 頻繁 빈번
瀕 水 물가 빈	물(氵)이 자주(頻) 드나드는 **물가**. 물가는 물에 **가깝다**.	瀕死 빈사
嚬 口 찡그릴 빈	입(口)을 자주(頻) 삐뚤리듯 얼굴을 **찡그리다**.	嚬蹙 빈축
陟 阜 오를 척	언덕(阝 언덕 부)을 걸어서(步) **오르다**.	進陟 진척

普 넓을 보	해(日)는 가리지 않고 나란히(並=竝 나란할 병) 골고루 세상을 여기저기 넓게 비친다는 데서 넓을 보.	◐ 日 ❶ 12획 普通 보통 普及 보급
譜言 족보 보	넓게(普) 퍼져 있는 말(言)을 모아 적은 **족보(族譜)·악보(樂譜)**.	系譜 계보 年譜 연보
不 아닐 부 아닐 불	하나(一)의 작은(小) 잘못도 해서는 안 된다는 데서 아니다는 뜻을 나타냄. ㄷ, ㅈ 앞에서는 '부'로 발음.	◐ — ❶ 4획 不道德 부도덕 不正 부정
否口 아닐 부	아니다(不)라고 말한다(口) 하여 ~가 아님.	否認 부인 否定 부정
杯木 잔 배	나무(木)로 만들어 손으로 **쥐기 좋게 만든(不) 잔**. 後來者三杯 술자리에 뒤늦게 온 사람에게 연속해서 술 세 잔을 마시게 함으로써 먼저 온 사람과의 취기를 맞추는 일.	乾杯 건배 祝杯 축배
盃皿 잔 배	술 잔 중에서 보통 폭이 넓은(皿 그릇 명) 술 잔.	大統領盃 대통령배
胚肉 아이밸 배	몸(月=肉)이 하나(一)가 아니니(不) **아이를 밴** 것임.	胚芽 배아
歪止 비뚤어질 왜	바르지(正) 아니(不)하다 하여 **비뚤어진** 것임.	歪曲 왜곡

付 줄 부	사람(亻)이 손(寸)으로 물건을 주다. 주며 부탁하다.	◎ 人 ❶ 5획 交付 교부 發付 발부
府 관청 부 (广)	민원을 처리해 주는(付) 집(广 집 엄)인 관청.	政府 정부 三府 삼부
附 붙일 부 (阜)	언덕(阝) 같이 큰 것에 사람(亻)이 손(寸)으로 붙이다.	附着 부착 附錄 부록
符 부적 부 (竹)	대쪽(⺮)에 써 주는(付) 부적이나 증거가 될 것.	符合 부합 名實相符 명실상부
腐 썩을 부 (肉)	곳간(府 곳집 부)에 고기(肉)가 오래되 썩는다.	腐敗 부패 腐蝕 부식
分 나눌 분	칼(刀)로 물건을 나눈다(八 여덟 팔, 나눌 팔). 크고 복잡한 것을 작게 나누어 쉽게 이해하다.	◎ 刀 ❶ 4획 分數 분수 分別 분별
粉 가루 분 (米)	쌀(米 쌀 미)이 나누어(分) 지고 나누어져 된 가루.	粉末 분말 粉乳 분유
紛 어지러울 분 (糸)	실(糸)이 여러 갈래로 나누어져(分) 엉켜 어지럽다.	紛失 분실 紛糾 분규
貧 가난할 빈 (貝)	재물(貝)을 함부로 나누어(分) 쓰니 부족하거나 가난하다.	貧民 빈민 貧血 빈혈

弗 아닐 **불**	활(弓)이 비뚤거나(ﾉ) 짧은(｜) 화살은 쓰는 게 아니다. 미국의 화폐인 달러 '$'와 비슷해 달러의 뜻으로도 쓰인다.	◐ 弓 ❶ 5획 弗素 불소 弗貨 불화
佛 人 부처 **불**	사람(亻) 같지 아니한(弗) 성인(聖人)인 **부처**.	佛敎 불교 佛像 불상
拂 手 떨칠 **불**	손(扌)으로 내 것이 아닌(弗) 것을 **털어 낸다**.	拂拭 불식 支拂 지불
費 貝 쓸 **비**	필요하지 않은(弗) 것에 재물(貝)을 **쓰다**.	浪費 낭비 消費 소비

朋 벗 **붕**	몸(月)과 몸(月)을 가까이 하는 다정한 벗이나 무리.	◐ 月 ❶ 8획 朋黨 붕당 朋友 붕우
崩 山 무너질 **붕**	산(山)이 한꺼번(朋)에 **무너진다**는 뜻. 임금의 죽음은 산이 무너지는 것과 같다 하여 **붕어하다**.	崩壞 붕괴 崩御 붕어
棚 木 시렁 **붕**	나란히 서 있는 벗(朋)처럼, 긴 나무(木) 두 개를 세우고 여기에 나무를 걸쳐 만든 **시렁(선반)**.	大陸棚 대륙붕
硼 石 붕사 **붕**	돌(石)을 벗(朋)처럼 친하게 섞어 만든 **붕사**.	硼砂 붕사

卑 낮을 비	흰(白) 옷을 입고 비(丿)를 들고(十) 있는 이는 신분이 낮음.	◎ 十 ❶ 8획 卑屈 비굴 卑下 비하
碑 石 비석 비	돌(石)을 묘보다 낮게(卑) 해서 만든 **비석(碑石)**.	碑文 비문 墓碑 묘비
婢 女 여종 비	여자(女) 중 신분이 낮은(卑) **여종**.　　僕 하인 복	奴婢 노비 婢僕 비복
非 아닐 비	새의 두 날개가 서로 다른 두 방향으로 향하여 같은 방향이 아니다.	◎ 非 ❶ 8획
悲 心 슬플 비	내 마음(心)이 아닐(非) 정도로 **슬프다**.	悲哀 비애 慈悲 자비
排 手 밀칠 배	사람은 손(扌)으로, 새는 날개(非)로 **밀치다**.	排斥 배척 排球 배구
輩 車 무리 배	두 날개(非) 펼치듯 수레(車)의 행렬이 양쪽으로 펼쳐져 가는 **무리**.	先輩 선배 輩出 배출
誹 言 헐뜯을 비	사실과 어긋나게(非) 말함(言 말씀 언) 즉 **헐뜯음**.	誹謗 비방

賓 손님 빈	집(宀 집 면)에 하나(一)의 작은(小) 선물(貝) 같은 것을 가지고 오는 귀한 손님.	◯ 貝 ❶ 14획 貴賓 귀빈 來賓 내빈
嬪女 빈궁 빈	여자(女) 중에서 손님(賓)처럼 귀한 대접을 받는 **빈궁(嬪宮)** '世子嬪'의 호칭	妃嬪 비빈
殯歹 빈소 빈	죽은(歹) 이를 모시고 문상객(賓)을 맞는 **빈소**. 殯所 발인(發靷) 때까지 관을 놓아 두는 곳. 發靷 상여(喪輿)가 상가(喪家)를 떠남.	殯所 빈소

史 역사적을 사	입(口)으로 전해져 온 것 중 역사적 사실을 사람(人)이 적는다.	◯ 口 ❶ 5획 史記 사기 歷史 역사
吏口 벼슬아치 리	한결(一) 같은 마음으로 역사적 사실을 기록하는 (史) **벼슬아치**. 吏讀 우리말을 한자의 뜻과 소리를 빌려 표기하던 표기법.	吏房 이방 官吏 관리 吏讀 이두
使亻 부릴 사	윗사람(亻)이 지위 낮은 아랫사람(吏)을 **부린다**. 驅使(구사) 사람이나 동물을 마구 몰아쳐 부림. 여기에서 어려운 외국어 따위를 마음대로 다루어 쓰다.	使用 사용 勞使 노사 天使 천사

寺 관청 시 / 절 사	토지(土)를 법도(寸 법도 촌) 있게 관리하는 관청(官廳). 중국에 불교가 들어왔을 때 관청에서 불법을 폈던 것이 후에 절이 됨.	❶寸 ❶6획 寺院 사원 寺刹 사찰
時 日 때 시	해(日)를 보고 관청(寺)에서 종을 울려 알려주는 시각인 **때**.	時間 시간 時代 시대
侍 人 모실 시	사람(亻)이 관청(寺)에 있는 높은 분을 **모시다**.	侍女 시녀 嚴妻侍下 엄처시하
詩 言 시문 시	말(言)을 절(寺)처럼 조용한 마음으로 쓰는 **시**.	詩集 시집 詩評 시평
等 竹 등급 등	대쪽(⺮)에 쓴 내용을 관청(寺)에서 매기는 **등급**.	均等 균등 優等 우등
待 彳 기다릴 대	일 보러 관청(寺)에 가면(彳) 보통 **기다린다**.	待期 대기 期待 기대
持 手 가질 지	관청(寺)에서 받은 공문서 등을 손(扌)에 **가지다**.	持參 지참 持病 지병
特 牛 다를 특	관청(寺 관청 시, 절 사)에 있는 크고 힘센 소(牛)는 **다르다** 하여 **특별(特別)하다**.	特技 특기 特殊 특수

| 司 맡을 사 살필 사 | 몸을 구부려(ㄱ) 하나(一)의 명령(口)을 듣고 일을 맡아 잘 살피어 처리한다. | ⊗ 口 ❶ 6획
司法 사법
司正 사정 |

| 詞 言 말씀 사 | 말(言) 중 잘 살피어(司) 하는 내용 있는 **말**. | 品詞 품사
歌詞 가사 |

| 飼 食 기를 사 | 먹이(食)를 주며 잘 살피어(司) **기른다**. | 飼育 사육 |

| 嗣 口 이을 사 | 입(口)으로 조상에 대한 책(册)을 잘살피어(司) 읽어 **대(代)를 잇는다**. | 嗣子 사자
後嗣 후사 |

| 祠 示 사당 사 | 제사(示 제단 시)를 맡아(司) 모시는 곳인 **사당**.
祠堂(사당) 조상의 신주(神主)를 모셔 놓은 집. | 懸忠祠
현충사 |

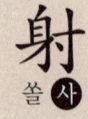

| 射 쏠 사 | 몸(身 몸 신)의 손 마디(寸 마디 촌)로 활 따위를 쏜다. | ⊗ 寸 ❶ 10획
射擊 사격
射殺 사살 |

| 謝 言 물리칠 사 사례할 사 | 말(言)을 활 쏘듯(射) 딱 잘라 한다는 데서 **물리치다**. 말(言)로써, 바르게 활을 쏘듯이(射), 잘 잘못을 가려 **사과(謝過)하거나** 고마움에 **사례(謝禮)하다**. | 謝絕 사절
謝罪 사죄
謝恩 사은 |

| 散 흩어질 산 | 여러(卄 스물 입) 조각(一)으로 고기(月=肉)가 잘려(攵 칠 복) 흩어지다. | ❍ 攵 ❶ 12획
散在 산재
分散 분산 |

| 撒 手 뿌릴 살 | 손(扌)으로 흩어지게(散) **뿌리다**. | 撒布 살포
撒水 살수 |

| 相 서로 상 | 나무(木)는 서로 마주 보는(目) 상태가 이상적. | ❍ 木 ❶ 9획
相對 상대
相談 상담 |

| 想 心 생각 상 | 서로(相)를 마음(心)으로 **생각한다**. 像 형상 상 | 想像 상상
發想 발상 |

| 霜 雨 서리 상 | 비(雨)가 서로(相 서로 상) 엉겨 얼어붙어서 된 **서리**.
秋霜 가을의 찬 서리. 위엄(威嚴)이 있고 서슬이 퍼런 명령.– 가을 서리는 밭작물, 과일 농사 등 농작물에 피해(被害)를 준다. 특히 때 이른 서리는 한 해 농사에 막대한 피해를 주기 때문에 무서운 대상인 것을 비유함. | 秋霜 추상
雪上加霜 설상가상 |

| 箱 竹 상자 상 | 대(竹)로 서로(相) 엮어 만든 **상자**. 子 접미사 자 | 箱子 상자 |

| 孀 女 과부 상 | 여자(女)가 서리(霜) 맞은 풀처럼 맥이 없는 **과부**. | 靑孀 청상 |

尚 높일 상

지붕을 높게(小) 세운 집(冂) 입구(口)의 모양에서, 이러한 큰 집에 드나드는 사람을 높이어 받들다.

◐ 小 ❶ 8획
高尙 고상
尙武 상무

賞 貝 상줄 상
공이 있는 사람에게 높은(尙) 벼슬과 재물(貝)로 **상주다**.

賞狀 상장
受賞 수상

償 人 갚을 상
공 있는 사람(亻)에게 상(賞)을 주어 은공을 **갚다**.

償還 상환
報償 보상

常 巾 항상 상
집(尙)에서는 **항상** 옷(巾)을 **보통**으로 입는다.

常溫 상온
常識 상식
常務 상무

裳 衣 치마 상
큰 집(尙)처럼 크고 통으로 된 긴 옷(衣)인 **치마**.

衣裳 의상
同價紅裳 동가홍상

嘗 口 맛볼 상
높이(尙) 들어 맛(旨)을 보다, **핥다**. 旨 맛 지

臥薪嘗膽 패배나 실패를 딛고 일어서기 위하여 괴로움을 참고 견딘다.
臥薪 오왕(吳王) 부차(夫差)는 섶(薪 섶나무, 땔나무 신) 위에서 자고, 嘗膽 월왕(越王) 구천(勾踐)은 매일 쓸개(膽 쓸개 담)를 핥으며(嘗), 원수를 갚기위해 고생을 참고 견딤.

臥薪嘗膽
와신상담

堂 土 집 당
높게(尙) 땅(土) 위에 지은 어떤 목적으로 지은 **집**.
糟糠之妻 不下堂(조강지처 불하당) 지게미(糟)와 쌀겨(糠)를 먹으며 함께 고생한 아내는 집에서 내보내지 않는다.

書堂 서당
食堂 식당

當 田 마땅할 당
논밭(田)의 가치를 높이(尙) 생각함이 **마땅하다**.

當然 당연
正當 정당

掌 手 손바닥 장
높이(尙) 손(手)을 들 때 보이는 **손바닥**. 握 쥘 악

掌握 장악
合掌 합장

| 喪 죽을 상 | 두건(˙˙ 머리부분 두)과 상복(衣 옷 의)을 입고 슬피 우는(口口) 모양에서 **죽다**, **슬프다**. | ◎ 口 ❶ 12획
喪家 상가
喪妻 상처 |

| 哭 울 곡 | 口 | 입과 입으로(口口), 개(犬)가 부르짖듯 슬피 **울다**. | 哭聲 곡성
痛哭 통곡 |

| 器 그릇 기 | 口 | 개고기(犬)를 담아 여럿(口)이 먹는 모양에서 일반적인 **그릇** 또는 **기구(器具)**를 뜻함. | 食器 식기
武器 무기
大器晩成 대기만성 |

| 獸 짐승 수 | 犬 | 입들(口口)을 밭(田)에 대고 하나(一)의 먹이(口)를 찾는 개(犬)와 같은 모든 종류의 **짐승**을 뜻함. | 人面獸心 인면수심
禽獸 금수 |

| 索 찾을 색 / 동아줄 삭 | 열(十)가닥으로 서로 덮어(͡ 덮을 멱) 가며 실(糸)로 꼬아 만든 **동아줄**. 줄이나 실을 쓰기 위해 그 끝을 **찾는다**. 누구를 찾아야 할 정도로 **쓸쓸하다**. | ◎ 糸 ❶ 10획
索道 삭도
檢索 검색
索莫 삭막 |

| 素 흴 소 / 바탕 소 | 糸 | 뽑아 낸(丨) 많은(三) 실(糸)의 색은 보통 **희다**. 흰색은 모든 색의 **바탕**. | 素朴 소박
素材 소재 |

| 生 날 생 | 싹(丿)이 땅(土)을 뚫고 돋아나는 모양에서 **낳다**.　　産 낳을 산 ｜ 甥 남자조카 생 | ◎ 生 ❶ 5획
生産 생산
生命 생명 |

| 牲 희생 생 | 牛 | 제사 지내기 위해 살아(生) 있는 소(牛)를 희생시킨다.　　犧 희생 희 | 犧牲 희생 |

姓女 성씨 성	여자(女)가 아이를 낳으면(生) 붙이던 **성씨(姓氏)**. 옛날 모계사회(母系社會)에서는 여성이 아이에게 자신의 성을 붙임.	姓名 성명 百姓 백성
性心 성품 성	환경·교육에 의해 마음(忄) 속에서 생겨난(生) **성품(性品)**.	性格 성격 急性 급성
星日 별 성	해(日)가 지면 생기는(生) **별**. 惑 한곳에 있지 않고 떠돌 혹	衛星 위성 惑星 혹성
庶 무리 서	집(广 집 엄)에서 여럿(廾 스물 입)이 한(一)곳에 모여 불(灬 = 火)을 피우고 있는 무리.	❖ 广 ❶ 11획 庶民 서민 庶子 서자
遮 막을 차	서민(庶)이 함부로 돌아다니는(辶) 것을 **막음**.	遮斷 차단 遮光 차광
昔 옛 석	많은(廾 스물 입) 시간이 한결(一)같이 흘러간 지난 나날(日)인 오랜 옛날. 廾 많다는 뜻으로 많이 쓰임.	❖ 日 ❶ 8획 今昔之感 금석지감
惜心 아쉬울 석	마음(忄)으로 지나간 옛일(昔)을 **아쉬워함**.	惜別 석별 惜敗 석패
籍竹 호적 적	대쪽(竹)에 새겨(耒 쟁기 뢰) 옛(昔)부터 내려온 **호적**.	戶籍 호적 國籍 국적
借人 빌릴 차	사람(亻)이 옛(昔)부터 알고지낸 이에게 **빌리다**.	借用 차용 租借 조차
錯金 섞일 착	쇠(金)가 오래(昔)되면 녹같은 불순물이 **섞인다**.	錯誤 착오 錯視 착시

成 이룰 성	힘들여(力) 창(戈 창 과)을 만든다는데서 **이루어낸다**.	⊙ 戈 ❶ 7획 成功 성공 成事 성사
城 토성 성	진흙 벽돌이나 흙(土)으로 쌓아 만든(成) **토성**.	城郭 성곽 籠城 농성
盛 풍성할 성	음식 만들어(成 만들 성) 그릇(皿)에 **풍성히** 담다.	豊盛 풍성 盛況 성황
誠 정성 성	말한(言) 바를 이루기(成) 위해 들이는 **정성**.	誠實 성실 誠意 성의
戊 다섯째 천간 무	비스듬히(丿) 자란 초목이 많이 세워둔 창(戈 창 과)처럼 무성함을 뜻하였으나 지금은 **다섯째 천간(天干)**으로 쓰임.	戊午士禍 무오사화
茂 무성할 무	초목(艹)이 비스듬히(丿), 많이 세워둔 창(戈)처럼, 풍성히 자라 **무성하다**.	茂盛 무성 茂林 무림
少 적을 소	크기가 작아(小) 잘 삐져(丿 삐침 별) 나가 그 수나 부피가 주는 데서 **부피, 수, 량이 적다**와, **나이가 어리다**는 뜻으로 쓰임.	⊙ 小 ❶ 4획 少量 소량 少年 소년
抄 베낄 초	손(扌)으로 중요한 내용만 간략하게(少) **베낀다**.	抄本 초본
秒 분초 초	벼(禾)의 쌀알처럼 작은(少) 시간 단위인 **초**.	秒速 초속 秒針 초침
妙 묘할 묘	여자(女)의 자잘한(少) 마음은 알 수 없어 **묘하다**.	妙技 묘기 妙案 묘안

| 省 目
살필 성
줄일 생 | 어리(少)거나 약한 것을 잘 보아(目) **살핌**. 사소(少)하게 보이는(目) 것은 과감히 **줄임**. | 省墓 성묘
省略 생략 |
| 砂 石
모래 사 | 돌(石) 잘게(少) 부서져 된 **모래**.   砂 = 沙 | 砂糖 사탕
土砂 토사 |

召 부를 소
◐ 口   ❶ 5획

칼(刀) 같이 무서운 소리(口), 즉 공적인 일로 부른다.

召喚 소환
召集 소집

昭 日 밝을 소	불러(召) 밝은 해(日)와 같이 상세히 **밝히다**.	昭明 소명 昭詳 소상
照 火 비출 조	밝게(昭)하기 위해 불(灬=火)을 **비추다**.	照明 조명 照會 조회
招 手 부를 초	손짓(扌)하며 부르는(召) 데서 좋은 일로 **부르다**.	招待 초대 招請 초청
超 走 넘을 초	부름(召)에 달려가다(走 달릴 주) 높은 것을 **넘다**.	超越 초월 超過 초과

드물 소
◐ 疋   ❶ 11획

발(疋 발 소)이 묶인(束 묶을 속)듯이 왕래가 드물다. 발(疋)로 누르고 묶은(束) 나무다발이 엉성하여 성기다.   疎 = 疏

疎外 소외
疎遠 소원
疎脫 소탈

| 蔬 艹
나물 소 | 풀(艹) 속에 드문드문(疏=疎) 나 있는 **나물**. | 菜蔬 채소
蔬食 소식 |

束 묶을 **속**	나무(木)를 끈으로 에워싸(口 에워쌀 위) 묶다.	◐ 木 ❶ 7획 拘束 구속 約束 약속
速 빠를 속	신발 끈 등을 단단히 묶고(束) 가니(辶) **빠르다**.	速度 속도 速記 속기
秀 빼어날 **수**	일정한 크기로 자라는 벼(禾)의 범위(乃 이에 내)를 벗어나 유독 길게 자란 모양에서 **빼어나다**는 뜻.	◐ 禾 ❶ 7획 秀才 수재 優秀 우수
透 통할 투	빼어나(秀) 막힘 없이 간다(辶)하여 **통하다**. 막힘이 없어 **속이 보이다**. **속을 꿰뚫어보다**.	浸透 침투 透明 투명 透視 투시
誘 꾈 유	말(言)을 빼어나게(秀) 잘 하여 사람을 **꾀다**. 導 이끌 도	誘引 유인 誘惑 유혹
垂 드리울 **수**	천(千)가지의 풀(艹)이 땅(土)을 향해 드리우다. 드리우다 아래로 처지게 늘이다.	◐ 土 ❶ 8획 垂直 수직
睡 目 잘 수	눈(目)꺼풀을 내리고(垂) **잠을 자다**.	睡眠 수면 午睡 오수
郵 阝 우편 우	고을(阝 고을 읍)에 소식을 드리우는(垂) **우편**.	郵送 우송 郵便 우편
唾 口 침 타	입(口)에서 흘러 나와 아래로 드리워지는(垂) **침**.	唾液 타액

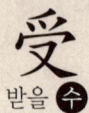 받을 **수**	손(♍ 손톱 조)으로 덮어서(冖 덮을 멱) 주니 그 아래쪽으로 손(又 손 우)을 내밀어 받는다.	❷ 又 ❶ 8획 受賞 수상 受講 수강 引受 인수
授 手 줄 수	손(扌)으로, 상대방이 받기(受) 좋게 **준다**. 지식 등을 전해준다 하여, **가르치다**는 뜻. 受業 기술(技術)이나 학업(學業)의 가르침을 받음. 授業 지식(知識)이나 기능(技能)을 가르쳐 줌. 　　예) 수업(授業)시간. 수업(授業)을 받다. 授受 주고 받음. 공직자의 금품 수수 행위를 단속.	授業 수업 敎授 교수
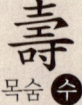 목숨 **수**	선비(士)도 하나(一), 장인(工 장인 공)도 하나(一)인 입(口)으로 잘 헤아려(寸 헤아릴 촌) 먹어야 오래 산다하여 목숨을 뜻한 자.	❷ 士 ❶ 14획 壽命 수명 長壽 장수
鑄 金 쇳물부어 만들 주	쇠(金)에 오래도록(壽 오래살 수) 열을 가해 녹인 후 거푸집에 이 **쇳물을 부어 만들다**.	鑄造 주조 鑄貨 주화
疇 田 밭두둑 주	밭(田)의 경계(境界)를 목숨(壽)처럼 여기는 데서 **밭두둑**을 뜻하게 된 자. 밭두둑 밭과 밭 사이의 경계를 이루는 부분.	範疇 범주
濤 水 큰물결 도	물(氵)이, 오래 살아(壽 오래살 수) 온 노인의 주름처럼 줄줄이 밀려드는 **큰 물결**을 뜻한 자.	波濤 파도 怒濤 노도
禱 示 빌 도	신(示 제단 시)에게 오래 살기(壽)를 **빌다**.	祈禱 기도

叔 어릴 숙	위(上)로 자라는 작은(小) 싹을 손(又)으로 쏙아주는 모양에서 **작다·어리다**. **堂叔** 아버지의 사촌형제	◎ 又 ❶ 8획 叔父 숙부 堂叔 당숙
淑 氵 맑을 숙	깨끗한 물(氵)에서 어린(叔) 싹이 트고 자란다는 데서 **맑다**. 깨끗하게 잘 자란 사람이 **착하다**.	淑女 숙녀 貞淑 정숙
寂 宀 고요할 적	집(宀 집 면)이 작은 아재비(叔) 집은 **고요하다**.	寂寞 적막 入寂 입적
戚 戈 친척 척	언덕(厂) 아래 살며 윗(上) 어른과 작은(小) 아이까지 함께 지키며(戈 창 과) 지내 온 **친척(親戚)**.	姻戚 인척 外戚 외척
督 目 살필 독	작게(叔) 눈(目)을 뜨고 **살피다**.　　　監 살필 감	監督 감독 基督 기독

宿 잘 숙	집(宀 집 면)에서 사람(亻)이 많이(百 많을 백) 모여서 **묵거나 자다**.　　泊 머무를 박	◎ 宀 ❶ 11획 宿泊 숙박 宿食 숙식
縮 糸 오므라들 축	실(糸)을 물에 담그어 잠재우면(宿) **오므라든다**. 萎 시들 위	縮小 축소 萎縮 위축

肅 엄숙할 숙	손(彐)에 붓(丨)을 쥐고 벼루(淵 못 연)에서 먹물을 묻힐 때 몸가짐이 **엄숙(嚴肅)하다**.	◎ 聿 ❶ 12획 肅淸 숙청 靜肅 정숙
繡 糸 수놓을 수	실(糸)로 엄숙히(肅) **수를 놓다**.　　刺 찌를 자	刺繡 자수

旬 열흘 순	날짜(日)를 묶어서(勹 쌀 포) 열흘을 뜻한 글자.	❷日 ❶5획 旬報 순보 初旬 초순
殉歹 따라죽을 순	사람이 죽으면(歹←死) 열흘(旬) 안에 **따라 죽는**다는 데서 나온 자.	殉葬 순장 殉職 순직
筍竹 죽순 순	대(⺮)순은 열흘(旬) 정도면 거의 다 자란다는 데서 **죽순**을 뜻한 자	竹筍 죽순
盾 방패 순	비바람 막아주는 언덕(厂 언덕 한)같이, 사방(十)을 눈(目)으로 살피며 나를 보호하는 방패(防牌).	❷目 ❶9획 矛盾 모순
循彳 돌 순	방패(盾)를 들고 경비병이 **돌아다닌다**(彳 걸을 척).	循行 순행 循環 순환
戌 개 술	창(戈 창 과) 든 사람(人) 옆에 있는 개. 12지지(地支)의 11번째를 나타냄.	❷戈 ❶6획 戌時 술시 19~21시
威女 위협할 위	개(戌)가 여자(女)를 **위협**(威脅)**한다**. 또는 무서울 정도로 **위엄**(威嚴)**있다**.	國威 국위 權威 권위
歲止 해 세	성장을 그친(止 그칠 지) 개(戌)가 작은(小)새끼를 낳는 데까지의 기간인 한 **해**의 뜻.	歲月 세월 歲暮 세모
滅水 없어질 멸	물(氵)을 뿌려 사나운 개(戌)처럼 타오르는 불(火)을 끄니 불이 꺼져 **없어지다**.	滅亡 멸망 滅種 멸종

升 되 승	홉으로 조금씩(勺 조금 작) 열(十) 번 담아 되는 되.	❶ 十 ❷ 4획 升斗 승두
昇 오를 승	해(日)가, 되(升)에 곡식을 퍼 올리듯 떠 **오르다**.	昇降 승강 昇天 승천

丞 도울 승 정승 승	갈고리(ㄱ 평갈고리 궐)로 흐르는 물(水)의 바닥(一)을 긁어 흐름을 돕듯 임금을 도와 나라 일을 보는 정승.	❶ 一 ❷ 6획 政丞 정승 丞相 승상
承 이을 승	아들(子) 둘(二)이 손(手)을 맞잡고 물(水)흐르듯 대를 **이어** 일을 **받들어** 나아감.	承繼 승계 承服 승복
蒸 찔 증	삼(艹) 껍질 벗기는데 도움(丞)이 되도록 불(灬=火)을 때어 **찌다**.	蒸氣 증기 蒸發 증발

乘 오를 승	사람(丿)이 북녘(北 북녘 북)을 향하여 위쪽으로 나아가듯 나무(木)에 양발을 어긋 디디며 **오르다**.	❶ 丿 ❷ 10획 乘車 승차 便乘 편승
剩 남을 잉	저울에 올리고(乘) 남아 잘라(刂) 낼 만큼 **남다**.	剩餘 잉여
乖 어그러질 괴	많은(千) 사람들이 서로 등지고(北) 있는 모양에서 **어그러지다**. 北 두 사람이 서로 등지고 있는 모양에서, 추워서 등지고 있는 쪽인 북녘.	乖離 괴리

市 시장 시	천(巾) 등을 높이(亠 머리부분 두) 쌓아두고 파는 시장.	◐ 巾 ❶ 5획 市內 시내 市外 시외
柿 木 감 시	나무(木)의 높은(亠) 곳에 매달려(巾) 열리는 **감**.	紅柿 홍시 軟柿 연시
姉 女 누이 자	여자(女) 중 시장(市)을 보는 **손윗누이**.	姉妹 자매 姉兄 자형
肺 肉 허파 폐	시장(市)에 사람 들고나듯, 몸(月)에 공기가 들고 나는 **허파**.	肺癌 폐암 肺炎 폐렴
是 옳을 시	정확(正確)한 해(日)와 같이 바르게(正 바를 정) 말함이 **옳다**.	◐ 日 ❶ 9획 是非 시비 是認 시인
題 頁 제목 제	바르게(是) 써서 나타낸 머리말(頁 머리 혈)인 **제목**.	題目 제목 主題 주제 問題 문제
提 手 낼 제	손(扌)을 들어 바른(是) 것을 제시(提示)하거나 제안(提案)을 **내다**.	提供 제공 提示 제시
堤 土 둑 제	흙(土)을 바르게(是) 쌓아 만든 제방(堤防)인 **둑**. 提潰蟻穴(제궤의혈) 큰 방죽도 개미구멍으로 무너짐. 潰무너질 궤 ǀ 蟻개미 의 ǀ 穴구멍 혈	防波堤 방파제

申 아뢸 신	말(曰 말할 왈)의 핵심을 찔러(丨 뚫을 곤) 아뢰다. 아홉째 지지(地支)인 원숭이의 뜻으로 쓰이는 글자.	◐ 田 ❶ 5획 申告 신고 申請 신청
伸 펼 신 (亻)	사람(亻)이 아뢸(申) 말을 쫙 **펼쳐** 한다는 데서...	伸張 신장 伸縮 신축
神 귀신 신 (示)	제단(示)에서 바라는 바를 아뢰는(申) 대상인 **신**.	神聖 신성 神經 신경
坤 땅 곤 (土)	흙(土)이, 의견을 펼쳐 아뢰듯(申) 넓게 펼쳐진 **땅**.	乾坤 건곤

失 잃을 실	사람(ノ 누운사람 인)이 큰(大) 것을 잃다. 또는 큰 잘못을 하다.	◐ 大 ❶ 5획 失業 실업 失敗 실패
秩 차례 질 (禾)	벼(禾 벼 화) 손실(失) 막기 위해 차례로 쌓음.	秩序 질서
疾 병 질 (疒)	화살(矢)처럼 빠르게 악화되는 질병(疒 병질 녁).	疾患 질환 疾走 질주

亞 버금 아	등뼈 나온 곱사등이 둘이 마주 서 있는 모양. 곱사등이는 보통사람보다 키가 작은 데서 버금가다, 못함의 뜻.	◐ 二 ❶ 8획 東亞 동아 亞鉛 아연
惡 악할 악 미워할 오 (心)	못나게(亞) 일그러진 마음(心)이라 하여 **악하다**. 또는 악한 마음으로 **미워하다**.	善惡 선악 憎惡 증오

安 편안할 안	집(宀 집 면)에는 자고로 여자(女)가 있어야 안정(安定)되고, 편안(便安)함.	❷ 宀 ❶ 6획 安心 안심 安全 안전
案木 생각할 안	편하게(安) 나무(木)로 만든 **책상**. 책상에 앉아 이것저것 궁리하며 **생각하다**. 案席 앉을 때 몸을 기대는 방석(方席).	案席 안석 考案 고안 方案 방안
按手 누를 안	손(扌)으로 편안(安)하도록 사람의 몸을 **누르다**.	按摩 안마
鞍革 안장 안	가죽(革 가죽 혁)으로 타기 편하게(安) 만든 **안장**.	鞍裝 안장 鞍馬 안마
央 가운데 앙	어른(大)이 물건(冂)을 등 가운데에 지고 있는 모양에서 가운데 앙.	❷ 大 ❶ 5획 中央 중앙 震央 진앙
殃歹 재앙 앙	죽음(歹)의 한 가운데(央) 있다 하여 **재앙(災殃)**.	殃及池魚 앙급지어
英艹 뛰어날 영	꽃(艹) 중심부인(央) 꽃부리가 가장 아름다워 **뛰어나다**.	英才 영재 英國 영국
映日 비칠 영	해(日)는 하늘 가운데(央) 있을 때 밝게 **비친다**.	映畵 영화 反映 반영
怏心 원망할 앙	마음(忄) 한 가운데(央)에 맺혀 있는 **원망(怨望)**.	怏心 앙심
秧禾 모 앙	벼(禾)농사의 가운데(央) 즉 가장 중요(重要)한 **모**. 移秧機 모를 내는 기계.	**移秧機** 이앙기

哀 슬플 **애**	옷(衣 옷 의)으로 입(口)을 가리고 슬피 우는 모양에서…	◎ 口 ❶ 9획	哀痛 애통 哀惜 애석
衷 衣 속마음 **충**	속(中)에 입는 옷(衣)처럼 품고 있는 **속마음**.		衷心 충심

也 뱀 **야** 어조사 **야**	힘(力) 있게 새(ㄴ=乙)를 잡는 뱀을 보고 그린 자. 말의 시작이나 끝에 쓰여 도와주는 어조사(語助辭).	◎ 乙 ❶ 3획	及其也 급기야
地 土 땅 **지**	흙(土)이 긴 뱀(也)처럼 길게 뻗어 있는 **땅**.		地球 지구 天地 천지
池 水 못 **지**	물(氵)이, 몸 사리고 있는 뱀(也)처럼, 둥글게 형성된 **못**. 　　　　　　　天池(천지)		貯水池 저수지
他 人 다를 **타**	사람(亻)과 뱀(也)은 전혀 **다르다**. 　鄕 시골 향		他鄕 타향 他國 타국

耶 그런가 **야**	들리는(耳) 마을(阝 고을 읍)의 소문이 정말 그런가? 　有耶無耶 있는 듯 없는 듯 함. 耶蘇(야소) '예수'의 한자음.	◎ 耳 ❶ 9획	有耶無耶 유야무야
揶 手 야유할 **야**	손(扌) 삿대질하며 소문이 정말 그런가(耶) 하고 **야유함**.		揶揄 야유

弱 약할 약	활(弓)에 두 개의 화살(丿丿)을 걸어 쏘면 힘이 약하다.	● 弓 ❶ 10획 弱點 약점 弱冠 약관
溺 水 빠질 닉	물(氵)에 어리거나 약한(弱) 이가 **빠지다**.	溺死 익사
羊 양 양	두 뿔이 나 있는 양의 머리를 앞에서 보고 그린 글자.	● 羊 ❶ 6획 羊皮 양피 羊水 양수
洋 水 바다 양	물(氵)이 양떼(羊)처럼 많은 큰 **바다**. 五大洋 太平洋, 大西洋, 印度洋, 北氷洋, 南氷洋	洋式 양식 洋服 양복
養 食 기를 양	양(𦍌=羊)에게 잘 먹여(食) **기르다**. 　育 기를 육	養育 양육 敎養 교양
詳 言 자세할 상	말(言)을 양(羊)처럼 부드럽게 하니 **자상하다**. 자상하게 알기 쉽게 **자세하게 말하다**.	詳細 상세 詳述 상술
祥 示 상서로울 상	제단(示)에 양(羊)을 바치니 **상서롭다**. 상서롭다 복스럽고 길한 일이 있을 듯하다.	祥瑞 상서 吉祥 길상
達 辶 이를 달	풀이 좋은 땅(土)으로 양(羊)이 가서(辶 갈 착) 이르다. 즉 좋게 **도달(到達)·숙달(熟達)·통달(通達)·달성(達成)**하다.	達人 달인 達辯 달변
善 口 좋을 선	양(羊)처럼 **좋다**고 여럿(卄 스물 입)이 말하다(口).	善良 선량 積善 적선

於 어조사 어	감탄의 뜻으로 여러 방면(方)으로 쓰이는, 사람(人) 입에서 나오는(冫) 짧은 말인 어조사(語助辭).	❍ 方 ❶ 8획 於焉間 어언간
瘀 어혈 어	병(疒 병질 녁)의 원인이 되는 말에 붙는 어조사(於)처럼, 피가 맺혀 생기는 **어혈**.	瘀血 어혈
焉 어찌 언	항상 바르게(正) 앉아 있는 새(鳥 새 조)의 뜻을 어찌 알랴 하여 어찌의 뜻.	❍ 火 ❶ 11획 焉敢生心 언감생심
薦 천거할 천	해태(廌 해태 치)가 먹는 좋은 풀(艹)이라는 데서 이처럼 좋은 것을 **천거함**. 해태 시비(是非)·선악을 판단한다는 상상의 동물.	薦擧 천거 推薦 추천
予 나 여	사람이 바로 서 있는 모양에서 바른 나를 뜻한 자.	❍ 亅 ❶ 4획
序 차례 서	집(广 집 엄)에서 나(予)부터 지켜야 할 **차례(次例)**.	秩序 질서 序頭 서두
豫 미리 예	내(予)가 코끼리(象)와 같이 여유(餘裕) 있게 행동하는것은 **미리** 준비를 잘 하였기 때문이다.	豫備 예비 豫告 예고
野 들 야	마을(里 마을 리) 근처에 있는 내(予)가 일하는 **들**.	野生 야생 野黨 야당
預 맡길 예	내(予) 머리(頁 머리 혈)로 판단하여 미리 **맡기다**.	預金 예금 預置 예치

余 나 여

사람(人) 한(一) 명이 나무판(木) 위에 있는 모양에서 높은 장소에 올라 있는 자랑스런 나를 나타낸 글자.

◎ 人　❶ 7획
余等 여등

餘 食 남을 여
음식(食 밥 식)을 내(余) 혼자 다 먹지 않아 **남음**.

餘裕 여유
餘生 여생

除 阝 없앨 제
언덕(阝 언덕 부) 같은 장애물을 내(余)가 **없애다**.
除夜 사라져 가는 1년의 마지막 밤인 섣달 그믐날밤.

除去 제거
除夜 제야

徐 彳 천천히 서
걸을(彳) 때 내(余)는 **천천히** 걷다.

徐行 서행

敍 攴 펼 서
내(余)가 굽은 삽 등을 두드려(攴 칠 복) **펴다**.
敍情 사물을 보고 느낀 자기의 감정을 나타내는 일.

敍情 서정
自敍傳 자서전

途 辶 길 도
내(余)가 일을 해 나아가는(辶 갈 착) 과정인 **길**.

途中 도중
中途 중도

塗 土 바를 도
물(氵)을 내(余)가 흙(土)에 부어 만든 진흙을 **바르다**.　糊 풀, 흐릴 호
糊塗 일시적으로 우물쭈물하여 덮어 버림.

塗料 도료
糊塗 호도

茶 艹 차 다 / 차 차
초목(艹木)의 잎이나 열매를 사람(人)이 다려 먹는 **차**.

茶菓 다과
紅茶 홍차

女 여자 여	여자가 앉아서 바느질 하는 모습. 사회성에 비추어 '계집 녀'라고 부르는 것 보다 '여자 여(녀)'라고 함이 옳음.	❍ 女 ❶ 3획 女性 여성 女子 여자
如 女 같을 여	여자(女)들이 하는 말(口)은 한결 **같다**는 뜻. 옛날에 여자가 하는 일은 비슷하였기에...	如前 여전 如此如此 여차여차
恕 心 용서할 서	항상 같은(如) 어진 마음(心)으로 남을 **용서한다**.	容恕 용서
汝 水 너 여	물가(氵)에 사는 여자(女)인 바로 **너**.	汝等 여등 汝矣島 여의도
與 줄 여 참여할 여	한(一) 사람이 몸 구부려(𠃌 ← ″굽은사람인) 절굿공이(丨)로 절구(臼) 찧고 한(一) 사람은 손(八)으로 뒤집는 모양에서, 일에 **참여한** 사람에게 만든 음식을 나누어 **주다**.	❍ 臼 ❶ 14획 給與 급여 與黨 여당 參與 참여
擧 手 들 거	찬성의 뜻으로 손(手)을 **들어 준다**(與)는 데서...	擧手 거수 擧國 거국
譽 言 칭찬할 예	말(言)로서 받들어 준다(與)하여 **칭찬하다**.	名譽 명예 榮譽 영예
興 臼 일어날 흥	양쪽(臼)에서 같이(同) 잡고 밑에서(一) 들어(八) **일어남**. 함께 힘을 합하여 일을 하니 **흥한다**.	興亡 흥망 興味 흥미
輿 車 가마 여 많을 여	수레(車) 같은 것의 양쪽(臼) 밑(一)을 잡고 들어(八) 나아가는 가마. 가마를 끄는 사람이 **많다**.	喪輿 상여 輿論 여론

亦 또 역	팔을 흔들며 걸어가는 사람 모양으로 팔과 다리가 앞으로 나오고 또 나오는 데서 또를 나타낸 글자.	❷ 亠 ❶ 6획 亦是 역시
跡 足 발자취 적	발자국(足 발 족)이 여러(亦) 개 나 있다 하여 **발자취**를 뜻한 글자. 人跡 · 足跡 · 追跡(추적)	遺跡 유적 筆跡 필적 潛跡 잠적
迹 辶 자취 적	여러(亦) 번 다님(辶 갈 착)으로 남겨진 **자취**.	痕迹 흔적
役 부릴 역	창(殳 창 수)을 들고 걸어(彳 걸을 척) 다니며 지키게 한다 하여 부리다, 일하다는 뜻.	❷ 彳 ❶ 7획 兵役 병역 役軍 역군
疫 疒 돌림병 역	병(疒 병질 녁) 중, 적군이 창(殳)을 들고 여기저기서 쳐들어오듯 여기저기로 전염되는 **돌림병**.	疫病 역병 免疫 면역
投 扌 던질 투	손(扌)으로 창(殳 창 수)을 **던지다**.	投手 투수 投資 투자
設 言 베풀 설	말(言)로 사람에게 일을 부려 작업한다(殳 칠 수)는데서 만들다, **세우다, 갖추다, 베푼다**.	設備 설비 建設 건설 設置 설치
穀 禾 곡식 곡	사람(士)이, 덮여(冖 덮을 멱) 있는 한(一) 겹의 껍질있는 벼(禾 벼 화)를 찧어서(殳 칠 수) 먹는 **곡식(穀食)**.	穀物 곡물 穀酒 곡주

易 바꿀, 점칠 역 / 쉬울 이	해(日)가 나왔다 없어졌다(勿 없을 물) 쉽게 바뀌다. 바뀌는 우주의 변화를 통해 인간사의 길흉을 점치다.	◎ 日 ❶ 8획 貿易 무역 周易 주역 難易 난이
賜 貝 줄 사	재물(貝)을 점친(易 점칠 역) 대가로 **주다**.	下賜 하사 賜額 사액
剔 刀 뼈바를 척	동물의 뼈를 쉽게(易 쉬울 이) 칼(刂)로 **바르다**.	剔抉 척결

沿 물가장자리 연 / 따를 연	물(氵)이 흘러(八) 들어가는(口) 곳인 강이나 바다의 가장자리. 또는 물을 따라 내려간다.	◎ 水 ❶ 8획 沿邊 연변 沿岸 연안
鉛 金 납 연	금속(金) 중 녹으면 잘 흘러(八) 들어가는(口) **납**.	鉛筆 연필 亞鉛 아연

延 끌 연	삐뚤게(丿 삐침 별) 나아감(廴 걸을 인)을 그치다 (止 그칠 지)는 데서 시간을 늘이다, 끌다는 뜻.	◎ 廴 ❶ 7획 延期 연기 延長 연장
誕 言 태어날 탄	아기의 말(言)인 울음을 길게 끌며(延) **태어나다**.	誕生 탄생 聖誕 성탄
筵 竹 자리 연	대(竹)를 길게 늘어서(延 늘일 연) 엮어서 만든 **대자리**.	壽筵 수연

然 그럴 연	개(犬) 고기(月←肉)는 불(灬←火)로 익혀서 먹음이 당연(當然)하다. 과연(果然) 그러하다.	◐火 ❶12획 自然 자연 必然 필연
燃 火 불탈 연	불(火)에 과연(果然) 잘 탄다 하여 **불타다**.	燃燒 연소 未燃 미연
炎 불탈 염	불(火)이 타오르는(火) 모양에서 덥다. 덥게 열나며 아프다 하여 염증(炎症).	◐火 ❶8획 暴炎 폭염 肝炎 간염
淡 水 맑을 담	물(氵)을 끓이면(炎) 속에 든 성분이 묽어져 물맛이 심심해진다 하여 **묽다**는 뜻이 됨.	淡水 담수 淡靑 담청 淡白 담백
談 言 말씀 담	말(言)에 따스한 불꽃(炎)이 이는 좋은 **말씀**.	談話 담화 懇談 간담 會談 회담
厭 싫어할 염	굴(厂 굴바위 엄)에서 해(日)와 달(月)도 보지 못하고 개(犬)처럼 사는 것을 싫어하다.	◐厂 ❶14획 厭世 염세 厭症 염증
壓 土 누를 압	보기 싫은(厭) 것을 흙(土)으로 덮어 **누르다**. 壓卷 옛날 과거에서 장원(壯元)한 사람의 답안 두루마리를 다른 모든 사람의 답안지 위에 놓았던 데서 유래(由來).	壓力 압력 壓卷 압권

永 길 영	한 줄기(丶)에서 시작한 물(水)이 길게 흐르는 데서 길 영.	❍ 水 ❶ 5획 永久 영구 永世 영세
泳水 헤엄칠 영	물(氵)에서 길게(永) 헤엄치다. **蝶 나비 접**	蝶泳 접영 泳法 영법
詠言 읊을 영	말(言)을 길게(永) 끌어 읊조리다. **歎 탄식할 탄**	詠歌 영가 詠歎 영탄
樣木 모양 양	나무(木)가 보기 좋고(羊=羊) 길게(永) 자란 모양.	樣式 양식 多樣 다양

五 다섯 오	둘(ㅣㅣ)에 셋(三)을 더하여 다섯.	❍ 二 ❶ 4획 五福 오복 五倫 오륜
吾口 나 오	다섯(五) 손가락으로 입(口)을 가리키며 나를 나타냄. 吾鼻三尺(오비삼척) 내 코가 석자라는 데서, 내 사정이 급하여 남 돌볼 여지가 없음.	吾等 오등
悟心 깨달을 오	마음(忄)으로 내(吾)가 스스로 깨닫다. **覺 깨달을 각**	覺悟 각오 大悟 대오
語言 말씀 어	말(言)로 나(吾) 자신(自身)을 표현(表現)하는 말씀.	語學 어학 語法 어법

午 낮 오	사람(ㅅ 누운사람 인)이 많이(十) 다니는 낮. 일곱째 지지(地支)인 말을 나타냄.	❷ 十 ❶ 4획 午前 오전 正午 정오
年 해 년	사람(ㅅ 누운사람 인)이 소(牛 소 우)를 부려 농사를 지으며 보내는, 즉 일하는 개념의 한 해.	年末 연말 年歲 연세
許 허락할 허	말(言)이 밝은 낮(午)처럼 명백하니 허락하다.	許諾 허락 許可 허가
御 임금 어	가다개(彳 걸을 척) 정오(午)에는 길을 멈추고(止 그칠 지) 다리(卩 무릎 절)를 쉬게 하며 모시는 임금. 임금이 다스리다.	御命 어명 制御 제어
吳 오나라 오	입(口)으로 하나(一)의 대국(大)이라 떠드는 오나라.	❷ 口 ❶ 7획 吳越同舟 오월동주
誤 그르칠 오	말(言)로 크게 떠버려(吳) 일을 그르치다.	誤判 오판 誤解 오해
娛 즐길 오	여자(女)가 크게 떠들며(吳) 무언가를 즐기다.	娛樂室 오락실
烏 까마귀 오	눈까지도 검어 몸과 눈의 구분이 어려운 까마귀를 나타내기 위해 '鳥'(새 조)에서 눈(一)을 빼서 나타낸 자.	❷ 火 ❶ 10획 烏飛梨落 오비이락
嗚 탄식할 오	입(口) 벌리고 까마귀(烏)가 울듯 사람이 크게 탄식하다.	嗚咽 오열 嗚呼 오호

| 獄 감옥 옥 | 개들(犭=犬)이 싸우듯 사람이 다투는(言) 것을 재판(裁判)하여 벌주는 감옥(監獄). | ◎ 犬 ❶ 14획
地獄 지옥
獄中 옥중 |

| 嶽 큰산 악 | 산세(山)가 무서운 감옥(獄) 같이 험한 **큰산**. | 嶽山 악산 |

| 畏 두려울 외 | 밭(田) 일할 때 옷(衣 옷 의의 줄임)을 버릴까 두려워하다. | ◎ 田 ❶ 9획
後生可畏
후생가외 |

| 猥 날뛸 외 | 개(犭=犬)가 두려움(畏)에 함부로 **날뛴다**.
褻 속옷 설 | 猥褻 외설 |

| 夭 구부러질 요 | 구부러진(丿 삐침 별) 사람(大) 모습에서 일찍 죽다. | ◎ 大 ❶ 4획
夭折 요절 |

| 笑 웃을 소 | 대(竹)가 바람에 휘듯(夭) 허리 굽혀 **웃다**. | 微笑 미소
嘲笑 조소 |

| 添 더할 첨 | 욕보여 굽어진(夭) 마음(㣺)에 물(氵)까지 끼얹는다는 데서 **더하다**는 뜻이 된 자. | 添加 첨가
添削 첨삭 |

| 沃 기름질 옥 | 물(氵)이 풍족해 곡식이 고개 숙일(夭) 정도로 잘 되 땅이 **기름지다**. | 沃畓 옥답 |

| 妖 요사로울 요 | 여자(女)가 고개를 가우뚱거리며(夭) 호린다는 데서 **요사스럽다**. | 妖精 요정 |

容 얼굴 용	사람의 머리(亠) 눈(八) 수염(人) 입(口)을 그린 자로 얼굴의 뜻과 얼굴을 보아 용서(容恕)하다. 집(宀)과 골짜기(谷 골 곡)처럼 많은 것을 담다.	◐ 宀 ❶ 9획 容貌 용모 許容 허용 容器 용기

于 어조사 우	둘(二)을 하나(丿)로 잇듯 말을 이어주는 어조사(語助辭). **三歲之習 至于八十(삼세지습 지우팔십)** 세 살 버릇 여든까지	◐ 二 ❶ 3획 于先 우선

宇 宀 집 우	지붕(宀) 아래 두(二) 사람이 갈고리(于←于)처럼 인연이 이어져 만든 **큰 집**. 宇 무한한 공간. 宙 무한한 시간.	宇宙 우주

迂 辶 멀 우	둥근 방패(干)처럼 돌아가니(辶 갈 착) **멀다**는 뜻.	迂廻 우회

右 오른 우	삐뚤어짐(丿 삐침 별) 하나(一) 없이 말(口)한 바를 실행하는 오른손. 여기서 오른쪽의 뜻으로 쓰이게 됨.	◐ 口 ❶ 9획 右側 우측 左右 좌우

若 艹 같을 약	어린 채소(艹)를 오른손(右)으로 돌보고 있는 모양에서 **어리다**, **적다** 그리고 그 크기나 모양이 비슷하여 같다.	若干 약간 萬若 만약

諾 言 허락할 낙	말(言)이 사실과 같아(若) **허락(許諾)하다**.	受諾 수락 承諾 승낙

佑 亻 도울 우	사람(亻)을 우측(右)에 두고 옆에서 **돕는다**.	天佑 천우

雨 비 우	구름(一)에서 넓게(冂) 떨어지는(丨) 빗방울(丶丶) 모양에서 **비** 또는 하늘에서 떨어지는 것을 나타냄.	◎ 雨 ❶ 8획 雨期 우기 暴雨 폭우
雷 우레 뢰	비(雨) 올 때 천둥소리 내며 밭(田)에 떨어지는 **우레**.	落雷 낙뢰 地雷 지뢰
電 번개 전	천둥, 즉 우레(雷) 치기 전 길게 선을 그으며(乚) 번쩍이는 **번개**. 빛은 1초에 30만 Km, 소리는 1초에 340m의 속도. 그러므로 번개가 생기고 수 초 후에 천둥소리가 남.	電擊 전격 電氣 전기
靈 신령 령	비(雨) 내리는 주문(口口口)을 외는 무당(巫 무당 무)의 대상인 **신령(神靈)**. 巫 : 위(一)·아래(一)를 잇는(丨) 사람(人).	靈感 영감 幽靈 유령
漏 샐 루	빗물(雨氵)이 집(尸=戶 집 호)에 들어와 **새다**.	漏落 누락 漏電 누전
雲 구름 운	비(雨) 온다고 말하듯(云 말할 운) 떠 있는 **구름**.	雲集 운집 戰雲 전운
云 말할 운	둘(二)이 사적으로(厶 = 私 개인 사) **말하다**.	云云 운운
霧 안개 무	비(雨)가 힘차게(務) 내리고 난 후 생기는 **안개**.	噴霧 분무
務 힘쓸 무	창(矛 창 모)으로 찌르고 치고(攵 칠 복) **힘써(力) 행하다**, 일하다.	業務 업무 事務 사무

原 근본 원	언덕(厂) 경사로 인하여 맑은(白 흰, 깨끗할 백) 물이 작게(小) 흐름으로 시작되는 사물의 시작, 근본(根本).	○ 厂 ❶ 10획 原始 원시 原本 원본
源 水 근원 원	물(氵)이 시작하는 근본(原)이 되는 **근원(根源)**.	水源 수원 發源 발원
願 頁 바랄 원	처음부터(原) 머리(頁 머리 혈)로 생각한대로 이루어 지기를 **바라다**.	所願 소원 志願 지원
元 으뜸 원	한(一) 사람이 우뚝한(兀 우뚝할 올) 곳에 올라 있는 모양에서 으뜸의 뜻과 으뜸은 맨 앞에 온다 하여 처음을 뜻함.	○ 儿 ❶ 4획 元首 원수 元祖 원조
完 宀 완전할 완	집(宀)을 으뜸(元)가게 지으니 **완전(完全)하다**.	完成 완성 完決 완결
院 阜 집 원	언덕(阝)에 맞게 완전하게(完) 지은 **집**.	病院 병원 學院 학원
冠 宀 갓 관	두(二) 손(寸 마디 촌)으로 사람(儿 어진사람 인)이 덮어(冖 덮을 멱) 쓰는 **갓**. 弱冠 남자가 20살이 되면 관례(冠禮)를 하는, 20세가 된 때. – 관례는 하였으나 학식, 경험 등이 부족하니 더욱더 매진해야 할 나이.	弱冠 약관 冠詞 관사
頑 頁 완고할 완	자신이 으뜸(元)가는 머리(頁 머리 혈)라며 고집 부리니 **완고하다**.	頑固 완고
寇 宀 도적 구	집(完)에 쳐들어와 무기 휘두르며(攴 두드릴 복) 약탈하는 **도적**.	倭寇 왜구

員 인원 원	입(口)으로 돈(貝)을 세는 모양에서 어떤 일을 하는 사람.	◐ 口 ❶ 9획 社員 사원 定員 정원
圓 口 둥글 원	사람(員)이 쓰는 둥근(口=○) 돈. 또는 **둥글다**.	圓形 원형 圓滿 원만
損 手 손해볼 손	머리보다 손(扌)으로 일하는 사람(員)이 **손해다**.	損失 손실 損益 손익
韋 다룸가죽 위	부드럽게 한 소(牛)가죽을 본뜬 자로 다룸가죽의 뜻. 韋編三絕 공자가 주역을 여러 번 읽어 책 맨 끈이 3번이나 끊어 짐	◐ 韋 ❶ 9획 韋編三絕 위편삼절
偉 人 위대할 위	사람(亻)은 부드러운(韋) 면이 있기에 **위대하다**.	偉人 위인 偉業 위업
圍 口 둘레 위	가죽(韋)이 몸 싸고(口 에워쌀 위) 있듯, 에워싸고 있는 **둘레**.	包圍 포위 範圍 범위
違 辶 어길 위	가죽(韋) 군복 입은 자가 갈(辶) 길을 **어기다**.	違法 위법 違和 위화
緯 糸 줄 위	실(糸)처럼 부드러운 가죽(韋)으로 만든 **줄**.	緯度 위도 矢緯 시위
衛 行 지킬 위	가죽(韋)옷 입은 병사가 성곽 돌며(行) **지키다**.	衛生 위생 防衛 방위

胃 밥통 위	밭(田)처럼 몸(月 육달 월)에서 음식을 담아 소화시키는 밥통.	❷ 肉 ❶ 9획 胃腸 위장 胃炎 위염
謂 言 이를 위	말(言)을 위(胃)가 음식 소화시키듯 잘 이해되도록 한다 하여 **이르다**.	所謂 소위

爲 할 위	손(爫 손톱 조)으로 원숭이가 머리 긁는 모양에서 원숭이는 앞발을 손처럼 쓴다 하여 하다는 뜻.	❷ 爪 ❶ 9획 爲政 위정 人爲 인위
僞 人 거짓 위	사람(亻)만이 하는(爲) **거짓**을 나타낸 글자.	僞善 위선 僞造 위조

委 맡길 위	벼 이삭(禾 벼 화)이 고개 숙이듯 여자(女)가 고개를 숙이고 자신의 몸을 남편에게 맡기다.	❷ 女 ❶ 9획 委任 위임 委員 위원
萎 艹 시들 위	풀(艹)이 **시들어** 고개 숙이고(委) 있는 모양.	萎縮 위축
倭 人 왜국 왜	사람(亻)이 고개 숙이고(委) 유순한 **왜**인. '倭'는 옛날 중국인이 일본인을 가리키던 말로, 사람들이 '유순하다'는 뜻.	倭寇 왜구 倭亂 왜란
矮 矢 작을 왜	화살(矢 화살 시)은 창보다, 벼(禾 벼 화)는 나무보다, 여자(女)는 남자보다 모두가 **작음**.	矮小 왜소

尉 벼슬 위	죽은(尸 주검 시) 사람을 위해 법도(寸 법도 촌) 있게 제사(示 제단 시)를 지내는 벼슬아치.	❍ 寸 ❶ 11획 尉官 위관 大尉 대위
慰 心 위로할 위	죽은(尸 주검 시) 사람을 위하여 법도(寸 법도 촌) 있게 제사(示)를 지내 마음(心)을 **위로(慰勞)하다**.	慰問 위문 慰靈祭 위령제
由 말미암을 유	밭(田)에 씨앗을 뿌림으로 말미암아 싹이 나온 모양. 여기서 일의 시작이나 유래(由來), 사유(事由), 까닭.	❍ 田 ❶ 5획 自由 자유 理由 이유
油 水 기름 유	물(氵) 같은 열매(由)에서 짠 액체인 **기름**.	油田 유전 注油 주유
宙 宀 집 주	솟아(由) 있는 지상세계 전체를 덮고(宀 집 면)있는 하늘. 또는 이처럼 큰 **집**.	宇宙 우주
抽 手 뽑을 추	손(扌)으로 밭에 난 풀(由)을 **뽑는다**.	抽出 추출 抽象 추상
笛 竹 피리 적	대(竹)에 구멍 뚫음으로 말미암아(由) 소리 나는 **피리**.	警笛 경적 鼓笛 고적
聘 耳 부를 빙	귀(耳 귀 이)로 들은 바에 따라(由 말미암을 유) 막힌(丂 막힐 고) 일을 해결하기 위해 **부른다**.	招聘 초빙 聘丈 빙장
巧 工 교묘할 교	장인(工 장인 공)은 막힘(丂 막힐 고) 없이 물건을 잘 만든다 하여 **교묘(巧妙)하다**는 뜻이 된 글자.	技巧 기교 精巧 정교 巧言 교언

酉 닭 유	술병 모양으로 酒(술 주)의 옛 글자. 지금은 닭의 뜻으로만 쓰임.	◐ 酉 ❶ 9획 酉時 유시 17~19시
醫酉 의원 의	화살(矢 화살 시)이나 창(殳 창 수)에 찔린 상처(匚)를 약술(酉=酒)로 소독하고 치료하는 **의원**.	醫師 의사 醫術 의술
酌酉 술따를 작	술(酉)을 잔(勺 잔 작)에 **따르다**. 對 대할 대 勺 작은(丶) 것을 싸듯(勹 쌀 포) 담는 작은 잔.	對酌 대작 自酌 자작
醉酉 취할 취	술(酉)을 졸병(卒 병사 졸)들이 마시면 잘 **취한다**.	醉客 취객 醉中 취중
醜酉 추할 추	술(酉)을 많이 마시면 귀신(鬼)처럼 보기가 **추함**.	醜態 추태 醜雜 추잡
猶犬 오히려 유	짐승(犭) 같은 미개인의 우두머리(酋)는 결정을 망설이다. 망설이다 일을 그르친다 하여 **오히려**. 酋(두목 추) 두 손(八)에 술(酉)을 들고 단체나 마을을 대표로 제사지내는 추장(酋長).	猶豫 유예 過猶不及 과유불급
尊寸 높일 존	두목(酋)을 법도(寸) 있게 대해 받들어 **높이다**.	尊重 존중 尊敬 존경
遵辶 따를 준	받들어 높이는(尊) 사람이 가는(辶) 길을 **따른다**.	遵法 준법 遵守 준수
酬酉 갚을 수	술(酉)로 고을(州) 사람들에 대한 은혜를 **갚다**. 酬價 의료(醫療) 행위 따위의 보수(報酬)로 주는 돈	酬酌 수작 應酬 응수

 遊 놀 **유**	아이들이 깃발(㫃 깃발 유)을 가지고 다니며(辶 갈 착) **논다**.	❸ 辶 ❶ 13획 遊覽 유람 外遊 외유
游 水 헤엄칠 유	물(氵)에 빠진 깃발(㫃)을 건지러 헤엄쳐 간다.	游泳 유영

 閏 윤달 **윤**	윤달에는 왕(王)이 문(門) 밖으로 나가지 않던 풍습에서 **윤달 윤**.	❸ 門 ❶ 12획 閏年 윤년 閏月 윤월
潤 水 젖을 윤	물기(氵)가 안에 들어(閏) 있어 **젖은** 상태. 젖어 있는 물기에 빛이 반사되어 **윤기, 윤택**.	潤滑 윤활 利潤 이윤

 隱 숨을 **은**	산언덕(阝 언덕 부) 밑에서, 두 손(爫 손톱 조, 彐 손 계)으로 물건(工)을 조심스레(心) 다루듯, 피해 산다는 데서 **숨다**는 뜻.	❸ 阜 ❶ 17획 隱身 은신 隱居 은거
穩 禾 평온할 온	벼(禾 벼 화) 농사를 잘 마치어 마음(心)이 **평온(平穩)함**.	穩健 온건

 矣 어조사 **의**	과녁(厶)에 화살(矢 화살 시)이 꽂힌 모양에서 문장 끝에 쓰여 강조의 뜻을 가진 **어조사(語助辭)**.	❸ 矢 ❶ 7획 **萬事休矣** 만사휴의
埃 土 티끌 애	흙(土)이 부서지고 부서져 끝(矣)에 되는 **티끌**. 埃及(애급) 이집트(Egypt)의 한자 음역(音譯). 예). 出埃及記	塵埃 진애

義 옳을 의	손(手)에 무기(戈 창 과)를 들고 양(羊 = 羊)을 지키는데서 정의(正義), 의리(義理) 또한 이 같은 옳은 뜻.	❷ 羊 ❶ 13획 義士 의사 義務 의무
儀 人 바르게 행할 의	사람(亻)이 해야 할 **바른(義) 행동** 양식.	禮儀 예의 祝儀 축의
議 言 의논할 의	토론(言)을 통하여 좋은(義) 방향으로 이끈다는 데서 **토의(討議)하다**, **의논(議論)하다**는 뜻.	議員 의원 會議 회의
蟻 虫 개미 의	곤충(虫 벌레 충) 중 의리(義)가 강한 **개미**. 堤潰蟻穴 큰 방죽도 개미구멍으로 무너진다. 사소한 결함이라도 곧 손쓰지 않으면 큰 재난을 당한다는 뜻.　　　　　　　堤 둑 제 ∣ 潰 무너질 궤	堤潰蟻穴 제궤의혈

意 뜻 의	소리(音 소리 음)내어 마음(心)의 생각을 나타내는 뜻.	❷ 心 ❶ 13획 意見 의견 意思 의사
億 人 억 억	사람(人)의 뜻(意)처럼 헤아릴 수 없이 큰 수인 **억**. 劫(오랜세월 겁) 불교에서, 하늘과 땅이 한 번 개벽할 때부터 다음 개벽할 때까지의 동안. 매우 길고 오랜 시간.	億劫 억겁 億兆蒼生 억조창생
憶 心 생각할 억	마음(忄)에 품은 뜻(意)을 잊지 않고 **생각하다**.	記憶 기억 追憶 추억
臆 肉 생각 억	몸(月)에서 뜻(意)을 품은 가슴. 가슴으로 하는 **생각**.	臆測 억측

疑 의심할 의	비수(匕 비수 비)・화살(矢 화살 시)・창(矛 창 모) 을 지니고 다니니(疋 발 소) 의심함.	❍ 疋 ❶ 14획 疑問 의문 疑惑 의혹
凝 엉길 응	추워지면 의심할(疑) 여지없이 물이 엉기어 얼음 빙(冫 얼음 빙)이 된다는 데서 **엉기다. 굳어지다.**	凝結 응결 凝固 응고
擬 흉내낼 의	손재주(扌)를 부려 의심치(疑) 않을 정도로 **흉내내다.**	擬態語 의태어
夷 오랑캐 이	큰(大) 활(弓 활 궁)을 가지고 다니는 오랑캐. **以夷制夷** 오랑캐를 이용하여 오랑캐를 친다는 데서, 한 세력을 이용하여 다른 세력을 제압(制壓)함.	❍ 大 ❶ 6획 東夷 동이 以夷制夷 이이제이
姨 이모 이	어머니(女)와 무리진(夷 오랑캐무리 이) **이모.**	姨母 이모
痍 상처 이	오랑캐 (夷)와 싸우다 다쳐(疒 병질 녁) 생긴 **상처.**	傷痍 상이
以 써 이	사람(人)이 쟁기를 써서 밭을 가는 모양에서 **써이.**	❍ 人 ❶ 5획 以心傳心 이심전심
似 닮을 사	사람(亻)이 쟁기를 써서(以) 밭가는 모습이 서로 **닮았다.**　　　　　　　　　 而 그러나 이 似而非 닮아 보이지만 같지 않음.	類似 유사 似而非 사이비

益 더할 익	그릇(皿 그릇 명) 위에 음식을 쌓고(八) 또 (一) 쌓아(八) 넘치는 모양에서 더하다.	◎ 皿 ❶ 10획 有益 유익 利益 이익
溢 水 넘칠 일	물(氵)이 더하고(益) 더해져 **넘치다**.	海溢 해일
隘 阜 좁을 애	언덕(阝)이 여러 번 더해져(益) 있으니 길이 **좁다**.	隘路 애로

刃 칼날 인	칼(刀 칼 도)에서 빛나는(丶 불똥 주) 부분인 칼날.	◎ 刀 ❶ 3획 刃傷 인상 兵刃 병인
忍 心 참을 인	칼날(刃) 같은 무서움도 강한 마음(心)으로 **참다**. 칼날(刃)로 사람의 마음(心)을 겁주니 **잔인하다**.	忍耐 인내 殘忍 잔인
認 言 인정할 인	말(言)을 참고(忍) 들어 그 내용을 **인정하다**.	認可 인가 認定 인정
梁 木 들보 량	물(氵)로 이쪽저쪽(丿丶)으로 나누어진(刀) 길을 나무(木)로 연결한 **다리**. 梁上君子 들보 위에 있는 도둑을 점잖게 이르는 말.	橋梁 교량 梁上君子 양상군자

引 당길 인	활(弓 활 궁)에 화살(丨)을 메어 당기다.	◎ 弓 ❶ 4획 引力 인력 引導 인도
靷 革 가슴걸이 인	가죽(革)으로 된 끈을 가슴에 걸고 당기는(引) **가슴걸이**.	發靷 발인

因 인할 인	에워싼(囗 에워쌀 위) 큰(大) 울타리에 의지하다. 이로 인하여 서로 인연(因緣) 맺고 산다는 데서 인할 인.	◎ 囗 ❶ 6획 因襲 인습 原因 원인
恩 心 은혜 은	의지하며(因) 사람에게 마음(心)으로부터 고마운 은혜.	恩師 은사 恩功 은공
姻 女 혼인할 인	여자(女)가 의지할만한(因) 사람과 **혼인하다**.	婚姻 혼인 姻戚 인척
寅 범 인	집(宀 집 면) 한(一) 쪽에서 기르는 가축으로 말미암아(由 말미 암을 유) 사방팔방(八)으로 어슬렁거리는 범. 셋째 지지(地支).	◎ 宀 ❶ 11획 寅時 인시 丙寅 병인
演 水 꾸밀 연	범(寅)이 눈물(氵) 흘리는 것은 **꾸민** 것이라는 데서 잘 꾸미기 위하여 열심히 **익히다. 행하다**.	演技 연기 演說 연설
壬 북방 임	삐져나가듯(丿 삐침 별), 즉 배반할 것 같지 않은 선비(士)에게 책임 지워 맡긴 곳이 북방의 경계이다 에서 나온 글자.	◎ 士 ❶ 4획 壬辰倭亂 임진왜란
任 人 맡길 임	지략(智略)이 뛰어난 사람(亻)에게 북방(壬) 경계 임무를 **맡기다**.	任務 임무 責任 책임
賃 貝 품삯 임 빌릴 임	맡은(任) 일을 한 후 받는(貝) 품삯. 맡기고(任) 재물(貝)을 **빌림**.	賃金 임금 賃貸 임대
淫 水 음란할 음	물가(氵)에서 손(爫)을 펴(丿) 선비(士)를 만지는 모양에서 **음란하다**.	淫亂 음란 淫談 음담
聖 耳 성인 성	귀(耳) 밝고 옳은 말(口)을 하며 몸가짐이 바른(壬) **성인**.	聖書 성서 聖母 성모

者 사람 자	늙으면(耂) 백발(白 흰 백)이 되어 죽는 모든 사람.	◎ 耂 ❶ 9획 筆者 필자 學者 학자
暑 日 더울 서	해(日)가 사람(者) 머리 위에 가까이 있으니 **덥다**.	炎暑 염서 避暑 피서
著 艹 지을 저 나타날 저	초목(艹)에 사람(者)이 시나 글 따위를 짓다. 이름이 알려져 **나타나다**.	著書 저서 著名 저명
都 邑 도읍 도	사람(者)이 많이 사는 고을(阝 고을 읍)인 **도읍**.	首都 수도 都心 도심
緖 糸 실마리 서	실(糸)을 사람(者)이 다룰 때 처음 잡는 실 끝인 **실마리**.	頭緖 두서 端緖 단서
諸 言 모두 제	말(言)은 모든 사람(者)이 한다는 데서 **모두**.	諸君 제군 諸島 제도
丈 어른 장	'大'의 변형으로 지팡이(乀)를 짚는 어른. 길이 단위로 10척(尺).	◎ 一 ❶ 3획 丈母 장모 丈夫 장부
壯 씩씩할 장	긴 널빤지(爿 너널빤지 장) 같이 몸이 크고 선비(士)와 같은 기상을 지닌 장사(壯士)·장정(壯丁)의 씩씩함.	◎ 士 ❶ 7획 壯元 장원 壯觀 장관
裝 衣 꾸밀 장	천이나 옷(衣 옷 의)으로 보기 좋게(壯) **꾸민다**.	裝飾 장식 裝置 장치
莊 艹 뛰어날 장	초목(艹)이 장관(壯)을 이뤄, 보기가 **뛰어나다**.	別莊 별장 莊嚴 장엄

爵 벼슬 작	손(爫 손톱 조)으로 그물(罒 그물 망)처럼 음식(食의 축약)을 펼쳐 놓고 법도(寸 법도 촌) 있게 제사 지내는 벼슬.	❷ 爪 ❶ 18획 爵位 작위 公爵 공작
章 글 장	소리(音 소리 음) 열(十) 마디를 한 문장으로 읽기 좋게 만든 글. 글 대신하는 문양(文樣).	❷ 立 ❶ 9획 文章 문장 印章 인장
障阜 막을 장	언덕(阝)에 글(章)을 써 붙여 출입을 막는다.	障害 장해 障壁 장벽
璋玉 홀 장	옥(王)에 글(章)을 써 넣은 홀(笏 : 벼슬아치가 조복에 갖추어 손에 쥐던 물건). 弄璋之慶 아들 낳은 경사로 구슬(璋)을 줌. 弄瓦之慶 딸 낳은 경사. 옛 중국에서 딸 낳으면 장난감(弄)으로 실패(瓦)를 줌. 瓦 기와, 실패 와	弄璋之慶 농장지경
彰彡 밝힐 창	글(章)을 붓(彡)으로 잘 써서 세상에 밝힌다.	表彰 표창
藏 감출 장	풀(艹)로 곡식을 덮어(臧 숨길 장) 감추어 둔다 하여 감출 장.	❷ 艹 ❶ 18획 貯藏 저장 冷藏 냉장
臟肉 오장 장	신체(月=肉) 중 중요하여 몸속에 감춰져(藏) 있는 오장(五臟)	臟器 장기 心臟 심장
欌木 장롱 장	나무(木)로 만들어 물건 보관하는(藏) 장롱.	册欌 책장
贓貝 장물 장	재물(貝) 중 숨겨(藏 숨길 장) 놓고 거래하는 장물.	贓品 장품 贓物 장물

才 재주 재	손가락 열(十) 개로 사물(丿)을 다루는 모양(模樣)에서 손으로는 여러 일을 한다는 데서 재주의 뜻.	❍ 手　❶ 3획 才能 재능 秀才 수재
材 木 재목 재	나무(木)로는 여러 재주(才)를 부릴 수 있어 좋은 **재목**임.	材料 재료 材質 재질
財 貝 재물 재	돈(貝)으로 여러 재주(才)를 부려 만든 **재물**(財物).	財産 재산 財閥 재벌
爭 다툴 쟁	손(크 손 계)의 손톱(爫 손톱 조)을 갈고리(亅 갈고리 궐)처럼 하여 싸우다.	❍ 爪　❶ 8획 言爭 언쟁 爭取 쟁취
淨 水 깨끗할 정	물(氵)이 다투듯(爭) 흘러가면서 **깨끗해진다**.	淨水 정수 淨化 정화
靜 靑 고요할 정	푸르러(靑) 풍요롭고, 다툼(爭) 없어 안정(安靜)되 **조용하다**.	靜寂 정적 靜淑 정숙
錚 金 쇳소리 쟁	금속(金)이 부딪치는(爭) 소리에서 **쇳소리**의 뜻. 정계(政界)에서 내노라 하는 쟁쟁(錚錚)한 인물.	錚盤 쟁반
諍 言 간할 쟁	말(言)로 다투듯(爭) 매섭게 상대에게 **간하다**.	諍臣 쟁신 諍友 쟁우
琤 玉 옥소리 쟁	옥(玉)이 부딪칠(爭) 때 나는 맑고 깨끗한 **옥소리**. 돌아가신 아버지의 말씀이 귀에 쟁쟁(琤琤)하다.	琤琤 쟁쟁

前 앞 전	우두머리(首 머리 수의 획 줄임)가 몸(月←肉)에 칼(刂)을 차고 앞장서서 나가는 데서 앞의 뜻.	○ 刀 ● 9획 前進 전진 前後 전후
剪 刀 자를 전	앞(前)으로 밀고나가며 칼(刀)로 **자르다**.	剪枝 전지
煎 火 달일 전	먹기 전(前)에 먹기에 좋게 불(灬)로 **달인다**.	煎茶 전다
箭 竹 화살 전	대(竹)로 만든 활로 쏘면 앞(前)으로 나가는 **화살**.	折箭 절전

專 오로지 전	실 뽑는 물레를 손(寸)으로 한 방향으로만 돌리는 데서 오로지.	○ 寸 ● 11획 專攻 전공 專門 전문
傳 人 전할 전	사람(亻)이 돌아다니며(專) 소식을 **전하다**.	傳達 전달 傳統 전통
轉 車 구를 전	수레(車)의 바퀴가 물레가 돌듯이(專) **구른다**.	回轉 회전 轉業 전업
團 口 둥글 단	울타리(口) 안에서 오로지(專) **둥글게 뭉치다**.	團體 단체 團結 단결
惠 心 은혜 혜	도는 물레처럼 마음(心)으로부터 돌려주는 **은혜**.	恩惠 은혜 惠澤 혜택
塼 土 벽돌 전	흙(土)으로만 오로지(專) 만든 **벽돌**.	塼築墳 전축분

展 펼 전	죽은(尸 주검 시) 사람의 많은(十) 물건이나 옷(衣 옷 의)을 펼쳐 보인다는 데서 **펴다**.	◐ 尸 ❶ 10획 展示 전시 發展 발전
殿 殳 대궐 전	죽을(尸 주검 시) 각오로 함께(共 함께 공) 창(殳 창 수)을 들고 지키는 **대궐**(大闕).	宮殿 궁전 御殿 어전
澱 水 앙금 전	물(氵)을 대궐(殿)처럼 큰 그릇에 담아 놓으면 가라앉아 생기는 **앙금**.	澱粉 전분

折 꺾을 절	손(扌) 도끼(斤)로 나무 등을 쳐서 **꺾는다**.	◐ 手 ❶ 7획 屈折 굴절 折半 절반
哲 口 밝을 철	딱 부러지게(折) 말한다(口) 하여 사리에 **밝다**.	名哲 명철 哲學 철학
誓 言 맹세할 서	증표로 화살을 꺾으며(折) 말(言)로 **맹세하다**.	盟誓 맹서 誓約 서약
逝 辶 갈 서	생명이 꺾여(折) 영영 갔다(辶 갈 착) 하여 **죽다**.	逝去 서거
析 木 쪼갤 석	나무(木)를 도끼(斤 도끼 근)로 **쪼개다**.	分析 분석
晳 日 밝을 석	분석(析)해 해결하는 능력이 해(日)처럼 **밝다**.	明晳 명석

占 점칠 **점** 차지할 **점**	점(卜 점 복)친 후 말하는(口) 모양에서 점치다. 점령한 땅(口)에 깃발(卜) 꽂은 모양에서 차지하다.	❷ 卜 ❶ 5획 占術 점술 占領 점령
店 广 가게 **점**	한 쪽을 터놓은 집(广 터진집 엄)에 팔 물건을 차려 놓은(占 차지할 점) **가게**. 鋪 가게 포	店鋪 점포 商店 상점
點 黑 점 **점** 점찍을 **점**	검은(黑) 먹물로 표시한다(占 차지할 점)는 데서 점 또는 **점찍다**는 뜻.	點檢 점검 汚點 오점
粘 米 끈끈할 **점**	쌀풀(米 쌀 미)은 달라붙으니(占) 끈끈하다.	粘液 점액

呈 드릴 **정**	입(口)에 맞는 음식을 서서(壬) 드리다. 壬 갓(丿) 쓴 선비(士)가 바르게 서 있는 모양.	❷ 口 ❶ 7획 贈呈 증정 謹呈 근정
程 禾 법 **정**	세금으로 벼(禾)를 얼마나 드릴지(呈) 정한 **법**. 볏단(禾) 네모(口) 반듯하게(壬) 쌓듯 일 해나가는 **과정**.	規程 규정 程度 정도 科程 과정

貞 곧을 **정**	점을(卜 점 복) 친 대가로 재물(貝)을 받고, 점의 내용을 정직하게 말한다 하여 곧다.	❷ 貝 ❶ 9획 貞操 정조 童貞 동정
偵 人 염탐할 **정**	사람(亻)이 곧은지(貞)를 몰래 **염탐(廉探)하다**.	偵察 정찰
幀 巾 족자 **정**	베(巾)를 곧게(貞) 틀에 고정 후 그린 **그림족자**.	影幀 영정

丁 장정 정	팔 펴고 있는 장정(壯丁). 또는 넷째 천간(天干). ●- ❶2획	丙丁 병정
頂頁 정수리 정	사람(丁)의 머리(頁 머리 혈)라는 데서 **정수리**, 또는 사물의 **꼭대기**.	頂上 정상 頂點 정점
訂言 고칠 정	말(言)을 잘못해서 장정(丁)이 바르게 **고친다**는 뜻.	訂正 정정 改訂 개정
亭亠 정자 정	높게(高), 사람(丁)이 쉬어가도록 만든 **정자(亭子)**.	料亭 요정 八角亭 팔각정
停人 멈출 정	사람(亻)이 정자(亭)에서 **잠깐 멈춤**.	停止 정지 停電 정전
打手 칠 타	손(扌)으로 장정(丁)이 **치다**. 率 비율 률	打率 타율
貯貝 쌓을 저	재물(貝)을 집(宀 집 면)안의 장정(丁)이 열심히 일하여 **쌓는다**.	貯蓄 저축 貯金 저금
寧宀 편안할 녕	집(宀) 그릇(皿 그릇 혁)에 가득 음식 먹는 장정(丁)의 마음(心)이 **편안하다**.	安寧 안녕 康寧 강녕
町田 밭두둑 정	丁(정)자형으로 각진 **밭(田)두둑**. 넓이의 단위.	町步 정보
釘金 못 정	쇠(金)로 만든 대가리가 큰 '丁' 자 모양의 **못**.	押釘 압정

正 바를 정	두 발(止 그칠 지)을 한데(一) 모아 바르게 서 있는 모양.	❷止 ❶5획 正義 정의 正直 정직
政 攵 다스릴 정	바르고(正) 좋게 고쳐서(攵 칠 복) **다스리다**.	政治 정치 政黨 정당
整 攵 가지런할 정	묶기(束 묶을 속) 좋게 다듬어(攵) 바르게(正) **가지런히 하다**.	整理 정리 整備 정비
定 宀 정할 정	지붕(宀) 아래(下) 사람(人)이 거처를 **정하고** 산다는 데서 정할 정.	定着 정착 定價 정가
碇 石 닻 정	돌(石)에 줄을 매어 배가 머물도록(定) 물 속에 내리는 **닻**.	碇泊 정박
錠 金 덩이 정	쇠(金)처럼 단단하고 둥글게 고정시킨(定) **덩이**.	錠劑 정제
廷 조정 정	갓(丿) 쓴 선비(士)가 길게(廴 길게걸을 인) 늘어서서 정사(政事)를 논하는 조정(朝廷).	❷廴 ❶7획 法廷 법정 開廷 개정
庭 广 뜰 정	집(广 집 엄) 안에 있는 조정(廷) 같이 넓은 **뜰**.	庭園 정원 庭訓 정훈
艇 舟 거룻배 정	배(舟) 폭이 좁고 길어 곧게(廷) 생긴 **거룻배**. 廷 조정에 신하들이 길게 늘어 서 있는 모양에서…	艦艇 함정 漕艇 조정
挺 扌 나아갈 정	조정(廷)에서 **뽑으니**(扌) 앞으로 **나아간다**. 挺身隊 솔선하여 앞장서 나아가는 부대.	挺身隊 정신대

制 제도 **제**	소(牛 소 우)를 잡을(刂) 때에도 일정한 법도가 있고 천(巾 수건 건)을 마름질(刂) 할 때도 일정한 방식이 있듯이 잘 다듬어서 만든 규정이나 제도(制度).	● 刀 ● 8획 統制 통제 規制 규제
製 衣 만들 **제**	천을 잘 다듬어(制) 옷(衤 옷 의)을 **만들다**.	製品 제품 製造 제조

弟 아우 **제**	두 갈래(丫 두갈래 아)로 나누어 활(弓)을 쏜 결과 과녁을 빗나간(丿 삐침 별) 사람이 아우·제자가 됨.	● 弓 ● 7획 兄弟 형제 師弟 사제
第 竹 차례 **제**	대(⺮)의 마디처럼 형 아우(弟)로 이어지는 **차례**.	第一 제일 及第 급제
悌 心 공경할 **제**	마음(忄)으로부터 아우(弟)가 형을 **공경하다**.	孝悌 효제

帝 제왕 **제**	면류관을 쓰고(立의 변형) 곤룡포(巾)를 입고 있는 제왕.	● 巾 ● 9획 皇帝 황제 帝國 제국
蹄 足 발굽 **제**	발(足)을, 제왕(帝)이 관을 쓰듯 덮고 있는 **발굽**.	口蹄疫 구제역
締 糸 맺을 **체**	실(糸) 묶듯 제왕(帝)이 계약이나 조약을 **맺다**.	締結 체결
諦 言 살필 **체**	말(言)하는 제왕(帝)의 참 뜻을 잘 **살핀다**.	諦念 체념

祭 제사 제	고기(月=肉)를 손(又 손 우)으로 제단(示 제단 시)에 올려놓고 지내는 제사.	● 示 ● 11획 祭祀 제사 祭需 제수
際 阜 사귈 제	언덕(阝)에서 제사(祭) 지낸 신들과 잘 **사귐**.	交際 교제 國際 국제
察 宀 살필 찰	집(宀)에서 제사(祭) 지낼 음식을 잘 **살피다**.	視察 시찰 警察 경찰
擦 手 문지를 찰	손(扌)으로 살펴(察) 보며 무언가를 **문지르다**.	摩擦 마찰 擦過傷 찰과상

朝 아침 조	서녘으로 달질(月) 때 나뭇가지(十十) 사이로 떠오르는 해(日)의 모양에서 아침.	● 月 ● 12획 朝夕 조석 朝刊 조간
潮 水 조수 조	아침(朝)저녁으로 들고나는 바닷물(氵)인 **조수(潮水)**.	潮流 조류 干潮 간조
廟 广 사당 묘	조상(祖上)님의 신주(神主)를 모시고 아침(朝)마다 참배(參拜)드리는 집(广)인 **사당(祠堂)**. 宗廟 조선 역대 임금과 왕비의 위패(位牌)를 모시던 왕실의 사당(祠堂).	宗廟 종묘 廟堂 묘당
嘲 口 비웃을 조	입(口)으로 아침(朝)부터 떠들면 남들이 **비웃는다**.	自嘲 자조 嘲弄 조롱

兆 조짐 조 억조 조	점치기 위해 거북 껍질을 태워 갈라진 금의 모양을 보고 길흉(吉凶)을 가린다는 데서 조짐(兆朕)의 뜻. 수 없이 많은 금에서 많은 수(數)를 나타내는 조.	儿 ❶6획 吉兆 길조 亡兆 망조 億兆 억조
桃 木 복숭아 도	나무(木) 열매의 씨가 금이 많은(兆) **복숭아**.	桃色 도색 桃源 도원
逃 辶 달아날 도	여러 갈래(兆)의 길로 멀리(辶 갈 착) **달아나다**.	逃亡 도망 逃避 도피
挑 手 건드릴 도	손(扌)으로 여러(兆) 번에 걸쳐 **건드리다**.	挑戰 도전 挑發 도발
跳 足 뛸 도	발(足 발 족)을 여러(兆) 번 굴려 **뛴다**. 躍 뛸 약	跳躍 도약
眺 目 멀리볼 조	눈(目)으로 많이(兆) 떨어진 곳을 **멀리 바라보다**.	眺望 조망
窕 宀 그윽할 조	여러(兆) 갈래로 난 동굴(穴 구멍 혈)이 깊고 조용하여 **그윽하다**.	窈窕淑女 요조숙녀
宗 으뜸 종	집(宀 집 면)에서 제사(示 제단 시)를 모시는 으뜸가는 종가(宗家). 또는 교파(敎派).	宀 ❶8획 宗孫 종손 宗敎 종교
崇 山 받들 숭	산(山)처럼 높은 종가(宗)를 **받들다**.	崇拜 숭배 崇尙 숭상
綜 糸 모을 종	실(糸)이 모여 베가 되듯 종가(宗)에 **모으다**.	綜合 종합

從 따를 종	걸어서(彳 걸을 척) 두 사람(人人)이 점(卜 점 복) 치는 사람(人)의 뒤를 따라 **좇아가다, 따르다**.	❍ 彳 ❶ 11획 從軍 종군 從屬 종속
縱 糸 세로 종	베 짤 때 날실(糸)이 아래로 줄줄이(從) 늘어져 있는 모양에서 **세로**를 뜻한 자.	縱橫 종횡 縱斷 종단
慫 心 권할 종	좋은 일에 따를(從) 마음(心)이 들도록 **권한다**.	慫慂 종용

坐 앉을 좌	두 사람(人人)이 땅(土)에 앉은 모양.	❍ 土 ❶ 7획 坐禪 좌선
座 广 자리 좌	집(广 집 엄)에 사람이 앉는(坐) **자리**.	座席 좌석 座談 좌담
挫 手 꺾을 좌	손(扌)으로 사람을 눌러 앉히는(坐) 데서 **꺾다**.	挫折 좌절

州 고을 주	내(川 내 천) 근처에 형성된(丶) 고을.	❍ 川 ❶ 6획 慶州 경주 光州 광주
洲 水 섬 주	물(氵)로 둘러싸여 있는 고을(州)이라는 데서 **큰 섬**. 물에 떠내려온 흙·모래로 이루어진 땅(洲)인 **삼각주**.	濠洲 호주 三角洲 삼각주

主 주인 주		등잔불이나 촛불(丶)이 타오르는 모양. 이처럼 방 안을 밝혀주는 불이 중심이 되듯, 가정에서 중심이 되는 주인(主人)이라는 데서 주되다, 우두머리, 주체(主體) 또는 하늘님의 칭호(稱號)로 쓰는 글자.	丶 ❶5획 主客 주객 主題 주제 天主 천주
住	人 살 주	사람(亻)이 주인(主)이 되어 머물러 **살다**.	住所 주소 住民 주민
注	水 물댈 주	물(氵)을 주류(主流)에서 끌어서 **댄다**. 射 쏠 사	注射 주사 注油 주유
柱	木 기둥 주	나무(木)로 된 집을 지탱하는 주(主)가 되는 **기둥**.	電柱 전주 四柱 사주
朱 붉을 주		사람(ㅓ)이 벤 소나무(木)가지 부분이 붉음.	木 ❶6획 朱紅 주홍 朱丹 주단
株	木 그루터기 주	나무(木)를 베고(朱) 남은 **그루터기. 나누다**.	柱式 주식 守株待兎 수주대토
珠	玉 구슬 주	옥(王=玉) 중 붉은(朱) 구슬. 일반적인 **구슬**.	眞珠 진주 念珠 염주
殊	歹 다를 수	죽을(歹) 때 붉은(朱) 피를 보게 하니 **다르다**. 勳 공 훈	殊勳 수훈 特殊 특수
誅	言 벨 주	말(言)로 꾸짖으며 붉은(朱) 피를 보며 **베어 죽이다**.	苛斂誅求 가렴주구

周 두루 주	입(口)은 여러 용도(用 쓸 용)로 쓴다 하여 **두루**. 주나라.	❏ 口 ❶ 8획 周圍 주위 周邊 주변
週 辶 돌 주	두루(周) 한 바퀴 돌았다(辶 멀리갈 착)는 데서 **돌다**.	一週 일주 週末 주말
調 言 고를 조	말(言)을 두루(周) 조화(調和) 있게 한다는 데서 **고르다**.	調和 조화 調節 조절
中 가운데 중	사물(口)의 중심을 뚫은(丨)모양에서 중심.	❏ 丨 ❶ 4획 中心 중심 中央 중앙
仲 亻 중개할 중	사람(亻) 가운데(中)에 서서 **중개(仲介)하다**. 버금.	仲媒 중매
重 무거울 중	매일 천(千) 번 이상 거듭하는 삽질로 마을(里) 사람들의 몸이 무겁지만 농사는 중요(重要)하다.	❏ 里 ❶ 9획 重複 중복 過重 과중
動 力 움직일 동	무거운(重 무거울 중) 것을 힘(力)으로 **움직이다**.	動力 동력 動亂 동란
種 禾 씨앗 종	곡식(禾) 중 무거워(重) 물에 가라앉는 **씨앗**. 파종은 잘 여물어 무거운 것을 골라서 함. 播 뿌릴 파	種子 종자 播種 파종
鍾 金 쇠북 종	쇠(金)로 만든 크고 무거운(重) **쇠북**.	鐘閣 종각 警鐘 경종

卽 곧 즉	흰(白) 쌀밥을 수저(匕 수저 비)로 서서(卩무릎 절) 바로 먹는 데서 곧의 뜻. 먹은 후 힘있게 나아간다.	❶ 卩 ❶ 9획 卽時 즉시 卽位 즉위
節 竹 마디 절	대나무(⺮)가 자라 나아감(卽 나아갈 즉)에 따라 생기는 마디. 마디처럼 구분된 행동인 **절도, 절약**.	節度 절도 節約 절약 節次 절차
範 竹 법 범	대나무(⺮) 틀 수레(車)에 죄인을 무릎 꿇려서(卩 마디 절) 압송하며 본보기로 보여주는 **법**.	示範 시범 模範 모범
曾 거듭 증	갈라지(八) 입(口)에서 거듭 나오는 작은(小) 말들이 모여 긴 말(曰)이 된다는 데서 거듭.	❶ 曰 ❶ 12획 曾祖 증조 曾孫 증손
增 土 더할 증	흙(土)을 거듭(曾)해서 쌓는다 하여 **더하다**.	增加 증가 增資 증자
憎 心 미워할 증	섭섭한 마음(忄)이 거듭(曾) 쌓여 **미워하다**.	憎惡 증오 愛憎 애증
贈 貝 줄 증	재물(貝)을 잘 하라고 거듭(曾)하여 **주다**.	贈呈 증정 贈與 증여
僧 人 중 승	사람(亻) 중에서 거듭(曾)하여 수행(修行)하는 **중**. 比丘僧 독신(獨身)으로 불도를 닦는 중. 帶妻僧 살림을 차리고 아내와 가족(家族)을 거느린 중.	比丘僧 비구승 帶妻僧 대처승
層 尸 층 층	집(尸←戶 집 호) 위에 집을 거듭(曾) 지어서 된 **층**.	層階 층계 深層 심층

至 이를 지	한(一) 마리 새 발(厹 새발자국 유)이 땅(土)에 이르다.	❶ 至 ❷ 6획 至尊 지존 至極 지극
到 刀 이를 도	무사히 목적지에 이르기(至) 위하여 칼(刂)을 지니고 가 안전하게 목적지에 **이르다**.	到着 도착 到達 도달
倒 人 넘어질 도	많은 사람(亻)들이 목표에 이르기(到) 전에 좌절(挫折)하거나 실패(失敗)로 **넘어진다**.	倒産 도산 卒倒 졸도
室 宀 방 실	집(宀 집 면)에 사람이 머물(至)도록 만든 **방**.	敎室 교실 浴室 욕실
屋 尸 집 옥	지붕(尸)이 있어 머물러(至) 쉴 수 있는 **집**.	洋屋 양옥 社屋 사옥
姪 女 조카 질	형수·제수의 딸(女)로 세상에 이른(至) **조카**.	姪女 질녀 甥姪 생질
臺 至 무대 대	좋게(吉좋을 길) 덮어서(冖 덮을 멱) 바닥에서 어느 높이까지 이르게(至) 만든 **높은 대. 무대**. 下石上臺 아랫돌을 빼서 윗돌을 괸다. 즉 임시변통으로 이리저리 둘러맞춤. 또는 일의 효과가 없음.	臺詞 대사 下石上臺 하석상대
握 手 쥘 악	손(扌)에 집안(屋 집 옥) 일을 쥐다. **장악하다**.	握手 악수
桎 木 차꼬 질	나무(木)로, 더 이상 나쁜 짓에 이르지(至) 못하게 만든 **차꼬**.	桎梏 질곡
窒 宀 막힐 질	구멍(穴 구멍 혈)에 무언가가 이르러(至) **막히다**.	窒息 질식

旨 맛 지 뜻 지	비수(匕 비수 비)로, 햇볕(日)에 잘 익은 과일을 잘라 보는 맛. 말이 맛나는 것은 그 속에 뜻이 들어있기에 뜻 지.	◎ 日 ❶ 9획 甘旨 감지 趣旨 취지
指 扌 손가락 지	손(扌)에서 맛(旨)을 볼 때 쓰는 **손가락**. 손가락으로 **가리키다**.	藥指 약지 指摘 지적
脂 肉 기름 지	고기(月=肉)의 맛(旨)을 더해주는 **기름**.	脂肪 지방 脫脂 탈지
直 곧을 직	열(十) 번을 보아도 바라보는 눈(目)이 상하(丨) 좌우(一)로 똑바로 움직이니 곧다.	◎ 目 ❶ 8획 直線 직선 率直 솔직
植 木 심을 식	나무(木)를 바로(直) 세워 **심는다**. 〔移 옮길 이〕	植木 식목 移植 이식
置 罒 둘 치	그물(罒 그물 망)을 똑바로(直) 쳐 **둔다**.	設置 설치 放置 방치
値 人 값 치	사람(亻)이 바르게(直) 매긴 물건의 **값**.	價値 가치 數値 수치
德 彳 바르게 행할 덕	행실(彳)을 바른(直) 마음(心) 가짐으로 **행하다**.	德行 덕행 道德 도덕
殖 歹 불어날 식	뿌린 씨앗이 죽어(歹) 썩은 자리에서 곧게(直) 나와 자라 **불어나다**.	增殖 증식

眞 참 진	비수(匕 비수 비)와 같은 예리한 눈(目)으로 상하(	) 좌우(一) 사방팔방(八)으로 보아도 빠짐없어 **참하다**.	❍ 目 ❶ 10획 眞實 진실 眞理 진리
鎭 金 누를 진	쇠(金) 같이 묵직하고, 참되게(眞) 마음을 **진정시키다**.	鎭靜 진정 鎭壓 진압
愼 心 삼갈 신	마음(忄)을 참되게(眞) 가져 언행을 **삼가다**.	愼重 신중 勤愼 근신
塡 土 채울 전	흙(土)으로 빠짐없이 속을 꽉 차게(眞) **채우다**.	充塡 충전
顚 頁 넘어질 전	제대로(眞) 머리(頁)를 땅에 받아다 하여 **넘어지다**.	顚覆 전복
辰 때 신 별 진	조개가 입을 벌려 움직이는 모양으로, 이 때 농사철 (봄)을 알리는 전갈자리별이 나타나는 데서 나온 자. **다섯번째 지지(地支)인 용**.	❍ 辰 ❶ 7획 日月星辰 일월성신
振 手 떨칠 진	일손(扌) 바쁜 농사철(辰)에 만물이 번성한다 하여 **떨치다**. 떨치고 일어나다.	振興 진흥 不振 부진
震 雨 벼락 진	비(雨) 올 때(辰) 치는 **벼락**. 벼락에 의하여 천지가 **진동하다**.	震怒 진노 地震 지진
晨 日 새벽 신	해(日)가 나오고 별(辰)이 들어가는 **새벽**.	昏定晨省 혼정신성
脣 肉 입술 순	조개(辰)처럼 신체(月) 중, 여닫는 부분인 **입술**.	脣亡齒寒 순망치한

徵 부를 징	작아도(微 작을 미의 줄임) 뛰어나면 왕(王)이 부른다.	◎ 彳 ❶ 15획 徵兵 징병 徵收 징수
懲 心 혼낼 징	불러(徵) 마음(心) 따끔하도록 **혼낸다**.	懲戒 징계 懲役 징역

此 이 차	멈추어(止 그칠 지) 비수(匕 비수 비)를 들고 있는 지금의 어려운 이 상황, 이쪽의 현실에서...	◎ 止 ❶ 6획 此後 차후 彼此 피차
紫 糸 자주빛 자	이(此) 세상에서 가장 고운 실(糸)색인 **자주빛**.	紫桃 자도 紫外 자외
雌 隹 암컷 자	수컷 옆에 있는 이(此) 새(隹 새 추)가 **암컷**.	雌雄 자웅

次 다음 차	설렁(冫 찰 빙)하게 하품(欠 하품 흠)하면 뒤진다 하여 다음.	◎ 欠 ❶ 6획 次席 차석 次例 차례
資 貝 재물 자	목숨 다음(次) 가는 것은 돈이나 **재물**(貝)이다.	資産 자산 資本 자본
姿 女 맵시 자	인물 다음(次)으로 중요한 여자(女)의 **맵시**.	姿態 자태 姿勢 자세
恣 心 방자할 자	상대방을 자기 다음(次)이라 여기는 마음(心)이 **방자하다**.	放恣 방자 恣行 자행
諮 言 물을 자	하고 싶은 말(言) 즉 의견을 차례(次)로 **물음**(口).	諮問委員 자문위원

且 또 차	제기(祭器) 위에 음식(飮食)을 쌓은 모양에서 또. 여러 개를 겹쳐 쌓은 모양에서 많다는 뜻으로 쓰임.	◐ - ❶ 5획 且置 차치 苟且 구차
助 力 도울 조	많은(且) 어려운 일에 힘(力)을 보태어 **돕다**.	助言 조언 援助 원조
祖 示 조상 조	제단(示)에 음식 쌓아(且) 놓고 제사지내는 **조상**.	祖父 조부 先祖 선조
組 糸 짤 조	실(糸) 여러(且) 개를 겹쳐서 베를 **짜다**. 織 짤 직	組織 조직 組立 조립
租 禾 세금 조	벼(禾) 쌓아(且) 놓은 것 중 일부를 바치는 **세금**.	租稅 조세 租借 조차
査 木 조사할 사	나무(木) 나이테(且)를 보고 나이를 **조사하다**.	査察 사찰 探査 탐사
宜 宀 마땅할 의	집(宀)안 제사는 음식을 많이(且) 차려 놓고 지냄이 **마땅하다**.	宜當 의당 便宜 편의
誼 言 의좋을 의	상대의 말(言)을 마땅히(宜) 잘 들어주어야 사이가 **좋아진다**.	友誼 우의
沮 水 막을 저	물(氵)이 넘치는 것을 둑을 높이(且) 쌓아 **막는다**.	沮害 저해
咀 口 씹을 저	입(口)을 많이(且) 움직여 **씹다**. 嚼 씹을 작	咀嚼 저작
狙 犬 엿볼 저	짐승(犭)이 높은(且) 은폐물에 숨어서 먹잇감을 **엿보다**.	狙擊 저격

贊 도울 찬	먼저(先 먼저 선) 재물(貝)을 내어 돕다.	❍ 貝 ❶ 19획 贊成 찬성 贊助 찬조
讚 言 칭찬할 찬	말(言)로 도움(贊)이 되도록 칭찬(稱讚)하다.	讚頌 찬송 讚揚 찬양

斬 벨 참	여러 수레(車)에 팔다리를 각각 묶어 다른 방향으로 끌어 찢어 죽이거나, 도끼(斤)로 목을 베어 죽인다.	❍ 斤 ❶ 11획 斬刑 참형 斬首 참수
慙 心 부끄러울 참	심장 베듯(斬) 마음(心) 아프게 **부끄럽다**.	慙悔 참회 慙愧 참괴
暫 日 잠깐 잠	목을 베는데(斬) 걸리는 시간(日)은 **잠깐이다**.	暫時 잠시 暫定 잠정
漸 水 점차 점	물(氵)이 해안을 깎아(斬) 나간다 하여 **점차**.	漸進 점진 漸次 점차

昌 번창할 창	해(日)와 같이 숨김없이 바르게 말하니 (日) 모든 일이 잘 풀려 번창하다.	❍ 日 ❶ 8획 繁昌 번창 昌盛 창성
唱 口 부를 창	입(口)으로 소리를 풍성하게(昌) 노래 **부르다**.	歌唱 가창 合唱 합창
菖 艹 창포 창	습지에 풍성하게(昌) 자라는 풀(艹)인 **창포**.	菖蒲 창포

| 倉 창고 창 | 먹는(口) 식량(食)을 저장하는 창고(倉庫). | ❷ 人 ❶ 10획
穀倉 곡창
彈倉 탄창 |

| 創 비롯할 창 | 창고(倉) 짓기는 재목을 깍는(刂) 것이 **시작**. | 創立 창립
創造 창조 |

| 蒼 艹 푸를 창
많을 창 | 풀(艹) 베어 창고(倉)에 가득 채워 **많다**. | 蒼空 창공
蒼生 창생 |

| 滄 水 넓고푸를 창 | 물결(氵)이 큰 창고(倉)처럼 이는 **넓고 푸른 바다**. | 滄海 창해 |

| 槍 木 창 창 | 나무(木)로 만들어 창고(倉)에 쌓아 보관하는 **창**. | 槍劍 창검 |

| 艙 舟 부두 창 | 배(舟)가 닿으며 근처에 창고(倉)가 있는 **부두**. | 船艙 선창 |

| 采 빛날 채 | 손(爫 손톱 조)으로 나무(木)를 캐다. 손(爫)으로 나무(木) 단청하니 아름답게 **빛나다**. | ❷ 采 ❶ 8획
喝采 갈채
風采 풍채 |

| 採 手 캘 채 | 손(扌)으로 이것저것을 **캐다**(采)라는 뜻. | 採集 채집
採用 채용 |

| 菜 艹 나물 채 | 캐서(采) 먹는 풀(艹)인 **나물**. | 菜蔬 채소
野菜 야채 |

| 彩 彡 채색 채 | 손(爫)으로 나무(木)에 털(彡)붓으로 **색을 입히다**. | 彩色 채색
光彩 광채 |

責 맡을 책	주인(主 주인 주)의 재산(貝) 관리를 맡음.	◎ 貝 ❶ 11획 責任 책임 職責 직책
積 禾 쌓을 적	수확한 볏단(禾 벼 화)을 책임(責)을 지고 **쌓는다**.	積載 적재 積金 적금
績 糸 공적 적	감긴 실(糸)처럼 여러 번에 걸쳐 책임지고(責) 세운 **공적(功績)**.	業績 업적 實績 실적
蹟 足 자취 적	한 걸음(足) 씩 책임(責) 있게 걸어온 **발자취**.	古蹟 고적 史蹟 사적
債 人 빚 채	사람(亻)이라면 자신이 책임(責)지고 갚아야 할 **빚**.	債務 채무 債權 채권
妻 아내 처	많은(十) 일을 손(彐 손 계)으로 하는 여자(女)인 아내.	◎ 女 ❶ 8획 妻家 처가 妻福 처복
悽 心 슬플 처	남편 잃은 아내(妻)의 마음(忄)이 **슬프다**.	悽慘 처참
凄 冫 쓸쓸할 처	얼음(冫 얼음 빙)처럼 차가운 아내(妻)의 남편은 **쓸쓸하다**.	凄凉 처량
棲 木 살 서	새가 나무(木)에 짝(妻)과 함께 깃들어 **살다**.	棲息 서식

尺 자 **척**	죽은(尸 주검 시) 사람의 치수를 재는(乀) 자.	❷ 尸 ❶ 4획 尺度 척도 咫尺 지척
局 尸 판 국	자(尺의 변형)로 재듯이 잘 판단하여 말한다(口) 하여 일이 **돌아가는 판**을 뜻한 자.	時局 시국 政局 정국

泉 샘 **천**	맑은(白 흰 백) 물(水)이 솟는 샘.	❷ 水 ❶ 9획 溫泉 온천 黃泉 황천
線 糸 줄 선	실(糸)이 샘(泉)처럼 길게 이어지는 **줄**.	電線 전선 脫線 탈선

妾 첩 **첩**	서(立)서 시중을 드는 여자(女)인 첩. **小妾(소첩)** 여자가 자기를 낮추어 이르는 말. **少妾(소첩)** 나이 어린 첩.	❷ 女 ❶ 8획 妾室 첩실 小妾 소첩
接 手 사귈 접	손(扌)으로 첩(妾)을 맞이하여 **사귄다**.	接待 접대 接合 접합
椄 木 접목할 접	첩(妾) 들이듯 다른 나무(木)를 **붙인다**.	椄木 접목

聽 들을 **청**	남의 말을 귀(耳 귀 이)로 왕(王)과 같은 큰 덕(德 바를 덕의 줄임)을 가지고 **듣는다**.	❷ 耳 ❶ 22획 聽取 청취
廳 广 관청 청	백성의 소리를 들어주는(聽) 집(广)인 **관청(官廳)**.	廳舍 청사 廳長 청장

기본 자모 300자 및 관련자 | 251

青 푸를 청	둥근(圓 둥글 원의 약자) 화분에서 뚫고 (丨뚫을 곤) 나온 많은 (三) 새싹이 푸르다. 푸르니 젊다.　　　　　　　　　靑 = 青	❍ 青　❶ 8획 青史 청사 青年 청년
請 言 청할 청	부탁의 말(言)을 젊은이(靑)가 하여 **청하다**.	請求 청구 申請 신청
晴 日 갤 청	해(日)가 비치고 하늘 푸르니(靑) 맑게 **갠 날씨**.	晴天 청천 快晴 쾌청
情 心 뜻 정	마음(忄) 속에 가지고 있는 젊은이(靑)의 **뜻**.	情熱 정열 情緖 정서
精 米 정신 정	쌀밥(米)을 먹으니 젊은이(靑 젊을 청)와 같이 정신(精神)이 들고 **힘이 난다**는 뜻.	精力 정력 精密 정밀

肖 닮을 초	조금(小)이라도 자식은 부모의 신체(月=肉) 닮는다. 고기(月)가 말라 작아짐(小).	❍ 肉　❶ 7획 肖像 초상 不肖 불초
消 水 사라질 소	물(氵)이 줄어들어(肖 작을 초) **사라지다**.	消防 소방 消滅 소멸
削 刀 깎을 삭	작게(肖 작을 초) 칼(刂)로 **깎는다**.　添 더할 첨	削減 삭감 添削 첨삭
趙 走 나라 조	몸 작게(肖) 구부려 겸손하게 다니던(走 갈 주) 나라인 **조나라**. 성씨.	趙國 조국
梢 木 나무끝 초	나무(木)에서 가장 작은(肖) 쪽인 **나무의 끝**.	末梢 말초

		◎ 隹 ❶ 8획
隹 새 **추**	새가 앉아 있는 모양. 꽁지가 짧고 작은 새.	
進 ⻌ 나아갈 진	새(隹)는 갈(⻌ 멀리갈 착) 때 앞으로만 **나아간다**.	進行 진행 前進 전진
推 扌 밀 추 밀 퇴	사람은 손(扌)으로 새(隹)는 날개로 **밀다**.	推進 추진 推敲 퇴고
雖 隹 비록 수	입(口)으로 벌레 나 잡아먹는 새(隹)지만 **비록**... 雖誰 비록 누구라 할지라도...	雖誰 수수 雖然 수연
誰 言 누구 수	새(隹) 소리가 무슨 말(言)인지 **누가** 알겠는가... 誰怨誰咎 누구를 원망하고 누구를 탓하랴. 咎 책망할 구	誰怨誰咎 수원수구
唯 口 오직 유	입(口)으로만 새(隹)는 소리를 낸다 하여 **오직**.	唯一 유일
惟 忄 생각할 유	새(隹)의 마음(忄)은 오직 먹는 것만 **생각한다**.	惟獨 유독 思惟 사유
稚 禾 어릴 치	벼(禾)가 새(隹) 꼬리처럼 짧음 즉 덜 자라 **어리다**.	稚拙 치졸 幼稚園 유치원
維 糸 맬 유	실(糸)로 잡은 새(隹)의 다리를 묶어 **매다**. 纖 가늘 섬	維新 유신 纖維 섬유
雜 隹 섞일 잡	나무(木) 위(亠)에 오른 아이들(人人)처럼 여러 종류의 새(隹)가 섞여 있다는 데서 **섞이다**는 뜻.	雜誌 잡지 混雜 혼잡

雄隹 수컷 웅	힘센 오른(右) 팔꿈치(厶)처럼 힘센 새(隹)인 **수컷**.	雌雄 자웅 雄壯 웅장
羅网 벌릴 라	그물(罒 그물 망)을 매어(維) **벌리다**.	羅列 나열 新羅 신라
雁隹 기러기 안	벼랑(厂)에 사람(亻)처럼 집짓는 새(隹)인 **기러기**.	雁帛 안백
應心 응할 응	집(广)에서 사람(亻)이 기르는 새(隹)는 주인의 마음(心)을 잘 헤아려 명령(命令)에 **응하다**.	應答 응답 適應 적응
確石 굳을 확	하늘(冖) 높이 오르는 새(隹)처럼, 지조 높고 의지가 돌(石)처럼 **굳다**.	確固 확고 確實 확실
奮大 떨칠 분	크게(大) 새(隹)가 밭(田)에서 날아오르는 모양에서 **떨치다**.	奮發 분발 興奮 흥분
奪大 빼앗을 탈	큰(大) 새(隹)가 발 마디(寸)를 굽혀 잡듯 **빼앗다**.	奪取 탈취 强奪 강탈
準水 평평할 준	물(氵) 위를 새(隹) 열(十) 마리가 평평하게 **날다**.	平準 평준 水準 수준
催人 재촉할 최	사람(亻)이, 높은 산(山)을 나는 새(隹)처럼 높은 수준에 이르도록 **재촉하다**.	催眠 최면 開催 개최
携手 가질 휴	손(扌)으로 새(隹)를 품고(乃 이에 내) 있는 모양에서 **가지다**.	携帶 휴대 提携 제휴
懼心 두려울 구	눈(目目)이 큰 새(隹)인 부엉이를 밤에 보니 마음(忄) **두렵다**.	疑懼心 의구심

錐 金 송곳 추	쇠(金)로 새(隹)의 부리처럼 뾰족하게 만든 **송곳**. 입추(立錐)의 여지(餘地)가 없이 들어 찬 관중(觀衆).	立錐 입추 試錐 시추
椎 木 몽치 추	나무(木)가 꽁지 짧은 새(隹)처럼 짤막한 **몽치**.	脊椎 척추
讐 言 원수 수	두 새(隹)가 지저귀듯 말(言)로 싸우는 **원수**.	復讐 복수
焦 火 그을릴 초	새(隹)를 불(灬=火)로 구워 먹기 위해 **그을리다**.	焦點 초점
憔 心 파리할 초	마음(忄)이 그을린듯(焦) 애타 몸이 **파리해지다**.	憔悴 초췌
蕉 艹 파초 초	잎(艹)이 넓어 구운(焦) 음식 올려놓는 **파초**.	芭蕉扇 파초선
礁 石 암초 초	돌(石) 색이 그을린듯(焦) 검은 색인 **암초**.	暗礁 암초
崔 山 높을 최	산(山)이 새(隹)만이 오를 수 있을 정도로 **높다**. **성씨**로 쓰이는 자.	崔氏 최씨
雉 矢 꿩 치	화살(矢)처럼 곧게 날아가는 새(隹)인 **꿩**.	雉岳山 치악산
堆 土 쌓일 퇴	땅(土) 위에 새(隹)가 싸는 분뇨(糞尿)가 **쌓이다**.	堆肥 퇴비
罹 网 걸릴 리	그물(罒)에 마음(忄) 아프게 새(隹)가 **걸리다**.	罹災民 이재민

丑 소 축	손(크 손 계)으로 고삐(丨)를 잡고 있는 소를 뜻함. 둘째 지지(地支)를 뜻하며 오전 1시~3시를 뜻함.	◑ 一 ❶ 4획 丑年 축년 丑時 축시
紐 糸 끈 뉴	실(糸)처럼 소(丑)의 가죽으로 만든 질긴 **끈**.	紐帶 유대

春 봄 춘	세(三) 사람(人) 즉 할아버지·아버지·아들이 햇볕(日)을 받으며 일하는 때인 봄.	◑ 日 ❶ 9획 立春 입춘 春夢 춘몽
蠢 虫 꿈틀거릴 준	봄(春)이 되자 벌레들(虫 벌레 충)이 **꿈틀거리다**.	蠢動 준동

充 찰 충	갓(亠) 쓴 선비는 진실(允 진실로 윤)됨으로 가득 차다.	◑ 儿 ❶ 5획 充足 충족 充滿 충만
銃 金 총 총	금속(金) 총알을 채워서(充) 쏘는 **총**.	銃砲 총포 銃彈 총탄
統 糸 거느릴 통	누에가 뽑은 여러 가닥의 실(糸)로 고치를 채워(充) 나아가듯, 여럿을 일률적으로 **거느리다**.	統一 통일 統治 통치
允 儿 진실로 윤	사사로움(厶)이 없는 어진 사람(儿)은 **진실하다**.	允許 윤허

取 취할 취	전투 승리의 증표로 적의 귀(耳)를 손(又)으로 취하다.	❷ 又 ❶ 8획 取扱 취급 爭取 쟁취
趣 走 나아갈 취	좋은 것을 취하기(取) 위해 달려(走) **나아간다**.	趣味 취미 趣旨 취지
最 日 가장 최	말한(日) 바를 행동으로 취하는(取) 것이 **가장** 중요하다는 데서 가장 최.	最高 최고 最上 최상
撮 手 찍을 촬	손(扌)으로 가장(最) 좋은 것들을 골라서 **찍다**.	撮影 촬영
聚 耳 모을 취	여기저기서 거두어(取) 사람들(亻)을 **모으다**.	聚落 취락

則 법 칙	조개(貝)를 칼(刂)로 쪼개면 똑같이 나눠듯 공정한 법.	❷ 刀 ❶ 9획 法則 법칙 規則 규칙
測 水 잴 측	물(氵) 깊이를 일정(一定)한 법칙(則)으로 **재다**.	測定 측정 測量 측량
側 人 곁 측	사람(亻) 곁에 항상 법(則)이 있다 하여 **곁, 옆**.	側面 측면 側近 측근
惻 心 슬퍼할 측	마음(忄)으로 법(則) 어긴 사람을 슬퍼하다.	惻隱之心 측은지심
廁 广 뒷간 측	집(广)에 있는, 볼일 생기면 바로(則 곧 즉) 가는 **측간**.	廁間 측간

侵 침입할 침	사람(亻)이 비(帚 의 줄임) 들고(又) 쓸어 들어가듯 침입하다.	◎ 人 ❶ 9획 侵略 침략 侵犯 침범
寢 宀 잘 침	집(宀)안의 침대(爿 널 장)에 들어가(侵) **자다**.	寢食 침식 寢臺 침대
浸 水 잠길 침	물(氵)이 침입(侵)하듯 점점 들어와 **잠기다**.	浸水 침수 浸透 침투

包 쌀 포	뱃속에 태아(巳)가 싸여(勹) 있는 모양에서 **싸다**.	◎ 勹 ❶ 5획 包裝 포장 包圍 포위
抱 手 껴안을 포	손(扌)으로 감싸며(包) **껴안다**.　擁 껴안을 옹	抱擁 포옹 抱負 포부
胞 肉 태보 포	몸(月)에서 태아를 싸고(包) 있는 **태보(胎褓)**.	同胞 동포 細胞 세포
飽 食 배부를 포	음식(食)을 뱃속에 가득 싸고(包) 있어 **배부르다**.	飽食 포식 飽滿 포만

暴 사나울 포 / 사나울 폭	해(日)와 같이 높은 곳에서 함께(共 함께 공) 떨어지는 물(氺 = 水)의 모양(模樣)이 사납다.	◎ 日 ❶ 15획 暴惡 포악 暴動 폭동
 터질 폭	불(火)이 번쩍하고 일어나며 사납게(暴) **터지다**.	爆發 폭발 爆彈 폭탄

票 쪽지 **표**	뚜껑(襾 덮을 아)에 내용물(內容物)이 무엇인지 알아 볼(示 보일 시) 수 있도록 써 붙인 **쪽지**.	◐ 示 ❶ 11획 手票 수표 投票 투표
標 木 표지판 **표**	내용(內容)을 적어(票) 나무판(木)에 붙인 **표지판**.	商標 상표 目標 목표
漂 水 떠다닐 **표**	물(氵) 위에 얇은 쪽지(票) 같은 것이 **떠다니다**.	漂流 표류 浮漂 부표
剽 刀 따낼 **표**	큰 것에서 쪽지(票) 모양으로 칼(刂)로 **따내다**.	剽竊 표절
慓 心 급할 **표**	마음(忄)을 쪽지(票)에 적어 알린다 하여 **급하다**.	慓毒 표독
皮 가죽 **피**	짐승의 가죽을 손(又 손 우)으로 당겨(丨) 벗기는 모양으로, 보통 털이 붙어 있는 **날가죽**을 의미함. 被 입을 피 ｜ 披 펼 피 ｜ 疲 피로할 피	◐ 皮 ❶ 5획 皮革 피혁 皮相的 피상적
彼 彳 저 **피**	떨어져 나간(彳 조금걸을 척) 가죽(皮)처럼 떨어져 있는 **저쪽**이나 **저이**를 나타낸 글자.	彼此 피차 彼我 피아
破 石 깰 **파**	돌(石)의 겉(皮)을 쳐서 **깨다**. 　損 손해볼 손	破損 파손 破産 파산
波 水 물결 **파**	물(氵)에서 가죽(皮) 같은 **물결**. 　瀾 물결 란	波高 파고 波瀾 파란
頗 頁 치우칠 **파**	겉(皮)만 보고 머리(頁)로 판단하니 **치우치다**.	偏頗 편파 頗多 파다

必 반드시 필	심장(心)에 비수( ))가 들어와도 할 것은 반드시 한다.	◎心 ❶5획 必死 필사 必然 필연
秘 禾 숨길 비	곡식(禾)은 반드시(必) 빛이 안 드는 곳에 두어 **숨기다**는 뜻.	秘密 비밀 秘話 비화
密 宀 빽빽할 밀	집(宀 집 면)은 반드시(必) 산(山)의 나무처럼 **빽빽**이 들어선다.	密度 밀도 密集 밀집
蜜 虫 꿀 밀	집(宀) 안을 반드시(必) 곤충(虫)이 채우는 **꿀**.	蜂蜜 봉밀 蜜月 밀월

寒 찰 한	집(宀 집 면) 바닥(一)에 쌓은 벽(井) 갈라진 (八) 틈으로 찬(冫 얼음 빙) 바람이 들어오는 모양에서 차다, 춥다.	◎宀 ❶12획 寒波 한파 寒心 한심
塞 土 변방 새 막을 색	틈을 흙(土)으로 막다. 국경을 막는 요새인 **변방**.	塞源 색원 要塞 요새

咸 다 함	창(戈 창 과)을 든 사람들이 그 뜻을 하나(一)로 모아 입(口)으로 함께 소리 지르는 모양에서 다의 뜻이 됨.	◎口 ❶9획 咸興差使 함흥차사
感 心 느낄 감	모두(咸)가 마음(心)으로 고마움 등을 **느끼다**.	感謝 감사 感動 감동
減 水 줄 감	모든 물(氵)은 다(咸) 시간이 가면서 **준다**.	減少 감소 減量 감량

合 합할 합	사람들(人)을 한(一) 곳에 모아 뜻(口)을 합하다.	◎ 口 ❶ 6획 合同 합동 合資 합자
答 竹 답할 답	대쪽(⺮)에 질문과 합치(合)된 내용을 적어 **답하다**.	問答 문답 解答 해답
塔 土 탑 탑	풀(艹) 엮듯 흙(土)이나 돌을 합쳐(合) 쌓은 **탑**.	石塔 석탑 尖塔 첨탑
給 糸 줄 급	실(糸) 모아(合) 길게 잇듯. 물건 등을 쭉 **대주다**.	給料 급료 供給 공급
拾 手 갖은열 십 주울 습	손가락(扌) 합하면(合) 열이 됨. 이 손으로 **줍다**. '十'은 고치기 쉬워 계약(契約) 등을 할 때 '拾'을 씀.	拾得 습득 收拾 수습

巷 거리 항	사람이 함께(共 함께 공) 다니는, 뱀(巳) 처럼 구불구불하거나 길게 난 길이나 거리.	◎ 己 ❶ 9획 巷間 항간 巷說 항설
港 水 항구 항	물가(氵)에 형성된 거리(巷)인 **항구(港口)**.	空港 공항 港灣 항만

害 해할 해	집(宀 집 면)에 사는 무수히(丰 무성할 봉) 많은 벌레가 입(口)으로 해를 입힌다.	◎ 宀 ❶ 10획 害蟲 해충 損害 손해
割 刀 나눌 할	해로운(害) 것을 칼(刂)로 베다. 여기서 **나누다**.	割賦 할부 分割 분할
憲 心 법 헌	해(害)를 입지 않도록 눈(罒=目)으로 잘 살펴 마음(心) 편하게 살아 갈 수 있도록 만든 **법**.	憲法 헌법 憲兵 헌병

亥 돼지 해	돼지의 머리(亠)와 몸, 다리의 뼈대를 본뜬 자로 넓게 써 보면 돼지 모양이 됨.	● 亠 ❶ 6획 亥時 해시 밤9~11시
該言 넓을 해	말(言)을 살찐 돼지(亥)처럼 폭 **넓게** 한다 하여... 말(言)의 뼈대(亥)가 그것에 해당하여 그의 뜻.	該博 해박 該當 해당
核木 씨 핵	뼈대(亥)처럼 안에 있는 나무(木) 열매의 **씨**나 **알맹이**.	核心 핵심 核武器 핵무기
刻刀 새길 각	속에 든 뼈대(亥)처럼 안으로 깊이 파(刂) **새긴다**.	彫刻 조각 時刻 시각
劾力 캐물을 핵	뼈대(亥)처럼 속에 든 내용을 힘써(力) **캐묻다**.	彈劾 탄핵
骸骨 해골 해	돼지 뼈대(亥) 즉 살이 썩고 뼈(骨)만 남은 **해골**.	骸骨 해골
駭馬 놀랄 해	잘 놀라는 말(馬)처럼 뼈(亥)를 보고 **놀라다**.	駭怪 해괴

奚 어찌 해	손(爫 손톱 조)으로 작고(幺 작을 요) 큰(大) 일을 어찌 더 할 수 있겠는가라는 데서...	● 大 ❶ 10획
溪水 시내 계	물(氵)에 손(爫)을 담글 수 있는 작거나(幺) 큰(大) **시내**.	溪谷 계곡

幸 행복할 행	한(一) 번도 죄인(辛 죄인, 매울 신)의 몸으로 살지 않으면 그것이 바로 행복(幸福)이라는 뜻의 글자.	❷ 干 ❶ 8획 幸運 행운 多幸 다행
報 土 갚을 보	한(一) 명의 죄인(辛)을 무릎(卩 무릎 절)을 꿇린 후, 손(又)을 묶고 원수를 **갚다**. 이러한 내용을 세상에 **알리다**.	報復 보복 報道 보도
執 土 잡을 집	아픈 이가 다행(幸)이도 둥근(丸) 환약을 손에 **잡다**.	執筆 집필 執權 집권
服 月 옷 복, 먹을 복 복종할 복	몸(月)의 하체(卩)를 감싸기 위해 손(又)으로 옷을 **입다**. 옷 입듯 몸을 위해 **먹다**. 아래 옷처럼 **복종(服從)하다**.	衣服 의복 服用 복용

享 누릴 향	높은(高의 줄임) 자리에 오른 자식(子)이 복을 누리다.	❷ 亠 ❶ 8획 享樂 향락 享有 향유
郭 邑 성곽 곽	행복을 누리도록(享) 고을(阝 고을 읍)의 성을 둘러싼 **성곽**.	城郭 성곽 郭氏 곽씨
敦 攵 도타울 돈	행복을 누리도록(享) 회초리로 엄하게 다스려야(攵 칠 복) 올바르게 서로의 정이 **도타워진다**는 데서... 篤 도타울 독	敦篤 돈독
孰 子 누구 숙	행복을 누리며(享) 원만하게(丸) 세상을 사는 사람은 **누구**?	孰誰 숙수
熟 火 익을 숙	누구(孰)라도 불(灬)에 익듯 시간이 지나면 **익숙해진다**.	熟達 숙달 熟語 숙어
丸 丶 둥글 환	아홉(九), 즉 많은 점(丶)으로 만든 둥근 모양.	丸藥 환약 彈丸 탄환

縣 고을 현	목을 베어 (首의 거꾸로 모양) 끈에 매단(系 이을 계) 모양에서, 중앙정부에 매달려 있는 지방정부인 현.	◐ 糸 ❶ 16획 縣監 현감 郡縣 군현
懸 心 매달 현	모든 것은 마음(心) 먹기에 달려(縣) 있다 하여 걸다, **매달다**.	懸賞 현상 懸板 현판
顯 나타날 현	햇빛(日)에 반짝이는 실(絲의 줄임)인 명주실로 장식한 머리(頁머리 혈) 부분이 두드러지게 나타난다.	◐ 頁 ❶ 23획 顯著 현저 顯微鏡 현미경
濕 水 젖을 습	햇빛(日)에 반짝이는 실(絲의 줄임)인 명주실은 물(氵)에 잘 **젖음**.	濕氣 습기 濕度 습도
玄 검을 현	중국 하늘을 덮고(亠) 있는 작은(幺 작을 요) 알갱이 황사(黃砂)가 가물가물하게 보이거나, 햇빛을 가려 그 빛이 어두움을 뜻함.	◐ 玄 ❶ 5획 玄米 현미 玄關 현관
玆 玄 이 자	검어(玄玄) 잘 보이는 이것. 지시대명사 **이**.	若玆 약자 (이와 같음)
慈 心 사랑 자	이것(玆)저것 가리지 않는 마음(心)의 **사랑**.	慈悲 자비 仁慈 인자
滋 水 불을 자	물(氵) 있는 이곳(玆)에서 자라서 **불어나다**.	滋養分 자양분
磁 石 자석 자	쇳가루가 달라붙는 이(玆) 돌(石)이 **자석(磁石)**.	磁氣 자기

刑 형벌 **형**	죄인을 우물틀 같은 형틀(井의 변형)에 매고 칼(刂)로 다스리는 모양에서 형벌(刑罰)을 뜻한 자. 形 형상 형	◐ 刀 ❶ 6획 刑事 형사 處刑 처형
研 石 갈 **연**	돌(石)에 반듯하게(幵 평평할 견) **갈다**.	研磨 연마 研究 연구
型 土 틀 **형**	만든 형틀(刑)처럼 흙(土)으로 만든 **틀**.	小型 소형 模型 모형
荊 艹 가시 **형**	초목(艹)에서 형벌(刑)처럼 따끔한 부분인 **가시**. 一日不讀書 口中生荊棘(일일부독서 구중생형극)	荊棘 형극
兄 맏 **형**	아우에게 도움 말(口)을 해주는 사람(儿 어진사람 인)인 형.	◐ 儿 ❶ 5획 兄弟 형제
祝 示 빌 **축**	제사(示)를 올리는 맏형(兄)이 잘 되라고 **빌다**. 祝 結 婚(결혼) 정식(正式)으로 부부(夫婦) 관계를 맺음을 축하함. 祝 華 婚(화혼) (눈부시게 아름다운 혼인(婚姻)의 뜻으로) 남의 혼인을 축하하여 이르는 말. 祝 回 甲(회갑) 육십갑자(六十甲子)가 한 바퀴 돌아 그 해에 이름 즉 다시 갑년(甲年)에 이름을 축하함. 祝 古 稀(고희) 나이 일흔 살에 이름을 축하함. 祝 壽 宴(수연) 오래 산 것을 축하하는 잔치. 주로 환갑(還甲)잔치를 이르던 말임.	祝賀 축하 慶祝 경축
況 水 형편 **황**	물(氵)이 크게(兄) 도는 모양에서 돌아가는 일의 **형편**.	狀況 상황 實況 실황
呪 口 빌 **주**	형(兄)이 제를 올리며 잘 되기를 입(口)으로 **빌다**.	詛呪 저주

衡 저울대 형	사람(⺈ 굽은사람 인)이 걸어 다니며(行 다닐 행) 밭(田)에서 수확한 큰(大) 작물을 다는 저울.	行 16획 均衡 균형 平衡 평형
銜 金 직함 함	쇠(金)처럼 무게 있게 행동해야(行) 하는 **직함(職銜)**.	姓銜 성함 職銜 직함
衍 行 넓힐 연	물(氵)이 흘러가면서(行 갈 행) 점점 퍼지며 **넓어짐.**	敷衍 부연 衍字 연자

兮 어조사 혜	입김이 막혔다(丂 막힐 고) 퍼져(八) 나가는 모양. 감탄이나 어조(語調)를 높일 때 쓰는 어조사.	八 4획
誇 言 자랑할 과	말(言)을 사실보다 크게(夸), 즉 **자랑하다.** 夸(큰체할 과) 막힌(丂) 입김이 크게(太) 나가는 모양에서 큰소리치다.	誇示 과시 誇張 과장
汚 水 더러울 오	물(氵)이 가로(一) 막혀((丂) 고여 있어 **더럽다.**	汚染 오염 汚物 오물
極 木 끝 극	나무(木) 다루는 장인이 막힘(丂 막힐 고) 없이 입(口)과 손(又)으로 한결(一) 같이 정성을 다하여 끝가지 일한다 하여 **끝, 지극(至極)하다.**	北極 북극 窮極 궁극 太極 태극

乎 어조사 호	막힌(干 방패 간의 변형) 입에서 입김(丿)이 퍼져 나가는(八) 모양에서 다음 말을 이끄는 구실을 하는 어조사.	丿 5획 **焉哉乎也** 언재호야
呼 口 부를 호	입(口)으로 입김 내듯(乎) 길게 **부른다.**	呼稱 호칭 歡呼 환호

虎 범 호	범(虍 범 호)이 어슬렁거리며 걷는(儿 걸을 인) 모양. 號 부를 호 | 處 곳 처 | 獻 바칠 헌 | 虞 근심 우	❷ 虍 ❶ 8획 虎患 호환 虎皮 호피
慮 心 생각할 려	범(虍)의 두려움에 대하여 생각한다(思) 또는 염려(念慮)하다.	考慮 고려 憂慮 우려
劇 刀 꾸밀 극	범(虍)과 멧돼지(豕)가 칼(刂) 들고 싸우면 심하게 꾸민 연극.	演劇 연극 劇化 극화
據 手 의거할 거	사람은 손(扌), 범(虍)과 멧돼지(豕)는 동굴에 의지해산다하여 의거(依據)하다, 근거(根據)하다.	證據 증거 據點 거점
虛 虍 빌 허	범(虍) 잡으려 파놓은 구덩이에 박아 놓은 창살(艸)과 같은 모양으로, 구덩이가 텅 비어 있다.	虛空 허공 名不虛傳 명불허전
戱 戈 희롱할 희	구덩이(虛)에 걸린 범을 찌르며(戈) 장난치다.	戱劇 희극
遞 辶 전할 체	벼랑(厂) 빠르게 타는 범(虎)처럼 소식을 오가며(辶 갈 착) 전하다.　　　　郵 역참 우	郵遞局 우체국
墟 土 옛터 허	흙(土)만 있고 다 사라져 비어(虛) 있는 옛터.	廢墟 폐허
虜 虍 사로잡을 로	범(虍)이 사내(男)를 산채로 물어 사로잡다.	捕虜 포로
擄 手 노략질할 로	손(扌)으로 사로잡아(虜) 간다 하여 노략질하다.	擄掠 노략

虐 虍 모질 학	범(虍)이 할퀴듯 심하게 대한다 하여 **모질다**.	虐待 학대
謔 言 희롱할 학	말(言) 모질게(虐) 하여 상대를 **희롱하다**.	諧謔 해학
瘧 疒 학질 학	병(疒 병질 녁) 중에서 모질게(虐) 전염(傳染)되는 **학질**.	瘧疾 학질
膚 虍 살갗 부	아름다운 범(虍) 무늬 같이, 위(胃)가 좋아야 좋은 **살갗**.	皮膚 피부
虔 虍 삼갈 건	무서운 범(虍) 대하듯 글(文) 대할 때도 공경하고 조심하여 **삼간다**.	敬虔 경건
琥 玉 호박 호	호옥(玉) 중 범(虍) 무늬처럼 얼룩덜룩한 **호박**.	琥珀 호박

或 혹시 **혹**	창(戈) 들고 식구들이(口) 하나(一)가 되어 적의 침입(侵入)에 대비한다는 데서 혹시(或是)를 뜻함.	● 戈 ● 8획 間或 간혹 或說 혹설
惑 心 의심할 혹	혹시(或)나 하는 마음(心)에서 **의심(疑心)하다**.	疑惑 의혹 惑星 혹성
域 土 지역 역	혹시(或)나 있을 수 있는 분쟁을 막기 위해땅(土)을 미리 나누어 놓은 구역(區域)·**지역(地域)**.	領域 영역 廣域 광역
國 口 나라 국	사방으로 에워싼(口 에워쌀 위) 국경을 국민(口)이 하나(一)가 되어 창(戈)을 들고 지키는 **나라**.	國家 국가 國際 국제

昏 저물 혼
넓게 뻗어나가는 성씨(氏 성씨 씨)와 같이 넓게 해(日)를 덮은 황혼을 나타내어 **저물다, 어둡다**.

● 日　❶ 8획
黃昏 황혼
昏迷 혼미
昏睡 혼수

婚 혼인할 혼
女
신부(女)를 해질(昏) 무렵 맞이하여 **혼인하다**.

結婚 결혼
約婚 약혼

化 될, 바뀔 화
서 있는 사람(亻)이 앉은(匕 굽은사람 비) 자세(姿勢)로 바뀐 모양으로, **바뀌어** 대부분 좋게 **됨**을 뜻함.

● 匕　❶ 4획
文化 문화
變化 변화

花 꽃 화
艹
풀잎(艹)이 변해서(化) 된 **꽃**.
　　　　　　　　　　　　　　卉 풀 훼
花卉 꽃이 피는 풀. 구경하기 위하여 가꾸는 식물.

花盆 화분
花卉 화훼

貨 재물 화
貝
바꾸어(化) 돈(貝) 될 수 있는 것인 **재물(財物)**.

貨幣 화폐
貨物 화물

靴 가죽신 화
革
가죽(革)을 잘라 모양을 바꾸어(化) 만든 **가죽신**.

軍靴 군화

訛 그릇될 와
言
말(言) 전달이 잘못 되었다(化)하여 **그릇되다**.

訛傳 와전

華 빛날 화
풀(艹) 하나(一) 꽃(艹) 하나(一), 즉 많은(十) 초목이 활짝 핀 모양에서 **화려(華麗)하다, 빛나다**.

● 艹　❶ 12획
華婚 화혼
榮華 영화

畢 마칠 필
田
밭(田)의 풀(艹) 일생(一)은 찬 바람부는 시월(十)이면 **마친다**.

檢畢 검필
未畢 미필

| 環 고리 환 | 옥(王←玉)으로 만든 둥근(睘 눈돌 경) 고리. | ◎ 玉 ❶ 17획
環境 환경
花環 화환 |

還 돌아올 환 — 睘 눈알(罒=目)이 좋은 옷(衣의 변형)을 보고 돌아감. 눈알이 돌아(睘) 갔다(辶 갈 착) 다시 **돌아옴**.
還送 환송
返還 반환

| 黃 누를 황 | 구덩이(凵 구덩이 감)를 나란히(二) 쭉 파서 (丿丶) 씨를 뿌림 으로 말미암아(由 말미암을 유) 곡식을 얻을 수 있는 누런 땅. | ◎ 黃 ❶ 12획
黃金 황금
黃昏 황혼
黃狗 황구 |

廣 넓을 광 — 집(广 집 엄)이 누런(黃) 빛을 띤 땅처럼 **넓다**.
廣場 광장
廣告 광고

鑛 쇳돌 광 — 쇠(金)가 함유된 돌이 넓게(廣) 묻혀 있는 **쇳돌**.
鑛石 광석
鑛物 광물

曠 들판 광 — 해(日)가 내리쬐는 **아득하게 너른(廣) 들판**.
曠野 광야

| 回 돌 회 | 빙글 빙글 도는 물체(物體)를 보고 그린 글자. | ◎ 囗 ❶ 6획
回轉 회전
回收 회수 |

圖 그림 도 꾀할 도 — 먹고(口) 사는데 중요한 농토를 갓(冖) 쓰고 돌아다니며(回) 동서남북(囗)을 그린 **그림**. 그림이나 지도를 그려 어떤 일 등을 **꾀하다**.
地圖 지도
企圖 기도
意圖 의도

墻 담 장 — 흙(土)으로 재물나감을 아껴(嗇) 쌓은 **담장**.
嗇(아낄 색) 들여오기만(來 올 래) 하지 돌아(回) 나가게 하지 않아 아끼다.
越墻 월장

灰 재 회	언덕(厂 언덕 한)에서 불(火) 타고 남은 재.	❍ 火 ❶ 6획 灰色 회색 石灰 석회
炭 火 숯 탄	산(山) 아래 언덕(厂)에서 불(火)로 태워 만든 숯.	炭鑛 탄광 石炭 석탄
爐 火 화로 로	불(火)을 담는 큰 그릇(盧 큰그릇 로)인 **화로(火爐)**.	風爐 풍로 鎔鑛爐 용광로

喜 기쁠 희	열(十) 가지 콩(豆 콩 두) 음식을 나누어 먹으니(口) 기쁘다.	❍ 口 ❶ 12획 喜悲 희비 喜怒哀樂 희노애락
囍 口 기쁨 희	'喜'자를 두 개 겹쳐서 쓴 자로 **기쁨, 좋은 일이 있기를 바란다.** (가구 · 그릇 · 옷감 · 공예품 · 연하장 등에 쓰여 **축하 · 행복 · 기원**의 뜻)	

특수자모100자 및 관련자

特殊字母100字

• 특수 자모(字母)란

일반 字母와는 다르게 실용한자로는 거의 쓰이지 않음.
한자 학습에 있어서 가장 어려운 부분이라 할 수 있음.
막상 알고 나면 도리어 자모 관련자 전체가 쉬워진다.

특수 자모 100자

한자	훈	음	한자	훈	음	한자	훈	음	한자	훈	음
叚	빌릴	가	夌	높을	릉	彦	선비	언	夋	나아갈	준
取	굳을	간	曼	퍼질	만	屰	거꾸로	역	參	검은머리	진
艮	볼	간	友	개달릴	발	睪	살필	역	丵	무성할	착
柬	가릴	간	辟	피할	벽	肙	벌레	연	朁	숨내쉴	참
曷	마를	갈	甫	클	보	枼	얇을	엽	僉	여러	첨
岡	산등성이	강	畐	찰	복	埶	심을	예	詹	살필	첨
巠	물줄기	경	復	다시	복	雍	화할	옹	蜀	벌레	촉
咼	입비뚤	과	丰	풀무성할	봉	堯	높을	요	悤	빠를	총
雚	황새	관	夆	만날	봉	䍃	흔들	요	芻	꼴	추
喬	높을	교	孚	기를	부	甬	솟을	용	帚	비	추
丩	얽힐	구	音	가를	부	禺	짐승	우	朮	삽주뿌리	출
冓	엇걸어쌓을	구	尃	펼	부	夗	딩굴	원	夬	터놓을	쾌
卷	구부릴	권	賁	클	분	袁	옷길	원	乇	부탁할	탁
圭	홀	규	乍	잠깐	사	爰	당길	원	兌	바꿀	태
堇	진흙	근	亘	펼	선	攸	멀	유	台	늙을	태
腦	골	뇌	韱	가늘	섬	兪	거룻배	유	白	쌀일	퇴
耑	끝	단	喿	새시끄러울	소	尣	머뭇거릴	유	巴	뱀	파
呂	등뼈	려	叟	늙은이	수	垔	막을	인	扁	작을	편
厤	세월	력	隋	수나라	수	束	가시	자	敝	해질	폐
聯	이어질	련	戠	찰흙	시	勺	구기	작	亢	높을	항
鬣	목갈기	렵	卬	높을	앙	栽	심을	재	劦	힘합할	협
彔	나무깎을	록	蒦	헤아릴	약	氐	밑	저	螢	개똥벌레	형
婁	여러	루	敫	칠	약	啇	뿌리	적	奐	클	환
坴	언덕	륙	昜	빛날	양	翟	꿩깃	적	侯	제후	후
侖	뭉치	륜	襄	도울	양	戔	쌀일	전	裏	가릴	회

叚 빌릴 가	지붕(尸)을 두(二) 손(又)에 연장( ])을 들고 고치는 모양에서, 필요한 연장을 다른 데서 빌리다는 뜻.	◐ 又 ❶ 9획
假 人 거짓 가	사람(亻)이 빌려서(叚) 임시로 쓰는 것이라는 데서 진짜가 아니라 **거짓**이라는 뜻이 됨.	假面 가면 假設 가설
暇 日 한가할 가	날(日)을 빌려서(叚) 쉰다 하여 **한가(閑暇)하다**.	休暇 휴가 餘暇 여가
瑕 玉 티 하	옥(王←玉)을 자주 빌려(叚) 쓰니 생기는 작은 흠집인 **티**.	瑕疵 하자
遐 辶 멀 하	빌린(叚) 것은 결국 떠나 (辶_갈 착) **멀어진다**는 데서...	昇遐 승하
蝦 虫 새우 하	벌레(虫) 같이 생긴, 빌릴(叚) 때 허리 구부리듯, 굽은 **새우**.	鯨戰蝦死 경전하사

臤 굳을 간	신하(臣)가 두 손(又) 굳게 맞잡고 서 있는 모양.	◐ 臣 ❶ 8획
堅 土 굳을 견	건물을 세울 수 있게 다져진 **굳은**(臤) 지반(土)이라는 데서 굳을 견.	堅固 견고 堅實 견실
緊 糸 팽팽할 긴	굳게(臤) 당겨진 실(糸)이 **팽팽하다**. 縮 오무라들 축	緊張 긴장 緊縮 긴축
賢 貝 어질 현	굳은(臤) 의지로 재물(貝)을 **현명하게** 관리하니 **어질다**.	賢明 현명 賢母良妻 현모양처

		❍ 艮 ❶ 6획
艮 볼 **간**	눈(目)의 변형자. 눈 뜨고 보는 모양에서 눈, 보다.	

懇 心 정성 간	짐승(豸 맹수 치)이 서서 무언가를 바라보듯(艮), **간절(懇切)한 마음(心)**.　　談 말씀 담	懇曲 간곡 懇談 간담
眼 目 눈 안	보는(艮) 눈(目)이 두 개인 **양 눈**.　　慧 슬기 혜	眼科 안과 慧眼 혜안
恨 忄 원한 한	마음(忄)의 상처가 눈(艮)에 서려 있는 **원한**.	怨恨 원한 餘恨 여한
根 木 뿌리 근	나무(木)에서 눈(艮)에 보이지 않는 부분인 **뿌리**.	根幹 근간 根性 근성
銀 金 은 은	금속(金) 중 눈(艮)의 흰자위와 같은 색깔인 **은**.	銀行 은행 銀杏 은행
退 辶 물러날 퇴	보고(艮) 판단하여 아니면 **물러감(辶)**.	退勤 퇴근 退字 퇴자
痕 疒 흉터 흔	상처나 아픈(疒) 후에도 눈(艮)에 보이게 **남은 자국**이나 **흉터**.	傷痕 상흔
墾 土 개간할 간	멧돼지(豸)가 눈(艮)을 부릅뜨고 땅(土)을 파듯, **땅을 일군다**.	開墾 개간
艱 艮 어려울 간	가죽(革 가죽 혁)처럼 질긴 사람(大)이 보기(艮)에도 **어렵다**.	艱難辛苦 간난신고
腿 肉 넓적다리 퇴	몸(月)중 물러날(退) 때 힘 들어가는 **넓적다리**.	大腿部 대퇴부

柬 가릴 **간**	나누어(八) 묶는다(束 묶을 속)는 데서 가리다.	❶ 木 ❷ 9획	

蘭 ⺾ 난초 **란**	잎(⺾)이 난간(闌) 살대처럼 길게 자라는 **난초**. 闌(난간 란) 문(門) 안과 밖을 구분(柬)하는 난간.	蘭草 난초
欄 木 난간 **란**	나무(木)로 만든, 문(門) 안쪽과 바깥쪽을 구분(柬)하는 **난간**.	欄干 난간 空欄 공란
練 糸 익힐 **련**	실(糸)에서 불순물 가리는(柬) 일을 **익히다**.	練習 연습 訓練 훈련
鍊 金 단련할 **련**	쇠(金)의 성질을 가려(柬) 단단하게 **단련하다**.	鍊磨 연마 鍛鍊 단련

曷 그칠 **갈**	말할(曰) 기운도 없이 지쳐서 몸 구부리고(勹) 사람(人)이 의자(乚)에 앉아 하던 일을 그치다.	❶ 曰 ❷ 9획	

渴 水 마를 **갈**	물(氵) 흐름이 그치어(曷) **마르다**. 말라 **없어지다**.	渴望 갈망 枯渴 고갈
謁 言 아뢸 **알**	마음에 있는 말(言)을 처음부터 끝(曷)까지 윗사람에게 **아뢴다**.	謁見 알현 拜謁 배알
喝 口 소리칠 **갈**	목(口) 쉬어 소리 안 나올(曷) 정도로 **소리치다**.	恐喝 공갈
葛 ⺾ 칡 **갈**	여름이 지나면 덩굴(⺾) 자람이 멈추는(曷) **칡**.	葛根 갈근

岡 산등성이 강	🔵 山 ❶ 8획 그물(网)처럼 이어져 솟아(山) 있는 산등성이.	
剛 刀 굳셀 강	변치 않는 산등성이(岡)처럼 칼(刂)에도 굴하지 않아 **굳세다**.	剛直 강직 剛健 강건
鋼 金 강철 강	쇠(金) 중 강하고 단단하여, 변치 않는 산등성이(岡)처럼 모양이 잘 변하지 않는 **강철(鋼鐵)**.	鋼板 강판 製鋼 제강
綱 糸 벼리 강	산등성이(岡)처럼 둥근 그물 둘레를 연결한 실(糸)인 벼리로, 사물에서 중요한 **근본**이나 **모범**. 벼리 그물의 코를 꿰어 오므렸다 폈다 하는 중요한 줄.	紀綱 기강 三綱五倫 삼강오륜

巠 물줄기 경	🔵 川 ❶ 7획 한(一) 줄기에서 시작하여 내(巛=川)와 강(工←江)을 이루며 흐르는 물줄기.	
徑 彳 지름길 경	물줄기(巠) 따라가는(彳) 것이 빠른 **지름길**.	直徑 직경 半徑 반경
輕 車 가벼울 경	수레(車)가 물 흐르듯(巠) 가는 것이 **가볍다**.	輕率 경솔 輕音樂 경음악
經 糸 책 경 지날 경 다스릴 경	물 흐르듯(巠) 조리 있게 써 엮은(糸) **책**. 물 흐르듯(巠) 베틀을 실(糸)이 **지나간다**. 베 짤 때 실(糸)이 얽히지 않도록 하면서 짜듯, 세상을 물 흐르듯(巠) 잘 **다스린다**.	聖經 성경 經過 경과 經營 경영 經濟 경제

咼 입비뚤 괘	입(口)의 뼈(骨 뼈 골의 축약)가 비뚤어진 모양.	❷ 口 ❶ 9획	
過 辶 지날 과	비뚤어진(咼) 입에서 잘못 나간(辶) 말, 즉 **실수**나 **지나간 일**.	過失 과실 過去 과거	
禍 示 재앙 화	제사(示) 잘못 지내 신의 노여움을 사서 입 비뚤어진(咼) **재앙**.	禍根 화근 士禍 사화	
渦 水 소용돌이 와	물(氵)이 비틀리며(咼) 거칠게 도는 **소용돌이**.	渦中 와중	

雚 황새 관	위에서 내려다보고(吅) 있는 큰 새(隹 새 추)인 황새.	❷ 隹 ❶ 18획	
觀 見 볼 관	황새(雚)가 둘러보는(見) 모양에서 **보다**.	觀光 관광 觀心 관심	
勸 力 권할 권	황새(雚)가 먹이 찾듯 힘써(力) 하라고 **권하다**.	勸學 관광 勸獎 관심	
權 木 권세 권	나무(木) 높은 곳에 세력 형성하고 있는 황새(雚) 모양에서 **권세**.	權力 권력 權勢 권세	
歡 欠 기쁠 환	황새(雚)가 큰 먹이를 물고(欠) **기뻐하다**.	歡迎 환영 歡待 환대	
灌 水 물댈 관	물(氵)을 황새(雚)가 마실 때 긴 부리에 물 흐르듯, **물대다**. 灌木 키가 작고 중심 줄기가 분명하지 아니한 나무. 진달래, 앵두 등 떨기나무.	灌漑 관개 灌木 관목	

喬 높을 교

○ 口 ❶ 12획

나무 끝이 구부러질(夭 구부러질 요) 정도로 높게(高) 자란 모양에서 높다. 夭 구부러진(丿) 사람(大) 모습.

橋木 다리 교
나무(木)를 높이(喬) 해서 만든 **다리**. 梁 들보 량

橋脚 교각
橋梁 교량

矯矢 바로잡을 교
굽은 화살(矢 화살 시)을 높이(喬) 날 수 있도록 **바로잡다**.
矯角殺牛 소뿔을 바로 잡으려다 도리어 소를 죽인다는 말로, 사소한 결점이나 흠을 고치려다가 도리어 일을 그르침의 뜻.

齒列矯正 치열교정
矯導所 교도소

僑亻 붙어살 교
사람(亻)이 높은(喬) 이상을 가지고 다른 나라에 **붙어살다**.

僑胞 교포

嬌女 아리따울 교
여자(女)가, 높게(喬) 쭉 뻗은 나무처럼 늘씬하여 **아리땁다**.

愛嬌 애교

丩 얽힐 구

○ 丨 ❶ 2획

덩굴이 얽힌 모양

叫口 부르짖을 규
입(口)을 크게 벌리고 목을 꼬며(丩) **부르짖다**.

絶叫 절규
阿鼻叫喚 아비규환

糾糸 꼬일 규
실(糸)이 복잡하게 얽혀(丩) **꼬이다**.

糾明 규명
紛糾 분규

收攵 거둘 수
얽혀(丩) 있는 곡식을 농기구로 쳐서(攵 칠 복) **거두다**.

收入 수입
收拾 수습

冓 엇걸어쌓을 구	가로(二) 세로(| |)로 걸쳐 우물틀(井 우물 정) 쌓듯 거듭해서(再 거듭 재) 엇걸어 쌓은 모양.	◐ 冂 ❶ 10획

構 木 얽을 구	나무(木)를 엇걸어 쌓은(冓) 모양에서 **얽다**.	構造 구조 構文 구문
講 言 자세히 설명할 강	말(言)로 얽혀(冓) 있는 내용을 **자세히 설명하다**.	講義 강의 講師 강사
購 貝 살 구	돈(貝) 주고 쌓여(冓) 있는 물건을 **잘 골라 산다**.	購買 구매
溝 氵 도랑 구	물(氵)이 흘러가며 얽히듯(冓) 만나는 작은 **도랑**.	下水溝 하수구

卷 책 권	양손(丿 丶) 둘(二)을 이용해 사람(人)이 꿇어 (㔾 무릎 절) 앉아 쓴 책.	◐ 㔾 ❶ 8획 卷數 권수 壓卷 압권

券 刀 문서 권	양손(丿 丶) 둘(二)을 이용해 사람(人)이 쓴 것을 증표로 나누어(刀) 가지는 **문서**.	證券 증권 債券 채권
拳 手 주먹 권	양손(丿 丶) 둘(二)을 이용해 사람(人)이 구부려 쥔 손(手)인 **주먹**. 跆 밟을 태	拳鬪 권투 跆拳 태권
勝 力 이길 승	몸(月 육달 월)과 양손(丿 丶) 둘(二)을 이용해 사람(人)이 힘(力) 써 **이기다**.	勝利 승리 勝敗 승패
騰 馬 오를 등	몸(月 육달 월)과 양손(丿 丶) 둘(二)을 이용해 사람(人)이 말(馬 말 마)에 **오르다**.	急騰 급등 沸騰點 비등점

圭 홀 규		제후(諸侯)나 공(功)이 있는 신하에게 넓은 영토(土)를 내릴 때 함께 주는 신표(信標). 임금 앞에 늘어선 신하(臣下)들이 손에 들고 있는 잘 다듬어진(圭) 명판(名板)을 홀(笏 홀 홀)이라 함. 품질 좋은 옥으로 만듦.	○ 土 ① 6획

佳人 아름다울 가	사람(亻) 잘 다듬어진 홀(圭)처럼 **아름답다**.	佳人 가인 佳作 가작
街行 거리 가	다니기(行) 좋게 곧게(圭) 닦아 놓은 큰 **거리**.	街路 가로 市街 시가
桂木 계수나무 계	나무(木) 껍질이 홀(圭)처럼 중요하게 쓰이는 **계수나무**.	桂皮 계피 月桂冠 월계관
封寸 봉할 봉	홀(圭) 주며 법도(寸 법도 촌) 있게 다스리라고 **봉하다**.	封建 봉건 封鎖 봉쇄
涯水 물가 애	물(氵)에 패어 생긴 흙(圭) 언덕(厂)에서, **물가**나 **사물의 끝**.	生涯 생애 天涯 천애
掛手 걸 괘	손(扌)으로 흙담(圭)에 점(卜 점 복)의 결과를 알 수 있게 **걸다**.	掛圖 괘도 卦鐘 괘종
硅石 규소 규	돌(石)이 옥(玉)처럼 빛나니 **규소(硅素)**.	硅石 규석
奎大 별이름 규 글 규	돌큰(大) 옥(玉)처럼 빛나는 **별**이나 **글**. 奎章閣 조선 시대 역대 임금의 시문·서화·유교 등을 보관하던 관청.	奎章閣 규장각

		◐ 土　❶ 11획
菫 진흙 근	가죽(革 가죽 혁)과 같이 질긴 흙(土)인 **진흙**.	

勤 力 부지런할 근	진흙(菫)처럼 끈질기게 힘써(力) **부지런**하다.	勤勉 근면 勤務 근무
僅 人 겨우 근	사람(亻)이 진흙(菫) 길을 힘들게 **겨우** 간다.	僅少 근소 僅僅 근근
謹 言 삼갈 근	말할(言) 때, 진흙(菫)길을 조심히 걷듯 **삼간다**.	謹愼 근신 謹賀新年 근하신년

		◐ 肉　❶ 13획
腦 골 뇌	머리(巛+囟 = 머리 뇌) 속살(月=肉)인 **골**. 巛은 정수리(囟 정수리 신) 위에 난 털.	腦炎 뇌염 頭腦 두뇌
惱 心 괴로울 뇌	마음(忄)과 머리(巛+囟)가 시달려 **괴롭**다.	苦惱 고뇌 煩惱 번뇌

		◐ 而　❶ 9획
耑 끝 단	산(山)에 난 가지런한 풀끝(而) 모양에서 **끝**. 而(말이을 이) 끝이 잘 다듬어진 늙은이의 수염. 늙은이의 말이 그리고, 그러나로 길게 이어지다.	

端 立 바를 단	바로 서(立) 나오는 풀끝(耑)이 일정하며 **바르**다. 서(立) 나오는 풀끝(耑)에서 **일의 시작, 실마리**.	端正 단정 發端 발단 端緖 단서
瑞 玉 상서 서	옥(王←玉)을 다듬은 끝(耑)에 생기는 **상서(詳瑞)**로운 빛.	瑞草洞 서초동

呂 등뼈 려	위(口) 아래(口)로 이어져(丿) 있는 등뼈. 입(口)에서 높고 낮은 음이 연결되는 음률. 성씨 呂氏春秋(여씨춘추)	◐ 口 ❶ 7획
宮 宀 집 궁	집(宀 집 면)이 등뼈(呂 등뼈 려)처럼 많이 이어져 있는 큰 집인 **궁**. 중요한 궁과 같은 **아기집**.	宮殿 궁전 子宮 자궁

厤 세월 력	언덕(厂) 개간하여 벼(禾)농사 짓기까지의 많은 세월.	◐ 厂 ❶ 12획
歷 止 지낼 력	오랜 세월(厤) **지내온** 지금까지(止)의 나날들.	歷史 역사 經歷 경력
曆 日 달력 력	세월(厤)을 날수(日)로 적은 책으로 보통 **달력**.	陰曆 음력 陽曆 양력

䜌 이어질 련	말(言 말씀 언)이 실(絲 실 사)처럼 이어지다.	◐ 言 ❶ 19획
戀 心 사모할 련	계속 이어지는(䜌) 마음(心)에서 **사모(思慕)하다**.	戀人 연인 戀愛 연애
變 言 변할 변	계속해서(䜌) 매(攵 칠 복)로 가르치니 **변하다**.	變化 변화 變身 변신
蠻 虫 오랑캐 만	계속해서(䜌) 벌레(虫)처럼 행동하는 **오랑캐**.	蠻行(만행)

| 川 | 15획

鬣
목갈기 렵

내(巛)처럼 흐르는 긴 털이 목덜미(ヰ)에 난, 네 발과 꼬리(鼠의 줄임) 달린 동물의 갈기.

獵 犭
사냥할 렵

개(犭=犬)가 짐승의 목 갈기(鬣)를 물어 **사냥하다**.

獵銃 엽총
狩獵 수렵

| ヨ | 8획

彔
나무깎을 록

멧돼지가 주둥이(彑 돼지머리 계)로 나무껍질을 수액(氺=水)이 흐를 정도로 **깎음**을 나타낸 글자.

綠 糸
푸를 록

실(糸)을 나무껍질(彔) 삶아 물들이니 **푸르다**.

綠色 녹색
綠陰 녹음

錄 金
기록할 록

금속(金)을 파거나 깎아서(彔) **기록하다**.

錄畫 녹화
附錄 부록

祿 示
봉 록

제사(示) 때 위패(位牌) 깎아(彔) 모시는 이가 받는 **녹봉(祿俸)**. 한가지 일을 오래해 생긴 관록.

國祿 국록
貫祿 관록

| 女 | 11획

婁
여러 루

여러 개의 짐을 하나(一)로 묶어(串 꿸 관) 여자(女)가 머리 위에 이고 있는 모양에서 여럿을 뜻한 글자.

數 攵
셀 수
자주 삭

여러(婁) 개의 물건을 톡톡 치면서(攵 칠 복) **세다**. 세는 것을 반복하듯이 **자주한다**.

數學 수학
數尿症
삭뇨증

樓 木
누각 루

나무(木)로 만든 여러(婁) 층으로 된 **누각(樓閣)**.

望樓 망루
慶會樓
경회루

屢 尸
여러 루

죽을(尸 주검 시) 고비를 여러(婁) 번 겪는다 하여 **여러, 자주**.

屢次 누차
屢屢 누누

坴 언덕 륙	◐土 ❶8획 흙(土)이 흙(土)을 덮고(儿) 있는 모양에서 **큰 언덕**.	
陸 阜 뭍 륙	작은 언덕(阝)과 큰 언덕(坴)으로 이루어진 **뭍**.	陸地 육지 上陸 상륙
睦 目 화목할 목	바라보는 눈(目)이 위아래(坴)로 정다운 모양에서 **화목하다**.	和睦 화목 親睦 친목

 侖 뭉치 륜	◐人 ❶8획 글 적은 종이를 사람(人)이 하나(一)의 책(冊)으로 뭉침.	
倫 人 인륜 륜	사람(亻) 뭉쳐(侖) 모여 **사는데 지켜야 할 도리**.	人倫 인륜 倫理 윤리
輪 車 바퀴 륜	수레(車)에 있어 바퀴살이 뭉쳐서(侖) 된 **바퀴**.	輪廻 윤회 車輪 차륜
論 言 논할 론	말(言)을 책 엮듯(侖) 조리있게 하면서 **논하다**.	論理 논리 論說 논설
淪 水 빠질 륜	물(氵)에 전체가 통째로(侖) **빠지다**.	淪落 윤락

夌 높을 릉	흙(土) 밟고(儿 걷는사람 인) 천천히(夂 천천히걸을 쇠) 걸어 올라가는 모양에서 **높다**.	○ 夂 ❶ 8획
陵 阜 언덕 릉	언덕(阝 언덕 부) 중에서도 더욱 높은(夌) 큰 언덕. 언덕(阝)처럼 높게(夌) 만든 **왕릉(王陵)**.	丘陵 구릉 泰陵 태릉
凌 冫 업신여길 릉	얼음(冫 얼을 빙)이 얼면 물의 높이(夌)를 **능가**한다. 실력이 능가하는 사람은 모자라는 사람을 **업신여기다**.	凌駕 능가 凌蔑 능멸
稜 禾 모서리 릉	곡식(禾) 있는 밭의 높은(夌) 부분인 밭두둑은 모나게 높아 **모서리**.	稜線 능선
綾 糸 비단 릉	명주실(糸)로 짠 가치(價値)가 높은(夌) **비단**.	綾紗 능사

曼 퍼질 만	햇빛(日)이 그물(罒)을 손(又)으로 펴듯 **퍼지다**.	○ 日 ❶ 11획
慢 忄 게으를 만	마음(忄)이 퍼진(曼) 상태(狀態)로 **게으르다**.	怠慢 태만 慢性 만성
漫 水 흩어질 만	물(氵)이 **제멋대로** 퍼져(曼) **흩어짐**을 뜻하는 글자.	漫畵 만화 漫評 만평
蔓 艹 덩굴 만	식물(植物)의 줄기(艹)가 퍼져(曼) 나가는 **덩굴**.	蔓延 만연
鰻 魚 장어 만	물고기(魚) 중 길게(曼) 생긴 **장어(長魚)**.	鰻炙 만적

犮 달릴 **발**	개(犬)가 발을 앞으로(ノ) 뻗으며 달리는 모양.	◐ 犬 ❶ 5획	
拔 手 뺄 발	개가 달릴(犮) 때 발을 쭉 빼듯 손(扌)으로 **뺀다**.	拔群 발군 選拔 선발	
髮 髟 터럭 발	개가 달릴(犮) 때 뒤로 늘어지는 **긴(髟) 터럭(彡)**.	頭髮 두발 間髮 간발	
跋 足 발뒤꿈치 발	개가 발(足)로 달릴(犮) 때 보이는 **발뒤꿈치**.	跋文 발문	
 가물귀신 발	개도 물 찾아 달아나는(犮) 귀신(鬼)인 **가물귀신**.	旱魃 한발	

辟 피할 **벽**	죽음(尸 주검 시)의 구렁텅이(口)로부터 죄인(辛 매울, 죄인 신)이 피하다. 辛 세워(立) 놓고 죄인 이마에 十자를 바늘로 새긴다하여 혹독하여 맵다. 글자에서는 죄인의 뜻으로 많이 쓰임.	◐ 辛 ❶ 13획	
壁 土 벽 벽	비바람을 피하려고(辟) 흙(土)을 쌓아 만든 **벽**.	障壁 장벽 壁紙 벽지	
避 辶 피할 피	어려운 상황을 피해(辟) 간다(辶) 하여 **피하다**.	避身 피신 避暑 피서	
僻 人 후미질 벽	사람(亻)들을 피해서(辟) 사는 곳은 **후미지다**.	僻地 벽지	
劈 刀 쪼갤 벽	피해야(辟) 할 편협한 생각 등을 칼(刀)로 **쪼개다**.	劈頭 벽두	

		❍ 用 ❶ 7획
甫 클 보	열(十) 번 실(丶) 감아 쓰는(用 쓸 용) 큰 실패.	

補 衣 채울 보	찢어진 옷(衤)을 큰 실패(甫)로 기워 **채우다**.	補充 보충 補習 보습
捕 扌 잡을 포	손(扌)을 크게(甫) 움직여 **잡다**.　獲 잡을 획	捕獲 포획 捕手 포수
浦 氵 물가 포	민물(氵)과 바닷물이 드나드는 큰(甫) **물가**.	三千浦 삼천포 浦港 포항
輔 車 도울 보	수레(車)의 굴러감을 두 개의 큰(甫) 바퀴가 **돕다**.	輔佐 보좌
哺 口 먹일 포	입(口)을 크게(甫) 벌리게 한 후 음식을 **먹이다**.	哺乳類 포유류
脯 肉 고기 포	물고기나 쇠고기(月)를 크게(甫) 썰어 말린 **고기**.	肉脯 육포
逋 辶 달아날 포	세금 등을 크게(甫) 떼어 먹고 멀리(辶) **달아나다**.	稅金逋脫 세금포탈
鋪 金 가게 포	쇠(金) 농기구 등을 크게(甫) 차려 놓고 파는 **가게**.	店鋪 점포
圃 囗 밭 포	짐승 못 들게 크게(甫) 에워싸(囗) 만든 **밭**.	蔘圃 삼포

畐 찰 **복**	술이 가득 차 있는 둥글고 불룩한 술병 모양으로 글자 안에서 술병, 차 있다는 뜻.	❶ 9획
福 示 복 복	제단(示 제단 시)에 술을 가득(畐) 부어 놓고 신에게 제사 지내니 **복** 받음.	祝福 축복 飮福 음복
富 宀 부자 부	집(宀 집 면)에 재물이 가득 차(畐)있으니 **부자**.	貧富 빈부 豊富 풍부
副 刀 버금 부	술병(畐)의 술을 조금 나누어(刂) 지신(地神)에게 제사 지내는 데서, 지신 제사는 종묘(宗廟) 제사의 다음 가는 일이라 하여 **버금**의 뜻.	副詞 부사 副業 부업
幅 巾 넓이 폭	천(巾 수건 건)을 가득(畐) 펼친 **넓이**.	廣幅 광폭 路幅 노폭
復 다시 **부** 돌아올 **복**	사람(⼂ 누운사람 인)이 해(日)지면 천천히(夊 천천히걸을 쇠) 걸어서(彳 걸을 척) 다시 집으로 돌아옴을 거듭한다.	❷ 彳 ❶ 12획 復活 부활 復古 복고 復習 복습
覆 襾 덮을 복	열려 있는 것을 덮개(襾 덮을 아)로 다시(復 다시 부) 덮는다. 그 덮개를 엎어 덮는다는 데서 **엎다, 뒤집다**는 뜻. 顚 넘어질 전	覆蓋 복개 顚覆 전복
履 尸 밟을 리	죽음(尸 주검 시)에 임하여 살아온 길을 다시(復) 신을 신고 되돌아 밟아본다는 데서 **밟다**.	履歷 이력 履行 이행
腹 肉 배 복	몸(月)속에 내장이 거듭(復 거듭 복의 줄임) 포개져 있는 **배**.	腹部 복부 腹案 복안
複 衣 겹칠 복	옷(衤 옷 의)을 거듭(復 거듭 복의 줄임) **겹쳐** 입음.	複雜 복잡 複利 복리

丰 풀무성할 **병**	많은(三) 풀이 흙을 뚫고(丨) 나와 무성함.	●	● 4획

奉 大 받들 **봉**	많은(丰) 어른(大)들을 두 손(一 十)으로 **받들다**.	奉仕 봉사 奉養 봉양
泰 水 클 **태**	무성하며(丰) 크게(大) 흐르는 물(氺)이라는 데서 **크다**. 커서 여유가 있어 **편안하다**.	泰山 태산 泰平 태평
奏 大 아뢸 **주**	많은(丰) 어른(大) 앞에서 몸 구부리고(天 구부러질 요) 아뢴다. **연주(演奏)하다**.	上奏 상주 伴奏 반주
邦 邑 나라 **방**	무성하게(丰) 많은 고을(阝)이 모여 된 **나라**.	邦畵 방화 友邦 우방
契 大 맺을 **계**	내용을 칼(刀)로 크게(大) 새겨(丰) 계약 등을 **맺다**.	契約 계약 契機 계기
潔 水 깨끗할 **결**	많은 삼(丯)을 칼(刀)로 베어 가른 가는 실(糸)을 물(氵)에 하얗게 빨아 실이 **깨끗하다**는 뜻.	潔白 결백 淸潔 청결 純潔 순결
俸 人 봉급 **봉**	사람(亻)이 일을 하고 받들어(奉) 받는 **봉급(俸給)**.	薄俸 박봉
棒 木 몽둥이 **봉**	나무(木)를 들고(奉) 있는 모양에서 **몽둥이**.	鐵棒 철봉
楔 木 쐐기 **설**	나무토막(木)에 여러(丯) 번 칼(刀)질하여 깍아서 만든, 큰(大) 것을 쪼개는데 쓰는 **쐐기**.	楔形文字 설형문자

		❶ 夂 ❷ 7획
夆 만날 **봉**	걸을(夂 걸을 치) 때 무성한(丰 풀무성할 봉) 풀이 발에 걸리듯 만나다는 뜻을 가진 자.	

峯 山 봉우리 **봉**	산등성이(山)가 서로 만나는(夆) **산봉우리**.	最高峰 최고봉
蜂 虫 벌 **봉**	곤충(虫) 중 만나서(夆) 집단으로 사는 **벌**.	蜂針 봉침 養蜂 양봉
逢 辶 만날 **봉**	만나려고(夆) 먼 길 가서(辶 갈 착) **만나다**.	相逢 상봉 逢着 봉착
縫 糸 꿰맬 **봉**	실(糸)로 천 등을 서로 맞대어(逢) **꿰매다**.	縫合 봉합
烽 火 봉화 **봉**	불(火)을 산봉우리(夆←峰) 위에서 피우는 **봉화**.	烽火 봉화

		❶ 子 ❷ 7획
孚 기를 **부**	손(爫 손톱 조)으로 아이(子)를 안아 기르다.	

浮 水 뜰 **부**	물(氵)에서 아이 (子) 의 손(爫)이 **뜨다**.	浮力 부력 浮沈 부침
乳 乙 젖 **유**	손(爫)이 작은(孑) 아이가 만져 늘어진(乚) **젖**. 孑(외로울, 작을 혈) '子'의 변형 자. 예). 孑孑單身	乳兒 유아 牛乳 우유
孵 子 알깔 **부**	알(卵 알 란)을 발톱(爫)으로 굴려 새끼(子)를 만듦, 즉 **알까다**.	孵化 부화

音
갈라질 부

🅢 口 🅘 7획

서서(立 설 립) 말싸움(口) 끝에 갈라지다.

部 邑
나눌 부

국토를 다스리기 좋게 갈래(音) 고을(阝)로 **나누다**.

部品 부품
部署 부서

倍 人
곱절 배

사람(亻)이 갈라지지(音) 않고 살면 **곱절**로 는다.

倍數 배수
百倍 백배

培 土
기를 배

흙(土)을 갈라(音) 초목을 심고 덮어 **기르다**.

培養 배양
栽培 재배

剖 刀
가를 부

서서(立) 소리치며(口) 칼(刂)로 내리쳐 **가르다**.

解剖 해부

尃
펼칠 부

🅢 寸 🅘 10획

큰 실패(甫 클 보)의 실을 손(寸)으로 펼치다.
甫 열(十)번이고 백번이고 실(丶)을 감아 쓰는(用) 큰 실패.

簿 竹
장부 부

대쪽(⺮)에 먹물(氵)로 펼쳐(尃) 적는 **장부**.

簿記 부기
名簿 명부

博 十
넓을 박

여러(十) 방면으로 펼치는(尃) 모양에서 **넓다**.

博士 박사
博愛 박애

薄 ⺿
엷을 박

풀(⺿)이 물(氵) 위에 **엷게** 펼쳐져(尃) 있다.

薄俸 박봉
薄氷 박빙

傅 人
스승 부

사람(亻) 중 지식을 아낌없이 펼치는(尃) **스승**.

師傅 사부

賁 클 분	조개껍질(貝)이 많이(十) 많이(卄 스물 입) 쌓여 크게 된 모양.	❷貝 ❶12획

憤 心 분할 분	마음(忄)에 쌓이고 쌓여서(賁) 생긴 울분이나 **분함**.	憤怒 분노 悲憤慷慨 비분강개
墳 土 무덤 분	흙(土) 크게(賁) 쌓아 만든 '墓(묘)'보다 큰 **무덤**.	古墳 고분 墳墓 분묘
噴 口 뿜을 분	입(口) 크게(賁) 벌리고 재채기 하듯 **뿜다**.	噴水 분수

乍 잠깐 사	사람이 잠깐 사이에 만든 지게 모양에서 잠깐의 뜻.	❷丿 ❶5획

詐 言 속일 사	말(言)로 잠깐(乍) 사이에 사람을 **속이다**.	詐欺 사기 詐稱 사칭
作 人 지을 작	사람(亻)이 지게(乍)를 만들듯 무언가를 **만들다**.	作業 작업 作家 작가
昨 日 어제 작	하루 해(日)가 잠깐(乍) 사이에 지나간 **어제**.	昨日 작일 昨年 작년
炸 火 터질 작	불(火)이 잠깐(乍) 사이에 확 일어나면서 **터지다**.	炸藥 작약

亘 펼 선	二 6획 위(一) 아래(一)로 말(曰)이 돌게 하여 일을 편다는 뜻.	
宣 宀 알릴 선	정사(政事)를 돌보는 집(宀 집 면)에서 백성이 알 수 있도록 내용을 펼쳐(亘) **알린다.**	宣布 선포 宣言 선언
恒 忄 항상 항	마음(忄)은 어딘가에 **항상** 펼쳐져(亘) 있다.	恒時 항시 恒星 항성
韱 가늘 섬	韭 17획 사람들(人人)이 창칼(戈 창 과)로 끊은 부추 (韭 부추 구)가 가늘다.	
纖 糸 가늘 섬	실(糸)이 **가늘다**(韱)는 뜻.	纖維 섬유
殲 歹 다죽일 섬	사람들(人人)을 부추(韭) 베듯 창(戈)으로 찔러 **다 죽인다**(歹←死).	殲滅 섬멸
喿 시끄러울 소	口 13획 나무(木)에 새들이 모여 지저귀니(品) 시끄럽다.	
操 扌 잡을 조	시끄럽게(喿) 우는 새 잡듯(扌), 어지러운 마음 을 **바로잡다.**	貞操 정조 操心 조심
燥 火 마를 조	불(火) 타듯, 시끄럽게(喿) 떠드니 목이 **마르다.**	乾燥 건조 燥渴 조갈
藻 艹 수초 조	풀(艹) 중 물(氵)이 모여(喿 모일 소) 있는 곳에서 자라는 **수초**(手草).	海藻類 해조류

叟 늙은이 **수**	절구(臼 절구 구)에 곡식을 넣고 절굿공이(丨)를 손(又 손 우)에 쥐고 찧는 늙은이. 臼은 6획, 가운데가 터진 臼은 7획	◐ 又 ❶ 10획

搜 手 찾을 **수**	손(扌)으로 늙은이(叟)가 더듬어 힘들게 **찾는다**.	搜査 수사 搜索 수색
嫂 女 형수 **수**	나보다 나이 많은(叟) 형과 사는 여자(女)인 **형수**.	弟嫂 제수
瘦 疒 파리할 **수**	병든(疒) 늙은이(叟)가 해쓱하여 **파리하다**.	瘦瘠 수척
插 手 꽂을 **삽**	손(扌)으로 천(千) 번 즉 여러 번 절구통(臼)에 내리 **꽂다**.	挿入 삽입

隋 수나라 **수**	언덕(阝 언덕 부) 왼쪽(左)으로 몸(月)이 떨어지다. 여기에 '土'를 붙인 '墮' 자가 떨어지다는 뜻으로 쓰이므로 '隋'은 수나라(589년~618년)의 뜻으로 쓰임.	◐ 阜 ❶ 12획

隨 阜 따를 **수**	언덕(阝) 넘어 멀리 따라 갈 때는 왼쪽(左)에 몸(月)을 두고 간다(辶)는 데서 **수행하다**, **따르다**. 윗사람과 함께 걷거나 보좌할 때는 왼쪽에서 함. 隨意契約 경쟁이나 입찰(入札) 없이 일방적으로 상대방을 골라 맺는 계약.	隨伴 수반 隨筆 수필 隨意契約 수의계약
墮 土 떨어질 **타**	높은 언덕(阝 언덕 부)에서 좌천(左)된 몸(月)과 같이 땅바닥(土)으로 **떨어지다**.	墮落 타락

		◎ 戈 ❶ 13획
戠 찰흙 **시**	사람 소리(音 소리 음)를 창칼(戈 창 과)로, 찰흙으로 만든 담벼락이나 도자기 등에 새긴다.	
識 言 알 식 적을 지	말(言)·소리(音)를 창칼(戈)로 도자기 등에 알게 **적는다**.	識見 식견 標識 표지
職 耳 벼슬 직	들은(耳) 것을 찰흙(戠) 도자기 등에 새기는 **직업**.	就職 취직 官職 관직
織 糸 짤 직	실(糸)로 찰흙(戠) 도자기를 만들듯 베를 **짜다**.	織物 직물 組織 조직
熾 火 불꽃 치	불(火)로 찰흙(戠) 도자기 굽는 강한 **불꽃**.	熾熱 치열
幟 巾 깃발 치	찰흙(戠) 도자기를 만들듯 천(巾)으로 만든 **깃발**.	旗幟 기치

		◎ 卩 ❶ 4획
卬 높을 **앙**	사람(亻)이 무릎(卩무릎 절) 꿇고 높이 쳐다봄.	
仰 人 우러를 앙	사람(亻)이 높이(卬) 바라보는 데서 **우러르다**.	仰望 앙망 信仰 신앙
迎 辶 맞을 영	사람을 마중 나가(辶 갈 착) 받들어(卬) **맞이하다**.	迎接 영접 歡迎 환영
抑 手 누를 억	손(扌)으로 위로 높이(卬) 오르려는 것을 **누르다**.	抑制 억제 抑揚 억양

蒦 헤아릴 약	풀숲(艹) 새(隹 새 추)가 주위 살피듯, 손(又 손 우)으로 잘 헤아려 본다.	❸ 艹 ❶ 14획

護 言 보호할 호	말(言)을 헤아려(蒦) 듣고 잘 하여 **보호(保護)**한다.	守護 수호 辯護 변호
穫 禾 거둘 확	벼(禾)가 익었는지 헤아려(蒦) **거두어들인다**.	收穫 수확
獲 犭 잡을 획	짐승(犭 짐승 견)도 헤아려(蒦) 먹이를 **잡는다**.	獲得 획득 捕獲 포획

敫 칠 약	햇살(白) 퍼져(放 놓을 방) 물체에 부딪치다, 치다.	❸ 攵 ❶ 13획

激 水 심할 격	물(氵)이 바위에 부딪치는(敫) 모양이 심하다…	激動 격동 感激 감격
傲 人 거만할 오	사람(亻)이 땅(土)에 풀어 놓은(放 놓을 방) 강아지처럼 날뛰어 **거만(倨慢)**하다. 倨 거만할 거	傲慢 오만 傲氣 오기
檄 木 격문 격	나무(木)에, 적을 친다(敫)는 등의 급한 내용을 적어 붙인 **격문**. 檄文 사람들의 의분을 고취시키기 위하여 급히 알리는 글.	檄文 격문
邀 辶 맞이할 요	적을 치러(敫) 간다(辶 갈 착)하여 **맞이하다**. 邀擊 (공격해 오는 적·미사일을) 기다렸다 받아 침.	邀擊 요격

昜 빛날 양	○ 日　❶ 9획 아침(旦 아침 단) 햇살이 내리쬐(勿) **빛나다**. 勿(없을 물) 싸고(勹 쌀 포) 있는 물건이 빠져(丿丿) 나가는 모양.		
陽 阜 볕 양	언덕(阝 언덕 부)은 햇빛(昜) 잘 들어 **볕**의 뜻.	陽地 양지 太陽 태양	
楊 木 버드나무 양	나무(木) 중 햇빛(昜)에 드리우는 **버드나무**.	垂楊 수양	
揚 手 올릴 양	손(扌)을 들어 **올려** 빛나는(昜) 해를 가리다.	揭揚 게양 立身揚名 입신양명	
場 土 마당 장	땅(土)에 햇빛(昜)이 잘 들어 쓰임에 좋은 **마당**.	廣場 광장 場所 장소	
腸 肉 창자 장	몸(月)에 햇볕(昜)처럼 영양을 주는 **창자**.	大腸 대장 斷腸 단장	
暢 日 화창할 창	의견 펼쳐 아뢰듯(申), 해가 빛나(昜) **화창함**.	和暢 화창	
傷 人 다칠 상	사람(亻)이 몸 숙여(⸍) 햇빛(昜) 아래서 일하니 피부를 **상하다**.	火傷 화상 傷處 상처	
湯 水 끓을 탕	물(氵)이 햇빛(昜) 같은 뜨거운 열을 받아 **끓다**.	溫湯 온탕 再湯 재탕	
蕩 艹 방탕할 탕	풀(艹)이, 풍부한 물(氵)·햇빛(昜)으로 마구 자라듯 생활이 **방탕하다**.	放蕩 방탕	

襄 도울 양

○ 衣　● 17획

옷(衣 옷 의) 속 여자의 가슴(口口)은 도움 주는 우물(井) 같이 아이의 성장에 도움이 된다는 뜻.

壤 흙 양
흙(土) 중에서도 삶에 도움이(襄) 되는 **좋은 흙**.
土壤 토양

讓 사양할 양
말(言)로 상대의 도움(襄)을 정중히 **사양(辭讓)함**.
讓步 양보
讓渡 양도

孃 아가씨 양
여자(女)로서 도움(襄)이 될 만큼 다 자란 **아가씨**.
令孃 영양

釀 술빚을 양
삶의 도움(襄)이 되도록 술(酉→酒) **빚다**.
釀造場 양조장

攘 물리칠 양
손(扌)으로, 도움(襄)이 되지 않는 것을 **물리치다**.
攘夷 양이

囊 주머니 낭
하나(一)의 구멍(口) 내어 휴대에 도움(襄) 되게 만든 **주머니**.
囊中之錐 낭중지추

彦 선비 언

○ 彡　● 9획

서(立) 있는 모습이 긴(丿) 머리(彡)를 한 선비.

顔 얼굴 안
선비(彦)의 머리(頁 머리 혈)에서 '얼'이 깃든 **얼굴**.
顔色 안색
顔料 안료

諺 상말 언
말(言)도 선비(彦)들이 함부로 하면 **상말**.
諺文 언문

		◐ 屮 ❶ 6획
屰 거꾸로 역	지면(一)을 가르고(ㄟ ㅣ) 나온 싹(屮 싹날 철)이 뿌리 반대 방향으로 자란다 하여 **거꾸로**의 뜻.	

逆辶 거스를 역	거꾸로(屰) 간다(辶 갈 착) 하여 **거스르다**.	逆行 역행 逆賊 역적
朔月 초하루 삭	거슬러(屰) 올라가 본 달(月)의 처음 모양인 초승 달을 나타내 **초하루**를 뜻하는 글자.	朔月貰 삭월세 朔風 삭풍
厥厂 오랑캐 궐	언덕(厂)을 거슬러(屰) 오르니 숨차(欠 하품 흠) 고개 숙이듯, 고개 숙이며 문화 배우는 **오랑캐**.	突厥 돌궐

		◐ 目 ❶ 13획
睪 살필 역	눈(罒 누은눈 목 = 目)으로 한(一) 명씩 차례로 죄인(幸 죄인 신)을 **살피다**.	

譯言 번역할 역	말(言) 뜻을 잘 살피어(睪) **통역(通譯)하다**.	直譯 직역 意譯 의역
驛馬 정거장 역	말(馬)을 보살피고(睪) 갈아탈 수 있도록 한 **역**.	驛長 역장 驛前 역전
擇扌 가릴 택	손(扌)으로, 잘 살펴(睪) 본 후 **가리어 뽑다**.	擇日 택일 選擇 선택
澤水 못 택 윤택할 택	물(氵)이 보이는(睪) 못. 못이 있어 **윤택하다**.	沼澤 소택 惠澤 혜택
釋釆 풀 석	사물을 분별하고(釆) 살피어(睪) 쉽게 **풀어놓음**.	解釋 해석 釋放 석방

		❷ 肉 ❶ 7획
肙 벌레 연	보기에 입(口)과 몸통(月)으로 된 작은 벌레.	

絹 糸 명주 견	누에(肙)에서 나온 실(糸)로 짠 명주(明紬), 비단.	絹絲 견사
捐 手 낼 연	손(扌)으로 누에(肙)가 실토하듯 재물을 **내다**. 義捐金 어떤 사회적 공익을 위하여 금품을 냄.	義捐金 의연금

		❷ 木 ❶ 12획
枼 얇을 엽	나무(木)에서 해(世 해 세)마다 돋아나는 새 잎이 얇음.	

葉 艹 잎사귀 엽	초목(艹)에서 돋아나는 얇은(枼) **잎사귀**.	葉書 엽서
蝶 虫 나비 접	곤충(虫 벌레 충) 중에서 날개가 얇은(枼) **나비**.	蝶泳 접영
棄 木 버릴 기	기르지(育 기를 육의 줄임) 못하니 한(一) 산(山) 속 나무(木) 많은 곳에 **버리다**.	棄權 기권 廢棄 폐기
諜 言 염탐할 첩	남의 말(言)을, 날리는 얇은(枼) 잎사귀처럼 여기 저기서 **염탐하다**.	諜報 첩보
牒 片 문서 첩	나무(木) 조각(片 조각 편)에 내용 적어 세상(世) 에 알리는 **문서**.	請牒 청첩

		◎ 土 ❶ 11획
埶 심을 예	둥글게(丸 둥글 환) 흙(土) 파고(儿) 흙(土) 위에 **심다**.	
藝 艹 재주 예	초목(艹) 심고(埶) 가꾸며, 말하고(云 말할 운) 글 쓰는 **재주**.	園藝 원예 藝術 예술
熱 火 더울 열	심어져(埶) 있는 초목으로 불(灬=火) 때니 덥고 **뜨겁다**.	熱氣 열기 熱心 열심
勢 力 기세 세	심은(埶) 초목이 힘차게 자라듯 뻗는 **기세**.	勢力 세력 權勢 권세
褻 衣 속옷 설	초목을 심듯이(埶) 겉옷(衣) 안에 입는 **속옷**.	猥褻 외설

		◎ 隹 ❶ 13획
雍 화할 옹	지붕(亠) 아래 어린(幺 작을 요) 새(隹 새 추)를 보호하는 모양에서 **화하다**.	
擁 手 껴안을 옹	손(扌)으로 서로의 뜻이 화합하여(雍) **껴안다**.	抱擁 포옹 擁護 옹호
壅 土 막을 옹	화합하여(雍) 토성(土)을 쌓아 적의 공격을 **막음**.	壅固執 옹고집
甕 瓦 독 옹	지붕(亠) 아래 어린(幺 작을 요) 새(隹 새 추)처럼 보호가 필요해 기와(瓦 기와 와)를 만드는 흙으로 구워 만든 **독**.	甕器 옹기 鐵甕 철옹

堯 높을 요

● 土 ● 12획

흙(土)을 우뚝하게(兀 우뚝할 올) 쌓은 모양이 높다.

曉 日 새벽 효
해(日)가 높이(堯) 떠오르기 시작하는 이른 **새벽**.
曉星 효성

燒 火 불사를 소
불(火)이 높이(堯) 타오를 정도로 크게 **불사르다**.
燒却 소각
燃燒 연소

僥 人 바랄 요
사람(亻)이 분수 이상의 높은(堯) 것을 **바라다**.
僥倖 요행

撓 手 꺾일 요
손(扌) 높이(堯) 들어 흔드니 **휘거나 꺾이다**.
不撓不屈 어떤 어려움에도 휘거나 굽히지 않음.
不撓不屈
불요불굴

饒 食 넉넉할 요
먹을(食) 것이 높이(堯) 쌓여 있으니 **넉넉하다**.
豊饒 풍요

搖 흔들 요

● 手 ● 13획

손(扌)으로, 고기(月=肉 고기 육) 굽듯 구운 질그릇(缶 질그릇 부)을 두드리니 흔들리다. 또는 흔들다.
搖動 요동
搖籃 요람

遙 辶 멀 요
고기(月=肉) 굽듯 구운 질그릇(缶 질그릇 부)을 두드리니 그 소리가 **멀리**까지 간다(辶 갈 착).
遙遠 요원

謠 言 노래 요
고기(月=肉 고기 육) 굽듯 구운 질그릇(缶 질그릇 부)을 두드리며 장단 맞춰 부르는 (言) **노래**.
歌謠 가요
民謠 민요

甬 솟을 용	꽃봉오리가 솟아나온 모양. 물이 솟아나는 모양.	◎ 用 ❶ 7획
勇 力 날랠 용	솟듯이(甬) 힘차게(力) 나가는 모양에서 **날래다**.	勇氣 용기 勇猛 용맹
通 辶 통할 통	솟아나듯(甬) 막힘없이 간다(辶) 하여 **통하다**.	通行 통행 交通 교통
痛 疒 아플 통	병(疒 병들 녁)의 기운이 솟아오르니(甬) **아프다**.	痛症 통증 頭痛 두통
誦 言 욀 송	말(言)이 저절로 솟아나올(甬) 정도로 **외다**.	暗誦 암송 朗誦 낭송
踊 足 춤출 용	발(足)로 솟아오르듯(甬) 힘차게 뛰며 **춤을 추다**.	舞踊 무용
禺 짐승 우	밭(田)에 웅크리고 앉아(禸 짐승발자국 유) 있는 원숭이인 짐승.	◎ 内 ❶ 9획
遇 辶 만날 우	짐승(禺)이 돌아다니다(辶) 우연히 **만나다**.	遭遇 조우 不遇 불우
愚 心 어리석을 우 겸손할 우	짐승(禺)처럼 마음(心)이 단순하며 어리석다. 자신을 낮추어 **어리석다** 하여 **겸손하다**.	愚問賢答 우문현답
偶 亻 짝 우	사람(亻)과 원숭이(禺)는 닮음. 나 닮은 **짝**.	配偶者 배우자 偶像 우상

萬 ㅛ 일만 만	초원(艹)의 많은 짐승(禺)처럼 **많다**. **일만(一萬)**.	萬感 만감 萬壽 만수
勵 力 힘쓸 려	언덕(厂)에서 많은(萬) 사람이 **힘써(力) 일하다**.	獎勵 장려 激勵 격려
寓 宀 붙어살 우	집(宀)에 짐승들(禺)이 **붙어산다**. 짐승에 **빗대다**.	寓話 우화

夗 뒹굴 원
○ 夕　❶ 5획

저녁(夕)에 다리(㔾 무릎 절)를 구부리고 뒹군다.

怨 心 원한 원	자면서도 뒤척이며(夗) 마음(心)에 품은 **원한**.	怨聲 원성 怨望 원망
苑 艹 동산 원	초목(艹)이 무성하여 뒹굴며(夗) 놀기 좋은 **동산**.	秘苑 비원
鴛 鳥 원앙 원	뒹굴며(夗) 노는 사이가 좋은 새(鳥 새 조)인 **원앙**.	鴛鴦 원앙

袁 옷길 원
○ 衣　❶ 10획

하나(一)의 긴 옷(衣)으로 몸(口)을 감싼 모양에서 길다.

遠 辶 멀 원	긴 옷(袁)과 같이 갈길(辶 멀리갈 착)이 **멀다**.	遠近 원근 遠視 원시
園 口 동산 원	울타리(口) 안에 열매 치렁거리는(袁) 과일나무가 있는 **동산**.	庭園 정원

당길 원

손(⺥ 손톱 조)으로 한(一) 명의 벗(友 벗 우)을 끌어당기다.

○ 爪 ❶ 9획

援 扌
도울 원

어려움에 처한 이를 손(扌)으로 끌어당겨(爰) **돕다**.

援助 원조
救援 구원

暖 日
따뜻할 난

햇빛(日)을 당기다(爰), 즉 햇빛이 잘 들어 **따뜻하다**.

暖流 난류
寒暖 한난

緩 糸
느릴 완

실(糸)을 당기면(爰) **느슨해진다**. 느슨해져 느리다.

緩急 완급
緩和 완화

煖 火
더울 난

불(火)을 피워 가까이 끌어당겨(爰) 놓으니 **덥다**.

煖房 난방

멀리갈 유

사람(亻)이 지팡이(丨)로 땅을 치면서(攵 칠 복) 멀리 간다.

○ 攵 ❶ 7획

悠 心
멀 유

멀리(攸) 보는 마음(心)이라 **멀다, 여유 있다**.
悠悠自適 속세를 떠나 아무 속박 없이 조용하고 편안하게 삶.

悠久 유구
悠悠自適 유유자적

修 人
닦을 수

멀리(攸) 내다보고, 머리(彡) 감듯, 심신을 갈고 **닦는다**.

修養 수양
修了 수료

條 木
가지 조

멀리(攸) 뻗은 나무(木)의 **가지**처럼 많은 여럿.

條件 조건
條約 조약

滌 水
씻을 척

물(氵)로 여러(條) 번에 걸쳐 깨끗하게 **씻는다**는 뜻.

洗滌 세척

俞 거룻배 유	몸체(月) 앞부분이 뾰족하며(스), 물(巛 큰도랑 괴) 위를 다니는 거룻배.	◎ 入 ❶ 9획
愈心 더욱 유	거룻배(俞)가 나아가듯 갈수록 마음(心)이 **더욱** 좋아짐.	愈愈 유유
輸車 나를 수	육로는 수레(車), 수로는 거룻배(俞)로 **나른다**.	輸出 수출 輸送 수송
尢 머뭇거릴 유	덮여(冖 덮을 멱) 있어 알 수 없기에 사람(儿 어진사람 인)이 판단을 머뭇거리다. '임'으로도 쓰이나 '유'로 더 많이 통용된다.	◎ 冖 ❶ 4획
沈水 가라앉을 침 성씨 심	물(氵) 위에서 머뭇거리다(尢) **가라앉다. 성씨**.	沈沒 침몰 沈滯 침체
枕木 베개 침	나무(木)에 사람의 머리가 머무르는(尢) **베개**.	高枕短命 고침단명
垔 막을 인	해 뜨는 쪽이 아닌 서쪽(西 서녘 서)을 흙(土)으로 막다.	◎ 土 ❶ 9획
煙火 연기 연	불(火)이 잘 타지 않고 막히면(垔) 나는 **연기**.	煤煙 매연 禁煙 금연
湮水 잠길 인	물(氵) 흐름이 막혀(垔) 물이 차올라 **잠기다**.	湮滅 인멸

束 가시 자	나무(木)를 덮고(冖 덮을 멱) 있는 가시.	◐ 木 ❶ 6획

刺 刀 찌를 자 찌를 척	가시(朿)가 찌르듯 칼(刂)로 **찌르다**.	刺客 자객 刺殺 척살
策 竹 꾀 책	대(竹) 회초리로 가시(朿)처럼 따끔하게 매를 댈 때에는 요령 있게 하여야 하듯, 머리를 쓰는 **꾀**.	策士 책사 政策 정책
棗 木 대추 조	많은 가시(朿)로 덮여 있는 **대추나무, 대추**.	棗栗李柿 조율이시

勺 작을 작	액체를 싸듯(勹 쌀 포) 담을 수 있는 하나(一)의 작은 그릇이나 잔.	◐ 勹 ❶ 3획

酌 酉 술따를 작	술(酉 닭,술 유)을 작은 잔(勺)에 **따르다**. **酬 술따를 수** 酉(닭 유) 글자 안에서는 항상 '술'의 뜻으로 쓰임.	酬酌 수작 對酌 대작
的 白 과녁 적	흰(白) 종이로 싼(勹) 판에 점찍어(丶 점 주) 만든 **과녁**.	的中 적중 目的 목적
約 糸 맺을 약	실(糸)로 묶듯 잔(勺)에 술 따르며 관계를 **맺음**.	約束 약속 約婚 약혼
灼 火 타오를 작	불(火)이 작은 그릇(勺)에서 세차게 **타오르다**.	灼熱 작열
炸 火 터질 작	불(火)에 의하여 잠깐(乍 잠깐 사) 사이에 폭탄이 **터지다**.	炸藥 작약

栽 심을 재	흙(土)을 창(戈 창 과) 같은 도구로 파 나무(木) 심다.	◐ 木 ❶ 10획 栽培 재배 盆栽 분재
裁衣 재단할 재	흙(土) 파기(戈) 위해 가르듯 옷(衣)을 만들기 위해 **재단(裁斷)하다**. 재단은 몸 크기를 잘 헤아려야 하는 데서 **헤아리다**, **판단하다**	裁量 재량 裁判 재판 獨裁 독재
載車 실을 재	흙(土)을 파서(戈) 수레(車 수레 거)에 **실음**.	積載 적재 記載 기재
哉口 어조사 재	흙(土)을 가르듯(戈) 입(口)을 열어 말에 힘을 더해 주는 **어조사**.	快哉 쾌재 嗚呼痛哉 오호통재

氐 밑 저	뻗어나가는 나무뿌리(氏)의 아래(一) 부분이라 하여 밑을 뜻한 글자.	◐ 氏 ❶ 5획
低人 낮을 저	사람(亻)이 밑(氐)에 있으니 수준 등이 **낮음**.	低質 저질 低價 저가
底广 바닥 저	집(广 집 엄)의 밑(氐) 부분이라 하여 **바닥**.	底力 저력 海底 해저
抵手 밀칠 저	손(扌)으로, 거부의 뜻으로 아래로(氐) **밀친다**.	抵抗 저항 抵當 저당
邸邑 큰집 저	큰 터를 바탕으로(氐) 고을(阝)에 지은 **큰 집**.	邸宅 저택

商
뿌리 적 / 과실 적

◎ 口 ❶ 11획

오래(古 오랠 고) 버티고 서(立) 있는 나무의 뿌리.
나무에 매달려 있는 과일 모양에서 과실을 뜻한 글자.

適 辶
나아갈 적

뿌리(商)가 좋은 방향으로 뻗어(辶) **나아간다**.

適應 적응
適合 적합

敵 攵
원수 적

근본(商)까지 쳐야(攵 칠 복) 할 적이나 **원수**.

敵軍 적군
敵手 적수

摘 手
따낼 적

손(扌)으로, 솎아주기 위해 과실(商)을 **따내다**.

摘果 적과
摘發 적발

滴 水
물방울 적

물(氵)이 과실(商)에서 떨어져 **물방울**.

硯滴 연적
點滴 점적

翟
꿩깃 적

◎ 羽 ❶ 14획

날개의 깃(羽 깃 우)이 아름다운 새(隹 새 추)인 꿩.
또는 꿩의 깃.

曜 日
빛날 요

해(日)가 아름다운 꿩 깃(翟)처럼 **빛나다**.

曜日 요일

濯 水
씻을 탁

물(氵)에 날개의 깃(羽)을 새(隹)가 담그어 **씻다**.

濯足 탁족
洗濯 세탁

躍 足
뛸 약

발(足)과 날개의 깃(羽)을 이용해 새(隹)가 **뛰다**.

躍進 약진
跳躍 도약

擢 手
뽑을 탁

손(扌)으로 꿩의 깃(羽)을 **뽑다**.

拔擢 발탁

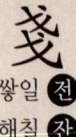

戔 쌓일 전 / 해칠 잔 　　　　🔵 戈 　❶ 8획

전쟁(戰爭)에 쓰는 무기인 창(戈 창 과)이 쌓여 있다.
여러 사람이 창(戈 창 과) 같은 무기를 들고 해침.

錢 金 돈 전	금속(金)으로 만들어 쌓아(戔) 놓기 좋게 만든 **돈**.	銅錢 동전 換錢 환전
踐 足 밟을 천	발(足)을 많이(戔) 움직여 직접 행하여 **밟다**.	實踐 실천 踐行 천행
賤 貝 천할 천	재물(貝) 쌓기에만(戔) 전념(專念)하니 **천하다**.	賤民 천민 貴賤 귀천
淺 水 얕을 천	물속(氵)에 토사(土砂)가 쌓여(戔) 깊이가 **얕다**.	淺薄 천박 深淺 심천
殘 歹 죽일 잔 남을 잔	무기(戈)로 죽인(歹) 시체가 쌓여(戔) **남아 있다**.	相殘 상잔 殘業 잔업
棧 木 잔도 잔	험한 곳에 나무(木) 엮어(戔) 만든 길인 **잔도**.	棧橋 잔교 棧道 잔도
盞 皿 술잔 잔	쌓아(戔) 놓고 쓰는 그릇(皿 그릇 명)이나 **술잔**.	燈盞 등잔
箋 竹 쪽지 전	대(竹)를 창칼(戈)로 다듬은 후 내용을 적은 **쪽지**.	處方箋 처방전
餞 食 송별할 전	떠날 때 음식(食) 등을 많이(戔) 주며 **송별함**.	餞別金 전별금

夋 나아갈 준	사심(厶 사사로울 사) 없이 사람(儿 어진사람 인)이 보무(步武)도 당당히 걸어(夊 걸을 쇠) 나아가다.	❷ 夊 ❶ 7획
俊 人 준걸 준	사람(亻)중 당당히 걸어 나아가는(夋) 준걸.	俊才 준재 俊秀 준수
峻 山 험할 준	산(山)이 가파러 걸어 나아가기(夋) 힘들어 **험하다**.	險峻 험준
浚 水 칠 준	물(氵) 잘 흘러 나아가도록(夋) 바닥을 **걷어내다**.	浚渫 준설
竣 立 마칠 준	나아감(夋)을 멈추고 섰다(立) 하여 일 따위를 **마치다**.	竣工 준공
駿 馬 준마 준	말(馬)이 날렵하여 나아감(夋)이 빠른 **준마(駿馬)**.	駿足 준족

㐱 검은머리 진	사람(人)의 검은 머리털(彡)에서 검은 머리.	❷ 人 ❶ 5획
珍 玉 보배 진	옥(王←玉)이 머릿결(㐱) 같이 곱고 귀한 **보배**.	珍貴 진귀 珍品 진품
疹 疒 두드러기 진	병(疒 병질 녁)으로, 검은 머릿속(㐱) 피부까지 돋는 **두드러기**.	紅疹 홍진 發疹 발진
診 言 진찰할 진	말(言)로 묻고 머리(㐱)를 만지며 **진찰하다**.	檢診 검진

		❷ㅣ ❶ 10획
丵 풀무성할 착	풀(立에 ㅣㅣㅣ를 더해)이 많이(十) 나 있어 무성함.	

| **業** 木 일 업 | 나무(木)에 뻗은 가지나 잎처럼 많은(丵) 일.
業이란? 1. 전생의 소행에 의해 현세에서 받는 선악의 응보.
2. 성가시거나 노력해야만 되는 일. | 學業 학업
職業 직업 |

| **對** 寸 대할 대 | 많은(丵) 일을 한결(一) 같이 법도(寸 법도 촌) 있게 **대하다** | 對談 대담
對話 대화 |

		❷日 ❶ 12획
朁 입김낼 참	어금니(旡 = 牙 어금니 아)처럼 날카롭게 입(曰)에서 입김을 내다.	

| **潛** 水 잠길 잠 | 물(氵)에서 자맥질할 때 입김 내뿜고(朁) 다시 들어가는 데서 **자맥질하다, 잠기다.** | 潛水 잠수
潛伏 잠복 |

| **蠶** 虫 누에 잠 | 입김(朁) 내듯 실을 토해 내는 벌레(虫)인 누에. | 蠶食 잠식 |

		❷言 ❶ 13획
詹 살필 첨	몸 구부리고(ク 굽은사람 인) 언덕(厂) 위에서 아래에 있는 사람(儿 어진사람 인)과 말(言) 주고받으며 적의 동태를 살핀다.	

| **擔** 手 멜 담 | 손(扌)으로, 물건을 잘 살피어(詹) 좋은 쪽을 **멘다.** | 擔任 담임
負擔 부담 |

| **膽** 肉 쓸개 담 | 몸(月)의 음식물을 살피어(詹) 소화를 돕는 **쓸개.** | 熊膽 웅담 |

僉 여러 첨	사람들(人人) 의견(口口)을 모은다(스)는 데서 여럿. 스(모을 집) 사람(人)을 한(一) 곳에 모으다.	❷ 人 ❶ 13획 僉知 첨지
儉 人 검소할 검	사람(亻) 여럿(僉)이 살려면 **검소(儉素)해야** 함.	儉約 검약 勤儉 근검
檢 木 살필 검	쓸 나무(木)를 여럿(僉)이 살펴 **검사(檢査)함**.	檢索 검색 檢事 검사
劍 刀 칼 검	여러(僉) 사람이 차고 다니는 칼(刂)인 **검**.	劍術 검술 劍道 검도
險 阜 험할 험	언덕(阝)이 여러(僉) 겹으로 되어 있어 **험하다**.	險難 험난 危險 위험
驗 馬 시험 험	말(馬)을 여럿(僉)이 타본다는 데서 **시험(試驗)**.	經驗 경험 效驗 효험

蜀 벌레 촉 큰닭 촉	눈(罒=目) 크며 누에고치 안에 싸여(勹) 있는 **벌레(虫)**. 험한 산으로 둘러싸인 **촉나라**. 눈(罒) 크게 뜨고 몸 구부러(勹) 벌레(虫) 잡는 큰 닭.	❷ 虫 ❶ 13획
觸 角 닿을 촉	뿔(角 뿔 각) 같은 더듬이로 벌레(蜀)가 감지하기 위해 **닿다**.	觸感 촉감 觸手 촉수
燭 火 촛불 촉	불꽃(火)이 벌레(蜀)처럼 넘실거리는 **촛불**.	燭光 촉광 華燭 화촉

屬 속할 속	죽은(尸 주검 시) 동물 가죽 뚫고(丨) 이쪽(二) 저쪽(二)으로 나오는 벌레(蜀)처럼, 안에 **속하거나** 어딘가에 **붙어** 있음.	屬國 속국 附屬 부속
濁 흐릴 탁	물(氵)을 닭(蜀 큰닭 촉)이 벌레를 찾으려 휘저어 **흐리다**.	濁酒 탁주 一魚濁水 일어탁수
獨 홀로 독	개(犭=犬)와 닭(蜀 큰닭 촉)은 같이 지내지 못해 **홀로**.	獨身 독신 獨立 독립

悤 바쁠 총 ❶心 ❷11획

굴뚝(囱 굴뚝 총)으로 연기가 빠르게 나가듯 마음(心)이 바쁘다.

總 거느릴 총	실(糸)로 바쁘고(悤) 복잡한 것을 모두 묶어 한꺼번에 다스린다는 데서 **모두, 묶다, 거느리다**.	總論 총론 總角 총각 總理 총리
聰 귀밝을 총	귀(耳)가 바쁘다(悤)는 것은 들어서 이해함이 빠르기에 이것저것 듣기 바쁘다하여 **귀가 밝다**.	聰明 총명 聰氣 총기

芻 꼴 추 ❶艸 ❷10획

풀(艸)을 겨울 먹이로 싸서(勹 쌀 포) 보관하는 꼴.

反芻 반추

反芻 1. 한 번 삼킨 것을 게워서 다시 씹는 일.
2. 어떤 일을 되풀이하여 음미하거나 생각함.

趨 달릴 추	소가 꼴(芻)을 보고 **달려**(走 달릴 주) **간다**.	趨勢 추세

帚 비 추	손(⺕ 손 계)에 비나 수건(巾 수건 건)을 싸 잡고 (冖 덮을 멱) 청소하는 모양에서 비를 뜻하게 됨.	● 巾 ● 8획
掃 手 쓸 소	손(扌)의 비(帚)로 청소(淸掃)하기 위해 **쓸다**.	掃除 소제 掃蕩 소탕
婦 女 며느리 부	여자(女) 중 비(帚) 들고 쓰는 **며느리**나, **아내**.	姑婦 고부 夫婦 부부
歸 止 돌아올 귀	오랜(䏍 많을 퇴) 세월 머물며(止 그칠 지) 비(帚)로 마당을 쓸며 지내던 고향에 **돌아오다**.	歸鄕 귀향 歸京 귀경

朮 삽주뿌리 출	여러(十) 갈래로(儿) 뻗어 나가는(丶) 풀과 식물인 삽주 뿌리.	● 木 ● 5획
述 辶 지을 술	삽주 뿌리(朮)가 여러 갈래로 길게 뻗어 나가듯(辶 갈 착) 말 하거나 글을 **짓다**.	述語 술어 陳述 진술 著述 저술
術 行 재주 술	삽주 뿌리(朮)가 여러 갈래로 뻗어 나가듯이 여러 가지로 행할(行 행할 행) 수 있는 **재주**.	術策 술책 技術 기술 藝術 예술

夬 터놓을 쾌	사람(大)이 활(弓)을 당기어 벌어진 모양에서 **터놓다**.	● 大 ● 4획
快 心 상쾌할 쾌	마음(忄) 막힘없이 트여(夬) **상쾌(爽快)하다**.	快活 쾌활 快晴 쾌청

夬 터놓을 쾌	사람(大)이 활(弓)을 당기어 벌어진 모양에서 터놓다.	◐ 大 ❶ 4획

快 心 상쾌할 쾌	마음(忄) 막힘없이 트여(夬) **상쾌(爽快)하다**.	快活 쾌활 快晴 쾌청
決 水 정할 결	중요한 물꼬(氵)를 틀까(夬) 말까를 **정하다**.	決定 결정 決心 결심
缺 缶 빠질 결	그릇(缶 그릇 부) 일부가 깨진(夬) 데서 **모자라다, 빠지다**.	缺乏 결핍 缺勤 결근
訣 言 헤어질 결	할 말(言)을 터놓고(夬) 한 후 **헤어지다**. 이것도 비결(秘訣).	訣別 결별
抉 手 도려낼 결	손(扌)으로 썩은 부분 등을 터서(夬) **도려내다**. 剔 뼈바를 척	剔抉 척결

毛 부탁할 탁	'千(일천 천)'을 구부린 모양으로, 천 번이나 몸을 구부리고 부탁하다.	◐ 丿 ❶ 3획

托 手 밀칠 탁	손(扌)을 내밀면서 부탁한다(乇) 하여 **밀치다**. 托鉢 중이 돌아다니며 동냥하는 일. 鉢 바리때 발	托鉢 탁발
宅 宀 집 댁 집 택	집(宀 집 면) 중에서 몸을 의탁하고(乇) 사는 **집**.	宅內 댁내 住宅 주택
託 言 맡길 탁	말(言 말씀 언)로 정중히 부탁하며(乇) **맡기다**.	信託 신탁

兌 바꿀 태

⊙ 儿 ❶ 7획

팔자(八)에 책임 많은 맏이(兄)로 태어난 이가 마음가짐을 굳게 바꾸다.

說 말씀 설 / 달랠 세
言

말(言) 바꾸어(兌) 쉽게 **말하다**. 말하여 **달래다**.

說明 설명
遊說 유세

稅 세금 세
禾

생산품을 벼(禾 벼 화)로 바꾸어(兌) 내는 **세금**.

稅務 세무
稅關 세관

脫 벗을 탈
肉

벌레 등이 몸(月) 바꾸려고(兌) 허물을 **벗는다**.

脫殼 탈각
脫稅 탈세

悅 기쁠 열
心

마음(忄) 바꿔(兌) 긍정적으로 생각하니 **기쁘다**.

喜悅 희열
悅樂 열락

銳 날카로울 예
金

무딘 쇠(金)를 갈아 모양을 바꾸니(兌) **날카롭다**.

銳利 예리
尖銳 첨예

閱 볼 열
門

문(門) 열고 담당자를 바꾸어(兌) 잘 **살펴본다**.

檢閱 검열
閱覽 열람

台 늙을 태 / 자랄 태

⊙ 口 ❶ 5획

이 입(口) 안의 치아가 늙어서 비틀어져(厶) 있는 늙은이. 뱃속(口)에서 아이(厶)가 자라다. 그러니 기쁘다. 별.

天台宗
천태종

殆 위태할 태
歹

뼈만 앙상한(歹 뼈앙상할 알) 늙은이(台) 목숨이 **위태롭다**.

知彼知己 百戰不殆(지피지기 백전불태) 적을 알고 나를 알면 백전을 치러도 위태롭지 않다는 뜻(不殆를 百勝(백승)으로 씀은 잘못. (知彼知己 하였더라도 항상 이길 수 있는 것은 아니므로)

危殆 위태
殆半 태반

怠 心 게으를 태	늙어서(台) 둔해지니 마음(心)이 **게으르다**.	怠慢 태만 怠業 태업
治 水 다스릴 치	물(氵) 흐르듯 나이든(台) 사람이 **다스리다**.	治安 치안 政治 정치
始 女 처음 시	여자(女)가 애 뱄을(台) 때가 생명이 시작하는 **처음**.	始初 시초 原始 원시
胎 肉 아이밸 태	몸(月)에 아이 자라는(台) 모양에서 **아이배다**.	胎夢 태몽
颱 風 태풍 태	바람(風 바람 풍)이 점점 커져(台) 된 **태풍**.	颱風 태풍

自 쌓일 퇴 ❶ 6획

여러 개가 겹쳐 쌓여 있어 쌓이다, 많다는 뜻.

帥 巾 장수 수	깃발(巾) 달고 많은(自) 군사를 거느리는 **장수**.	將帥 장수 統帥 통수
師 巾 스승 사	많은(自) 제자들이 둘러(帀 빙두를 잡) 싼 **스승**. 帀 하나(一)의 수건(巾 수건 건)을 이마에 빙 두름.	師弟 사제 恩師 은사
追 辶 쫓을 추	많은(自) 발자국을 따라 가는(辶) 데서 **쫓다**.	追跡 추적 追從 추종
獅 犬 사자 사	짐승(犭 짐승 견) 중 스승(師)처럼 무서운 **사자**.	獅子 사자

巴 뱀 파	입(口)으로 먹이(丶)를 삼키고 있는 큰 뱀(巴). 구렁이.	❷ 己 ❶ 4획 巴里 파리 三巴戰 삼파전
把 手 잡을 파	손(扌)으로 구렁이 같이 큰 뱀(巴)을 **잡다**.	把握 파악 把守 파수
邑 邑 고을 읍	구멍(口) 속 많은 뱀(巴)처럼 사람이 많은 **고을**.	邑長 읍장 邑內 읍내
肥 肉 살찔 비	몸(月=肉)이 구렁이(巴)처럼 통통하게 **살찌다**. 天高馬肥 하늘 높고 말 살찌다. 오곡(五穀) 백과(百果)가 무르익는 가을. 책 읽기 좋은 계절인 가을을 뜻하기도 함. – 북방 흉노(匈奴)는 가을이 되어 말이 살이 찌고 튼튼해지면 겨울 양식을 빼앗기 위해 침입하니 주의하라는 말에서 유래.	肥滿 비만 肥沃 비옥 天高馬肥 천고마비

扁 작을 편	집(戶 집 호)에서 만든 작은 책(冊)이라는 데서...	❷ 戶 ❶ 9획
篇 竹 책 편	대쪽(竹)에 적어 잘 엮어 작게(扁) 만든 **책**.	短篇 단편 千篇一律 천편일률
編 糸 엮을 편	끈(糸)으로, 자그마하게 책(扁)을 만들어 **엮다**.	編輯 편집 改編 개편
偏 人 치우칠 편	사람(亻)은 책(扁) 쓸 때 **치우치는** 경향이 있다.	偏見 편견 偏食 편식
遍 辶 두루 편	책(扁)을 멀리(辶 멀리갈 착)까지 보급(普及)한다 하여 **두루**.	遍在 편재 普遍 보편

敝 해질 폐	천(巾 수건 건)을 치니(攵 칠 복) 여러 갈래(八八)로 해지다.	攵 12획

幣 巾 비단 폐	해지기(敝) 쉬운 천(巾)인 **비단(緋緞)**. 돈처럼 쓰니 **화폐(貨幣)**.	紙幣 지폐 幣帛 폐백
蔽 艹 가릴 폐	풀잎(艹)으로 해지거나(敝) 좋지 않은 부분을 **가리다**.	隱蔽 은폐 掩蔽 엄폐
弊 廾 폐단 폐	해진(敝) 곳을 손(廾 들 공)으로 가림. 가려져 있는 좋지 않은 **폐단(弊端)**. 자기 쪽을 낮출 때 씀.	弊習 폐습 弊社 폐사

亢 높을 항	책상(几 책상 궤) 머리 부분(亠 머리부분 두)이라 하여 높다는 뜻.	亠 4획

航 舟 건널 항	돛을 높이(亢) 단 배(舟 배 주)를 타고 **건너다**.	航海 항해 航空 항공
抗 扌 막을 항	손(扌)을 높이(亢) 들어 **막는다**. 對 대할 대	抗拒 항거 對抗 대항
坑 土 구덩이 갱	파 낸 흙(土)이 높을(亢) 만큼 깊게 판 **구덩이**. 焚書 진나라(秦 BC221-BC207) 때 책을 사르고 (BC213) 坑儒 정부를 비난한 죄를 씌워 선비들(460명)을 구덩이에 파묻어 죽인(BC212) 사건.	坑道 갱도 **焚書坑儒** 분서갱유

		◐ 力　❶ 6획
劦 힘합할 **협**	여러 사람들의 힘(力)과 힘(力力)을 **합하다**.	

協 + 도울 협	사람들이 서로의 힘(劦)을 더해서(十) **돕는다**.	協同 협동 協力 협력
脅 肉 겨드랑이 협 협박할 협	물건을 낄 때 힘(劦)을 쓰는 **겨드랑이**(月 = 肉). 겨드랑이에 힘을 세게 주며 사람을 **겁나게 한다**.	脅迫 협박 威脅 위협

		◐ 虫　❶ 16획
螢 개똥벌레 **형**	지붕(冖 덮을 멱) 위에서 빛(火火)을 내고 있는 벌레(虫)인 **개똥벌레**. **螢雪之功** 반딧불과 눈빛으로 책을 읽으며 꾸준히 학문에 노력한 공.	螢雪之功 형설지공

榮 木 영화 영	나무(木) 위(冖 덮을 멱)에 핀 꽃이 빛나듯(火火) **영화(榮華)롭다**.	榮光 영광 虛榮 허영
營 火 다스릴 영	빛나듯(火火) 집(冖)을 법도(呂 법칙 려) 있게 잘 **다스리다**.	營業 영업 經營 경영
勞 力 일할 로	불(火火)을 켜 놓고 집(冖)에서 힘(力) 써 **일하다**.	勞使 노사 勞動 노동
塋 土 무덤 영	향(火火)을 피우는, 흙(土)을 덮어(冖) 만든 **무덤**.	先塋 선영

		○ 大　❶ 9획
奐 클 환	사람(ク 굽은사람 인)이 그물(ᄀ 그물 망)을 크게(大) 펼친다 하여 크다는 뜻.	

換 手 바꿀 환	손(扌)으로, 큰(奐) 것으로 **바꾸어** 가진다.	換錢 환전 交換 교환

喚 口 부를 환	입(口)을 크게(奐) 벌리고 **소리치다. 부르다.**	喚聲 환성 召喚 소환

		○ 人　❶ 9획
侯 제후 후	사람(亻)이 과녁(厂)에 화살(矢 화살 시)을 쏘는 모양. 활 잘 쏘는 이에게 주던 벼슬이 제후(諸侯)의 뜻이 됨.	侯爵 후작 王侯 왕후

候 人 살필 후	사람(亻)이 뚫어지게(丨 뚫을 곤) 과녁(厂)을 보며 화살(矢) 쏘기 위해 비 · 바람 등의 환경을 **살피다.** 과녁에 잘 맞기를 바라다.	氣候 기후 候補 후보

喉 口 목구멍 후	입(口)에서, 사람(亻)이 과녁(厂)에 쏜 화살(矢)이 바람 가르고 날아가듯, 바람이 들락거리는 **숨 목구멍.**　咽 밥목구멍 인	喉頭 후두 咽喉 인후

		○ 衣　❶ 16획
 가릴 회	옷(衣 옷 의)으로 눈(罒 ← 目) 물(二丨二 ← 氺)을 닦을 때 앞을 가린다는 뜻.	

懷 心 품을 회	마음(忄)으로 눈을 감고(褱) 생각한다 하여 **품다.**	懷抱 회포 懷疑 회의 懷中 회중

壞 土 무너질 괴	흙(土)이 앞을 가릴(褱) 정도로 크게 **무너짐.**	崩壞 붕괴 破壞 파괴

부록

- 同字 동자
- 正字·略字 정자·약자
- 反對·相對字 반대·상대자
- 反義語 반의어
- 類義字 유의자 : 뜻이 비슷한 자
- 類義語 유의어 : 뜻이 비슷한 한자어
- 同音異義語 동음이의어
- 두가지 이상 음을 가진 字자

正字 同字 略字 俗字

- **正字** 정자 : 똑똑하고 체가 바른 한자의 기본 글자.

- **同字** 동자 : 같은 뜻을 가진 글자.

- **略字** 약자 : 글자의 획수를 줄이어 간단하게 쓴 글자.

    정의(定義) : 점, 획의 생략이나, 변형에 의한 획줄임이 현저히 나타나는 字를 略字의 범위로 함.
    유래(由來) : 略字는 글을 빨리 쓰기 위한 초서(草書)에서 유래.
    (격식을 갖추어 글을 쓸 때는 正字를 쓴다)
    구성(構成) : 1. 점, 획의 생략에 의한 略字
    2. 구성 일부분을 다른 字의 형태로 바꾸거나 쓰기에 편하도록 자형(字形)을 고친 것.

- **俗字** 속자 : 정격이 아니지만 사회에서 흔히 쓰는 자.

    정의(定義) : 획 줄임보다는 작은 변화에 의하여 보거나 쓰기 쉽게 만든 字로 사회에서 흔히 쓰이는 字를 범위로 함. (넓은 의미로의 俗字는 略字를 포함한다)

※ 略字, 俗字의 개념은 비슷한 점이 있어 그 구분이 확실치 않은 면이 있으나 略字는 본래 글을 빨리 쓰기 위한 초서체(草書體)에서 만들어진 것이어서 그 범위가 俗字의 일종에 속한다. 즉 俗字는 正字와 다른 글자체를 말하며 略字, 半字, 심지어는 오자(誤字)까지도 속자(俗字)의 범위에 속하며 그 정의와 기준은 시대와 학자에 따라 다소간의 차이가 있음을 밝혀 둔다.

 同字 동자

• 정의(定義)

같은 뜻을 가진 字. (同字라 하더라도 의미와 쓰이는 용도상에 다소 차이가 있음)

ex. 沙(모래 사) : 주로 물가에 있는 모래.(白沙場, 沙洲)
　　砂(모래 사) : 육지에 있는 모래를 뜻함.(砂金, 黃砂)
　　牆(담 장) : 널빤지(爿:널빤지 장)로 만든 담장.
　　墻(담 장) : 흙으로 되어 있는 담장을 뜻한 자.

• 主要同字 (주로 왼쪽의 字를 많이 씀)

鑑	鑒	살필	감	三	參	석	삼	跡	迹	자취	적
個	箇	낱	개	疎	疏	드물	소	蹟	跡	자취	적
劍	劒	칼	검	岳	嶽	큰산	악	堤	隄	둑	제
溪	谿	시내	계	煙	烟	연기	연	慚	慙	부끄러울	참
飢	饑	굶주릴	기	悅	說	기쁠	열	哲	喆	밝을	철
暖	煖	따뜻할	난	詠	咏	읊을	영	針	鍼	바늘	침
糧	粮	식량	량	汚	汙	더러울	오	歎	嘆	탄식할	탄
隣	鄰	이웃	린	二	貳	두	이	遍	徧	두루	편
峰	峯	봉우리	봉	一	壹	한	일	閑	閒	한가할	한
沙	砂	모래	사	牆	墻	담	장	確	碻	굳을	확

正字 정자 와 略字 약자

● 정자 ● 약자

正	略	訓	音		正	略	訓	音		正	略	訓	音
價	価	값	가		德	徳	바를	덕		變	変	변할	변
假	仮	거짓	가		圖	図	그림	도		邊	辺	가	변
覺	覚	깨달을	각		讀	読	읽을	독		竝	並	나란히	병
擧	挙	들	거		獨	独	홀로	독		寶	宝	보배	보
據	拠	의거할	거		樂	楽	즐길	락		拂	払	떨칠	불
徑	径	지름길	경		亂	乱	어지러울	란		佛	仏	부처	불
經	経	다스릴	경		覽	覧	볼	람		冰	氷	얼음	빙
輕	軽	가벼울	경		來	来	올	래		師	师	스승	사
鷄	鶏	닭	계		兩	両	두	량		絲	糸	실	사
繼	継	이을	계		勵	励	힘쓸	려		寫	写	베낄	사
關	関	빗장	관		歷	歴	지낼	력		辭	辞	말씀	사
廣	広	넓을	광		獵	猟	사냥할	렵		産	産	낳을	산
敎	教	가르칠	교		戀	恋	사모할	련		狀	状	모양	상
區	区	나눌	구		靈	霊	신령	령		雙	双	둘	쌍
驅	駆	몰	구		禮	礼	예도	례		敍	叙	펼	서
舊	旧	옛	구		勞	労	일할	로		釋	釈	풀	석
國	国	나라	국		爐	炉	화로	로		聲	声	소리	성
勸	勧	권할	권		綠	緑	푸를	록		續	続	이을	속
龜	亀	거북	귀		賴	頼	의뢰할	뢰		屬	属	속할	속
氣	気	기운	기		龍	竜	용	룡		收	収	거둘	수
旣	既	이미	기		樓	楼	여러	루		數	数	셀	수
內	内	안	내		萬	万	일만	만		輸	輸	나를	수
單	単	하나	단		滿	満	찰	만		壽	寿	목숨	수
團	団	둥글	단		蠻	蛮	오랑캐	만		肅	粛	엄숙할	숙
斷	断	끊을	단		賣	売	팔	매		濕	湿	젖을	습
擔	担	멜	담		麥	麦	보리	맥		乘	乗	탈	승
當	当	마땅할	당		半	半	절반	반		實	実	열매	실
黨	党	무리	당		發	発	나아갈	발		兒	児	아이	아
對	対	대할	대		拜	拝	절	배		亞	亜	버금	아

惡 悪	악할	악	錢 銭	돈	전	醉 酔	취할	취
巖 巌	바위	암	專 専	오로지	전	齒 歯	이	치
壓 圧	누를	압	轉 転	구를	전	漆 柒	옻	칠
藥 薬	약	약	點 点	점찍을	점	稱 称	부를	칭
讓 讓	사양할	양	靜 静	고요할	정	彈 弾	총알	탄
嚴 厳	엄할	엄	淨 浄	깨끗할	정	擇 択	뽑을	택
餘 余	남을	여	濟 済	건널	제	澤 沢	못	택
與 与	줄	여	齊 斉	가지런할	제	廢 廃	폐할	폐
驛 駅	정거장	역	條 条	가지	조	豐 豊	풍성할	풍
譯 訳	통역할	역	弔 吊	조상할	조	學 学	배울	학
鹽 塩	소금	염	從 従	좇을	종	海 海	바다	해
榮 栄	영화	영	晝 昼	낮	주	鄕 郷	시골	향
藝 芸	재주	예	卽 即	곧	즉	虛 虚	빌	허
溫 温	따뜻할	온	增 増	더할	증	獻 献	바칠	헌
圓 円	둥글	원	證 証	증거	증	驗 験	시험할	험
圍 囲	에워쌀	위	眞 真	참	진	險 険	험할	험
爲 為	할	위	盡 尽	다할	진	縣 県	고을	현
應 応	응할	응	贊 賛	도울	찬	顯 顕	나타날	현
醫 医	의원	의	讚 讃	칭찬할	찬	陜 陕	좁을	협
貳 弍	두	이	參 参	참여할	참	峽 峡	골짜기	협
壹 壱	한	일	冊 册	책	책	螢 蛍	반딧불	형
姉 姉	누이	자	處 処	곳	처	號 号	부를	호
殘 残	남을	잔	淺 浅	얕을	천	畵 画	그림	화
蠶 蚕	누에	잠	鐵 鉄	쇠	철	擴 拡	넓힐	확
雜 雑	섞일	잡	廳 庁	관청	청	歡 歓	기쁠	환
壯 壮	씩씩할	장	體 体	몸	체	黃 黄	누를	황
將 将	장수	장	觸 触	닿을	촉	會 会	모일	회
爭 争	다툴	쟁	總 総	거느릴	총	懷 懐	품을	회
戰 戦	싸울	전	蟲 虫	벌레	충	勳 勲	공	훈

反對・相對字 반대・상대자

加減	가감	
可否	가부	
干戈	간과	
甘苦	감고	
江山	강산	
強弱	강약	
開閉	개폐	
去來	거래	
乾坤	건곤	
乾濕	건습	
謙慢	겸만	
經緯	경위	
慶弔	경조	
輕重	경중	
京鄕	경향	
苦樂	고락	
姑婦	고부	
高低	고저	
曲直	곡직	
功過	공과	
攻防	공방	
公私	공사	
攻守	공수	
官民	관민	
廣狹	광협	

敎學	교학
君臣	군신
貴賤	귀천
近遠	근원
禽獸	금수
及落	급락
起伏	기복
吉凶	길흉
難易	난이
男女	남녀
南北	남북
內外	내외
冷溫	냉온
勞使	노사
老少	노소
濃淡	농담
多少	다소
單複	단복
斷續	단속
當落	당락
大小	대소
貸借	대차
東西	동서
同異	동이
動靜	동정

得失	득실
晚早	만조
賣買	매매
明暗	명암
矛盾	모순
問答	문답
文武	문무
物心	물심
美醜	미추
民官	민관
班常	반상
發着	발착
本末	본말
父母	부모
夫婦	부부
夫妻	부처
浮沈	부침
貧富	빈부
氷炭	빙탄
師弟	사제
死活	사활
山川	산천
山河	산하
山海	산해
賞罰	상벌

上下	상하
生滅	생멸
生死	생사
善惡	선악
先後	선후
盛衰	성쇠
成敗	성패
疏密	소밀
損益	손익
送迎	송영
需給	수급
首尾	수미
手足	수족
收支	수지
水火	수화
順逆	순역
昇降	승강
勝負	승부
勝敗	승패
始末	시말
是非	시비
始終	시종
視聽	시청
新古	신고
新舊	신구

信疑 신의	異同 이동	左右 좌우	治亂 치란
伸縮 신축	離合 이합	主客 주객	取捨 취사
心身 심신	因果 인과	晝夜 주야	親疎 친소
深淺 심천	日月 일월	主從 주종	脫着 탈착
安危 안위	任免 임면	衆寡 중과	投打 투타
愛惡 애오	姉妹 자매	增減 증감	廢立 폐립
愛憎 애증	雌雄 자웅	遲速 지속	表裏 표리
哀歡 애환	自他 자타	眞假 진가	豊凶 풍흉
抑揚 억양	昨今 작금	眞僞 진위	皮骨 피골
言行 언행	長短 장단	進退 진퇴	彼我 피아
榮辱 영욕	長幼 장유	集配 집배	彼此 피차
玉石 옥석	將兵 장병	集散 집산	夏冬 하동
溫冷 온냉	將卒 장졸	贊反 찬반	寒暖 한난
緩急 완급	田畓 전답	天地 천지	閑忙 한망
往來 왕래	前後 전후	天壤 천양	寒暑 한서
往復 왕복	正誤 정오	添削 첨삭	虛實 허실
凹凸 요철	早晩 조만	淸濁 청탁	賢愚 현우
優劣 우열	朝夕 조석	初終 초종	兄弟 형제
遠近 원근	祖孫 조손	春秋 춘추	好惡 호악
有無 유무	燥濕 조습	出缺 출결	禍福 화복
陸海 육해	朝野 조야	出納 출납	厚薄 후박
恩怨 은원	存亡 존망	出沒 출몰	胸背 흉배
隱現 은현	尊卑 존비	忠逆 충역	黑白 흑백
陰陽 음양	存廢 존폐	出入 출입	興亡 흥망
音訓 음훈	縱橫 종횡	取捨 취사	喜悲 희비

反義語 반의어

可決·否決 가결·부결	供給·需要 공급·수요	背恩·報恩 배은·보은
加工·實際 가공·실제	空想·現實 공상·현실	服從·抵抗 복종·저항
加熱·冷覺 가열·냉각	公的·私的 공적·사적	富貴·貧賤 부귀·빈천
加入·脫退 가입·탈퇴	過激·穩健 과격·온건	分離·統合 분리·통합
感性·理性 감성·이성	君子·小人 군자·소인	紛爭·和解 분쟁·화해
感情·理性 감정·이성	僅少·過多 근소·과다	不運·幸運 불운·행운
强硬·柔和 강경·유화	急行·緩行 급행·완행	非凡·平凡 비범·평범
個別·全體 개별·전체	肯定·否定 긍정·부정	奢侈·儉素 사치·검소
巨富·極貧 거부·극빈	記憶·忘却 기억·망각	死後·生前 사후·생전
建設·破壞 건설·파괴	緊張·弛緩 긴장·이완	削除·添加 삭제·첨가
乾燥·濕潤 건조·습윤	濫用·節約 남용·절약	詳述·略述 상술·약술
儉約·浪費 검약·낭비	內容·形式 내용·형식	先天·後天 선천·후천
缺席·出席 결석·출석	老鍊·未熟 노련·미숙	成功·失敗 성공·실패
缺乏·豊富 결핍·풍부	單獨·共同 단독·공동	消極·積極 소극·적극
缺陷·長點 결함·장점	單純·複雜 단순·복잡	騷亂·靜肅 소란·정숙
結合·分離 결합·분리	短縮·延長 단축·연장	消費·生産 소비·생산
謙虛·傲慢 겸허·오만	都心·郊外 도심·교외	疏遠·親近 소원·친근
輕減·加重 경감·가중	獨裁·民主 독재·민주	承諾·拒絶 승낙·거절
經度·緯度 경도·위도	獨創·模倣 독창·모방	始作·終末 시작·종말
輕視·重視 경시·중시	動機·結果 동기·결과	愼重·輕率 신중·경솔
硬直·柔軟 경직·유연	滅亡·隆興 멸망·융흥	安全·危險 안전·위험
固定·流動 고정·유동	名譽·恥辱 명예·치욕	暗黑·光明 암흑·광명
困難·容易 곤란·용이	模糊·分明 모호·분명	抑壓·解放 억압·해방

逆行·順行 역행·순행	長點·短點 장점·단점	抽象·具體 추상·구체
連結·斷絕 연결·단절	絕對·相對 절대·상대	充足·不足 충족·부족
溫情·冷情 온정·냉정	正當·不當 정당·부당	親密·疏遠 친밀·소원
愚昧·賢明 우매·현명	正午·子正 정오·자정	快樂·苦痛 쾌락·고통
偶然·必然 우연·필연	正統·異端 정통·이단	快勝·慘敗 쾌승·참패
原告·被告 원고·피고	助長·抑制 조장·억제	敗北·勝利 패배·승리
遠交·近攻 원교·근공	拙作·傑作 졸작·걸작	閉鎖·開放 폐쇄·개방
原因·結果 원인·결과	晝間·夜間 주간·야간	閉會·開會 폐회·개회
違法·合法 위법·합법	主觀·客觀 주관·객관	暴露·隱蔽 폭로·은폐
柔弱·强健 유약·강건	增進·減退 증진·감퇴	豊年·凶年 풍년·흉년
義務·權利 의무·권리	支出·收入 지출·수입	現實·理想 현실·이상
依他·自立 의타·자립	直系·傍系 직계·방계	好材·惡材 호재·악재
利己·利他 이기·이타	直接·間接 직접·간접	好況·不況 호황·불황
利益·損失 이익·손실	進步·保守 진보·보수	擴大·縮小 확대·축소
人爲·自然 인위·자연	陳腐·斬新 진부·참신	獲得·喪失 획득·상실
自立·依存 자립·의존	眞實·虛僞 진실·허위	劃一·多樣 획일·다양
姉妹·兄弟 자매·형제	質疑·應答 질의·응답	厚待·薄待 후대·박대
自意·他意 자의·타의	最小·最大 최소·최대	後退·前進 후퇴·전진
低俗·高尚 저속·고상	最終·最初 최종·최초	興奮·安靜 흥분·안정
貯蓄·消費 저축·소비	聰明·愚鈍 총명·우둔	稀薄·濃厚 희박·농후

類義字 <small>유의자: 뜻이 비슷한 자</small>

街路 가로	攻擊 공격	年歲 연세	法規 법규
家屋 가옥	恭敬 공경	斷絶 단절	法律 법률
歌謠 가요	空虛 공허	單獨 단독	法式 법식
價値 가치	貢獻 공헌	談話 담화	法典 법전
覺悟 각오	過失 과실	盜賊 도적	法則 법칙
簡略 간략	觀覽 관람	到來 도래	變化 변화
監視 감시	貫徹 관철	道路 도로	逢遇 봉우
康寧 강녕	橋梁 교량	到着 도착	否非 부비
居住 거주	敎訓 교훈	圖畫 도화	附屬 부속
巨大 거대	具備 구비	敦篤 돈독	扶助 부조
揭揚 게양	群衆 군중	羅列 나열	附着 부착
堅固 견고	規格 규격	連結 연결	墳墓 분묘
境界 경계	規則 규칙	連絡 연락	崩壞 붕괴
警戒 경계	極盡 극진	連續 연속	朋友 붕우
經過 경과	根本 근본	勉勵 면려	悲哀 비애
京都 경도	勤愼 근신	滅亡 멸망	賓客 빈객
經歷 경력	急速 급속	毛髮 모발	貧困 빈곤
競爭 경쟁	給與 급여	文章 문장	貧窮 빈궁
階段 계단	記錄 기록	門戶 문호	思考 사고
計算 계산	記憶 기억	物件 물건	詐欺 사기
繼續 계속	忌憚 기탄	物品 물품	思念 사념
繼承 계승	祈禱 기도	返還 반환	思慮 사려
孤獨 고독	技術 기술	配偶 배우	思想 사상
考慮 고려	飢餓 기아	氾濫 범람	思惟 사유

喪失 상실	永遠 영원	製造 제조	討伐 토벌
相互 상호	銳利 예리	組織 조직	討議 토의
索引 색인	優秀 우수	存在 존재	土地 토지
旋回 선회	憂愁 우수	終了 종료	退去 퇴거
選拔 선발	宇宙 우주	朱紅 주홍	鬪爭 투쟁
姓氏 성씨	援助 원조	中央 중앙	販賣 판매
性質 성질	怨恨 원한	憎惡 증오	捕捉 포착
素質 소질	恩惠 은혜	增加 증가	捕獲 포획
睡眠 수면	音聲 음성	知識 지식	畢竟 필경
授與 수여	陰影 음영	池澤 지택	寒冷 한랭
樹木 수목	音韻 음운	秩序 질서	抗拒 항거
崇高 숭고	意志 의지	質量 질량	恒常 항상
施設 시설	依支 의지	質問 질문	海洋 해양
試驗 시험	衣服 의복	倉庫 창고	虛空 허공
始初 시초	忍耐 인내	創始 창시	許諾 허락
身體 신체	引導 인도	淸潔 청결	混雜 혼잡
尋訪 심방	認識 인식	聽聞 청문	婚姻 혼인
審察 심찰	仁慈 인자	超越 초월	和睦 화목
眼目 안목	慈愛 자애	村里 촌리	確固 확고
顔面 안면	裝飾 장식	蓄積 축적	歡喜 환희
安寧 안녕	戰鬪 전투	衝突 충돌	皇帝 황제
哀悼 애도	停止 정지	充滿 충만	獲得 획득
言語 언어	正直 정직	層階 층계	休息 휴식
永久 영구	祭祀 제사	沈沒 침몰	希望 희망

類義語  유의어 : 뜻이 비슷한 한자어

架空 · 虛構 가공 · 허구	器量 · 才能 기량 · 재능	發送 · 郵送 발송 · 우송
間諜 · 諜者 간첩 · 첩자	氣象 · 氣候 기상 · 기후	傍觀 · 坐視 방관 · 좌시
儉約 · 節約 검약 · 절약	氣品 · 風格 기품 · 풍격	方法 · 手段 방법 · 수단
劫迫 · 威脅 겁박 · 위협	吉凶 · 慶弔 길흉 · 경조	背恩 · 忘德 배은 · 망덕
決心 · 覺悟 결심 · 각오	濫用 · 誤用 남용 · 오용	白眉 · 壓卷 백미 · 압권
傾向 · 動向 경향 · 동향	籠絡 · 戲弄 농락 · 희롱	凡夫 · 俗人 범부 · 속인
經驗 · 體驗 경험 · 체험	短命 · 薄命 단명 · 박명	變遷 · 沿革 변천 · 연혁
季節 · 四季 계절 · 사계	丹粧 · 化粧 단장 · 화장	普遍 · 一般 보편 · 일반
古今 · 今昔 고금 · 금석	當到 · 到達 당도 · 도달	伏龍 · 臥龍 복룡 · 와룡
鼓吹 · 鼓舞 고취 · 고무	待遇 · 處遇 대우 · 처우	複雜 · 煩雜 복잡 · 번잡
古稀 · 從心 고희 · 종심	大河 · 長江 대하 · 장강	事例 · 實例 사례 · 실례
曲解 · 誤解 곡해 · 오해	同意 · 贊成 동의 · 찬성	事前 · 未然 사전 · 미연
共鳴 · 首肯 공명 · 수긍	登極 · 卽位 등극 · 즉위	散策 · 散步 산책 · 산보
空想 · 妄想 공상 · 망상	晩年 · 老年 만년 · 노년	常時 · 恒時 상시 · 항시
貢獻 · 寄與 공헌 · 기여	名勝 · 景勝 명승 · 경승	狀況 · 情勢 상황 · 정세
過激 · 急進 과격 · 급진	模範 · 龜鑑 모범 · 귀감	書簡 · 書札 서간 · 서찰
喬木 · 巨木 교목 · 거목	目讀 · 黙讀 목독 · 묵독	先納 · 豫納 선납 · 예납
交涉 · 折衝 교섭 · 절충	武術 · 武藝 무술 · 무예	成就 · 達成 성취 · 달성
九泉 · 黃泉 구천 · 황천	問候 · 問安 문후 · 문안	所望 · 念願 소망 · 염원
求婚 · 請婚 구혼 · 청혼	密通 · 暗通 밀통 · 암통	所願 · 希望 소원 · 희망
根幹 · 基礎 근간 · 기초	薄情 · 冷淡 박정 · 냉담	素行 · 品行 소행 · 품행
給料 · 給與 급료 · 급여	反逆 · 謀反 반역 · 모반	刷新 · 革新 쇄신 · 혁신
急所 · 要點 급소 · 요점	發端 · 始作 발단 · 시작	修飾 · 治粧 수식 · 치장

承諾 · 許諾	승낙 · 허락	維新 · 革新	유신 · 혁신	滯拂 · 滯納	체불 · 체납
始祖 · 鼻祖	시조 · 비조	幼稚 · 未熟	유치 · 미숙	招請 · 招待	초청 · 초대
深憂 · 知音	심우 · 지음	倫理 · 道德	윤리 · 도덕	治粧 · 裝飾	치장 · 장식
我軍 · 友軍	아군 · 우군	潤澤 · 豊富	윤택 · 풍부	痛感 · 切感	통감 · 절감
壓迫 · 威壓	압박 · 위압	利潤 · 利文	이윤 · 이문	通俗 · 大衆	통속 · 대중
哀歡 · 喜悲	애환 · 희비	認可 · 許可	인가 · 허가	破産 · 倒産	파산 · 도산
約婚 · 佳約	약혼 · 가약	任意 · 恣意	임의 · 자의	評論 · 批評	평론 · 비평
業績 · 功績	업적 · 공적	地獄 · 奈落	지옥 · 나락	平凡 · 尋常	평범 · 심상
旅館 · 客舍	여관 · 객사	轉居 · 移轉	전거 · 이전	抱腹 · 絶倒	포복 · 절도
逆轉 · 反轉	역전 · 반전	專決 · 獨斷	전결 · 독단	抱負 · 雄志	포부 · 웅지
年歲 · 春秋	연세 · 춘추	精讀 · 熟讀	정독 · 숙독	漂流 · 漂迫	표류 · 표박
連霸 · 連勝	연패 · 연승	操心 · 注意	조심 · 주의	風燈 · 累卵	풍등 · 누란
廉價 · 低價	염가 · 저가	尊稱 · 敬稱	존칭 · 경칭	虐待 · 驅迫	학대 · 구박
永久 · 恒久	영구 · 항구	從心 · 稀壽	종심 · 희수	合法 · 適法	합법 · 적법
零落 · 衰落	영락 · 쇠락	仲介 · 居間	중개 · 거간	海外 · 異域	해외 · 이역
永眠 · 他界	영면 · 타계	地方 · 鄕土	지방 · 향토	解任 · 罷免	해임 · 파면
領域 · 分野	영역 · 분야	進步 · 向上	진보 · 향상	脅迫 · 威脅	협박 · 위협
禮物 · 幣物	예물 · 폐물	進退 · 去就	진퇴 · 거취	形象 · 形態	형상 · 형태
緩急 · 遲速	완급 · 지속	贊反 · 可否	찬반 · 가부	護國 · 衛國	호국 · 위국
優待 · 厚待	우대 · 후대	贊助 · 協贊	찬조 · 협찬	回覽 · 前照	회람 · 전조
原因 · 理由	원인 · 이유	蒼空 · 碧空	창공 · 벽공	劃一 · 一律	획일 · 일률
威脅 · 脅迫	위협 · 협박	天地 · 乾坤	천지 · 건곤	興亡 · 盛衰	흥망 · 성쇠
留級 · 落第	유급 · 낙제	淸掃 · 掃除	청소 · 소제	喜樂 · 喜悅	희락 · 희열

同音異義語 동음이의어

假設 架設	가설	公私 工事	공사	同志 冬至	동지	所願 疏遠	소원
家長 假裝	가장	公約 空約	공약	童話 同化	동화	素材 所在	소재
假定 家庭	가정	公認 公人	공인	武器 無期	무기	水道 首都	수도
感想 鑑賞	감상	科擧 過去	과거	寶庫 報告	보고	受賞 首相	수상
甘受 監修	감수	管理 官吏	관리	普及 補給	보급	修習 收拾	수습
拒否 巨富	거부	校庭 矯正	교정	寶石 保釋	보석	秀才 水災	수재
警戒 境界	경계	構造 救助	구조	婦人 否認	부인	修行 隨行	수행
景氣 競技	경기	機關 器官	기관	飛行 非行	비행	習得 拾得	습득
經路 敬老	경로	機構 器具	기구	思考 事故	사고	時價 詩歌	시가
經費 警備	경비	紀元 祈願	기원	史料 飼料	사료	時刻 視覺	시각
傾向 京鄕	경향	基地 機智	기지	山水 算數	산수	試圖 市道	시도
古文 顧問	고문	端緒 但書	단서	商街 喪家	상가	是認 詩人	시인
固守 高手	고수	待期 大氣	대기	商術 詳述	상술	弱者 略字	약자
公募 共謀	공모	動機 同期	동기	宣傳 善戰	선전	糧食 樣式	양식

한자	한글	한자	한글	한자	한글	한자	한글
演技延期	연기	理想以上	이상	精氣定期	정기	青山清算	청산
年長延長	연장	理解利害	이해	正統精通	정통	初代招待	초대
零細永世	영세	人道引渡	인도	條理調理	조리	初喪肖像	초상
容器勇氣	용기	引上印象	인상	造船朝鮮	조선	表紙標識	표지
用意容疑	용의	子正自淨	자정	助手潮水	조수	港口恒久	항구
憂愁優秀	우수	壯觀長官	장관	造化調和	조화	解禁奚琴	해금
胃腸僞裝	위장	財貨災禍	재화	主食柱式	주식	解毒解讀	해독
遺傳油田	유전	專攻戰功	전공	持久地球	지구	香水鄉愁	향수
意思義士	의사	電氣傳記	전기	支社志士	지사	後代厚待	후대
醫師議事	의사	展示戰時	전시	知性至誠	지성	後事厚謝	후사
儀式意識	의식	田園電源	전원	支援志願	지원	後生厚生	후생
依支意志	의지	節制切除	절제	陳腐眞否	진부	吸水吸收	흡수

두가지 이상 음을 가진 한자

한자	음	뜻	예1	예2
降	강	내리다	降雨 강우	
	항	항복하다	降伏 항복	
狀	상	형상	形狀 형상	
	장	문서	賞狀 상장	
刺	자	찌르다	刺客 자객	
	척	찌르다	刺殺 척살	
更	갱	다시	更生 갱생	
	경	고치다	更張 경장	
殺	살	죽이다	殺生 살생	
	쇄	감하다	相殺 상쇄	
切	절	자르다	切斷 절단	
	체	모두	一切 일체	
車	거	수레	車馬 거마	
	차	수레	車輛 차량	
塞	새	변방	要塞 요새	
	색	막다	塞源 색원	
辰	진	별	星辰 성진	
	신	때	生辰 생신	
見	견	볼	見聞 견문	
	현	나타나다	現夢 현몽	
索	색	찾다	索出 색출	
	삭	쓸쓸하다	索莫 삭막	
參	참	참여하다	參加 참가	
	삼	갖은석	參萬 삼만	
龜	귀	거북	龜鑑 귀감	
	균	터지다	龜裂 균열	
說	설	말씀하다	說明 설명	
	세	달래다	遊說 유세	
	열	기쁘다	說乎 열호	
拓	척	열다	開拓 개척	
	탁	밀다	拓本 탁본	
金	금	쇠	金屬 금속	
	김	성	金氏 김씨	
省	성	살피다	省墓 성묘	
	생	덜다	省略 생략	
推	추	밀다	推理 추리	
	퇴	밀다	推敲 퇴고	
茶	다	차	茶菓 다과	
	차	차	茶禮 차례	
屬	속	속하다	屬國 속국	
	촉	맡기다	屬託 촉탁	
則	칙	법	法則 법칙	
	즉	곧	然則 연즉	
度	도	법도	制度 제도	
	탁	헤아리다	度地 탁지	
數	수	세다	數學 수학	
	삭	자주	數尿 삭뇨	
沈	침	잠기다	沈沒 침몰	
	심	성씨	沈氏 심씨	
讀	독	읽다	讀書 독서	
	두	구절	句讀 구두	
拾	습	줍다	拾得 습득	
	십	갖은열	拾萬 십만	
宅	택	집	宅地 택지	
	댁	집	宅內 댁내	
洞	동	마을	洞長 동장	
	통	통하다	洞察 통찰	
食	식	먹다	食事 식사	
	사	밥	疏食 소사	
布	포	베	布木 포목	
	보	보시	布施 보시	
樂	락	즐기다	娛樂 오락	
	악	악기	樂器 악기	
	요	좋아하다	樂山 요산	
識	식	알다	知識 지식	
	지	기록하다	標識 표지	
暴	폭	사나울	暴動 폭동	
	포	사납다	暴惡 포악	
率	률	비율	確率 확률	
	솔	거느리다	統率 통솔	
惡	악	악하다	善惡 선악	
	오	미워하다	憎惡 증오	
便	편	편하다	便利 편리	
	변	똥오줌	小便 소변	
北	북	북녘	南北 남북	
	배	달아나다	敗北 패배	
若	약	같다	萬若 만약	
	야	반야	般若 반야	
行	행	다니다	行路 행로	
	항	항렬	行列 항렬	
寺	사	절	寺院 사원	
	시	모시다	寺人 시인	
易	역	바꾸다	貿易 무역	
	이	쉽다	容易 용이	
畫	화	그림	畫家 화가	
	획	긋다	劃數 획수	

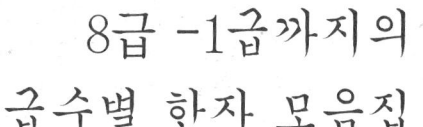

8급 -1급까지의
급수별 한자 모음집

8級 배정 50字의 訓·音·部首·劃數

一	한	일	一	1	東	동녘	동	木	8	韓	한국	한	韋	16
二	두	이	二	2	西	서녘	서	襾	6	國	나라	국	囗	11
三	석	삼	一	3	南	남녘	남	十	9	軍	군사	군	車	9
四	넉	사	囗	5	北	북녘	북	匕	5	人	사람	인	人	2
五	다섯	오	二	4	父	아비	부	父	4	王	임금	왕	玉	4
六	여섯	륙	八	4	母	어미	모	毋	4	民	백성	민	氏	5
七	일곱	칠	一	2	兄	맏	형	儿	5	山	메	산	山	3
八	여덟	팔	八	2	弟	아우	제	弓	7	寸	마디	촌	寸	3
九	아홉	구	乙	2	大	큰	대	大	3	萬	일만	만	艹	13
十	열	십	十	2	中	가운데	중	丨	4	年	해	년	干	6
月	달	월	月	4	小	작을	소	小	3	青	푸를	청	青	8
火	불	화	火	4	學	배울	학	子	16	白	흰	백	白	5
水	물	수	水	4	校	학교	교	木	10	長	길	장	長	8
木	나무	목	木	4	敎	가르칠	교	攵	11	女	여자	녀	女	3
金	쇠	금	金	8	室	집	실	宀	9	門	문	문	門	8
土	흙	토	土	3	先	먼저	선	儿	6	外	바깥	외	夕	5
日	날	일	日	4	生	날	생	生	5					

7級 배정 100字의 訓·音·部首·劃數

7급 150자 = 7급(100), 8급(50)

家	집 가 宀 10	林	수풀 림 木 8	時	때 시 日 10	住	살 주 人 7
歌	노래 가 欠 14	立	설 립 立 5	食	먹을 식 食 9	重	무거울 중 里 9
間	사이 간 門 12	每	매양 매 毋 7	植	심을 식 木 12	地	땅 지 土 6
江	강 강 水 6	面	낯 면 面 9	心	마음 심 心 4	紙	종이 지 糸 10
車	수레 거 車 7	名	이름 명 口 6	安	편안할 안 宀 6	直	곧을 직 目 8
工	장인 공 工 3	命	목숨 명 口 8	語	말씀 어 言 14	千	일천 천 十 3
空	빌 공 穴 8	文	글월 문 文 4	然	그럴 연 火 12	川	내 천 川 3
口	입 구 口 3	問	물을 문 口 11	午	낮 오 十 4	天	하늘 천 大 4
記	적을 기 言 10	物	만물 물 牛 8	右	오른 우 口 5	草	풀 초 艹 10
旗	깃발 기 方 14	方	사방 방 方 4	有	있을 유 月 6	村	마을 촌 木 7
氣	기운 기 气 10	百	일백 백 白 6	育	기를 육 肉 8	秋	가을 추 禾 9
男	사내 남 田 7	夫	지아비 부 大 4	邑	고을 읍 邑 7	春	봄 춘 日 9
內	안 내 入 4	不	아닐 불 一 4	入	들 입 入 2	出	날 출 凵 5
農	농사 농 辰 13	事	일 사 亅 8	子	아들 자 子 3	便	편한 편 人 9
答	대답 답 竹 12	算	셈 산 一 3	字	글자 자 子 6	平	평평할 평 干 5
道	길 도 辶 13	上	위 상 一 3	自	스스로 자 自 6	下	아래 하 一 3
冬	겨울 동 冫 5	色	빛 색 色 6	場	마당 장 土 12	夏	여름 하 夂 10
同	같을 동 口 6	夕	저녁 석 夕 3	全	온전할 전 入 6	漢	한나라 한 水 14
洞	마을 동 水 9	姓	성씨 성 女 8	前	앞 전 刀 9	海	바다 해 水 10
動	움직일 동 力 11	世	인간 세 一 5	電	번개 전 雨 13	花	꽃 화 艹 8
登	오를 등 癶 12	少	적을 소 小 4	正	바를 정 止 5	話	이야기 화 言 13
來	올 래 人 8	所	바 소 戶 8	祖	할아비 조 示 10	活	살 활 水 9
力	힘 력 力 2	手	손 수 手 4	足	발 족 足 7	孝	효도 효 子 7
老	늙을 로 老 6	數	셈 수 攵 15	左	왼 좌 工 5	後	뒤 후 彳 9
里	마을 리 里 7	市	저자 시 巾 5	主	주인 주 丶 5	休	쉴 휴 人 6

6級 배정 150字의 訓·音·部首·劃數

6급 300자 = 6급(150), 7급(100), 8급(50)

漢字	訓	音	部首	劃數	漢字	訓	音	部首	劃數	漢字	訓	音	部首	劃數
各	각각	각	口	6	級	등급	급	糸	10	美	아름다울	미	羊	9
角	뿔	각	角	7	多	많을	다	夕	6	朴	소박할	박	木	6
感	느낄	감	心	13	短	짧을	단	矢	12	反	반대할	반	又	4
强	강할	강	弓	12	堂	집	당	土	11	半	반	반	十	5
開	열	개	門	12	代	대신할	대	人	5	班	나눌	반	玉	10
京	서울	경	亠	8	待	기다릴	대	彳	9	發	필	발	癶	12
界	지경	계	田	9	對	대할	대	寸	14	放	놓을	방	攵	8
計	셀	계	言	9	度	법도	도	广	9	番	차례	번	田	12
古	예	고	口	5	圖	그림	도	囗	14	別	나눌	별	刀	7
苦	쓸	고	艹	9	讀	읽을	독	言	22	病	병들	병	疒	10
高	높을	고	高	10	童	아이	동	立	12	服	옷	복	月	8
公	공평할	공	八	4	頭	머리	두	頁	16	本	근본	본	木	5
功	공로	공	力	5	等	고를	등	竹	12	部	나눌	부	邑	11
共	함께	공	八	6	樂	즐길	락	木	15	分	나눌	분	刀	4
科	과목	과	禾	9	例	법식	례	人	8	使	부릴	사	人	8
果	열매	과	木	8	禮	예도	례	示	18	死	죽을	사	歹	6
光	빛	광	儿	6	路	길	로	足	13	社	모일	사	示	8
交	사귈	교	亠	6	綠	푸를	록	糸	14	書	글	서	日	10
球	둥글	구	玉	11	理	다스릴	리	玉	11	石	돌	석	石	5
區	구역	구	匚	11	利	이로울	리	刀	7	席	자리	석	巾	10
郡	고을	군	邑	11	李	오얏	리	木	7	線	줄	선	糸	15
近	가까울	근	辶	8	明	밝을	명	日	8	雪	눈	설	雨	11
根	뿌리	근	木	10	目	눈	목	目	5	成	이룰	성	戈	7
今	이제	금	人	4	聞	들을	문	耳	14	省	살필	성	目	9
急	급할	급	心	9	米	쌀	미	米	6	消	사라질	소	水	10

344

速	빠를	속	辶 11	用	쓸	용	用 5	族	겨레	족	方 11
孫	손자	손	子 10	勇	날랠	용	力 9	注	물댈	주	水 8
樹	나무	수	木 16	運	운전할	운	辶 13	晝	낮	주	日 11
術	재주	술	行 11	園	동산	원	口 13	集	모일	집	隹 12
習	익힐	습	羽 11	遠	멀	원	辶 14	窓	창문	창	穴 11
勝	이길	승	力 12	由	말미암을	유	田 5	淸	맑을	청	水 11
始	처음	시	女 8	油	기름	유	水 8	體	몸	체	骨 23
式	법	식	弋 6	銀	은	은	金 14	親	친할	친	見 16
神	귀신	신	示 10	音	소리	음	音 9	太	클	태	大 4
身	몸	신	身 7	飮	마실	음	食 13	通	통할	통	辶 11
信	믿을	신	人 9	衣	옷	의	衣 6	特	다를	특	牛 10
新	새로울	신	斤 13	意	뜻	의	心 13	表	겉	표	衣 8
失	잃을	실	大 5	醫	의원	의	酉 18	風	바람	풍	風 9
愛	사랑	애	心 13	者	사람	자	耂 9	合	합할	합	口 6
夜	밤	야	夕 8	作	지을	작	人 7	行	다닐	행	行 6
野	들	야	里 11	昨	어제	작	日 9	幸	행복	행	干 8
弱	약할	약	弓 10	章	글	장	立 11	向	향할	향	口 6
藥	약	약	++ 19	才	재주	재	手 3	現	나타날	현	玉 11
洋	큰바다	양	水 9	在	있을	재	土 6	形	모양	형	彡 7
陽	볕	양	阜 12	戰	싸울	전	戈 16	號	부를	호	虍 13
言	말씀	언	言 7	庭	뜰	정	广 10	和	화할	화	口 8
業	일	업	木 13	定	정할	정	宀 8	畫	그림	화	田 12
永	길	영	水 5	第	차례	제	竹 11	黃	누를	황	黃 12
英	꽃부리	영	++ 9	題	제목	제	頁 18	會	모일	회	曰 13
溫	따뜻할	온	水 13	朝	아침	조	月 12	訓	가르칠	훈	言 10

5級 배정 200字의 訓·音·部首·劃數

5급 500자 = 5급(200), 6급(150), 7급(100), 8급(50)

可	옳을	가 口 5	觀	볼	관 見 25	都	도읍	도 邑 12	法	법	법 水 8
加	더할	가 力 5	廣	넓을	광 广 15	獨	홀로	독 犭 16	變	변할	변 言 23
價	값	가 人 15	橋	다리	교 木 16	落	떨어질	락 艹 13	兵	병사	병 八 7
改	고칠	개 攵 7	具	갖출	구 八 8	朗	밝을	랑 月 11	福	복	복 示 14
客	손	객 宀 9	救	구제할	구 攵 11	冷	찰	랭 冫 7	奉	받들	봉 大 8
去	갈	거 厶 5	舊	옛	구 臼 18	良	어질	량 艮 7	比	견줄	비 比 4
擧	들	거 手 18	局	판	국 尸 7	量	수량	량 里 12	費	쓸	비 貝 12
件	물건	건 人 6	貴	귀할	귀 貝 12	旅	나그네	려 方 10	鼻	코	비 鼻 14
建	세울	건 廴 9	規	법	규 見 11	歷	지낼	력 止 16	氷	얼음	빙 水 4
健	튼튼할	건 人 11	給	줄	급 糸 12	練	익힐	련 糸 15	士	선비	사 士 3
格	격식	격 木 10	技	재주	기 手 7	令	명령	령 人 5	仕	벼슬	사 人 5
見	볼	견 見 7	己	몸	기 己 3	領	다스릴	령 頁 14	史	사기	사 口 5
決	정할	결 水 7	基	터	기 土 11	勞	일할	로 力 12	査	조사할	사 木 9
結	맺을	결 糸 12	期	기약할	기 月 12	料	헤아릴	료 斗 10	思	생각	사 心 9
景	볕	경 日 12	汽	증기	기 水 7	流	흐를	류 水 10	寫	베낄	사 宀 15
輕	가벼울	경 車 14	吉	길할	길 口 6	類	무리	류 頁 19	産	낳을	산 生 11
敬	공경할	경 攵 13	念	생각	념 心 8	陸	뭍	륙 阜 11	相	서로	상 目 9
競	다툴	경 立 20	能	능할	능 肉 10	馬	말	마 馬 10	商	장사	상 口 11
考	생각할	고 耂 6	團	둥글	단 口 14	末	끝	말 木 5	賞	상줄	상 貝 15
告	알릴	고 口 7	壇	제단	단 土 16	亡	망할	망 亠 3	序	차례	서 广 7
固	굳을	고 口 8	談	말씀	담 言 15	望	바랄	망 月 11	仙	신선	선 人 5
曲	굽을	곡 曰 6	當	마땅할	당 田 13	買	살	매 貝 12	船	배	선 舟 11
過	지날	과 辶 13	德	바를	덕 彳 15	賣	팔	매 貝 15	善	착할	선 口 12
課	매길	과 言 15	到	이를	도 刀 8	無	없을	무 火 12	選	뽑을	선 辶 16
關	빗장	관 門 19	島	섬	도 山 10	倍	갑절	배 人 10	鮮	고울	선 魚 17

設	말씀	설	言 14	曜	빛날	요	日 18	典	법	전	八 8	最	가장	최	日 12
性	성품	성	心 8	浴	목욕할	욕	水 10	展	펼	전	尸 10	祝	빌	축	示 10
洗	씻을	세	水 9	友	벗	우	又 4	傳	전할	전	人 13	充	찰	충	儿 10
歲	해	세	止 13	牛	소	우	牛 4	切	끊을	절	刀 4	致	이를	치	至 10
束	묶을	속	木 7	雨	비	우	雨 8	節	마디	절	竹 15	則	법	칙	刀 9
首	머리	수	首 9	雲	구름	운	雨 12	店	가게	점	广 8	他	다를	타	人 5
宿	잘	숙	宀 11	雄	수컷	웅	隹 12	停	머무를	정	人 11	打	칠	타	手 5
順	순할	순	頁 12	元	으뜸	원	儿 4	情	뜻	정	心 11	卓	높을	탁	十 8
示	보일	시	示 5	院	집	원	阜 10	調	고를	조	言 15	炭	숯	탄	火 9
識	알	식	言 19	原	근본	원	厂 10	操	잡을	조	手 16	宅	집	택	宀 6
臣	신하	신	臣 6	願	바랄	원	頁 19	卒	군사	졸	十 8	板	널	판	木 8
實	열매	실	宀 14	位	자리	위	人 7	終	마칠	종	糸 1	敗	패할	패	攵 11
兒	아이	아	儿 8	偉	위대할	위	人 11	種	씨앗	종	禾 14	品	물건	품	口 9
惡	악할	악	心 12	以	써	이	人 5	罪	허물	죄	网 13	必	반드시	필	心 5
案	생각할	안	木 10	耳	귀	이	耳 6	州	고을	주	川 6	筆	붓	필	竹 12
約	맺을	약	糸 9	因	인할	인	口 6	週	돌	주	辶 12	河	물	하	水 8
養	기를	양	食 15	任	맡길	임	人 6	止	그칠	지	止 4	寒	찰	한	宀 12
魚	고기	어	魚 11	材	재목	재	木 7	知	알	지	矢 8	害	해할	해	宀 10
漁	고기잡	어	水 14	財	재물	재	貝 10	質	바탕	질	貝 15	許	허락할	허	言 11
億	억	억	人 15	再	두번	재	冂 6	着	붙을	착	目 12	湖	호수	호	水 12
熱	더울	열	火 15	災	재앙	재	火 7	參	참여할	참	厶 11	化	될	화	匕 4
葉	잎사귀	엽	++ 13	爭	다툴	쟁	爪 8	唱	부를	창	口 11	患	근심	환	心 11
屋	집	옥	尸 9	貯	쌓을	저	貝 12	責	맡을	책	貝 11	效	효험	효	攵 10
完	완전할	완	宀 7	赤	붉을	적	赤 7	鐵	쇠	철	金 21	凶	흉할	흉	凵 4
要	중요할	요	襾 9	的	과녁	적	白 8	初	처음	초	刀 7	黑	검을	흑	黑 12

4級Ⅱ 배정 250字의 訓·音·部首·劃數

4급Ⅱ 750자 = 4급Ⅱ(250), 5급(200), 6급(150), 7급(100), 8급(50)

漢字	訓	音	部首	劃	漢字	訓	音	部首	劃	漢字	訓	音	部首	劃	漢字	訓	音	部首	劃
街	거리	가	行	12	器	그릇	기	口	16	連	이을	련	辶	11	邊	가	변	辶	19
假	거짓	가	人	11	暖	따뜻할	난	日	13	列	벌일	렬	刀	6	步	걸을	보	止	7
減	덜	감	水	12	難	어려울	난	隹	19	錄	기록할	록	金	16	保	지킬	보	人	9
監	살필	감	皿	14	努	힘쓸	노	力	7	論	논할	론	言	15	報	알릴	보	土	12
康	편안할	강	广	11	怒	성낼	노	心	9	留	머무를	류	田	10	寶	보배	보	宀	20
講	강론할	강	言	17	單	하나	단	口	12	律	법률	률	彳	9	復	회복할	복	彳	12
個	낱	개	人	10	端	끝	단	立	14	滿	찰	만	水	14	府	관청	부	广	8
檢	검사할	검	木	17	檀	박달나무	단	木	17	脈	줄기	맥	肉	10	婦	며느리	부	女	11
缺	빠질	결	缶	10	斷	끊을	단	斤	17	毛	터럭	모	毛	4	副	버금	부	刀	11
潔	깨끗할	결	水	15	達	통달할	달	辶	13	牧	칠	목	牛	8	富	부자	부	宀	12
慶	경사	경	心	15	擔	맡을	담	手	16	武	무예	무	止	8	佛	부처	불	人	7
經	지날	경	糸	13	黨	무리	당	黑	20	務	힘쓸	무	力	11	非	아닐	비	非	8
境	지경	경	土	14	帶	띠	대	巾	11	未	아직	미	木	5	悲	슬플	비	心	12
警	경계할	경	言	20	隊	무리	대	阜	12	味	맛	미	口	8	飛	날	비	飛	9
係	이을	계	人	9	導	이끌	도	寸	16	密	빽빽할	밀	宀	11	備	갖출	비	人	12
故	연고	고	攵	9	毒	독할	독	毋	8	博	넓을	박	十	12	貧	가난할	빈	貝	11
官	벼슬	관	宀	8	督	감독할	독	木	13	防	막을	방	阜	7	寺	절	사	寸	6
究	연구할	구	穴	7	銅	구리	동	金	14	訪	찾을	방	言	11	舍	집	사	舌	8
句	글귀	구	口	5	斗	말	두	斗	4	房	방	방	戶	8	師	스승	사	巾	10
求	구할	구	水	7	豆	콩	두	豆	7	拜	절	배	手	9	謝	사례할	사	言	17
宮	집	궁	宀	10	得	얻을	득	彳	11	背	등	배	肉	9	殺	죽일	살	殳	11
權	권세	권	木	22	燈	등불	등	火	16	配	짝	배	酉	10	床	평상	상	广	7
極	다할	극	木	13	羅	벌일	라	网	19	伐	칠	벌	人	6	狀	형상	상	犬	9
禁	금할	금	示	13	兩	두	량	入	8	罰	벌할	벌	网	14	想	생각	상	心	13
起	일어날	기	走	10	麗	고울	려	鹿	19	壁	벽	벽	土	16	常	항상	상	巾	11

348

한자	뜻	음	부수 획	한자	뜻	음	부수 획	한자	뜻	음	부수 획	한자	뜻	음	부수 획
設	베풀	설	言 11	施	베풀	시	方 9	圓	둥글	원	口 13	製	지을	제	衣 14
城	토성	성	土 10	詩	시문	시	言 13	衛	지킬	위	行 16	除	없앨	제	阜 10
盛	풍성할	성	皿 12	試	시험	시	言 13	爲	할	위	爪 12	祭	제사	제	示 11
誠	정성	성	言 14	息	쉴	식	心 10	肉	고기	육	肉 6	際	사이	제	阜 14
星	별	성	日 9	申	알릴	신	田 5	恩	은혜	은	心 10	提	낼	제	手 12
聖	성인	성	耳 13	深	깊을	심	水 11	陰	그늘	음	阜 11	濟	건널	제	水 17
聲	소리	성	耳 17	眼	눈	안	目 11	應	응할	응	心 17	早	일찍	조	日 6
細	가늘	세	糸 11	暗	어두울	암	日 13	義	옳을	의	羊 13	造	만들	조	辶 11
稅	세금	세	禾 12	壓	누를	압	土 17	議	의논할	의	言 20	助	도울	조	力 7
勢	형세	세	力 13	液	액체	액	水 11	移	옮길	이	禾 11	鳥	새	조	鳥 11
素	흴	소	糸 10	羊	양	양	羊 6	益	더할	익	皿 10	尊	높을	존	寸 12
笑	웃을	소	竹 10	如	같을	여	女 6	認	인정할	인	言 14	宗	으뜸	종	宀 8
掃	쓸	소	手 11	餘	남을	여	食 16	引	끌	인	弓 4	走	달릴	주	走 7
俗	풍속	속	人 9	逆	거스를	역	辶 10	印	도장	인	卩 6	竹	대나무	죽	竹 6
續	이을	속	糸 12	硏	연구할	연	石 11	將	장수	장	寸 11	準	평평할	준	水 13
送	보낼	송	辶 10	煙	연기	연	火 13	障	막힐	장	阜 14	衆	무리	중	血 12
守	지킬	수	宀 6	演	꾸밀	연	水 14	低	낮을	저	人 7	增	더할	증	土 15
收	거둘	수	攵 6	榮	영화	영	木 14	敵	원수	적	攵 15	支	갈라질	지	支 4
受	받을	수	又 8	藝	재주	예	++ 19	田	밭	전	田 5	至	이를	지	至 6
授	줄	수	手 11	誤	잘못될	오	言 14	絶	끊을	절	糸 12	指	가리킬	지	手 9
修	닦을	수	人 10	玉	구슬	옥	玉 5	接	접할	접	手 11	志	뜻	지	心 7
純	순수할	순	糸 10	往	갈	왕	彳 8	政	칠	정	攵 9	職	벼슬	직	耳 18
承	이을	승	手 8	謠	노래	요	言 17	程	과정	정	禾 12	眞	참	진	目 10
視	볼	시	見 12	容	얼굴	용	宀 10	精	정신	정	米 14	進	나아갈	진	辶 12
是	옳을	시	日 9	員	인원	원	口 10	制	제도	제	刀 8	次	다음	차	欠 6

察	살필	찰	宀 14	置	둘	치	网 13	票	쪽지	표	示 11	惠	은혜	혜	心 12
創	비롯할	창	刀 12	齒	이	치	齒 15	豊	풍성할	풍	豆 13	戶	집	호	戶 4
處	곳	처	虍 11	侵	침략할	침	人 9	限	한정	한	阜 9	呼	부를	호	口 8
請	청할	청	言 15	快	상쾌할	쾌	心 7	航	건널	항	舟 10	好	좋을	호	女 6
銃	총	총	金 14	態	모양	태	心 14	港	항구	항	水 12	護	보호할	호	言 21
總	거느릴	총	糸 17	統	거느릴	통	糸 12	解	풀	해	角 13	貨	재물	화	貝 11
蓄	쌓을	축	⺿ 14	退	물러날	퇴	辶 10	香	향기	향	香 9	確	굳을	확	石 15
築	지을	축	竹 16	波	물결	파	水 8	鄕	시골	향	邑 13	回	돌	회	口 8
忠	충성	충	心 8	6	깰	파	石 10	虛	빌	허	虍 12	吸	마실	흡	口 7
蟲	벌레	충	虫 18	布	베	포	巾 5	驗	시험할	험	馬 23	興	일어날	흥	臼 16
取	취할	취	又 8	包	쌀	포	勹 5	賢	어질	현	貝 15	希	바랄	희	巾 7
測	잴	측	水 12	砲	대포	포	石 10	血	피	혈	血 6				
治	다스릴	치	水 8	暴	사나울	폭	日 15	協	도울	협	十 8				

4級 배정 250字의 訓·音·部首·劃數

4급1000자 = 4급(250), 4급Ⅱ(250), 5급(200), 6급(150), 7급(100), 8급(50)

暇	겨를 가	日 13	戒	경계할 계	戈 7	勤	부지런할 근	力 13	模	본뜰 모	木 15
刻	새길 각	刀 8	季	계절 계	子 8	筋	힘줄 근	竹 12	妙	묘할 묘	女 7
覺	깨달을 각	見 20	階	계단 계	阜 12	紀	벼리 기	糸 9	墓	무덤 묘	土 14
干	방패 간	干 3	鷄	닭 계	鳥 21	奇	기이할 기	大 8	舞	춤출 무	舛 14
看	볼 간	目 9	繼	이을 계	糸 20	寄	붙어살 기	宀 11	拍	칠 박	手 8
簡	간단할 간	竹 18	孤	외로울 고	子 8	機	틀 기	木 16	髮	터럭 발	髟 15
甘	달 감	甘 5	庫	창고 고	广 10	納	들일 납	糸 10	妨	방해할 방	女 7
敢	감히 감	攵 12	穀	곡식 곡	禾 15	段	계단 단	殳 9	犯	범할 범	犬 5
甲	갑옷 갑	田 5	困	곤란할 곤	口 7	逃	달아날 도	辶 10	範	모범 범	竹 15
降	내릴 강	阜 9	骨	뼈 골	骨 10	徒	무리 도	彳 10	辯	말잘할 변	辛 21
更	다시 갱	曰 7	孔	구멍 공	子 4	盜	훔칠 도	皿 12	普	넓을 보	日 12
巨	클 거	工 5	攻	칠 공	攵 7	卵	알 란	卩 7	伏	엎드릴 복	人 6
拒	막을 거	手 8	管	대롱 관	竹 14	亂	어지러울 란	乙 13	複	겹칠 복	衣 14
居	살 거	尸 8	鑛	쇳돌 광	金 23	覽	볼 람	見 21	否	아닐 부	口 7
據	증거 거	手 16	構	얽을 구	木 14	略	줄일 략	田 11	負	질 부	貝 9
傑	뛰어날 걸	人 12	君	임군 군	口 7	糧	식량 량	米 18	粉	가루 분	米 10
儉	검소할 검	人 15	群	무리 군	羊 13	慮	생각할 려	心 15	憤	분할 분	心 15
激	격할 격	水 16	屈	굽을 굴	尸 8	烈	세찰 렬	火 10	批	비평할 비	手 7
擊	칠 격	手 17	窮	궁할 궁	穴 15	龍	용 룡	龍 16	秘	감출 비	禾 10
犬	개 견	犬 4	券	문서 권	刀 8	柳	버드나무 류	木 9	碑	비석 비	石 13
堅	굳을 견	土 11	卷	책 권	卩 8	輪	바퀴 륜	車 15	私	개인 사	禾 7
鏡	거울 경	金 19	勸	권할 권	力 20	離	떠날 리	隹 19	絲	실 사	糸 12
傾	기울 경	人 13	歸	돌아갈 귀	止 18	妹	누이 매	女 8	射	쏠 사	寸 10
驚	놀랄 경	馬 23	均	고를 균	土 7	勉	힘쓸 면	力 9	辭	말씀 사	辛 19
系	관계할 계	糸 7	劇	꾸밀 극	刀 15	鳴	울 명	鳥 14	散	흩어질 산	攵 12

象	코끼리	상 豕 12	營	경영할	영 火 17	資	재물	자 貝 13	組	짤	조 糸 11
傷	다칠	상 人 13	豫	미리	예 豕 16	殘	남을	잔 歹 12	條	가지	조 木 11
宣	알릴	선 宀 9	遇	만날	우 辶 13	雜	섞일	잡 隹 18	潮	조수	조 水 15
舌	혀	설 舌 6	郵	우편	우 邑 11	壯	씩씩할	장 士 7	存	있을	존 子 6
屬	속할	속 尸 21	優	뛰어날	우 人 17	裝	꾸밀	장 衣 13	從	좇을	종 彳 11
損	손해볼	손 手 13	怨	원한	원 心 9	奬	권할	장 大 14	鍾	쇠북	종 金 17
松	소나무	송 木 8	源	근원	원 水 13	帳	휘장	장 巾 11	座	자리	좌 广 10
頌	기릴	송 頁 13	援	도울	원 手 12	張	펼	장 弓 11	朱	붉을	주 木 6
秀	빼어날	수 禾 7	危	위험할	위 卩 6	腸	창자	장 肉 13	周	두루	주 口 8
叔	어릴	숙 又 8	委	맡길	위 女 8	底	밑	저 广 8	酒	술	주 酉 10
肅	엄숙할	숙 聿 12	威	위협할	위 女 9	賊	도적	적 貝 13	證	증거	증 言 19
崇	받들	숭 山 11	圍	둘레	위 口 12	適	나아갈	적 辶 15	誌	기록할	지 言 14
氏	성씨	씨 氏 4	慰	위로할	위 心 15	積	쌓을	적 禾 16	智	슬기	지 日 12
額	이마	액 頁 18	乳	젖	유 乙 8	績	공적	적 糸 17	持	가질	지 手 9
樣	모양	양 木 15	遊	놀	유 辶 13	籍	호적	적 竹 20	織	짤	직 糸 18
嚴	엄할	엄 口 20	遺	남길	유 辶 16	專	오로지	전 寸 11	陣	진칠	진 阜 10
與	줄	여 臼 14	儒	선비	유 人 16	轉	구를	전 車 18	珍	보배	진 玉 9
易	바꿀	역 日 8	隱	숨을	은 阜 17	錢	돈	전 金 16	盡	다할	진 皿 14
域	지역	역 土 11	依	의지할	의 人 8	折	꺾을	절 手 7	差	다를	차 工 10
延	끌	연 廴 7	儀	거동	의 人 15	占	점칠	점 卜 5	讚	칭찬할	찬 言 26
鉛	납	연 金 13	疑	의심할	의 疋 14	點	점	점 黑 17	採	캘	채 手 11
燃	불사를	연 火 16	異	다를	이 田 11	丁	장정	정 一 2	冊	책	책 冂 5
緣	인연	연 糸 15	仁	어질	인 人 4	整	가지런할	정 攵 16	泉	샘	천 水 9
迎	맞을	영 辶 8	姉	누이	자 女 8	靜	고요할	정 靑 16	聽	들을	청 耳 22
映	비칠	영 日 9	姿	맵시	자 女 9	帝	임금	제 巾 9	廳	관청	청 广 25

招	부를	초	手 8	擇	가릴	택	手 16	疲	피로할	피	疒 10	混	섞일	혼	水 11
推	밀	추	手 11	討	칠	토	言 10	避	피할	피	辶 17	紅	붉을	홍	糸 9
縮	오무라들	축	糸 17	痛	아플	통	疒 12	恨	원한	한	心 9	華	빛날	화	++ 12
趣	달릴	취	走 15	投	던질	투	手 7	閒	한가한	한	門 12	環	고리	환	玉 17
就	나아갈	취	尢 12	鬪	싸울	투	鬥 20	抗	막을	항	手 7	歡	기쁠	환	欠 22
層	층	층	尸 15	派	갈래	파	水 9	核	씨	핵	木 10	況	모양	황	水 8
寢	잘	침	宀 14	判	판단할	판	刀 7	憲	법	헌	心 16	灰	재	회	火 6
針	바늘	침	金 10	篇	책	편	竹 15	險	험할	험	阜 16	厚	두터울	후	厂 9
稱	부를	칭	禾 14	評	평할	평	言 12	革	가죽	혁	革 9	候	기후	후	人 10
彈	튕길	탄	弓 15	閉	닫을	폐	門 11	顯	나타날	현	頁 23	揮	휘두를	휘	手 12
歎	탄식할	탄	欠 15	胞	태보	포	肉 9	刑	형벌	형	刀 6	喜	기쁠	희	口 12
脫	벗을	탈	肉 11	爆	터질	폭	火 19	或	혹시	혹	戈 8				
探	찾을	탐	手 11	標	표지판	표	木 15	婚	혼인할	혼	女 11				

3級 II 배정 500字의 訓·音·部首·劃數

3급 II 1,500자=3급 II (500), 4급(250), 4급 II (250), 5급(200), 6급(150), 7급(100), 8급(50)

佳	아름다울	가 人 8	硬	굳을	경 石 12	巧	교묘할	교 工 5	奴	종	노 女 5
架	걸칠	가 木 9	械	기계	계 木 11	較	비교할	교 車 13	腦	골	뇌 肉 13
閣	집	각 門 14	契	맺을	계 大 9	久	오랠	구 丿 3	泥	진흙	니 水 8
脚	다리	각 肉 11	桂	계수나무	계 木 10	丘	언덕	구 一 5	茶	차	다 艹 10
刊	새길	간 刀 5	啓	열	계 口 11	拘	잡을	구 手 8	丹	붉을	단 丶 4
肝	간	간 肉 7	溪	시내	계 水 13	菊	국화	국 艹 12	旦	아침	단 日 5
幹	줄기	간 干 13	姑	시어미	고 女 8	弓	활	궁 弓 3	但	다만	단 人 7
懇	정성	간 心 17	稿	원고	고 禾 15	拳	주먹	권 手 9	淡	맑을	담 水 11
鑑	거울	감 金 22	鼓	북	고 鼓 13	鬼	귀신	귀 鬼 10	踏	밟을	답 足 15
剛	굳셀	강 刀 10	谷	골짜기	곡 谷 7	菌	곰팡이	균 艹 12	唐	당나라	당 口 10
綱	벼리	강 糸 14	哭	울	곡 口 10	克	이길	극 儿 7	糖	사탕	당 米 16
鋼	강철	강 金 16	恐	두려울	공 心 10	禽	새	금 内 13	貸	빌릴	대 貝 12
介	끼일	개 人 4	貢	바칠	공 貝 10	琴	거문고	금 玉 12	臺	대	대 至 14
蓋	덮을	개 艹 14	供	드릴	공 人 8	錦	비단	금 金 16	刀	칼	도 刀 2
槪	대강	개 木 15	恭	공경할	공 心 10	及	미칠	급 又 4	途	길	도 辶 11
距	거리	거 足 12	誇	자랑할	과 言 13	企	세울	기 人 6	倒	넘어질	도 人 10
乾	하늘	건 乙 11	寡	적을	과 宀 14	其	그	기 八 8	桃	복숭아	도 木 10
劍	칼	검 刀 15	館	집	관 食 17	祈	빌	기 示 9	陶	그릇	도 阜 11
隔	사이	격 阜 13	冠	갓	관 冖 9	畿	경기	기 田 15	渡	건널	도 水 12
訣	헤어질	결 言 11	貫	꿸	관 貝 11	騎	말탈	기 馬 18	突	갑자기	돌 穴 9
兼	겸할	겸 八 10	慣	버릇	관 心 14	緊	팽팽할	긴 糸 14	凍	얼	동 冫 10
謙	겸손할	겸 言 17	寬	너그러울	관 宀 15	諾	허락할	낙 言 16	絡	이을	락 糸 12
徑	지름길	경 彳 10	狂	미칠	광 犬 7	娘	아가씨	낭 女 10	蘭	난초	란 艹 21
耕	밭갈	경 耒 10	怪	괴이할	괴 心 8	耐	견딜	내 而 9	欄	난간	란 木 21
頃	잠깐	경 頁 11	壞	무너질	괴 土 19	寧	편안할	녕 宀 14	浪	물결	랑 水 10

郎	사내	랑	邑 10	隆	솟을	륭	阜 12	謀	꾀할	모	言 16	繁	번성할	번	糸 17
廊	복도	랑	广 13	陵	언덕	릉	阜 11	慕	사모할	모	心 15	凡	무릇	범	几 3
涼	서늘할	량	水 11	裏	속	리	衣 13	貌	모습	모	豸 14	碧	푸를	벽	石 14
梁	들보	량	木 11	履	밟을	리	尸 15	睦	화목할	목	目 13	丙	남녘	병	一 5
勵	힘쓸	려	力 17	吏	아전	리	口 6	沒	빠질	몰	水 7	補	채울	보	衣 12
曆	달력	력	日 16	臨	임할	림	臣 17	夢	꿈	몽	夕 14	譜	족보	보	言 19
蓮	연꽃	련	++ 15	麻	삼	마	麻 11	蒙	어리석을	몽	++ 14	腹	배	복	肉 13
鍊	단련할	련	金 17	磨	갈	마	石 16	茂	무성할	무	++ 9	覆	덮을	복	襾 18
聯	이을	련	耳 17	莫	없을	막	++ 11	貿	바꿀	무	貝 12	封	봉할	봉	寸 9
戀	사모할	련	心 23	幕	휘장	막	巾 14	墨	먹	묵	土 15	峰	봉우리	봉	山 10
裂	찢어질	렬	衣 12	漠	사막	막	水 14	默	잠잠할	묵	黑 16	逢	만날	봉	辶 11
嶺	재	령	山 17	晩	늦을	만	日 11	紋	무늬	문	糸 10	鳳	봉황새	봉	鳥 14
靈	신령	령	雨 21	妄	망령될	망	女 6	勿	말	물	勹 4	扶	도울	부	手 7
露	이슬	로	雨 20	梅	매화	매	木 11	尾	꼬리	미	尸 7	付	줄	부	人 5
爐	화로	로	火 20	媒	중매	매	女 12	微	작을	미	彳 13	附	붙을	부	阜 8
祿	녹	록	示 13	麥	보리	맥	麥 11	迫	다그칠	박	辶 9	符	부호	부	竹 11
弄	희롱할	롱	廾 7	盲	소경	맹	目 8	薄	엷을	박	++ 17	浮	뜰	부	水 10
雷	우레	뢰	雨 13	孟	맏	맹	子 8	飯	밥	반	食 13	腐	썩을	부	肉 14
賴	의뢰할	뢰	貝 16	猛	사나울	맹	犬 11	盤	소반	반	皿 15	賦	매길	부	貝 15
累	포갤	루	糸 11	盟	맹세할	맹	皿 13	拔	뺄	발	手 8	簿	장부	부	竹 19
漏	샐	루	水 14	免	면할	면	儿 7	芳	꽃다울	방	++ 8	奔	달릴	분	大 9
樓	다락	루	木 15	眠	잘	면	目 10	培	북돋을	배	土 11	奮	떨칠	분	大 14
倫	인륜	륜	人 10	綿	솜	면	糸 14	排	밀칠	배	手 11	紛	어지러울	분	糸 10
栗	밤	률	木 10	滅	멸할	멸	水 13	輩	무리	배	車 15	拂	떨칠	불	手 8
率	비율	률	玄 11	銘	새길	명	金 14	伯	맏	백	人 7	妃	왕비	비	女 6

肥	살찔	비	肉 8	緒	실마리	서	糸 15	巡	돌	순	川 7	仰	우러를	앙	人 6
卑	낮을	비	十 8	惜	아까울	석	心 11	瞬	눈깜짝할	순	目 17	哀	슬플	애	口 9
婢	여종	비	女 11	釋	풀	석	釆 20	述	지을	술	辶 9	若	같을	약	++ 9
祀	제사	사	示 11	旋	돌	선	方 11	拾	주을	습	手 9	揚	올릴	양	手 12
沙	모래	사	水 7	禪	참	선	示 17	濕	젖을	습	水 17	壤	흙	양	土 20
邪	간사할	사	邑 7	訴	호소할	소	言 12	襲	엄습할	습	衣 22	讓	사양할	양	言 24
司	맡을	사	口 5	疏	드물	소	疋 11	昇	오를	승	日 8	御	임금	어	彳 11
詞	말씀	사	言 12	燒	불사를	소	火 16	乘	탈	승	丿 10	抑	누를	억	手 7
蛇	독사	사	虫 11	蘇	깨어날	소	++ 20	僧	중	승	人 14	憶	생각할	억	心 16
斜	기울	사	斗 11	訟	송사할	송	言 11	侍	모실	시	人 8	亦	또	역	亠 6
削	깎을	삭	刀 9	刷	인쇄할	쇄	刀 8	飾	꾸밀	식	食 14	役	일할	역	彳 7
森	빽빽할	삼	木 12	鎖	쇠사슬	쇄	金 18	愼	삼갈	신	心 13	疫	돌림병	역	疒 9
桑	뽕나무	상	木 10	衰	쇠할	쇠	衣 10	甚	심할	심	甘 9	譯	통역할	역	言 20
償	갚을	상	人 17	垂	드리울	수	土 8	審	살필	심	宀 15	驛	정거장	역	馬 23
霜	서리	상	雨 17	帥	장수	수	巾 9	雙	둘	쌍	隹 18	沿	물가	연	水 8
詳	자세할	상	言 13	殊	다를	수	歹 10	牙	어금니	아	牙 4	宴	잔치	연	宀 10
喪	죽을	상	口 12	愁	금심	수	心 13	芽	싹	아	++ 8	軟	연할	연	車 11
像	모양	상	人 14	需	구할	수	雨 14	雅	우아할	아	隹 12	燕	제비	연	火 16
尙	높일	상	小 8	壽	목숨	수	士 14	我	나	아	戈 7	悅	기쁠	열	心 10
裳	치마	상	衣 14	隨	따를	수	阜 16	亞	버금	아	二 8	炎	불꽃	염	火 8
塞	변방	새	土 13	輸	나를	수	車 16	阿	언덕	아	阜 8	染	물들일	염	木 9
索	찾을	색	糸 10	獸	짐승	수	犬 19	岸	언덕	안	山 8	鹽	소금	염	鹵 24
恕	용서할	서	心 10	淑	맑을	숙	水 11	顔	얼굴	안	頁 18	影	그림자	영	彡 15
徐	천천히	서	彳 10	熟	익을	숙	火 15	巖	바위	암	山 23	譽	기릴	예	言 21
署	관청	서	网 14	旬	열흘	순	日 6	央	가운데	앙	大 5	悟	깨달을	오	心 10

烏	까마귀 오	火 10	潤	젖을 윤	水 15	著	지을 저	++13	珠	구슬 주	玉 10
獄	지옥 옥	犬 14	乙	새 을	乙 1	跡	자취 적	足 13	株	그루 주	木 10
瓦	기와 와	瓦 5	淫	음란할 음	水 11	寂	고요할 적	宀 11	奏	아뢸 주	大 9
緩	느릴 완	糸 15	已	이미 이	己 3	笛	피리 적	竹 11	洲	물가 주	水 9
辱	욕될 욕	辰 10	翼	날개 익	羽 17	摘	딸 적	手 14	鑄	쇳물부을 주	金 22
欲	하고자할 욕	欠 11	忍	참을 인	心 7	蹟	발자취 적	足 18	仲	버금 중	人 6
慾	욕심 욕	心 15	逸	뛰어날 일	辶 12	殿	대궐 전	殳 13	卽	곧 즉	卩 9
宇	집 우	宀 6	壬	북방 임	士 4	漸	점차 점	水 14	症	증세 증	疒 10
羽	깃 우	羽 6	賃	품삯 임	人 13	亭	정자 정	亠 9	曾	일찍 증	日 12
偶	짝 우	人 11	刺	찌를 자	刀 8	頂	정수리 정	頁 11	憎	미워할 증	心 15
愚	어리석을 우	心 13	紫	자줏빛 자	糸 11	井	우물 정	二 4	蒸	찔 증	++14
憂	근심 우	心 15	慈	사랑 자	心 14	征	칠 정	彳 8	之	갈 지	丿 4
韻	운 운	音 19	暫	잠시 잠	日 15	廷	조정 정	廴 7	池	못 지	水 6
越	넘을 월	走 12	潛	잠길 잠	水 15	貞	곧을 정	貝 9	枝	가지 지	木 8
胃	밥통 위	肉 9	丈	어른 장	— 3	淨	깨끗할 정	水 11	辰	별 진	辰 7
謂	이를 위	言 16	莊	장엄할 장	++11	齊	가지런할 제	齊 14	振	떨칠 진	手 10
偽	거짓 위	人 14	掌	손바닥 장	手 12	諸	모두 제	言 16	震	벼락 진	雨 15
幼	어릴 유	幺 5	葬	장사지낼 장	++13	兆	조짐 조	儿 6	鎭	진압할 진	金 18
猶	오히려 유	犬 12	粧	단장할 장	米 12	租	세금 조	禾 10	陳	펼칠 진	阜 11
柔	부드러울 유	木 9	藏	감출 장	++18	照	비칠 조	火 13	疾	병 질	疒 10
幽	그윽할 유	幺 9	臟	오장 장	肉 22	燥	마를 조	火 17	秩	차례 질	禾 10
悠	멀 유	心 11	栽	심을 재	木 10	縱	세로 종	糸 17	執	잡을 집	土 11
維	맬 유	糸 12	裁	마름질할 재	衣 12	坐	앉을 좌	土 7	徵	부를 징	彳 15
裕	넉넉할 유	衣 12	載	실을 재	車 13	宙	집 주	宀 8	此	이 차	止 6
誘	꾈 유	言 14	抵	막을 저	手 8	柱	기둥 주	木 9	借	빌릴 차	人 10

錯	섞일	착	金16	催	재촉할	최	人13	編	엮을	편	糸15	穴	구멍	혈	穴5
贊	도울	찬	貝19	追	쫓을	추	辶10	肺	허파	폐	肉9	脅	위협할	협	肉10
昌	번창할	창	日8	畜	기를	축	田10	廢	폐할	폐	广15	衡	저울대	형	行16
倉	창고	창	人10	衝	찌를	충	行15	弊	폐단	폐	廾15	慧	슬기	혜	心15
蒼	푸를	창	++14	吹	불	취	口7	浦	물가	포	水10	虎	범	호	虍8
菜	나물	채	++12	醉	취할	취	酉15	捕	잡을	포	手10	胡	오랑캐	호	肉9
彩	채색	채	彡11	側	곁	측	人11	楓	단풍	풍	木13	浩	넓을	호	水10
債	빚	채	人13	值	값	치	人10	皮	가죽	피	皮5	豪	클	호	豕14
策	꾀	책	竹12	恥	부끄러울	치	心10	彼	저	피	彳8	惑	혹시	혹	心12
妻	아내	처	女8	稚	어릴	치	禾13	被	입을	피	衣10	魂	넋	혼	鬼14
尺	자	척	尸4	漆	옻	칠	水14	畢	마칠	필	田11	忽	문득	홀	心8
拓	넓힐	척	手8	沈	가라앉	침	水7	何	어찌	하	人7	洪	넓을	홍	水9
戚	겨레	척	戈11	浸	잠길	침	水14	荷	멜	하	++11	禍	재앙	화	示14
淺	얕을	천	水11	奪	빼앗을	탈	大14	賀	하례할	하	貝12	換	바꿀	환	手12
踐	밟을	천	足15	塔	탑	탑	土13	鶴	학	학	鳥21	還	돌아올	환	辶17
賤	천할	천	貝15	湯	끓을	탕	水12	汗	땀	한	水6	皇	황제	황	白9
遷	옮길	천	辶16	殆	위태할	태	歹9	割	나눌	할	刀12	荒	거칠	황	++10
哲	밝을	철	口10	泰	클	태	水10	含	머금을	함	口7	悔	뉘우칠	회	心10
徹	통할	철	彳15	澤	못	택	水16	陷	빠질	함	阜11	懷	품을	회	心19
滯	막힐	체	水14	吐	토할	토	口6	恒	항상	항	心9	劃	그을	획	刀14
肖	베낄	초	肉7	兔	토끼	토	儿8	項	목	항	頁12	獲	잡을	획	犬17
超	넘을	초	走12	透	통할	투	辶11	響	울릴	향	音22	橫	가로	황	木16
礎	주춧돌	초	石18	版	판목	판	片8	獻	바칠	헌	犬20	胸	가슴	흉	肉10
促	재촉할	촉	人9	片	조각	편	片4	玄	검을	현	玄5	稀	드물	희	禾12
觸	닿을	촉	角20	偏	치우칠	편	人11	懸	매달	현	心20	戲	희롱할	희	戈17

3級 배정 317字의 訓·音·部首·劃數

3급 1,817자 = 3급(317), 3급 II (500), 4급(250), 4급 II (250), 5급(200), 6급(150), 7급(100), 8급(50)

却	물리칠 각	卩 7	苟	구차할 구	++ 9	挑	건드릴 도	手 9	隣	이웃 린	阜 15
姦	간음할 간	女 9	狗	개 구	犬 8	跳	뛸 도	足 13	慢	게으를 만	心 14
渴	마를 갈	水 12	驅	몰 구	馬 21	塗	칠할 도	土 13	漫	흩어질 만	水 14
皆	다 개	白 9	懼	두려울 구	心 21	稻	벼 도	禾 15	忙	바쁠 망	心 6
慨	슬퍼할 개	心 14	厥	그 궐	厂 12	篤	도타울 독	竹 16	忘	잊을 망	心 7
乞	빌 걸	乙 3	軌	궤도 궤	車 9	豚	돼지 돈	豕 11	茫	아득할 망	++ 10
肩	어깨 견	肉 8	龜	거북 귀	龜 16	敦	도타울 돈	攵 12	罔	없을 망	网 8
牽	끌 견	牛 11	叫	부르짖을 규	口 5	屯	머무를 둔	丿 4	埋	묻을 매	土 10
遣	보낼 견	辶 14	糾	꼬일 규	糸 8	鈍	둔할 둔	金 12	冥	어두울 명	冖 7
絹	비단 견	糸 13	斤	도끼 근	斤 4	騰	오를 등	馬 20	某	아무개 모	木 9
庚	천간 경	广 8	僅	겨우 근	人 13	濫	넘칠 람	水 17	侮	모욕할 모	人 9
竟	마칠 경	立 11	謹	삼갈 근	言 18	掠	노략질 략	手 11	冒	무릎쓸 모	冂 9
卿	벼슬 경	卩 12	肯	즐길 긍	肉 8	諒	헤아릴 량	言 15	募	모을 모	力 13
癸	천간 계	癶 9	豈	어찌 기	豆 10	憐	가련할 련	心 15	暮	저물 모	日 15
繫	맬 계	糸 19	忌	꺼릴 기	心 7	劣	못날 렬	力 6	卯	토끼 묘	卩 5
枯	마를 고	木 9	欺	속일 기	欠 12	廉	쌀 렴	广 13	苗	싹 묘	++ 9
顧	돌아볼 고	頁 21	飢	주릴 기	食 11	獵	사냥할 렵	犬 18	廟	사당 묘	广 15
坤	땅 곤	土 8	旣	이미 기	无 11	零	떨어질 령	雨 13	戊	천간 무	戈 5
郭	성곽 곽	邑 11	棄	버릴 기	木 12	隸	따를 례	隶 16	霧	안개 무	雨 19
掛	걸 괘	手 11	幾	몇 기	幺 12	鹿	사슴 록	鹿 11	迷	헷갈릴 미	辶 10
塊	덩이 괴	土 13	那	어찌 나	邑 7	了	마칠 료	亅 2	眉	눈썹 미	目 9
愧	부끄러울 괴	心 13	乃	이에 내	丿 2	僚	동료 료	人 14	敏	빠를 민	攵 11
郊	들 교	邑 9	奈	어찌 내	大 8	淚	눈물 루	水 11	憫	연민할 민	心 15
矯	바로잡을 교	矢 17	惱	괴로울 뇌	心 12	屢	여러 루	尸 14	蜜	꿀 밀	虫 14
俱	함께 구	人 10	畓	논 답	田 9	梨	배나무 리	木 11	泊	머무를 박	水 8

漢字	訓	音	部首	劃	漢字	訓	音	部首	劃	漢字	訓	音	部首	劃	漢字	訓	音	部首	劃
返	돌이킬	반	辶	8	詐	속일	사	言	12	誰	누구	수	言	15	於	어조사	어	方	8
叛	배반할	반	又	9	斯	이	사	斤	12	雖	비록	수	隹	17	焉	어찌	언	火	11
伴	짝	반	人	7	賜	줄	사	貝	15	搜	찾을	수	手	13	予	나	여	亅	4
般	일반	반	舟	10	朔	초하루	삭	月	10	孰	누구	숙	子	11	汝	너	여	水	6
邦	나라	방	邑	7	祥	상서	상	示	11	殉	따라죽을	순	歹	10	輿	가마	여	車	17
倣	모방할	방	人	10	嘗	맛볼	상	口	14	循	좇을	순	彳	12	余	나	여	人	7
傍	곁	방	人	12	敍	펼	서	攵	11	脣	입술	순	肉	11	閱	살필	열	門	15
杯	잔	배	木	8	庶	무리	서	广	11	戌	개	술	戈	6	泳	헤엄칠	영	水	8
飜	번역할	번	飛	21	暑	더울	서	日	13	矢	화살	시	矢	5	詠	읊을	영	言	12
煩	번뇌할	번	火	13	誓	맹세할	서	言	14	伸	펼	신	人	7	銳	날카로울	예	金	15
辨	분별할	변	辛	16	逝	갈	서	辶	11	辛	매울	신	辛	7	吾	나	오	口	7
竝	나란할	병	立	10	昔	옛	석	日	8	晨	새벽	신	日	11	汚	더러울	오	水	6
屛	병풍	병	尸	11	析	쪼갤	석	木	8	尋	찾을	심	寸	12	娛	즐길	오	女	10
卜	점	복	卜	2	涉	건널	섭	水	10	餓	주릴	아	食	16	嗚	탄식할	오	口	13
蜂	벌	봉	虫	13	攝	잡을	섭	手	21	岳	큰산	악	山	8	傲	거만할	오	人	13
赴	다다를	부	走	9	召	부를	소	口	5	雁	기러기	안	隹	12	翁	늙은이	옹	羽	10
墳	무덤	분	土	15	昭	밝을	소	日	9	謁	아뢸	알	言	16	擁	안을	옹	手	16
朋	벗	붕	月	8	蔬	나물	소	艹	15	押	누를	압	手	8	臥	누울	와	臣	8
崩	무너질	붕	山	11	騷	떠들	소	馬	20	殃	재앙	앙	歹	9	曰	가로	왈	曰	4
賓	손	빈	貝	14	粟	조	속	米	12	涯	물가	애	水	11	畏	두려울	외	田	9
頻	자주	빈	頁	16	誦	욀	송	言	14	厄	재앙	액	厂	4	腰	허리	요	肉	13
聘	부를	빙	耳	13	囚	가둘	수	口	5	也	어조사	야	乙	3	搖	흔들	요	手	13
巳	뱀	사	己	3	睡	졸	수	目	13	耶	어조사	야	耳	9	遙	멀	요	辶	14
似	닮을	사	人	7	須	모름지기	수	頁	12	躍	뛸	약	足	21	庸	떳떳할	용	广	11
捨	버릴	사	手	11	遂	이룰	수	辶	13	楊	버들	양	木	13	又	또	우	又	2

于	어조사	우	二 3	哉	어조사	재	口 9	添	더할	첨	水 11	罷	그만둘	파	网 15
尤	더욱	우	尢 4	滴	물방울	적	水 14	妾	첩	첩	女 8	播	뿌릴	파	手 15
云	이를	운	二 4	竊	훔칠	절	穴 22	晴	갤	청	日 12	把	잡을	파	手 7
違	어긋날	위	辶 13	蝶	나비	접	虫 15	逮	잡을	체	辶 12	販	팔	판	貝 11
緯	줄	위	糸 15	訂	고칠	정	言 9	替	바꿀	체	日 12	貝	조개	패	貝 7
酉	닭	유	酉 7	堤	둑	제	土 12	遞	전할	체	辶 14	遍	두루	편	辶 13
唯	오직	유	口 11	弔	조상할	조	弓 4	抄	베낄	초	手 7	蔽	가릴	폐	++ 16
惟	생각할	유	心 11	拙	못날	졸	手 8	秒	분초	초	禾 9	幣	화폐	폐	巾 15
愈	병나을	유	心 13	佐	도울	좌	人 7	燭	촛불	촉	火 17	抱	안을	포	手 8
閏	윤달	윤	門 12	舟	배	주	舟 6	聰	귀밝을	총	耳 17	飽	배부를	포	食 14
吟	읊을	음	口 7	俊	준걸	준	人 9	抽	뽑을	추	手 8	幅	폭	폭	巾 12
泣	울	읍	水 8	遵	좇을	준	辶 16	醜	추할	추	酉 17	漂	떠다닐	표	水 14
凝	엉길	응	冫16	贈	줄	증	貝 19	丑	소	축	一 4	匹	짝	필	匚 4
矣	어조사	의	矢 7	只	다만	지	口 5	逐	쫓을	축	辶 11	旱	가물	한	日 7
宜	마땅할	의	宀 8	遲	늦을	지	辶 16	臭	냄새	취	自 10	咸	다	함	口 9
而	말이을	이	而 6	姪	조카	질	女 9	枕	베개	침	木 8	巷	거리	항	己 9
夷	오랑캐	이	大 6	懲	혼낼	징	心 19	妥	어루만질	타	女 7	亥	돼지	해	亠 6
姻	혼인	인	女 9	且	또	차	一 5	墮	떨어질	타	土 15	該	해당할	해	言 13
寅	범	인	宀 11	捉	잡을	착	手 10	托	맡길	탁	手 6	奚	어찌	해	大 10
恣	방자할	자	心 10	慘	참혹할	참	心 14	濁	흐릴	탁	水 16	享	누릴	향	亠 8
玆	이	자	玄 10	慙	부끄울	참	心 15	濯	씻을	탁	水 17	軒	집	헌	車 10
酌	술따를	작	酉 10	暢	화창할	창	日 14	誕	태어날	탄	言 14	絃	줄	현	糸 11
爵	벼슬	작	爪 18	斥	물리칠	척	斤 5	貪	탐할	탐	貝 11	縣	고을	현	糸 16
墻	담	장	土 16	薦	천거할	천	++ 17	怠	게으를	태	心 9	嫌	싫어할	혐	女 13
宰	재상	재	宀 10	尖	뾰족할	첨	小 6	頗	치우칠	파	頁 14	亨	형통할	형	亠 7

螢	반딧불	형	虫	16
兮	어조사	혜	八	4
互	서로	호	二	4
乎	어조사	호	丿	5
毫	터럭	호	毛	11

昏	어두울	혼	日	8
弘	넓을	홍	弓	5
鴻	기러기	홍	鳥	17
禾	벼	화	禾	5
穫	거둘	확	禾	19

擴	넓힐	확	手	18
丸	둥글	환	丶	3
曉	새벽	효	日	16
侯	제후	후	人	9
毁	헐	훼	殳	13

| 輝 | 빛날 | 휘 | 車 | 15 |
| 携 | 이끌 | 휴 | 手 | 13 |

2級 배정 538字의 訓·音·部首·劃數

● 일반 한자 188자

2급 2,355자 = 2급(538), 3급(1,817)

葛	칡	갈	++13	尼	여승	니	尸5	痲	저릴	마	疒13	膚	살갗	부	肉15
憾	섭섭할	감	心16	溺	빠질	닉	水13	膜	꺼풀	막	肉15	敷	펼	부	攵15
坑	구덩이	갱	土7	鍛	쇠불릴	단	金17	娩	낳을	만	女10	弗	아닐	불	弓5
揭	들	게	手12	潭	못	담	水15	灣	물굽이	만	水25	匪	도적	비	匚10
憩	쉴	게	心12	膽	쓸개	담	肉17	蠻	오랑캐	만	虫25	唆	부추길	사	口10
雇	품살	고	隹16	垈	집터	대	土8	網	그물	망	糸14	赦	용서할	사	赤11
戈	창	과	戈4	戴	일	대	戈17	魅	홀릴	매	鬼15	飼	기를	사	食14
瓜	오이	과	爪5	悼	슬퍼할	도	心11	枚	낱	매	木8	傘	우산	산	人12
菓	과자	과	++12	桐	오동나무	동	木10	蔑	멸시할	멸	++15	酸	실	산	酉14
款	조목	관	欠12	棟	큰집	동	木12	矛	창	모	矛6	蔘	인삼	삼	++15
傀	허수아비	괴	人12	謄	베낄	등	言17	帽	모자	모	巾12	插	꽂을	삽	手12
絞	목맬	교	糸12	藤	등나무	등	++19	沐	머리감을	목	水7	箱	상자	상	竹14
僑	붙어살	교	人14	裸	벗을	라	衣13	紊	어지러울	문	糸10	瑞	상서로울	상	玉13
膠	아교	교	肉15	洛	물이름	락	水9	舶	큰배	박	舟11	碩	클	석	石14
購	살	구	貝17	爛	빛날	란	火21	搬	운반할	반	手13	繕	고칠	선	糸18
歐	토할	구	欠15	藍	쪽	람	++18	紡	실뽑을	방	糸10	纖	가늘	섬	糸23
鷗	갈매기	구	鳥22	拉	납치할	랍	手8	賠	물어줄	배	貝15	貰	세놓을	세	貝12
掘	팔	굴	手11	輛	수레	량	車15	俳	배우	배	人10	紹	소개할	소	糸11
窟	굴	굴	穴13	煉	달굴	련	火13	柏	잣나무	백	木9	盾	방패	순	目9
圈	둘레	권	口11	籠	바구니	롱	竹22	閥	문벌	벌	門14	升	오를	승	十4
闕	대궐	궐	門18	療	병고칠	료	疒17	汎	넓을	범	水6	屍	주검	시	尸9
閨	규수	규	門14	硫	유황	류	石12	僻	후미질	벽	人15	殖	불릴	식	歹12
棋	바둑	기	木12	謬	그르칠	류	言18	倂	아우를	병	人10	紳	큰띠	신	糸11
濃	짙을	농	水16	摩	문지를	마	手15	俸	녹	봉	人10	腎	콩팥	신	肉12
尿	오줌	뇨	尸7	魔	마귀	마	鬼21	縫	꿰맬	봉	糸17	握	쥘	악	手12

癌	암	암	疒 17	諮	물을	자	言 16	餐	밥	찬	食 16	霸	으뜸	패	襾 19
碍	막을	애	石 13	雌	암컷	자	隹 13	札	패	찰	木 5	坪	평지	평	土 8
惹	이끌	야	心 13	蠶	누에	잠	虫 24	刹	절	찰	刀 8	怖	두려울	포	心 8
孃	아가씨	양	女 20	沮	막을	저	水 8	斬	벨	참	斤 11	抛	던질	포	手 8
硯	벼루	연	石 12	呈	드릴	정	口 7	滄	물푸를	창	水 13	鋪	가게	포	金 15
厭	싫어할	염	厂 14	艇	거룻배	정	舟 13	彰	드러날	창	彡 14	虐	모질	학	虍 9
預	맡길	예	頁 13	偵	염탐할	정	人 11	悽	슬퍼할	처	心 11	翰	편지	한	羽 16
梧	오동나무	오	木 11	劑	약지을	제	刀 16	隻	외짝	척	隹 10	艦	싸움배	함	舟 20
穩	편안할	온	禾 19	措	둘	조	手 11	撤	거둘	철	手 15	弦	활시위	현	弓 8
歪	비뚤	왜	止 9	釣	낚시	조	金 11	諜	염탐할	첩	言 16	峽	골짜기	협	山 10
妖	요사할	요	女 7	彫	새길	조	彡 11	締	맺을	체	糸 15	型	틀	형	土 9
傭	품팔	용	人 13	綜	모을	종	糸 14	哨	망볼	초	口 10	濠	해자	호	水 17
熔	녹을	용	火 14	駐	머무를	주	馬 15	焦	그을릴	초	火 12	酷	심할	혹	酉 14
鬱	답답할	울	鬯 29	准	승인할	준	氵 10	趨	달릴	추	走 17	靴	가죽신	화	革 13
苑	동산	원	艹 9	旨	뜻	지	日 6	軸	굴대	축	車 12	幻	허깨비	환	幺 4
尉	벼슬	위	寸 11	脂	기름	지	肉 10	蹴	찰	축	足 19	滑	미끄러울	활	水 13
融	녹을	융	虫 16	津	나루	진	水 9	衷	속마음	충	衣 10	廻	빙돌	회	廴 9
貳	두	이	貝 12	診	진찰할	진	言 12	炊	불땔	취	火 8	喉	목구멍	후	口 12
刃	칼날	인	刀 3	塵	티끌	진	土 14	託	부탁할	탁	言 10	勳	공	훈	力 16
壹	한	일	士 12	室	막힐	질	穴 11	琢	쫄	탁	玉 12	熙	빛날	희	火 13
妊	아이밸	임	女 7	輯	모을	집	車 16	胎	아이밸	태	肉 9	噫	탄식할	희	口 16
磁	자석	자	石 14	遮	막을	차	辶 15	颱	태풍	태	風 14	姬	예쁜여자	희	女 9

● 인명 · 지명 350자

한자	뜻	음	부수획수	한자	뜻	음	부수획수	한자	뜻	음	부수획수	한자	뜻	음	부수획수	한자	뜻	음	부수획수
伽	절	가	人 7	璟	옥빛	경	玉 16	麒	기린	기	鹿 19	魯	노나라	로	魚 15
柯	가지	가	木 9	瓊	구슬	경	玉 19	沂	물이름	기	水 7	盧	성	로	皿 16
軻	수레	가	車 12	皐	언덕	고	白 11	驥	천리마	기	馬 27	蘆	갈대	로	++ 20
賈	성	가	貝 13	串	꿸	관	ㅣ 7	湍	여울	단	水 12	鷺	해오라기	로	鳥 23
迦	부처이름	가	辶 9	琯	옥피리	관	玉 12	塘	못	당	土 13	遼	멀	료	辶 16
珏	쌍옥	각	玉 9	槐	회화나무	괴	木 14	悳	큰 덕	덕	心 12	劉	죽일	류	刀 15
杆	몽둥이	간	木 7	邱	언덕	구	邑 8	燾	비칠	도	火 18	崙	산이름	륜	山 11
艮	볼	간	艮 6	玖	옥돌	구	玉 7	惇	도타울	돈	心 11	楞	네모질	릉	木 13
鞨	말갈족	갈	革 18	鞫	성	국	革 17	燉	불빛	돈	火 16	麟	기린	린	鹿 23
邯	이름	감	邑 8	圭	쌍토	규	土 6	頓	조아릴	돈	頁 13	靺	말갈족	말	革 14
岬	곶	갑	山 8	奎	별	규	大 9	乭	이름	돌	乙 6	貊	종족이름	맥	豸 13
鉀	갑옷	갑	金 13	揆	헤아릴	규	手 12	董	간직할	동	++ 13	覓	찾을	멱	見 11
姜	성	강	女 9	珪	홀	규	玉 10	杜	막을	두	木 7	冕	면류관	면	冂 11
彊	굳셀	강	弓 16	槿	무궁화	근	木 15	鄧	성	등	邑 15	沔	물이름	면	水 7
疆	지경	강	田 19	瑾	옥	근	玉 15	萊	명아주	래	++ 12	俛	힘쓸	면	人 9
岡	산등성이	강	山 8	兢	떨릴	긍	儿 14	亮	밝을	량	亠 9	牟	성	모	牛 6
崗	언덕	강	山 11	冀	바랄	기	八 16	樑	들보	량	木 15	茅	띠	모	++ 9
价	클	개	人 6	岐	갈림길	기	山 7	呂	성	려	口 7	謨	꾀	모	言 18
塏	높은땅	개	土 13	淇	물이름	기	水 11	廬	농막집	려	广 19	穆	화목할	목	禾 16
鍵	열쇠	건	金 17	琦	옥이름	기	玉 12	驪	검은말	려	馬 29	昴	별이름	묘	日 9
杰	뛰어날	걸	木 8	琪	예쁜옥	기	玉 12	礪	숫돌	려	石 20	汶	물이름	문	水 7
桀	이름	걸	木 10	璣	구슬	기	玉 16	漣	잔물결	련	水 14	彌	넓을	미	弓 17
甄	질그릇	견	瓦 14	箕	키	기	竹 14	濂	물이름	렴	水 16	旻	하늘	민	日 8
炅	빛날	경	火 8	耆	늙은이	기	耂 10	玲	옥소리	령	玉 9	旼	화할	민	日 8
儆	경계할	경	人 15	麒	준마	기	馬 18	醴	단술	례	酉 20	玟	옥돌	민	玉 8

珉	예쁜돌	민	玉 9	傅	스승	부	人 12	邵	땅이름	소	邑 8	衍	넓을	연	行 9
閔	성	민	門 12	芬	향기	분	++ 8	宋	송나라	송	宀 7	閻	마을	염	門 16
磻	반계	반	石 17	鵬	새	붕	鳥 19	洙	물가	수	水 9	燁	빛날	엽	火 16
潘	뜨물	반	水 15	丕	클	비	一 5	銖	저울눈	수	金 14	暎	비칠	영	日 13
鉢	바리때	발	金 13	毘	도울	비	比 9	隋	수나라	수	阜 12	瑛	옥빛	영	玉 13
渤	바다이름	발	水 12	毖	삼갈	비	比 9	洵	진실로	순	水 9	盈	찰	영	皿 9
旁	곁	방	方 10	彬	빛날	빈	彡 11	淳	순박할	순	水 11	瑩	옥돌	영	玉 15
龐	클	방	龍 19	泗	물이름	사	水 8	珣	옥이름	순	玉 10	芮	성	예	++ 8
裵	성	배	衣 14	庠	학교	상	广 9	舜	순임금	순	舛 12	睿	슬기	예	目 14
筏	뗏목	벌	竹 12	舒	펼	서	舌 12	荀	풀이름	순	++ 10	濊	물깊을	예	水 16
范	성	범	++ 9	奭	쌍백	석	大 15	瑟	거문고	슬	玉 13	吳	오나라	오	口 7
卞	성	변	卜 4	晳	밝을	석	日 12	繩	노끈	승	糸 19	塢	물가	오	土 16
弁	고깔	변	廾 5	錫	주석	석	金 16	柴	섶	시	木 9	沃	기름질	옥	水 7
昞	밝을	병	日 9	瑄	도리옥	선	玉 13	湜	물맑을	식	水 12	鈺	보배	옥	金 13
昺	밝을	병	日 9	璇	옥	선	玉 15	軾	가로나무	식	車 13	邕	막힐	옹	邑 10
柄	자루	병	木 9	璿	옥	선	玉 18	瀋	물이름	심	水 18	雍	화할	옹	隹 13
炳	빛날	병	火 9	卨	이름	설	卜 11	閼	막을	알	門 16	甕	독	옹	瓦 18
秉	잡을	병	禾 8	薛	대쑥	설	++ 17	鴨	오리	압	鳥 16	莞	왕골	완	++ 11
甫	클	보	用 7	陝	땅이름	섬	阜 10	埃	티끌	애	土 10	旺	왕성할	왕	日 8
潽	물이름	보	水 15	蟾	두꺼비	섬	虫 19	艾	쑥	애	++ 6	汪	넓을	왕	水 7
輔	도울	보	車 14	暹	해돋을	섬	日 16	倻	가야	야	人 11	倭	왜나라	왜	人 10
馥	향기	복	香 18	燮	불꽃	섭	火 17	襄	도울	양	衣 17	堯	요임금	요	土 12
蓬	쑥	봉	++ 15	晟	밝을	성	日 11	彦	선비	언	彡 9	姚	예쁠	요	女 9
阜	언덕	부	阜 8	巢	새집	소	川 11	姸	고울	연	女 9	耀	빛날	요	羽 20
釜	가마	부	金 10	沼	못	소	水 8	淵	못	연	水 12	溶	녹을	용	水 13

瑢	패옥소리 용	玉 14	尹	다스릴 윤	尸 4	禎	상서로울 정	示 14	采	풍채 채	采 8
鎔	쇠녹일 용	++11	胤	뒤이을 윤	肉 9	鼎	솥 정	鼎 13	埰	사패지 채	土 11
鏞	쇠북 용	金 19	鈗	병기 윤	金 12	趙	나라 조	走 14	蔡	성 채	++15
佑	도울 우	人 7	殷	은나라 은	殳 10	曺	성 조	日 10	陟	오를 척	阜 10
祐	복 우	示 10	垠	지경 은	土 9	祚	복 조	示 10	釧	팔찌 천	金 11
禹	성 우	內 9	誾	향기 은	言 15	琮	서옥 종	玉 12	喆	밝을 철	口 12
旭	아침해 욱	日 6	鷹	매 응	鳥 24	疇	밭이랑 주	田 19	澈	맑을 철	水 15
項	삼갈 욱	頁 13	伊	저 이	人 6	埈	높을 준	土 10	瞻	볼 첨	目 18
昱	해밝을 욱	日 9	珥	귀걸이 이	玉 10	峻	험준할 준	山 10	楚	초나라 초	木 13
煜	빛날 욱	火 13	怡	기쁠 이	心 8	晙	밝을 준	日 11	蜀	촉나라 촉	虫 13
郁	성할 욱	邑 9	翊	도울 익	羽 11	浚	칠 준	水 10	崔	성 최	山 11
芸	향풀 운	++8	鎰	무게이름 일	金 18	濬	깊을 준	水 17	楸	가래 추	木 13
蔚	고을이름 울	++15	佾	춤 일	人 8	駿	준마 준	馬 17	鄒	추나라 추	邑 13
熊	곰 웅	火 14	滋	붙을 자	水 12	址	터 지	土 7	椿	참죽나무 춘	木 13
媛	예쁜여자 원	女 12	庄	전장 장	广 6	芝	지초 지	++8	沖	화할 충	水 6
瑗	구슬 원	玉 13	獐	노루 장	犬 14	稙	올벼 직	禾 13	聚	모을 취	耳 14
袁	옷길 원	衣 10	璋	반쪽홀 장	玉 15	稷	피 직	禾 15	峙	언덕 치	山 9
渭	물이름 위	水 12	蔣	성 장	++15	秦	진나라 진	禾 10	雉	꿩 치	隹 13
韋	가죽 위	韋 9	甸	경기 전	田 7	晋	나라 진	日 10	灘	여울 탄	水 22
魏	위나라 위	鬼 18	鄭	나라 정	邑 15	燦	빛날 찬	火 17	耽	즐길 탐	耳 10
庾	곳집 유	广 12	晶	맑을 정	日 12	鑽	뚫을 찬	金 27	兌	바꿀 태	儿 7
兪	성 유	入 9	珽	옥이름 정	玉 11	璨	옥빛 찬	玉 17	台	별 태	口 5
楡	느릅나무 유	木 13	旌	기 정	方 11	瓚	제기 찬	玉 23	坡	언덕 파	土 8
踰	넘을 유	足 16	楨	광나무 정	木 13	敞	시원할 창	攴 12	阪	언덕 판	阜 7
允	맏 윤	儿 4	汀	물가 정	水 5	昶	해길 창	日 9	彭	성 팽	彡 12

扁	작을	편	戶 9	峴	고개	현	山 10	鎬	호경	호	金 18	壎	질나팔	훈	土 17
葡	포도	포	⺿ 13	炫	밝을	현	火 9	祜	복	호	示 10	薰	향풀	훈	⺿ 18
鮑	물고기	포	魚 16	鉉	솥귀	현	金 13	泓	물깊을	홍	水 8	徽	아름다울	휘	彳 17
杓	자루	표	木 7	瀅	물맑을	형	水 18	嬅	탐스러울	화	女 15	休	아름다울	휴	火 10
馮	성	풍	馬 12	炯	빛날	형	火 9	樺	자작나무	화	木 16	匈	오랑캐	흉	勹 6
弼	도울	필	弓 12	邢	성	형	邑 7	桓	굳셀	환	木 10	欽	공경할	흠	欠 12
泌	흐를	필	水 8	馨	향기	형	香 20	煥	빛날	환	火 13	嬉	아름다울	희	女 15
陜	땅이름	합	阜 10	昊	하늘	호	日 8	晃	밝을	황	日 10	熹	빛날	희	火 16
亢	높을	항	亠 4	晧	밝을	호	日 11	滉	깊을	황	水 13	憙	기뻐할	희	心 16
沆	넓을	항	水 7	皓	흴	호	白 12	檜	전나무	회	木 17	禧	복	희	示 17
杏	살구	행	木 7	滸	넓을	호	水 15	淮	물이름	회	水 11	義	이름	희	羊 16
赫	빛날	혁	赤 14	壕	해자	호	土 17	后	임금	후	口 6				
爀	불빛	혁	火 18	扈	따를	호	戶 11	熏	불길	훈	火 14				

1級 배정 1,145字의 訓·音·部首·劃數

1급 3,500 = 1급(1,145), 2급(538), 3급(1,817)

한자	훈	음	부수획수	한자	훈	음	부수획수	한자	훈	음	부수획수	한자	훈	음	부수획수	한자	훈	음	부수획수
哥	부를	가	口 10	紺	감색	감	糸 11	膈	흉격	격	肉 14	昆	맏	곤	日 8				
呵	꾸짖을	가	口 8	瞰	내려다볼	감	目 17	譴	꾸짖을	견	言 21	棍	몽둥이	곤	木 12				
苛	가혹할	가	++ 9	匣	상자	갑	匸 7	鵑	두견새	견	鳥 18	袞	곤룡포	곤	衣 11				
嘉	아름다울	가	口 14	閘	수문	갑	門 13	繭	고치	견	糸 19	汨	빠질	골	水 11				
嫁	시집갈	가	女 13	慷	슬플	강	心 14	憬	동경할	경	心 15	拱	팔짱낄	공	手 9				
稼	일할	가	禾 15	糠	쌀겨	강	米 17	鯨	고래	경	魚 19	鞏	굳을	공	革 15				
袈	가사	가	衣 11	腔	빈속	강	肉 12	梗	굳을	경	木 11	顆	낱알	과	頁 17				
駕	멍에	가	馬 15	薑	생강	강	++ 17	磬	경쇠	경	石 16	廓	둘레	곽	广 14				
恪	삼갈	각	心 9	箇	낱	개	竹 14	莖	줄기	경	++ 11	槨	덧널	관	木 15				
殼	껍질	각	殳 12	凱	이길	개	几 12	頸	목	경	頁 16	藿	콩잎	곽	++ 20				
奸	간사할	간	女 6	愾	성낼	개	心 13	脛	정강이	경	肉 11	灌	물댈	관	水 21				
竿	장대	간	竹 9	漑	물댈	개	水 14	勁	굳셀	경	力 9	棺	널	관	木 12				
墾	개간할	간	土 16	芥	겨자	개	++ 8	悸	두근거릴	계	心 11	刮	비빌	괄	刀 8				
艱	어려울	간	艮 17	羹	국	갱	羊 19	呱	울	고	口 8	括	묶을	괄	手 9				
諫	간할	간	言 16	渠	개천	거	水 12	拷	때릴	고	手 9	匡	바로잡을	광	匸 6				
揀	가릴	간	手 12	倨	거만할	거	人 10	敲	두드릴	고	攴 14	壙	구덩이	광	土 18				
澗	산골물	간	水 16	醵	추렴할	거	酉 20	叩	조아릴	고	口 5	曠	넓을	광	日 19				
癎	간질	간	疒 17	巾	수건	건	巾 3	辜	허물	고	辛 12	胱	방광	광	肉 10				
竭	다할	간	立 14	腱	힘줄	건	肉 13	痼	고질병	고	疒 13	卦	점괘	괘	卜 8				
喝	외칠	간	口 12	虔	정성	건	虍 13	錮	땜질할	고	金 16	罫	줄	괘	网 13				
褐	굵은베	갈	衣 14	劫	위협할	겁	力 7	股	넓적다리	고	肉 8	乖	어그러질	괴	丿 8				
勘	헤아릴	감	力 11	怯	겁낼	겁	心 8	膏	기름	고	肉 14	拐	속일	괴	手 8				
堪	견딜	감	土 12	偈	불교글	게	人 11	袴	바지	고	衣 11	魁	우두머리	괴	鬼 14				
柑	귤나무	감	木 9	覡	남자무당	격	見 14	鵠	고니	곡	鳥 18	轟	수레소리	굉	車 21				
疳	감질	감	疒 10	檄	격문	격	木 17	梏	수갑	곡	木 11	宏	클	굉	宀 7				

肱	팔뚝	굉	肉 8	矩	곱자	구	矢 10	棘	가시나무	극	木 12	懦	나약할	나	心 17
喬	높을	교	□ 12	廐	마구간	구	广 14	隙	틈	극	阜 13	拏	잡을	나	手 9
嬌	아리따울	교	女 12	臼	절구	구	臼 6	覲	뵐	근	見 18	拿	붙잡을	나	手 10
轎	가마	교	車 19	舅	시아비	구	臼 13	饉	흉년들	근	食 20	煖	따뜻할	난	火 13
驕	교만할	교	馬 22	衢	거리	구	行 24	衾	이불	금	衣 10	捏	반죽할	날	手 10
攪	흔들	교	手 23	窘	막힐	군	穴 12	擒	사로잡을	금	手 16	捺	누를	날	手 11
咬	새소리	교	口 9	穹	하늘	궁	穴 8	襟	옷깃	금	衣 18	衲	장삼	납	衣 9
狡	교활할	교	犬 9	躬	몸	궁	身 10	扱	다룰	급	手 7	囊	주머니	낭	口 22
皎	밝을	교	白 11	倦	게으를	권	人 10	汲	물길을	급	水 7	涅	개흙	녈	水 10
蛟	이무기	교	虫 12	眷	돌볼	권	目 11	矜	자랑할	긍	矛 9	弩	쇠뇌	노	弓 8
仇	원수	구	人 4	捲	말	권	手 11	亘	뻗칠	긍	二 6	駑	둔한말	노	馬 15
鳩	비둘기	구	鳥 13	顴	광대뼈	관	頁 27	嗜	즐길	기	口 13	膿	고름	농	肉 17
枸	구기자	구	木 9	蹶	넘어질	궐	足 19	伎	재주	기	人 6	訥	말더듬을	눌	言 11
駒	망아지	구	馬 15	几	안석	궤	几 2	妓	기생	기	女 7	紐	끈	뉴	糸 10
鉤	갈고리	구	金 13	机	책상	궤	木 6	棋	돌	기	月 12	匿	숨을	닉	匚 11
嘔	토할	구	口 14	櫃	함	궤	木 18	杞	나무이름	기	木 7	簞	광주리	단	竹 18
嶇	험할	구	山 14	潰	무너질	궤	水 15	崎	험할	기	山 11	緞	비단	단	糸 15
毆	때릴	구	殳 15	詭	속일	궤	言 13	綺	비단	기	糸 14	蛋	새알	단	虫 11
謳	노래할	구	言 18	硅	규소	소	石 11	畸	뙈기밭	기	田 13	撻	매질할	달	手 16
軀	몸	구	身 18	逵	큰길	규	辶 12	羈	굴레	기	网 24	疸	황달	달	疒 10
垢	때	구	土 9	窺	엿볼	규	穴 16	肌	살	기	肉 6	痰	가래	담	疒 13
寇	도둑	구	宀 11	葵	해바라기	규	艹 13	譏	나무랄	기	言 19	憺	참담할	담	心 16
柩	널	구	木 9	橘	귤나무	귤	木 16	拮	일할	길	手 9	澹	담박할	담	水 16
灸	뜸질할	구	火 7	剋	이길	극	刀 9	喫	마실	끽	口 12	譚	이야기	담	言 19
溝	도랑	구	水 13	戟	창	극	戈 12	儺	푸닥거리	나	人 21	曇	흐릴	담	日 16

遝	몰릴	답	辶 14	胴	봄통	동	肉 10	戾	돌아올	려	戶 8	寮	동관	료	宀 15
撞	칠	당	手 15	兜	투구	두/도	儿 11	濾	거를	려	水 18	燎	불놓을	료	火 16
棠	아가위	당	木 12	痘	천연두	두	疒 12	黎	검을	려	黍 15	瞭	밝을	료	目 17
螳	사마귀	당	虫 17	臀	볼기	둔	肉 17	瀝	물방울틸	력	水 19	寥	쓸쓸할	료	宀 14
擡	들	대	手 17	遁	달아날	둔	辶 13	礫	조약돌	력	石 20	聊	귀울릴	료	耳 11
袋	자루	대	衣 11	橙	등자나무	등	木 16	輦	가마	련	車 15	陋	좁을	루	阜 9
掉	흔들	도	手 11	懶	게으를	라	心 19	斂	거둘	렴	攴 17	壘	보루	루	土 18
堵	담	도	土 12	癩	문둥병	라	疒 21	殮	염할	렴	歹 17	溜	물방울	류	水 13
屠	죽일	도	尸 12	邏	돌	라	辶 23	簾	발	렴	竹 19	瘤	혹	류	疒 15
睹	볼	도	目 14	螺	소라	라	虫 17	囹	감옥	령	囗 8	琉	유리	류	玉 10
賭	내기걸	도	貝 16	烙	지질	락	火 10	鈴	방울	령	金 13	戮	죽일	륙	戈 15
搗	찧을	도	手 13	酪	쇠젖	락	酉 13	齡	나이	령	齒 20	淪	빠질	륜	水 11
淘	일어낼	도	水 11	駱	낙타	락	馬 16	逞	멋대로할	령	辶 11	綸	다스릴	륜	糸 14
萄	포도	도	艹 12	鸞	난새	란	鳥 30	撈	건질	로	手 15	慄	떨릴	률	心 13
滔	물넘칠	도	水 13	瀾	물결	란	水 20	擄	노략질할	로	手 16	肋	갈비	륵	肉 6
蹈	밟을	도	足 17	剌	어그러질	랄	刀 9	虜	포로	로	虍 12	勒	굴레	륵	力 11
濤	물결	도	水 17	辣	매울	랄	辛 14	碌	푸른돌	록	石 13	凜	늠름할	름	冫 15
禱	빌	도	示 19	籃	바구니	람	竹 20	麓	산기슭	록	鹿 19	凌	업신여길	릉	冫 10
鍍	도금할	도	金 17	臘	섣달	랍	肉 19	壟	언덕	롱	土 19	稜	모서리	릉	禾 13
瀆	더럽힐	독	水 18	蠟	밀	랍	虫 21	聾	귀머거리	롱	耳 22	綾	비단	릉	糸 14
禿	대머리	독	禾 7	狼	이리	랑	犬 10	瓏	옥소리	롱	玉 20	菱	마름꽃	릉	艹 12
沌	어두울	돈	水 7	倆	재주	량	人 10	磊	돌무더기	뢰	石 15	俚	속될	리	人 9
憧	그리워할	동	心 15	粱	기장	량	米 13	牢	우리	뢰	牛 7	釐	거리단위	리	里 18
瞳	눈동자	동	目 17	侶	짝	려	人 9	儡	꼭두각시	뢰	人 17	裡	속	리	衣 12
疼	아플	동	疒 10	閭	마을	려	門 15	賂	뇌물	뢰	貝 13	悧	영리할	리	心 10

痢	설사	리	疒	10	寐	잠잘	매	宀	12	畞	이랑	묘	田	10	礬	명반	반	石	20
籬	울타리	리	竹	25	煤	그을음	매	火	13	母	말	무	毋	4	斑	얼룩	반	文	12
罹	걸릴	리	网	16	罵	욕할	매	网	15	拇	엄지	무	手	8	蟠	몸서릴	반	虫	18
吝	아낄	린	口	7	邁	나아갈	매	辶	17	巫	무당	무	工	7	拌	버릴	반	手	8
鱗	비늘	린	魚	23	呆	어리석을	매	口	7	誣	무고할	무	言	14	畔	밭두둑	반	田	10
燐	도깨비불	린	火	16	萌	싹	맹	艹	12	憮	명할	무	心	15	絆	얽을	반	糸	11
躪	짓밟을	린	足	27	棉	목화	면	木	12	撫	어루만질	무	手	15	頒	널리펼	반	頁	13
淋	임질	림	水	11	眄	곁눈질	면	目	9	蕪	거칠	무	艹	16	槃	소반	반	木	14
笠	삿갓	립	竹	11	緬	가는실	면	糸	15	蚊	모기	문	虫	10	勃	발끈할	발	力	9
粒	알갱이	립	米	11	麵	밀가루	면	麥	15	媚	아첨할	미	女	12	潑	활발할	발	水	15
寞	쓸쓸할	막	宀	14	酩	술취할	명	酉	13	薇	장미	미	艹	17	撥	퉁길	발	手	15
卍	만자	만	十	6	皿	그릇	명	皿	5	靡	쓰러질	미	非	19	醱	술익을	발	酉	19
彎	굽을	만	弓	22	溟	바다	명	水	13	悶	번민할	민	心	12	跋	밟을	발	足	12
挽	당길	만	手	10	暝	어두울	명	日	14	謐	고요할	밀	言	17	魃	가물귀신	발	鬼	15
輓	끌	만	車	14	螟	마디충	명	虫	16	剝	벗길	박	刀	10	尨	삽살개	방	尢	7
瞞	속일	만	目	16	袂	소매	몌	衣	9	撲	때릴	박	手	15	幇	도울	방	巾	12
饅	만두	만	食	20	摸	찾을	모	手	14	樸	순박할	박	木	16	坊	동네	방	土	7
鰻	뱀장어	만	魚	22	模	모호할	모	米	17	珀	호박	박	玉	9	彷	방황할	방	彳	7
蔓	덩굴	만	艹	15	牡	수컷	모	牛	7	箔	금박	박	竹	14	枋	박달나무	방	木	8
抹	지울	말	手	8	耗	줄어들	모	耒	10	粕	지게미	박	米	11	昉	밝을	방	日	8
沫	거품	말	水	8	歿	죽을	몰	歹	8	搏	칠	박	手	13	肪	기름	방	肉	8
襪	버선	말	衣	20	描	그릴	묘	手	12	縛	묶을	박	糸	16	榜	방붙일	방	木	14
芒	까끄라기	망	艹	7	猫	고양이	묘	犬	12	膊	어깨	박	肉	14	膀	오줌통	방	肉	14
忙	멍할	망	心	11	杳	어두울	묘	木	8	駁	논박할	박	馬	14	謗	헐뜯을	방	言	17
昧	어두울	매	日	9	渺	아득할	묘	水	12	攀	잡을	반	手	19	徘	배회할	배	彳	11

湃	물결칠	배	水 12	輻	바퀴살	복	車 16	彿	비슷할	불	彳 8	嬪	궁녀	빈 女 17
胚	아이밸	배	肉 9	鰒	전복	복	魚 20	棚	선반	붕	木 12	殯	빈소	빈 歹 18
陪	모실	배	阜 11	捧	받들	봉	手 11	硼	붕산	붕	石 13	濱	물가	빈 水 17
帛	비단	백	巾 8	棒	몽둥이	봉	木 12	繃	묶을	붕	糸 17	憑	기댈	빙 心 16
魄	넋	백	鬼 15	烽	봉화	봉	火 11	憊	고달플	비	心 16	蓑	도롱이	사 ++ 14
蕃	우거질	번	++ 16	鋒	칼끝	봉	金 15	妣	죽은어미	비	女 7	些	적을	사 二 7
藩	울타리	번	++ 19	俯	굽어볼	부	人 10	匕	비수	비	匕 2	嗣	대이을	사 口 13
帆	돛	범	巾 6	咐	분부할	부	口 8	庇	덮을	비	广 7	祠	사당	사 示 10
梵	범어	범	木 11	腑	오장육부	부	肉 12	琵	비파	비	玉 12	奢	사치할	사 大 12
氾	넘칠	범	水 5	駙	곁말	부	馬 15	砒	비상	비	石 9	娑	춤출	사 女 10
泛	뜰	범	水 8	剖	쪼갤	부	刀 10	秕	쭉정이	비	禾 9	紗	비단	사 糸 10
劈	쪼갤	벽	刀 15	埠	부두	부	土 11	沸	끓을	비	水 8	徙	옮길	사 彳 11
擘	엄지	벽	手 17	孵	알깔	부	子 14	扉	문짝	비	戶 12	瀉	쏟을	사 水 18
璧	옥	벽	玉 18	斧	도끼	부	斤 8	緋	비단	비	糸 14	獅	사자	사 犬 13
癖	버릇	벽	疒 18	芙	연꽃	부	++ 8	蜚	날	비	虫 14	麝	사향노루	사 鹿 21
闢	열	벽	門 21	訃	부고	부	言 9	誹	비방할	비	言 15	刪	깍을	산 刀 7
瞥	언뜻볼	별	目 17	賻	부의	부	貝 17	翡	물총새	비	羽 14	珊	산호	산 玉 9
鼈	자라	별	黽 25	噴	뿜을	분	口 15	臂	팔	비	肉 17	疝	산증	산 疒 8
瓶	병	병	瓦 11	吩	명령할	분	口 7	脾	지라	비	肉 12	撒	뿌릴	살 手 15
餠	떡	병	食 17	忿	성낼	분	心 8	痺	저릴	비	疒 13	煞	죽일	살 火 13
堡	작은성	보	土 12	扮	꾸밀	분	手 7	裨	도울	비	衣 13	薩	보살	살 ++ 18
洑	보	보	水 9	盆	동이	분	皿 9	譬	비유할	비	言 20	滲	스밀	삼 水 14
菩	보리수	보	++ 12	雰	안개	분	雨 12	鄙	더러울	비	邑 14	澁	떫을	삽 水 15
僕	종	복	人 14	焚	불사를	분	火 12	嚬	찡그릴	빈	口 19	孀	과부	상 女 20
匐	길	복	勹 11	糞	똥	분	米 17	瀕	물가	빈	水 19	爽	시원할	상 爻 11

翔	날	상	羽 12	泄	샐	설	水 8	穗	이삭	수	禾 17	拭	닦을	식	手 9
觴	잔	상	角 18	渫	파낼	설	水 12	竪	더벅머리	수	立 13	熄	꺼질	식	火 14
璽	도장	새	玉 19	殲	다죽일	섬	歹 21	粹	순수할	수	米 14	蝕	좀먹을	식	虫 15
嗇	아낄	색	口 13	閃	번쩍할	섬	門 10	繡	수놓을	수	糸 18	呻	끙끙거릴	신	口 8
牲	희생	생	牛 9	醒	술깰	성	酉 16	羞	부끄러울	수	羊 11	娠	아이밸	신	女 10
甥	남조카	생	生 12	塑	토우	소	土 13	蒐	모을	수	艹 14	蜃	큰조개	신	虫 13
嶼	섬	서	山 17	遡	거스릴	소	辶 14	讎	원수	수	言 23	宸	대궐	신	宀 10
抒	끌어낼	서	手 7	宵	밤	소	宀 10	袖	소매	수	衣 10	燼	깜부기불	신	火 18
曙	새벽	서	日 18	逍	거닐	소	辶 11	酬	갚을	수	酉 13	薪	섶나무	신	艹 17
薯	참마	서	艹 18	疎	드물	소	疋 12	髓	골수	수	骨 23	訊	물을	신	言 10
棲	깃들	서	木 12	搔	긁을	소	手 13	塾	글방	숙	土 14	迅	빠를	신	辶 7
犀	무소	서	牛 12	瘙	종기	소	疒 15	夙	일찍	숙	夕 6	悉	다	실	心 11
胥	서로	서	肉 9	梳	빗	소	木 11	菽	콩	숙	艹 12	俄	갑자기	아	人 9
壻	사위	서	土 12	甦	깨어날	소	生 12	筍	죽순	순	竹 12	訝	의심할	아	言 11
黍	기장	서	黍 12	簫	퉁소	소	竹 18	醇	진할술	순	酉 15	啞	벙어리	아	口 11
鼠	쥐	서	鼠 13	蕭	대쑥	소	艹 16	馴	길들	순	馬 13	衙	관청	아	行 13
潟	개펄	석	水 15	贖	바꿀	속	貝 22	膝	무릎	슬	肉 15	顎	턱	악	頁 18
扇	부채	선	戶 10	遜	겸손할	손	辶 14	丞	도울	승	一 6	愕	놀랄	악	心 12
煽	부추길	선	火 14	悚	두려울	송	心 10	匙	숟가락	시	匕 11	堊	흰흙	악	土 11
羨	부러울	선	羊 13	灑	뿌릴	쇄	水 22	媤	시집	시	女 12	按	누를	안	手 9
膳	선물	선	肉 16	碎	부술	쇄	石 13	弑	죽일	시	弋 12	晏	늦을	안	日 10
腺	샘	선	肉 13	嫂	형수	수	女 13	柿	감나무	시	木 9	鞍	안장	안	革 15
銑	무쇠	선	金 14	瘦	수척할	수	疒 15	猜	시기할	시	犬 11	軋	삐걱거릴	알	車 8
屑	가루	설	尸 10	戍	지킬	수	戈 6	諡	시호	시	言 16	斡	돌	알	斗 14
洩	새어나갈	설	水 9	狩	사냥	수	犬 9	豺	승냥이	시	豸 10	庵	암자	암	广 11

闇	어두울 암	門 17	禦	막을 어	示 16	壅	막힐 옹	土 16	茸	무성할 용	++ 10
怏	원망할 앙	心 8	臆	가슴 억	肉 17	渦	소용돌이 와	水 12	蓉	연꽃 용	++ 14
秧	모 앙	禾 10	堰	방죽 언	土 12	蝸	달팽이 와	虫 15	涌	샘솟을 용	水 10
鴦	원앙 앙	鳥 16	諺	상말 언	言 16	訛	그릇될 와	言 11	踊	뛸 용	足 14
昻	오를 앙	日 8	儼	의젓할 엄	人 22	婉	순할 완	女 11	嵎	산굽이 우	山 12
曖	희미할 애	日 17	奄	문득 엄	大 8	宛	완연할 완	宀 8	寓	붙댈 우	宀 12
崖	벼랑 애	山 11	掩	가릴 엄	手 11	腕	팔 완	肉 12	隅	모퉁이 우	阜 12
隘	좁을 애	阜 13	繹	풀어낼 역	糸 19	玩	장난할 완	玉 8	虞	염려할 우	虍 13
靄	아지랑이 애	雨 24	捐	버릴 연	手 10	頑	완고할 완	頁 13	迂	멀 우	辶 7
扼	누를 액	手 7	椽	서까래 연	木 13	阮	성씨 완	阜 7	殞	죽을 운	歹 14
縊	목맬 액	糸 16	撚	비틀 연	手 15	枉	굽을 왕	木 8	隕	떨어질 운	阜 13
腋	겨드랑이 액	肉 12	鳶	솔개 연	鳥 14	矮	작을 왜	矢 13	耘	김맬 운	耒 10
櫻	앵두나무 앵	木 21	筵	자리 연	竹 13	猥	함부로 외	犬 12	冤	원통할 원	冖 10
鶯	꾀꼬리 앵	鳥 21	焰	불꽃 염	火 12	巍	높을 외	山 21	猿	원숭이 원	犬 13
冶	불릴 야	冫 7	艶	고울 염	色 19	僥	바랄 요	人 14	鴛	원앙 원	鳥 16
揶	희롱할 야	手 12	嬰	갓난아이 영	女 17	撓	구부러질 요	手 15	萎	씨들 위	++ 12
爺	아비 야	父 13	裔	후손 예	衣 13	饒	넉넉할 요	食 21	宥	용서할 유	宀 9
葯	꽃밥 약	++ 13	曳	끌 예	日 6	凹	모목할 요	凵 5	喩	비유할 유	口 12
瘍	종기 양	疒 14	穢	더러울 예	禾 18	拗	꺾을 요	手 8	愉	즐거울 유	心 12
攘	물리칠 양	手 20	詣	이를 예	言 13	窈	그윽할 요	穴 10	揄	끌 유	手 12
釀	술빚을 양	酉 24	寤	깰 오	宀 14	夭	어릴 요	大 4	鍮	놋쇠 유	金 17
恙	근심 양	心 10	伍	대오 오	人 6	擾	어지러울 요	手 18	癒	병나을 유	疒 18
癢	가려울 양	疒 20	奧	속 오	大 13	窯	가마 요	穴 15	諭	깨우칠 유	言 16
圄	감옥 어	口 10	懊	원망할 오	心 16	邀	맞을 요	辶 17	柚	유자나무 유	木 9
瘀	멍들 어	疒 13	蘊	쌓을 온	++ 20	聳	솟을 용	耳 17	諛	아첨할 유	言 16

蹂	짓밟을	유	足 16	仔	자세할	자	人 5	薔	장미	장	++ 17	栓	나무못	전	木 10
游	헤엄칠	유	水 12	炙	구울	자	火 8	檣	돛대	장	木 17	銓	저울질할	전	金 14
戎	병장기	융	戈 6	煮	삶을	자	火 13	齋	재계할	재	齊 17	氈	털로짤	전	毛 17
絨	가는베	융	糸 12	瓷	그릇	자	瓦 11	滓	찌꺼기	재	水 13	顫	떨릴	전	頁 22
蔭	덕택	음	++ 15	疵	흠	자	疒 10	錚	쇳소리	쟁	金 16	澱	앙금	전	水 16
揖	읍할	읍	手 12	蔗	사탕수	자	++ 15	咀	씹을	저	口 8	癲	미칠	전	疒 24
膺	가슴	응	肉 17	藉	깔개	자	++ 18	狙	원숭이	저	犬 8	巓	꼭대기	전	頁 19
擬	흉내낼	의	手 17	綽	너그러울	작	糸 14	詛	저주할	저	言 12	箋	쪽지	전	竹 14
椅	의자	의	木 12	勺	구기	작	勹 3	箸	젓가락	저	竹 15	餞	전별할	전	食 17
毅	굳셀	의	殳 15	灼	사를	작	火 7	豬	산돼지	저	豕 16	篆	전자	전	竹 15
誼	의좋을	의	言 15	芍	함박꽃	작	++ 7	躇	주저할	저	足 20	輾	돌아누울	전	車 17
痍	상처	이	疒 11	炸	터질	작	火 9	邸	큰집	저	邑 8	截	끊을	절	戈 14
姨	이모	이	女 9	嚼	씹을	작	口 21	觝	맞닥뜨릴	저	角 12	粘	끈끈할	점	米 11
弛	늦출	이	弓 6	鵲	까치	작	鳥 19	嫡	본마누라	적	女 14	霑	젖을	점	雨 16
爾	너	이	爻 14	雀	참새	작	隹 11	謫	귀양갈	적	言 18	幀	그림족자	정	巾 12
餌	먹이	이	食 15	棧	잔도	잔	木 12	狄	오랑캐	적	犬 7	挺	빼어낼	정	手 10
翌	다음날	익	羽 11	盞	잔	잔	皿 13	迹	자취	적	辶 10	町	밭두둑	정	田 7
咽	목구멍	인	口 9	箴	바늘	잠	竹 15	剪	자를	전	刀 11	酊	술취할	정	酉 9
湮	잠길	인	水 12	簪	비녀	잠	竹 18	煎	달일	전	火 13	釘	못	정	金 10
蚓	지렁이	인	虫 10	仗	병장기	장	人 5	箭	화살	전	竹 15	睛	눈동자	정	目 13
靭	질길	인	革 12	杖	지팡이	장	木 7	塡	메울	전	土 13	靖	편안할	정	靑 13
佚	편할	일	人 7	匠	장인	장	匚 6	奠	제사	전	大 12	碇	닻	정	石 13
溢	넘칠	일	水 13	漿	미음	장	水 15	廛	가게	전	广 15	錠	덩이	정	金 16
剩	남을	잉	刀 12	醬	젓갈	장	酉 18	纏	얽을	전	糸 21	穽	함정	정	穴 9
孕	아이밸	잉	子 5	獐	노루	장	犬 14	悛	고칠	전	心 10	悌	공손할	제	心 10

梯	사다리 제	木 11	踵	발꿈치 종	足 16	嗔	성낼 진	口 13	塹	구덩이 참	土 14
啼	울 제	口 12	踪	자취 종	足 15	疹	홍역 진	疒 10	懺	뉘우칠 참	心 20
蹄	발굽 제	足 16	挫	꺾을 좌	手 10	叱	꾸짖을 질	口 5	讖	예언서 참	言 24
凋	시들 조	氵 10	做	간주할 주	人 11	桎	차꼬 질	木 10	站	역마을 참	立 10
稠	빽빽할 조	禾 13	呪	빌 주	口 8	膣	생식기 질	肉 15	讒	모함할 참	言 24
嘲	비웃을 조	口 15	嗾	부추길 주	口 14	帙	책갑 질	巾 8	倡	광대 창	人 10
曹	무리 조	曰 11	廚	부엌 주	广 15	跌	넘어질 질	足 12	娼	창녀 창	女 11
槽	통 조	木 15	胄	자손 주	月 9	迭	바꿀 질	辶 9	猖	날뛸 창	犬 11
漕	배저을 조	水 14	紬	명주 주	糸 11	嫉	미워할 질	女 13	菖	창포 창	++ 12
糟	지게미 조	米 17	註	뜻풀 주	言 12	斟	헤아릴 짐	斗 13	廠	헛간 창	广 15
遭	만날 조	辶 15	誅	벨 주	言 13	朕	나 짐	月 10	愴	슬퍼할 창	心 13
棗	대추나무 조	木 12	躊	주저할 주	足 21	什	세간 집	人 4	槍	창 창	木 14
爪	손톱 조	爪 4	輳	모일 주	車 16	澄	맑을 징	水 15	瘡	부스럼 창	疒 15
眺	바라볼 조	目 11	紂	임금이름 주	糸 9	叉	깍지낄 차	又 3	艙	선창 창	舟 16
粗	거칠 조	米 11	樽	술통 준	木 16	嗟	탄식할 차	口 13	漲	넘칠 창	水 14
阻	막힐 조	阜 8	蠢	꿈틀걸 준	虫 21	蹉	넘어질 차	足 17	脹	배부를 창	肉 12
詔	고할 조	言 12	竣	마칠 준	立 12	搾	짤 착	手 13	寨	울타리 채	宀 13
繰	고치켤 조	糸 19	櫛	빗 즐	木 19	窄	좁을 착	穴 10	柵	울타리 책	木 9
藻	조류 조	++ 20	汁	즙 즙	水 5	鑿	뚫을 착	金 28	凄	쓸쓸할 처	氵 10
躁	조급할 조	足 20	葺	기울 즙	++ 13	撰	지을 찬	手 15	擲	던질 척	手 18
肇	시작할 조	聿 14	咫	가까울 지	口 9	饌	반찬 찬	食 21	滌	씻을 척	水 14
簇	조릿대 족	竹 17	摯	잡을 지	手 15	篡	빼앗을 찬	竹 16	瘠	수척할 척	疒 15
猝	갑자기 졸	犬 11	祉	복 지	示 9	纂	모을 찬	糸 20	脊	등뼈 척	肉 10
慫	권할 종	心 15	肢	사지 지	肉 8	擦	문지를 찰	手 17	喘	헐떡일 천	口 12
腫	부스럼 종	肉 13	枳	탱자 지	木 9	僭	참람할 참	人 14	擅	맛대로 천	手 16

穿	뚫을	천	穴 9	囑	부탁할	촉	口 24	幟	기	치	巾 15	搭	탈	탑	手 13
闡	열	천	門 20	忖	헤아릴	촌	心 6	熾	불꽃	치	火 16	宕	호방할	탕	宀 8
凸	볼록할	철	凵 5	叢	모을	총	又 18	痔	치질	치	疒 11	蕩	방탕할	탕	艹 16
綴	묶을	철	糸 14	塚	무덤	총	土 13	癡	어리석을	치	疒 19	汰	씻을	태	水 7
轍	바퀴자국	철	車 19	寵	사랑할	총	宀 19	嗤	비웃을	치	口 13	笞	볼기칠	태	竹 11
僉	다	첨	人 13	撮	취할	촬	手 15	緻	좀좀할	치	糸 15	苔	이끼	태	艹 9
籤	제비	첨	竹 23	墜	떨어질	추	土 15	馳	달릴	치	馬 13	跆	밟을	태	足 12
諂	아첨할	첨	言 15	樞	지도리	추	木 15	勅	조서	칙	力 9	撑	버틸	탱	手 15
帖	표제	첩	巾 8	芻	꼴	추	艹 10	砧	다듬잇돌	침	石 10	攄	펼	터	手 18
貼	붙을	첩	貝 12	酋	두목	추	酉 9	鍼	침	침	金 17	慟	애통할	통	心 14
捷	이길	첩	手 11	鰍	미꾸라지	추	魚 20	蟄	숨을	칩	虫 17	桶	통	통	木 11
牒	편지	첩	片 13	椎	등뼈	추	木 12	秤	저울	칭	禾 10	筒	대통	통	竹 12
疊	거듭	첩	田 22	錐	송곳	추	金 16	唾	침	타	口 11	堆	쌓일	퇴	土 11
涕	눈물	체	水 10	錘	저울	추	金 16	惰	게으를	타	心 12	槌	망치	추	木 14
諦	살필	체	言 16	鎚	쇠망치	추	金 18	楕	길쭉할	타	木 13	褪	바랠	퇴	衣 15
憔	수척할	초	心 15	黜	물리칠	출	黑 17	舵	키	타	舟 11	腿	넓적다리	퇴	肉 14
樵	땔나무	초	木 16	悴	파리할	췌	心 11	陀	비탈질	타	阜 8	頹	무너질	퇴	頁 16
礁	암초	초	石 17	萃	모일	췌	艹 12	駝	낙타	타	馬 15	套	덮개	투	大 10
蕉	파초	초	艹 16	膵	췌장	췌	肉 16	擢	뽑을	탁	手 17	妬	샘낼	투	女 8
梢	나무끝	초	木 11	贅	혹	췌	貝 18	鐸	방울	탁	金 21	慝	간사할	특	心 15
峭	초석	초	石 12	娶	장가들	취	女 11	呑	삼킬	탄	口 7	婆	할미	파	女 11
稍	작을	초	禾 12	翠	비취	취	羽 14	坦	평평할	탄	土 8	巴	뱀	파	己 4
炒	볶을	초	火 8	脆	무를	취	肉 10	憚	꺼릴	탄	心 15	爬	긁을	파	爪 8
貂	담비	초	豸 12	惻	슬퍼할	측	心 12	綻	옷터질	탄	糸 14	琶	비파	파	玉 12
醋	식초	초	酉 15	侈	사치할	치	人 8	眈	노려볼	탐	目 9	芭	파초	파	艹 8

漢字	訓	音	部首	漢字	訓	音	部首	漢字	訓	音	部首	漢字	訓	音	部首
跛	절름발이	파	足12	泡	거품	포	水8	罕	드물	한	网7	墟	빈터	허	土15
辦	힘쓸	판	辛16	疱	천연두	포	疒10	轄	관장할	할	車17	歇	쉴	헐	欠13
佩	찰	패	人8	袍	두루마기	포	衣10	函	함	함	凵8	眩	아찔할	현	目10
唄	찬불	패	口10	褒	기릴	포	衣15	涵	젖을	함	水11	衒	자랑할	현	行11
悖	어그러질	패	心10	曝	쬘	폭	日19	喊	소리칠	함	口12	絢	무늬	현	糸12
沛	늪	패	水7	瀑	폭포	폭	水18	緘	꿰맬	함	糸15	俠	의로울	협	人9
牌	문패	패	片12	剽	따낼	표	刀13	鹹	짤	함	鹵20	挾	낄	협	手10
稗	피	패	禾13	慓	급할	표	心14	檻	우리	함	木18	狹	좁을	협	犬10
澎	물소리	팽	水15	飄	나부낄	표	風20	銜	재갈	함	金14	頰	뺨	협	頁16
膨	부풀	팽	肉16	豹	표범	표	豸10	盒	그릇	합	皿11	荊	가시나무	형	++10
愎	괴팍할	팍	心12	稟	여쭐	품	禾13	蛤	대합조개	합	虫12	彗	비	혜	彐11
鞭	채찍	편	革18	諷	욀	풍	言16	缸	항아리	항	缶9	醯	초	혜	酉19
騙	속일	편	馬19	披	펼	피	手8	肛	똥구멍	항	肉7	弧	활	호	弓8
貶	낮출	폄	貝12	疋	필	필	疋5	偕	함께	해	人11	狐	여우	호	犬8
萍	부평초	평	++12	乏	가난할	핍	丿5	楷	본보기	해	木13	琥	호박	호	玉12
斃	넘어질	폐	攴18	逼	닥칠	핍	辶13	諧	익살	해	言16	瑚	산호	호	玉13
陛	섬돌	폐	阜10	瑕	티	하	玉13	咳	기침	해	口9	糊	풀	호	米15
匍	길	포	勹9	蝦	새우	하	虫15	駭	놀랄	해	馬16	渾	흐릴	혼	水12
哺	먹일	포	口10	遐	멀	하	辶13	骸	해골	해	骨16	笏	홀	홀	竹10
圃	밭	포	口10	霞	노을	하	雨17	懈	게으를	해	心16	惚	황홀할	홀	心11
脯	육포	포	肉11	瘧	학질	학	疒15	邂	만날	해	辶17	虹	무지개	홍	虫9
蒲	부들	포	++14	謔	희롱할	학	言17	劾	캐물을	핵	力8	訌	어지러울	홍	言10
逋	달아날	포	辶11	壑	골	학	土17	嚮	향할	향	口19	哄	떠들	홍	口9
咆	고함지를	포	口8	瀚	옷빨래	한	水16	饗	잔치할	향	食22	喚	부를	환	口12
庖	부엌	포	广8	悍	사나울	한	心10	噓	불	허	口14	宦	내시	환	宀9

鰥	홀아비	환	魚	21	晦	그믐	회	日	11	嗅	냄새맡을	후	口	13	洶	용솟을	흉	水	9
驩	기뻐할	환	馬	28	誨	가르칠	회	言	14	朽	썩을	후	木	6	欣	기뻐할	흔	欠	8
猾	교활할	활	犬	13	繪	그림	회	糸	19	逅	만날	후	辶	10	痕	흉터	흔	疒	11
闊	넓을	활	門	17	膾	회	회	肉	17	暈	달무리	훈	日	13	欠	하품	흠	欠	4
凰	봉황새	황	几	11	徊	노닐	회	彳	9	喧	시끄러울	훤	口	12	歆	먹을	흠	欠	13
煌	빛날	황	火	13	蛔	회충	회	虫	12	卉	풀	훼	十	5	恰	마치	흡	心	9
遑	급할	황	辶	13	賄	뇌물	회	貝	13	喙	부리	훼	口	12	洽	흡족할	흡	水	9
徨	헤맬	황	彳	12	哮	으르렁거릴	효	口	10	彙	무리	휘	彐	13	犧	희생할	희	牛	20
惶	두려울	황	心	12	酵	발효	효	酉	14	諱	꺼릴	휘	言	16	詰	꾸짖을	힐	言	13
恍	황홀할	황	心	9	嚆	울릴	효	口	17	麾	대장기	휘	麻	15					
慌	당황할	황	心	13	爻	사귈	효	爻	4	恤	구휼할	휼	心	9					
恢	넓을	회	心	9	吼	울	효	口	7	兇	흉악할	흉	儿	6					

四字成語

사자성어

한자성어	뜻	한자
家家戶戶 가가호호	집집마다 또는 모든 집을 말함.	家 집 가 戶 집 호
街談巷說 3급 가담항설	항간에 근거 없이 떠도는 말.	街 거리 가 巷 거리 항
苛斂誅求 1급 가렴주구	세금 따위를 가혹하게 거두고 백성을 못살게 구는 가혹한 정치.	誅 벨 주 斂 거둘 렴
佳人薄命 3II 가인박명	여자의 용모가 빼어나고 재주가 많으면 운명이 기구함.	佳 아름다울 가 薄 엷을 박
刻骨難忘 3급 각골난망	깊이 새기어 두고 입은 은혜를 잊지 않음.	刻 새길 각 難 어려울 난
刻骨銘心 3II 각골명심	뼈에 새기고 마음에 깊이 새기어 잊지 않음.	骨 뼈 골 銘 새길 명
刻骨痛恨 4급 각골통한	뼈에 사무치도록 마음 속 깊이 맺힌 원한.	痛 아플 통 恨 원한 한
各自圖生 각자도생	각자 살길을 도모함.	圖 꾀할 도 圖 그림 도
角者無齒 4II 각자무치	뿔이 있는 자는 이가 없음. 한 사람이 여러 가지 복이나 재주를 갖출 수는 없다는 말.	角 뿔 각 齒 이 치
刻舟求劍 3급 각주구검	사리에 어둡고 융통성이 없음. 초(楚)나라 사람이 배로 강을 건너다 물속에 칼을 빠뜨리자 그 자리를 배에 표시해 두고 배가 멈춘 뒤 그 칼을 찾고자 했다는 고사(故事).	求 구할 구 劍 칼 검
肝膽相照 2급 간담상조	간과 쓸개를 서로 보임. 서로 진심을 터놓고 사귐.	膽 쓸개 담 照 비출 조

사자성어	뜻	한자
渴而穿井 갈이천정	목이 말라서야 우물을 팜. 일을 당해서 시작하면 때가 늦음.	渴 마를 갈 穿 뚫을 천
感慨無量 3급 감개무량	사물에 대한 느낌이 한이 없음.	感 느낄 감 量 헤아릴 량
甘言利說 4급 감언이설	달콤한 말과 이로운 이야기로 상대는 꾀는 말.	甘 달 감 說 말씀 설
甘井先竭 감정선갈	물맛이 좋은 샘은 이용하는 사람이 많아 일찍 마름. 쓸모 있는 사람은 그만큼 많이 쓰이어 일찍 쇠퇴함.	井 우물 정 竭 다할 갈
感之德之 3Ⅱ 감지덕지	감사하게 여기고 덕으로 여김. 대단히 고맙게 여김.	感 느낄 감 德 바를 덕
甘呑苦吐 1급 감탄고토	달면 삼키고 쓰면 뱉는다. 사리의 옳고 그름에 관계없이 자기 비위에 맞으면 좋아하고 그렇지 아니하면 싫어함.	呑 삼킬 탄 吐 토할 토
甲男乙女 3Ⅱ 갑남을녀	갑이라는 남자와 을이라는 여자. 평범한 사람.	甲 첫째 갑 乙 두번째 을
甲論乙駁 갑론을박	서로 의견을 주고받으며 옥신각신함.	論 논할 론 駁 논박할 박
康衢煙月 1급 강구연월	연기어린 달이 떠 있는 평안한 거리 풍경. 태평성대.	康 편안할 강 衢 네거리 구
江湖煙波 4Ⅱ 강호연파	강과 호수의 연기 같은 안개와 물결. 자연의 아름다운 풍경.	煙 연기 연 波 물결 파
改過不吝 개과불린	허물을 고치는 데는 조금도 인색하지 말라는 뜻.	改 고칠 개 吝 아낄 린
改過遷善 3Ⅱ 개과천선	지난 허물을 고쳐 착하게 됨.	過 허물 과 遷 옮길 천

한자성어	뜻	한자
蓋棺事定 개관사정	관 뚜껑을 덮은 후에야 비로소 생전의 공과 허물을 알 수 있음.	蓋 덮을 개 棺 널 관
蓋世之才 3II 개세지재	세상을 덮을 만한 재주를 가진 인재.	蓋 덮을 개 才 재주 재
去官留犢 거관유독	벼슬을 물러날 때 송아지를 두고 감. 암소가 끄는 수레를 타고 부임한 현령이 1년 후 그 암소가 송아지를 낳는데 전임할 때 두고 갔다는 고사(故事).	留 머무를 류 犢 송아지 독
去頭截尾 거두절미	머리와 꼬리를 자름. 앞뒤의 사설은 빼고 요점만 말함.	去 없앨 거 截 끊을 절
居安思危 4급 거안사위	편안할 때 위태로움을 생각하여 대비함.	居 살 거 危 위태할 위
擧案齊眉 3급 거안제미	밥상을 눈썹위로 받들어 올림. 아내가 남편을 극진히 받듦.	案 밥상 안 眉 눈썹 미
去者莫追 거자막추	가는 사람은 붙잡지 않음.	莫 없을 막 追 따를 추
去者日疎 거자일소	가까운 사람도 멀리 가거나 죽으면 점점 정이 멀어짐.	去 갈 거 疎 멀어질 소
乾坤一擲 건곤일척	하늘과 땅을 한 번에 내던짐. 운명·흥망을 걸고 단판승부를 냄.	坤 땅 곤 擲 던질 척
乞人憐天 3급 걸인연천	거지가 하늘을 불쌍히 여김. 불행한 이가 도리어 행복한 이를 동정함.	乞 빌 걸 憐 불쌍히여길 련
格物致知 5급 격물치지	사물의 이치를 철저히 연구하여 올바른 지식에 이르게 됨.	格 모양 격 致 이를 치
隔世之感 3II 격세지감	세상이 많이 바뀌어 딴 세상이 된 것 같이 느껴짐.	隔 사이 격 感 느낄 감

한자성어	뜻	한자
隔靴搔癢 1급 격화소양	신발을 신은 채 가려운 발을 긁음. 일의 효과가 없음.	搔 긁을 소 癢 가려울 양
牽強附會 3급 견강부회	말을 억지로 끌어다 붙여 자기에게 유리하게 함.	牽 끌 견 附 붙일 부
見利思義 4II 견리사의	눈앞의 이익이 보일 때 그것이 옳은지를 생각한다.	利 이로울 리 義 옳을 의
犬馬之勞 3II 견마지로	윗사람에게 충성을 다하는 자신의 수고를 낮추어 하는 말.	犬 개 견 勞 일할 로
見蚊拔劍 1급 견문발검	모기보고 칼 빼기. 대수롭지 않은 일에 크게 대처함.	蚊 모기 문 拔 뺄 발
見物生心 5급 견물생심	물건을 보면 욕심이 생김.	見 볼 견 物 만물 물
犬猿之間 1급 견원지간	개와 원숭이 사이. 서로 사이가 매우 나쁜 관계.	犬 개 견 猿 원숭이 원
堅忍不拔 3II 견인불발	칼을 뽑지 않고 굳게 참고 버티어 사고를 치지 아니함.	堅 굳을 견 忍 참을 인
結者解之 3II 결자해지	묶은 사람이 풀어야 함. 자기가 저지른 일은 자기가 해결해야 함.	解 풀 해 之 그것 지
結草報恩 4II 결초보은	죽은 후에라도 은혜를 갚음. 싸움터에서 풀에 걸려 넘어진 적장을 잡는공을 세운 사람의 꿈에 한 노인이 나타나 "나는 당신이 개가시켜 준 여자의 아버지인데,오늘 그 은혜를 갚기 위해 풀을 묶어 적장이 걸려 넘어지게 했소"라고 말했다는 고사.	報 갚을 보 恩 은혜 은
兼人之勇 3II 겸인지용	혼자서 두 사람 이상의 몫을 하는 빼어난 용기.	兼 겸할 겸 勇 용감할 용

사자성어	뜻	한자
輕擧妄動 (3II 경거망동)	경솔하고 분수없이 행동하는 것.	擧 들 거 妄 망령될 망
傾國之色 (3II 경국지색)	나라를 위태롭게 할 만한 여인의 미모.	傾 기울 경 色 얼굴빛 색
經世濟民 (4II 경세제민)	세상을 잘 다스려 어려운 백성을 구제함.	經 다스릴 경 濟 구제할 제
耕當問奴 (경당문노)	농사일은 노비에게 물음이 마땅함. 일은 그 방면의 전문가에게 물음.	耕 밭갈 경 奴 종 노
耕者有田 (경자유전)	농사짓는 사람이 논밭 땅을 소유해야 함.	者 사람 자 有 있을 유
鯨戰蝦死 (경전하사)	고래 싸움에 새우 등 터짐. 강자들의 싸움에 약자가 피해봄.	鯨 고래 경 蝦 새우 하
鏡中美人 (4급 경중미인)	거울 속에 비친 미인. 실속 없는 일.	鏡 거울 경 美 아름다울 미
敬天勤民 (4급 경천근민)	하늘을 공경하고 부지런히 백성을 다스림.	敬 공경할 경 勤 부지런할 근
驚天動地 (4급 경천동지)	하늘이 놀라고 땅이 움직일 정도로 세상을 놀라게 함.	驚 놀랄 경 動 움직일 동
敬天愛人 (5급 경천애인)	하늘을 공경하고 사람을 사랑함.	敬 공경할 경 愛 사랑 애
鷄口牛後 (계구우후)	소꼬리보다 닭 머리. 큰 집단의 말단보다 작은 집단의 우두머리가 나음.	鷄 닭 계 牛 소 우
鷄卵有骨 (4급 계란유골)	달걀에 뼈가 있음. 기회를 만나도 운수 나쁘게 일이 잘 되지 않음.	卵 알 란 骨 뼈 골

사자성어	뜻	한자
鷄鳴狗盜 3급 계명구도	닭처럼 소리 내고 개처럼 흉내 내어 훔침. 천한 재주도 쓰일 때가 있음. 제(齊)나라 맹상군(孟嘗君)의 한 식객(食客)이 개처럼 흉내 내어 물건을 훔치고, 새벽 닭 울음소리 흉내로 관문지기를 속여 관문을 열게 하여 국경을 탈출하게 하였다는 고사.	鳴 울 명 狗 개 구
孤軍奮鬪 3Ⅱ 고군분투	외로운 군사로 힘써 싸움. 도움 없이도 힘든 일을 잘 해냄.	孤 외로울 고 奮 떨칠 분
高臺廣室 3Ⅱ 고대광실	높은 누각의 넓은 집. 규모가 크고 잘 지은 집.	臺 큰집 대 室 방 실
膏粱珍味 1급 고량진미	기름진 고기와 좋은 곡식으로 만든 맛있는 음식.	膏 기름 고 粱 기장 량
孤立無援 4급 고립무원	고립되어 도움을 받을 데가 없음.	孤 외로울 고 援 도울 원
姑息之計 3Ⅱ 고식지계	아녀자나 어린아이가 꾸미는 것과 같은. 당장에 편함을 취하는 꾀.	姑 시어미 고 息 아이 식
苦肉之策 3Ⅱ 고육지책	적을 속이기 위해 제 몸의 고통을 참아가며 내는 계책.	苦 괴로울 고 策 꾀 책
孤掌難鳴 3Ⅱ 고장난명	외손바닥은 울리기가 어려움. 혼자만의 힘으로는 일하기가 어려움.	掌 손바닥 장 鳴 울 명
苦盡甘來 4급 고진감래	쓴 것이 다하면 단 것이 옴. 성공의 이전에는 고생이 따름.	盡 다할 진 甘 달 감
高枕安眠 3급 고침안면	베개를 높이하고 편히 잠. 걱정 없는 한가로운 삶.	枕 베개 침 眠 잘 면
曲肱之樂 곡굉지락	팔베개하고 누워 있는 가난한 생활도 도에 살면 그것이 즐거운 삶.	曲 굽을 곡 肱 팔뚝 굉

曲肱之樂 곡굉지락	팔베개하고 누워 있는 가난한 생활도 도에 살면 그것이 즐거운 삶.	曲 굽을 곡 肱 팔뚝 굉
曲學阿世 3ǁ 곡학아세	배운 학문을 왜곡시켜 시류나 이익에 영합함.	學 배울 학 阿 아첨할 아
骨肉相爭 4급 골육상쟁	부모형제간이나 같은 민족끼리 서로 다툼.	相 서로 상 爭 다툴 쟁
公明正大 공명정대	하는 일이나 행동이 사사로움 없이 떳떳하고 바름.	公 공개할 공 明 밝을 명
孔子穿珠 공자천주	자기보다 못한 사람에게 묻는 것이 부끄러운 일이 아님. 공자가 구부러진 구멍이 있는 구슬에 실을 꿰려 했으나 실패했다. 시골 아낙의 도움으로 개미허리에 실을 매어 구슬 구멍에 넣고 출구에 꿀을 발라 실을 꿰었다는 고사.	穿 뚫을 천 珠 구슬 주
空前絶後 4ǁ 공전절후	비교할만한 것이 이전에도 이후에도 없음.	絶 끊을 절 後 뒤 후
空行空返 공행공반	행하는 것이 없으면 돌아오는 것도 없음.	空 빌 공 返 돌아올 반
過猶不及 3ǁ 과유불급	지나친 것은 오히려 모자람만 못함.	猶 오히려 유 及 이를 급
瓜田李下 2급 과전이하	오이 밭에서 신을 고쳐 신지 말고, 오얏나무 아래서 갓을 고쳐쓰지 않음.(瓜田不納履, 李下不整冠). 의심 받을 행동을 피함.	瓜 오이 과 李 오얏 리
管鮑之交 2급 관포지교	믿음과 의리가 두터운 친분. 포숙아(鮑叔牙)는 친구 관중(管仲)이 같이 장사를 해서 이익을 더 차지했어도, 싸움터에서 도망쳤을 때에도, 포숙아의 주군을 해하려 했을 때도 용서하고 관중을 도와주었다는 고사.	鮑 절인어물 포 交 사귈 교

사자성어	뜻	한자
刮目相對 1급 괄목상대	눈을 비비고 상대를 다시 볼 정도로 발전함. 여몽(呂蒙)은 무식한 장수였으나 오왕(吳王) 손권의 충고로 손에서 책을 놓지 않고 공부하였다(手不釋卷). 어느 날 박식해진 여몽을 본 친구가 그 연유를 묻자, "선비란 헤어진 지 사흘이 지나서 다시 만났을 땐 눈을 비비고 대면할 정도로 달라져야 되는 법이라네"라고 대답했다는 고사.	刮 비빌 괄 對 상대 대
矯角殺牛 3급 교각살우	뿔을 바로 잡으려다 소를 죽임. 작은 결점을 고치려다 큰 것을 그르침.	矯 바로잡을 교 角 뿔 각
巧言令色 3ll 교언영색	남의 환심을 사기위해 말을 교묘하게 하고 표정을 좋게 꾸밈.	巧 교묘할 교 令 꾸밀 령
交友以信 교우이신	벗을 사귐에 믿음으로써.	交 사귈 교 友 벗 우
交淺言深 3ll 교천언심	사귄지 얼마 되지 않는데도 속마음을 함부로 털어놓음.	淺 얕을 천 深 깊을 심
敎學相長 5급 교학상장	가르치고 배우며 서로 성장함.	敎 가르칠 교 相 서로 상
九曲肝腸 3ll 구곡간장	많이 구부러진 간과 창자. 굽이굽이 서린 창자처럼 시름 쌓인 속마음.	曲 굽을 곡 腸 창자 장
狗猛酒酸 구맹주산	개가 사나우면 술이 시다. 간신배가 설치면 현량(賢良)한 선비가 참여하지 못해 나라가 쇠퇴함. 술을 파는 사람이 있었다. 양심적이고 공손하며 술도 잘 만들었으나 손님이 들지 않아 마을 어른에게 물으니 "당신 집 개가 사나워 사람들이 다른 집으로 가기 때문이지"라고 하였다는 고사.	猛 사나울 맹 酸 실 산
口蜜腹劍 3ll 구밀복검	입에는 꿀, 배에는 칼. 겉으로는 친절, 속으로는 해칠 생각.	蜜 꿀 밀 腹 배 복
狗飯橡實 구반상실	개밥에 도토리. 외톨이로 고립된 사람.	橡 상수리 상 實 열매 실

한자성어	뜻	한자
九死一生 6급 구사일생	여러 번 죽을 고비를 넘기고 간신히 살아남.	死 죽을 사 生 살 생
口尙乳臭 3II 구상유취	입에서 아직 젖내가 남. 상대방의 능력을 얕잡아보고 하는 말.	尙 오히려 상 臭 냄새 취
九牛一毛 4II 구우일모	많은 소에 한 가닥 털. 많은 가운데 극히 적은 일부분.	牛 소 우 毛 털 모
九折羊腸 4II 구절양장	꾸불꾸불한 양의 창자처럼 일이나 앞길이 매우 험난함.	折 꺾을 절 腸 창자 장
口禍之門 구화지문	입은 재앙의 문. 말을 조심하지 않으면 화를 당함.	禍 재앙 화 門 문 문
國泰民安 3II 국태민안	나라가 태평하고 백성이 편안함.	泰 클 태 安 편안할 안
群鷄一鶴 3II 군계일학	닭 무리 중 한 마리 학. 많은 사람 가운데에 걸출한 한 사람.	鷄 닭 계 鶴 학 학
群盲撫象 군맹무상	소경 코끼리 만지기. 일부분만을 가지고 전체를 그릇 판단함.	盲 소경 맹 撫 어루만질 무
君臣有義 4급 군신유의	임금과 신하의 도리는 의리에 있음.	君 임금 군 義 옳을 의
群雄割據 3II 군웅할거	영웅들이 한 지역씩을 차지하고 위세를 부리는 혼란한 상황.	割 나눌 할 據 의거할 의
君爲臣綱 3II 군위신강	임금은 신하의 모범이 되어야함.	爲 될 위 綱 벼리 강
君子三樂 군자삼락	군자의 세 가지 즐거움. 1. 무모가 살아 계시고 형제가 무고함. 2. 하늘을 우러러 부끄럼이 없음. 3. 수재를 얻어 교육하는 것.	子 선생 자 樂 즐길 락

사자성어	뜻	한자
君子豹變 군자표변	군자는 자신의 언행에 잘못을 깨달으면 바로 좋게 고침. 표범은 털갈이를 하면 시간이 지나면서 몸에 있는 무늬가 선 명해지며 털 또한 깨끗하게 변하는 것에 비유하여 이르는 말.	豹 표범 표 變 변할 변
窮餘之策 3II 궁여지책	막다른 처지에서 국면 전환 타개책으로 생각다 못해 짜낸 꾀.	餘 결국 여 策 꾀 책
權謀術數 3II 권모술수	목적을 위해서는 수단 방법을 가리지 않고 쓰는 모략이나 술책.	謀 꾀할 모 術 꾀 술
權不十年 권불십년	권력은 오래가지 못함.	權 권세 권 不 아닐 불
勸善懲惡 3급 권선징악	선을 권하고 악을 징계함.	懲 혼낼 징 惡 악할 악
捲土重來 1급 권토중래	흙먼지를 일으키며 재차 온다. 실패한 뒤에 힘을 길러 다시 도전함.	捲 말 권 重 거듭 중
克己復禮 3II 극기복례	사사로운 욕심을 버리고 예로 돌아감.	克 이길 극 復 돌아올 복
近墨者黑 3II 근묵자흑	먹을 가까이 하면 검어짐. 나쁜 환경·사람과 가까이 하면 물들기 쉬움.	近 가까울 근 墨 먹 묵
近朱者赤 4급 근주자적	붉은 것을 가까이 하면 붉어짐. 나쁜 친구를 사귀면 나빠지기 쉬움.	朱 붉을 주 赤 붉을 적
金科玉條 4급 금과옥조	금이나 옥같이 귀중하게 여기어 지켜야 할 법이나 제도.	科 조목 과 條 가지 조
金蘭之交 3II 금란지교	쇠처럼 단단하고 난초처럼 향기로운 사귐.	蘭 난초 란 交 사귈 교

錦上添花 3급 금상첨화	비단 위에 꽃무늬를 더함. 좋은 일에 또 좋은 일이 더해짐.	錦 비단 금 添 더할 첨
金石之交 3급 금석지교	쇠나 돌처럼 굳고 변함없는 사귐.	之 -의 지 交 사귈 교
金城湯池 3II 금성탕지	쇠로 된 성과 끓는 연못. 방비가 아주 견고한 성.	湯 끓을 탕 池 연못 지
今時初聞 5급 금시초문	이제야 비로소 처음 들음.	初 처음 초 聞 들을 문
琴瑟相和 금슬상화	부부 사이가 다정하고 화목함. 금슬(琴瑟) : 거문고와 비파. '금실'의 원말. 금실은 남편과 아내가 서로 화합하며 주고받는 사랑을 뜻함. 한글로 쓰거나 말할때는 '금실'이라 함. 예). 부부의 '금실'이 좋다(o). 부부의 '금슬'이 좋다(x).	琴 거문고 금 瑟 비파 슬
錦衣夜行 3II 금의야행	비단옷 입고 밤 길 가기. 아무도 알아주지 않거나 보람 없는 행동.	錦 비단 금 夜 밤 야
錦衣玉食 3II 금의옥식	비단옷과 옥처럼 흰 쌀밥. 매우 호화스럽거나 사치스러운 생활.	衣 옷 의 食 밥 식
錦衣還鄕 3II 금의환향	비단옷 입고 고향에 돌아옴. 객지에서 성공하여 고향에 돌아옴.	還 돌아올 환 鄕 시골 향
金枝玉葉 3II 금지옥엽	금과 같은 가지와 옥과 같은 잎. 집안의 귀하고 귀여운 자손.	枝 가지 지 葉 잎 엽
氣高萬丈 3II 기고만장	일 따위가 뜻대로 잘 되어 우쭐하여 기세가 대단함.	氣 기운 기 丈 어른키길이 장
飢不擇食 기불택식	굶주린 사람은 먹을 것을 가리지 않음.	飢 주릴 기 擇 가릴 택

사자성어	뜻	한자
起死回生 4Ⅱ 기사회생	다 죽어가다 다시 살아남.	起 일어날 기 死 죽을 사
奇想天外 4급 기상천외	보통 사람이 짐작할 수 없을 정도의 엉뚱하고 기발한 생각.	奇 기이할 기 想 생각 상
起承轉結 4급 기승전결	문학 작품의 서술 체계를 구성하는 형식. 起 말머리를 일으키고, 承 이것을 받아 전개시키고, 轉 뜻을 한번 변화시키고, 結 전체를 마무리 함.	承 이을 승 轉 구를 전
旣往之事 기왕지사	이미 지나간 일.	往 갈 왕 事 일 사
杞人之憂 기인지우	기(杞)나라 사람의 근심. 사람이 하는 걱정의 대부분은 일어나지도 않는 쓸데없는 것. 杞나라 사람 중에 하늘이 무너질까 땅이 꺼질까 걱정하여 침식을 폐하고 말았다. 친구가 걱정이 되어 찾아와 하늘은 공기가 모인 것이라 무너질 수 없고, 땅은 속이 꽉 찬 덩어리로 되어 있어 꺼질 수가 없다 라고 하자 안심했다는 고사.	杞 나라이름 기 憂 근심 우
騎虎之勢 3급 기호지세	범을 타고 달리는 기세. 일을 중도에서 그만둘 수 없는 형편.	騎 말탈 기 勢 기세 세
吉凶禍福 3Ⅱ 길흉화복	길함과 흉함과 재앙과 복.	凶 흉할 흉 禍 재앙 화
落木寒天 5급 낙목한천	나뭇잎이 떨어진 춥고 쓸쓸한 겨울의 풍경.	寒 찰 한 天 하늘 천
落花流水 5급 낙화유수	떨어지는 꽃과 흐르는 물. 살림이나 세력이 약해져 보잘것없이 됨. 가는 봄의 경치. 남녀가 서로 그리워함을 이르는 말. 꽃은 물이 흐르는데로 떨어지기를 바라고 물은 떨어지는 꽃을 띄워 흐르기를 바란다는 데서.	花 꽃 화 流 흐를 류
難攻不落 4급 난공불락	공격하기 어려워 함락되지 않음. 일의 성사가 불가능함.	難 어려울 난 攻 칠 공

亂臣賊子 4급 난신적자	나라를 어지럽히는 신하와 부모에게 불효하는 못된 자식.	亂 어지러울 란 賊 도적 적
暖衣飽食 난의포식	따뜻하게 입고 배불리 먹음.	暖 따뜻할 난 飽 배부를 포
難兄難弟 4II 난형난제	누가 형이고 동생이라고 할 수 없을 정도로 실력이 엇비슷함.	難 어려울 난 弟 아우 제
南柯一夢 2II 남가일몽	남쪽으로 뻗은 나뭇가지 밑에서의 한 꿈. 덧없는 한 때의 부귀영화. 당나라 사람이 꿈속에서 결혼도 하고 5남 2녀를 두며 태수로 20년간 고을 다스리던 때에 침략을 당하는 등의 긴 꿈을 꾼 뒤 깨어보니 잠깐 자는 동안에 꾼 꿈이었던 것.	柯 가지 가 夢 꿈 몽
男負女戴 2급 남부여대	남자는 등에 지고 여자는 머리에 이다. 가난한 사람이 살 곳을 찾아 이리저리 떠돌아다님.	負 질 부 戴 일 대
囊中之錐 1급 낭중지추	주머니 속 송곳. 재능이 있고 유능한 이는 숨어 있어도 눈에 띄게 됨.	囊 주머니 낭 錐 저울 추
內憂外患 3II 내우외환	안으로 근심과 밖으로 근심. 나라 안팎의 여러 근심 걱정.	憂 근심 우 患 근심 환
內柔外剛 3II 내유외강	겉보기는 강해 보이나 속은 부드럽고 순함.	柔 부드러울 유 剛 굳셀 강
內淸外濁 내청외탁	속은 맑으나 겉으로는 흐린 체해야 난세를 살아갈 수 있음.	淸 맑을 청 濁 흐릴 탁
怒甲移乙 3II 노갑이을	어떤 사람에게 당한 노여움을 다른 사람에게 화풀이함.	怒 성낼 노 移 옮길 이
怒氣衝天 3II 노기충천	성낸 기운이 하늘을 찌름. 몹시 화가 남.	氣 기운 기 衝 찌를 충

사자성어	뜻	한자
駑馬十駕 노마십가	임금의 수레를 끄는 말이 하루 10리를 간다면 노둔한 말도 열흘이면 10리를 감. 재주가 없는 사람이라도 열심히 노력하면 훌륭한 사람에 미칠 수 있음.	駑 둔할 노 駕 수레 가
老馬之智 노마지지	늙은 말의 지혜. 경험이 많은 사람이 갖춘 지혜 봄에 정벌하러 나섰다 겨울에 돌아오다 폭설로 길을 잃었다. 늙은 말을 풀어 놓고 그 말을 따르니 길이 나와 무사히 돌아왔다는 고사.	老 늙을 로 智 슬기 지
怒發大發 4Ⅱ 노발대발	크게 화를 냄.	怒 성낼 노 發 쏠 발
勞心焦思 2급 노심초사	마음으로 애쓰고 매우 속을 태움.	勞 일할 로 焦 그을릴 초
綠楊芳草 3급 녹양방초	푸른 버들과 향기로운 풀.	楊 버들 양 芳 꽃다울 방
綠陰芳草 3급 녹음방초	푸르게 우거진 나무 그늘과 향기로운 풀. 여름철.	綠 푸를 록 陰 그늘 음
綠衣紅裳 3Ⅱ 녹의홍상	연두색 저고리와 다홍치마. 여자의 고운 옷차림.	紅 붉을 홍 裳 치마 상
論功行賞 4Ⅱ 논공행상	공이 크고 작음을 논하여 상을 줌.	論 논할 론 賞 상줄 상
弄假成眞 농가성진	장난으로 한말이 사실이 되어 일어남.	弄 희롱할 롱 假 거짓 가
弄瓦之慶 농와지경	실패를 가지고 노는 경사. 딸을 낳은 경사. 옛날 중국에서 딸을 낳으면 장난감으로 실패(瓦)를 주었다고 함. 弄璋之慶(농장지경) 아들을 낳으면 구슬(璋 반쪽홀 장)을 줌.	瓦 기와 와 瓦 실패 와

累卵之勢　3급 누란지세	알을 쌓아놓은 것과 같은 매우 위태로운 형세.	累 포갤 루 勢 형세 세
累卵之危　3급 누란지위	알을 포개놓은 것 같이 매우 위태로움.	卵 알 란 危 위태할 위
能小能大　5급 능소능대	모든 일에 두루 능함.	能 능할 능 小 작을 소
多岐亡羊　다기망양	많은 갈림길로 양이 달아남. 학문의 길은 여러 갈래여서 올바른 길을 찾기가 어려움.	岐 갈림길 기 亡 달아날 망
多多益善　4II 다다익선	많으면 많을수록 더욱 좋음.	益 더할 익 善 좋을 선
多事多難　다사다난	여러 가지로 일도 많고 어려움도 많음.	事 일 사 難 어려울 난
多才多能　5급 다재다능	재주와 능력이 많음.	才 재주 재 能 능할 능
斷機之敎　3II 단기지교	짜던 베도 도중에 자르면 쓸모없이 되듯, 학문도 꾸준히 계속해야 함. 맹자가 어렸을 때 공부를 포기하고 집에 돌아오자 그의 어머니가 짜고 있던 베를 자르며 "학문을 중도에 그만둔 것은 짜고 있는 베를 끊는 것과 같다"고 하여 훈계하였다는 고사.	機 베틀 기 敎 가르칠 교
單刀直入　3II 단도직입	단칼로 바로 들어감. 본론이나 결론을 바로 말함.	單 하나 단 直 곧을 직
丹脣皓齒　2급 단순호치	붉은 입술과 흰 이. 여인의 아름다운 얼굴.	脣 입술 순 皓 흴 호
淡水之交　담수지교	맑은 물처럼 고결한 인격자 사이의 점잖은 교제.	淡 맑을 담 交 사귈 교

사자성어	뜻	한자
談虎虎至 담호호지	호랑이도 제 말하면 온다. 화제의 대상이 된 사람이 그 자리에 나타남. 남의 흉을 함부로 보지 말라는 말.	虎 범 호 至 이를 지
堂狗風月 3급 당구풍월	서당 개가 풍월을 읊음. 어리석을 사람도 오랫동안 늘 보고 들은 일은 쉽게 할 수 있음. 무식한 이도 유식한 사람과 어울리면 다소 유식해짐.	堂 집 당 狗 개 구
當局者迷 당국자미	실제 그 일을 맡아 보는 사람이 오히려 그 실정에 어두움.	當 맡을 당 迷 헷갈릴 미
黨同伐異 당동벌이	옳고 그름을 따지지 않고 의견이 같은 사람들끼리 한 편이되고 다른 의견의 사람을 물리침.	黨 무리 당 伐 칠 벌
螳螂拒轍 당랑거철	사마귀가 앞발을 들고 수레바퀴를 가로막음. 미약한 제 분수도 모르고 강적 앞에 분수없이 날뜀.	拒 막을 거 轍 바퀴자국 철
螳螂在後 당랑재후	눈앞의 욕심에만 눈이 어두워 덤비다 큰 해를 입게 됨. 이슬 먹으려는 매미는 그 뒤에서 사마귀가 노리고 있는 줄 모르고, 또 그 사마귀는 옆에서 참새가 노리고 있는 줄 모른다는 옛 이야기에서 온 말.	螳 사마귀 당 螂 사마귀 랑
大驚失色 4급 대경실색	크게 놀라 얼굴빛을 잃음.	驚 놀랄 경 失 잃을 실
大器晚成 3ⅠⅠ 대기만성	큰 그릇은 늦게 이루어짐. 크게 될 인물은 오랜 노력 끝에 이루어짐.	器 그릇 기 晚 늦을 만
大同小異 4급 대동소이	큰 차이가 없이 거의 같음.	同 같을 동 異 다를 이
大聲痛哭 3ⅠⅠ 대성통곡	큰 소리로 아프게 욺.	聲 소리 성 痛 아플 통
大義名分 대의명분	사람으로서 지켜야 할 도리와 본분.	義 옳을 의 名 이름 명

德必有隣 덕필유린	덕이 있으면 반드시 따르는 사람이 있어 외롭지 않음.	德 바를 덕 隣 이웃 린
韜光養晦 도광양회	야심을 감추고 실력을 키움.	韜 감출 도 晦 어두울 회
徒勞無功 5급 도로무공	수고로울 뿐 공들인 보람이 없음.	徒 헛될 도 勞 일할 로
道不拾遺 도불습유	길에 떨어진 물건을 주워가지 않음. 나라가 잘 다스려지고 있음.	拾 주울 습 遺 잃을 유
桃三李四 도삼이사	복숭아나무는 3년, 오얏나무는 4년을 길러야 수확할 수 있음. 무슨 일이든 이루어지기 위해서는 그에 상응한 시간이 필요함.	桃 복숭아 도 李 오얏 리
道聽塗說 2급 도청도설	길에서 듣고 길에서 말하다. 길거리에 퍼져 돌아다니는 뜬소문. 들은 말을 깊이 생각하지 않고 그대로 다른 사람에게 전함.	塗 길 도 說 말씀 설
塗炭之苦 3급 도탄지고	진흙 속이나 숯불에 빠진 괴로움. 몹시 고통스러운 처지.	塗 진흙 도 炭 숯 탄
獨不將軍 4Ⅱ 독불장군	남의 의견을 듣지 않고 혼자 모든 일을 처리하는 사람.	獨 홀로 독 將 장수 장
讀書三到 독서삼도	독서할 때 필요한 세 가지. 口到(구도)·眼到(안도)·心到(심도). 즉 입으로 읽고, 눈으로 잘 보며, 마음을 집중하여 독서함.	讀 읽을 독 到 이를 도
讀書三餘 독서삼여	독서하기 알맞은 세 가지 여가. 겨울·밤·비 올 때.	讀 읽을 독 餘 남을 여
讀書尙友 독서상우	책을 읽음으로써 옛 현인들과 벗할 수 있음.	尙 높을 상 友 벗 우
獨也靑靑 3급 독야청청	홀로 푸름. 홀로 절개를 지킴.	獨 홀로 독 靑 푸를 청

同價紅裳 3Ⅱ 동가홍상	같은 값이면 다홍치마. 같은 조건이면 좋은 것을 골라 가짐.	紅 붉을 홍 裳 치마 상
同苦同樂 6급 동고동락	같이 고생하고 같이 즐거워함.	苦 괴로울 고 樂 즐길 락
東問西答 7급 동문서답	묻는 말에 대하여 전혀 엉뚱한 대답을 함.	問 물을 문 答 답할 답
同病相憐 3급 동병상련	어려운 사람끼리 서로 돕고 의지함.	病 병들 병 憐 불쌍히여길 련
東奔西走 3Ⅱ 동분서주	여기저기로 분주하게 돌아다님.	奔 달릴 분 走 달릴 주
同床異夢 3Ⅱ 동상이몽	같은 침상에서 다른 꿈을 꿈. 겉으로는 같은 행동을 하면서도 속으로는 딴 생각을 함.	床 평상 상 異 다를 이
東西古今 6급 동서고금	동양이나 서양. 옛날이나 지금을 통틀어 언제 어디서나의 뜻.	古 옛 고 今 이제 금
冬扇夏爐 동선하로	겨울에 부채. 여름에 화로. 때에 맞지 않아 쓸모없는 사물.	扇 부채 선 爐 화로 로
同姓同本 6급 동성동본	성이 같고 본관도 같음.	姓 성씨 성 本 뿌리 본
東食西宿 동식서숙	동쪽에서 먹고 서쪽에게 자다. 일정한 거처 없이 떠돌아다님.	食 먹을 식 宿 잘 숙
杜門不出 2급 두문불출	문을 닫아걸고 밖으로 나오지 않음. 세상과 인연을 끊고 은거함.	杜 막을 두 出 날 출
得魚忘筌 득어망전	물고기를 잡고 나면 통발을 잊어버림. 목적을 이루면 지금까지 수단으로 삼았던 것은 무용지물이 됨.	得 얻을 득 筌 통발 전

登高自卑 3II 등고자비	높은 곳을 오르자면 낮은 곳에서부터 시작함.	登 오를 등 卑 낮을 비
燈下不明 4II 등하불명	등잔 밑이 어두움. 가까이 있는 것을 오히려 잘 모름.	燈 등불 등 明 밝을 명
燈火可親 4II 등화가친	가을은 서늘하여 등잔불을 가까이 하여 글 읽기에 좋음	可 가히 가 親 친할 친
馬脚露出 마각노출	마각을 드러내다. 숨기고 있던 일을 부지중에 드러내거나 드러남. 말의 탈을 쓰고 말의 흉내를 내던 중 말의 발 밖으로 사람의 발이 드러난 데서, 안에 있는 것이 겉과 다름이 드러났음을 뜻하게 됨.	脚 다리 각 露 드러낼 로
磨斧作針 1급 마부작침	도끼를 갈아 바늘을 만듦. 어려운 일도 참고 계속하면 언젠가는 이루어짐. 이태백이 공부가 싫증 나 하산하다 냇가에서 바늘을 만들려고 도끼를 갈고 있는 한 노파를 만났다. "언제 되겠냐"는 말에 할미니는 "되고말고, 중도에 그만두지만 않는다면…" 이 말에 태백은 반성하고 다시 학문에 매진했다는 고사.	磨 갈 마 斧 도끼 부
馬耳東風 5급 마이동풍	말귀에 동풍이 지나가듯 다른 사람의 말을 전혀 듣지 않음.	馬 말 마 風 바람 풍
莫上莫下 3II 막상막하	어느 것이 위고 아래인지 서로 우열을 가릴 수 없음.	莫 없을 막 上 위 상
莫逆之友 3II 막역지우	거스름이 없을 정도로 뜻이 잘 맞는 벗.	逆 거스를 역 友 벗 우
萬頃蒼波 3II 만경창파	끝없이 넓고 푸른 바다.	頃 밭넓이단위 경 蒼 푸를 창
萬古不變 5급 만고불변	오랜 세월을 두고 길이 변하지 않음.	萬 일만 만 變 변할 변

萬事休矣 만사휴의	모든 일이 끝장났다. 어떻게 달리 해볼 도리가 없음. 아버지의 사랑을 독차지하고 있던 왕자가미워 눈을 흘기며 보는 사람이 있어도 왕자는 자기가 귀여워서 그런 줄로 알고 웃고만 있었다. 이런것을 보고 사람들이 "모든 일은 끝났다"고 했는데 실제로 이 왕자의 대(代)에서 멸망하게 되었던 고사.	休 쉴 휴 矣 어조사 의
萬壽無疆 2급 만수무강	수명이 끝이 없음. 장수를 빌 때 쓰는 말.	壽 목숨 수 疆 지경 강
晚時之歎 3ll 만시지탄	시기에 늦어 때를 놓침을 한탄함.	晚 늦을 만 歎 탄식할 탄
滿身瘡痍 1급 만신창이	몸이 부스럼과 상처로 가득함.	瘡 부스럼 창 痍 상처 이
萬牛難回 만우난회	만 마리의 소가 끌어도 돌리기 어려움. 고집이 매우 센 사람.	難 어려울 난 回 돌 회
萬化方暢 3급 만화방창	화창한 봄날에 온갖 생물이 한창 피어나고 자람.	方 사방 방 暢 펼 창
罔極之恩 3급 망극지은	끝없이 베풀어 주는 임금이나 부모의 은혜.	罔 없을 망 恩 은혜 은
罔極之痛 3급 망극지통	한이 없는 슬픔. 임금이나 부모의 초상에 쓰는 말.	極 끝 극 痛 플 통
忘年之交 망년지교	나이를 따지지 않고 재주와 학문으로 사귐.	忘 잊을 망 年 해 년
望梅解渴 망매해갈	신 매실을 생각하게 하여 생긴 침으로 갈증을 풀음. 위(魏)나라의 조조가 후퇴할 때 갈증을 호소하는 부하들에게 매실 이야기를 해주었더니 금세 입 안에 침이 괴어 갈증을 풀었다는 고사.	望 바랄 망 梅 매화 매

亡羊補牢 1급 망양보뢰	소 잃고 외양간 고친다. 일을 그르친 후에 뉘우쳐도 소용없음.	補 기울 보 牢 우리 뢰
亡羊之歎 3Ⅱ 망양지탄	학문의 길은 여러 갈래여서 올바른 길을 찾기가 어려움. 여러 사람이 잃어버린 양을 찾으려 하였으나 길이 많아서 찾지 못하 였다. 학문의 길도 이처럼 갈래가 많아 진리에 도달하기 힘들다는 말.	亡 잃을 망 歎 탄식할 탄
茫然自失 3급 망연자실	늦가을의 아름다운 경치.	茫 멍할 망 失 잃을 실
亡子計齒 4Ⅱ 망자계치	죽은 자식 나이 세기. 이미 그릇된 일은 아쉬워해도 소용없음.	亡 죽을 망 齒 이 치
忙中有閑 망중유한	바쁜 가운데 한가로움.	忙 바쁠 망 閑 한가할 한
忘形之交 망형지교	신분·지위·학벌·빈부 따위를 따지지 않는 격의 없는 사귐.	忘 잊을 망 形 모양 형
買占賣惜 매점매석	買占 : 값이 오를 것을 예상하고 폭리를 얻기 위해 물건을 휩쓸어 사둠. 賣惜 : 물가 폭등에 의한 폭리를 바라고 어떠한 상품을 팔기 꺼리는 일.	買 살 매 賣 팔 매
麥秀之嘆 맥수지탄	보리만 무성함을 보고 고국이 멸망함을 탄식함.	麥 보리 맥 秀 높이솟을 수
孟母三遷 맹모삼천	맹자의 어머니가 자식 교육을 위해 세 번 이사함. 처음에는 공동묘지 근처에서 살았는데 맹자가 장사지내는 흉내를 내는 것을 보고 시장 근처로 옮겼더니, 물건 파는 놀이 등을 하자 다시 글방 근처로 옮기니 글 읽는 흉내를 냈다는 고사.	孟 맏 맹 遷 옮길 천
盲玩丹靑 맹완단청	장님의 단청 구경. 보아도 알지 못하면서 형식만 갖춤.	盲 소경 맹 玩 놀 완

사자성어	뜻	한자
面從腹背 3ⅱ 면종복배	겉으로는 따르는 척하나 속으로는 배반함.	從 따를 종 背 등질 배
滅私奉公 3ⅱ 멸사봉공	사심을 버리고 공공을 위해 열심히 일함.	滅 멸할 멸 奉 받들 봉
明鏡止水 4급 명경지수	맑은 거울과 멈춰 있는 물. 흔들림 없는 맑고 깨끗한 마음.	鏡 거울 경 止 멈출 지
名不虛傳 명불허전	명성은 헛되이 퍼져서 된 것이 아니라 그만한 까닭이 있어 얻은 것임.	虛 빌 허 傳 전할 전
名實相符 3ⅱ 명실상부	이름과 실상이 꼭 들어맞음.	實 열매 실 符 맞을 부
明若觀火 3ⅱ 명약관화	불을 보듯 더 말할 나위가 없이 명백함.	若 같을 약 觀 볼 관
命在頃刻 3ⅱ 명재경각	목숨이 곧 끊어질 것 같은 매우 위태로운 상황.	命 목숨 명 頃 잠깐 경
毛遂自薦 모수자천	자기가 자기를 추천함. 진나라가 조나라 서울인 한단을 포위하자 초나라에 구원을 청할 사자를 뽑을 때 모수(毛遂)가 스스로 자기를 천거하였다는 고사.	遂 이를 수 薦 천거할 천
矛盾撞着 1급 모순당착	말이나 행동의 앞뒤가 서로 일치되지 아니함. 창과 방패를 파는 이가 말하기를 "이 창은 뚫지 못하는 것이 없으며, 이 방패 역시 그 어느 창도 뚫지 못합니다"라고 하자 구경꾼이 "그러면 그 창으로 그 방패를 찌르면 어떻게 되는 거요?" 하고 묻자 대답을 못하였다는 고사.	撞 부딪칠 당 着 붙을 착
目不識丁 4급 목불식정	낫 놓고 기역자도 모름. 매우 무식한 사람을 이르는 말.	識 알 식 丁 고무래 정

한자성어	뜻	한자
目不忍見 3II 목불인견	차마 눈뜨고 볼 수 없을 정도로 끔직한 상황.	忍 참을 인 見 볼 견
猫項懸鈴 묘항현령	고양이 목에 방울 달기. 듣기는 좋으나 실현 불가능한 이론.	懸 매달 현 鈴 방울 령
無愧我心 무괴아심	한 점 부끄럼 없는 나의 마음.	愧 부끄러울 괴 我 나 아
武陵桃源 3II 무릉도원	사람들이 행복하게 살 수 있는 이상형의 별천지. 무릉에 사는 한 어부가 떠내려 오는 복숭아 꽃잎을 따라가 찾았다는 별천지.	陵 언덕 릉 源 근원 원
無不通知 5급 무불통지	무엇에든지 환히 통하여 모르는 것이 없음.	通 통할 통 知 알 지
無所不爲 4급 무소불위	하지 못하는 바가 없음.	所 바 소 爲 할 위
無用之物 무용지물	전혀 쓸데없는 물건.	用 쓸 용 物 만물 물
無用之用 무용지용	아무 쓸모없는 것으로 생각되는 것이 도리어 크게 쓰임.	無 없을 무 用 쓸 용
無爲徒食 4급 무위도식	하는 일 없이 먹기만 함.	爲 할 위 徒 헛될 도
刎頸之交 문경지교	목이 달아날지라도 변치 않는 사귐.	刎 목벨 문 頸 목 경
文房四友 4급 문방사우	서재에 갖추어야할 네 가지 벗. 종이·붓·벼루·먹.	房 방 방 友 벗 우
聞一知十 문일지십	하나를 들으면 열을 앎. 매우 총명함.	聞 들을 문 知 알 지

한자성어	뜻	훈음
門前乞食 3급 문전걸식	이집 저집 돌아다니며 빌어먹음.	乞 빌 걸 食 밥 식
門前成市 6급 문전성시	문 앞이 장터와 같이 복잡할 정도로 찾아오는 손님이 많음.	成 이룰 성 市 시장 시
門前雀羅 문전작라	가난해지면 문 앞에 새그물을 쳐 놓을 정도로 방문객의 발길이 뚝 끊어짐.	雀 참새 작 羅 그물 라
勿失好機 3Ⅱ 물실호기	좋은 기회를 놓치지 말 것.	勿 말 물 機 때 기
彌縫之策 미봉지책	임시방편으로 이리저리 꾸며 맞추기 위한 계책.	彌 두루 미 縫 꿰맬 봉
美辭麗句 4급 미사여구	아름다운 말과 고운 글귀.	辭 말씀 사 麗 고울 려
尾生之信 미생지신	신의가 두터움 또는 고지식하여 융통성이 없음. - 미생은 어느 날 애인과 다리 밑에서 만나기로 하여 기다리는 도중 장대비로 개울물이 불어나기 시작하였으나 그 장소를 떠나지 않고 기다리다 결국 교각을 끌어안은 채 익사하였다는 고사.	尾 꼬리 미 信 믿을 신
博覽强記 4급 박람강기	많은 책을 읽고 사물을 잘 기억함. 독서량이 많고 박학다식함.	博 넓을 박 覽 볼 람
博而不精 박이부정	많은 것을 알고 있으나 정밀하지 못함.	博 넓을 박 精 자세할 정
拍掌大笑 3Ⅱ 박장대소	손벽 치면서 한바탕 크게 웃음.	拍 칠 박 掌 손바닥 장
博學多識 4Ⅱ 박학다식	학식이 넓고 아는 것이 많음.	博 넓을 박 識 알 식

| 反面教師
반면교사	다른 사람이나 일의 부정적인 측면에서 가르침을 얻음.	反 반대 반 師 스승 사
般若心經
반야심경	피안(彼岸)으로 안내하는 완전한 지혜의 경전. '반야바라밀다심경(般若波羅蜜多心經)'의 준말. 般若 완전한 지혜, 波羅密多 열반(涅槃)하여 피안으로 감, 彼岸 이승 이후인 저 세상.	般 일반 반 若 반야 야
反哺之孝
1급 반포지효	까마귀 새끼가 자라서 먹이를 물어다 어미에게 먹이는 효성. 새끼들이 어미의 입속에 머리를 넣고 먹이를 얻어먹는 모습을 잘못 알고 거꾸로 생각하여 만들어진 말이나, 늙은 부모 봉양이 가장 큰 효도라는 점을 강조하고자 만들어진 말.	哺 먹일 포 孝 효도 효
拔本塞源
3II 발본색원	폐단의 근본을 뽑고 근원을 막아버림.	拔 뺄 발 塞 막을 색
拔山蓋世
3급 발산개세	힘은 산을 뽑고 기개는 세상을 덮음.	拔 뺄 발 蓋 덮을 개
傍若無人
3급 방약무인	곁에 사람이 없는 것 같이 말·행동을 제멋대로 함.	傍 곁 방 若 같을 방
背水之陣
4급 배수지진	물을 등지고 진을 침. 목숨을 걸고 어떤 일에 대처함. 한(漢)의 명장 한신(韓信)이 조(趙)나라의 공격을 배수진을 치고 싸워 대승한 후 부하 장수들에게 "우리 군사는 급히 편성한 오합지졸이기에 사지(死地)에 두어야만 필사적으로 싸우는 법이야."라고 했다는 고사.	背 등 배 陣 진칠 진
背恩忘德
3급 배은망덕	남에게 받은 은혜와 덕을 잊고 배반함.	恩 은혜 은 德 바를 덕
百家争鳴
4급 백가쟁명	전국시대 사상가들의 활발한 논쟁을 가리킨 말.	家 전문가 가 鳴 이름낼 명

百計無策 3Ⅱ 백계무책	백가지 계교를 다 써도 해결할 방도가 없음.	計 꾀할 계 策 꾀 책
白骨難忘 3급 백골난망	죽어 백골이 되어도 은혜를 잊을 수 없음.	難 어려울 난 忘 잊을 망
百年大計 6급 백년대계	먼 장래를 내다보는 원대한 계획. 1년 대계는 농사, 10년 대계는 수목(樹木), 100년 대계는 인재양성(人才養成), 1,000년 대계는 환경보호(環境保護).	年 해 년 計 계획할 계
百年河淸 5급 백년하청	아무리 오랜 시일이 지나도 이루어지기 어려운 일. 중국 황하(黃河)는 늘 흙탕물로 맑을 때가 없다는 데서 나온 말.	河 큰물 하 淸 맑을 청
百年偕老 1급 백년해로	부부가 헤어지거나 먼저 죽지 않고 화락(和樂)하고 함께 늙음.	偕 함께 해 老 늙을 로
白面書生 6급 백면서생	글만 읽어 세상일에 경험이 없는 사람.	書 글 서 生 선비 생
百發百中 6급 백발백중	백 번 쏘아 백 번 맞춤. 계획한 일마다 모두 성공함.	發 쏠 발 中 맞힐 중
伯牙絶絃 백아절현	서로 마음이 통하는 절친한 벗의 죽음. 친한 벗을 잃은 슬픔. 거문고의 명수인 백아(伯牙)의 연주를 누구보다 잘 감상해 주던 친구가 죽자 절망한 나머지 거문고 줄을 끊고 다시는 연주하지 않았다는 고사.	絶 끊을 절 絃 악줄 현
白衣從軍 3Ⅱ 백의종군	벼슬 없이 군대를 따라 전쟁터로 나감.	從 따를 종 軍 군사 군
百戰老將 4Ⅱ 백전노장	수많은 전쟁을 치른 노장. 온갖 어려운 일을 겪은 노련한 사람.	戰 싸울 전 將 장수 장
百戰百勝 6급 백전백승	백 번 싸워 백 번 이김. 상대보다 월등히 뛰어나 싸움마다 이김.	百 일백 백 勝 이길 승

한자성어	뜻	한자
百折不屈 4급 백절불굴	백 번 꺾여도 굴하지 않음. 어떠한 어려움에도 굽히지 않음.	折 꺾을 절 屈 굽을 굴
伯仲之勢 3II 백중지세	첫째나 둘째의 형세. 서로 비슷하여 우열을 가리기가 어려움.	伯 맏 백 仲 버금 중
百尺竿頭 1급 백척간두	백 자 되는 높은 장대 꼭대기. 매우 위태롭고 절박한 상태.	竿 장대 간 頭 머리 두
百八煩惱 3급 백팔번뇌	불교에서 이르는 108 가지 번뇌.	煩 괴로워할 번 惱 괴로워할 뇌
百害無益 4II 백해무익	오직 해로울 뿐 이로움이 전혀 없음.	害 해로울 해 益 유익할 익
飜亦破鼻 번역파비	뒤로 넘어져도 코가 깨짐. 엉뚱한 일로 인하여 어려움에 처함.	飜 엎어질 번 破 깨질 파
兵家常事 병가상사	전쟁에서 이기고 지는 것은 흔히 있는 일. 실패는 흔히 있는 일이니 낙담하지 말 것.	兵 군사 병 常 항상 상
覆車之戒 복거지계	앞의 수레가 엎어지는 것을 보고 미리 경계하여 주의함. 남의 실패를 거울삼아 자기를 경계함.	覆 뒤집힐 복 戒 경계할 계
覆杯之水 복배지수	엎지른 물처럼 원상으로 회복할 수 없는 일(覆水不返盆).	杯 그릇 배 之 -의 지
富貴在天 4II 부귀재천	부귀는 하늘이 주어지는 것이라고 보는 옛 사람들의 생각.	富 부자 부 貴 귀할 귀
夫婦有別 4II 부부유별	부부사이에는 지켜야 할 인륜의 구별이 있음.	夫 지아비 부 婦 아내 부
夫爲婦綱 3급 부위부강	남편은 아내의 모범이 되어야 함.	爲 될 위 綱 벼리 강

사자성어	뜻	한자
父爲子綱 3II 부위자강	아버지는 자식의 모범이 되어야 함.	父 아비 부 子 자식 자
父子有親 6급 부자유친	아버지와 자식은 친함이 있어야 함.	有 있을 유 親 친할 친
父傳子傳 부전자전	대대로 아버지가 아들에게 물려줌. 아버지와 아들이 비슷함.	傳 전할 전 子 자식 자
不知其數 3II 부지기수	그 수를 알 수 없을 정도로 무수히 많음.	知 알 지 其 그 기
夫唱婦隨 3II 부창부수	남편이 창을 하면 아내도 따라 하듯, 남편의 뜻에 아내가 따름.	唱 노래 창 隨 따를 수
附和雷同 3II 부화뇌동	자기 주관 없이 무조건 남의 의견을 따름.	附 따를 부 雷 우레 뢰
北窓三友 4급 북창삼우	북쪽 창가의 세 친구로 거문고·술·시를 이르는 말.	窓 창 창 友 벗 우
粉骨碎身 1급 분골쇄신	뼈가 가루가 되고 몸이 부서지도록 노력함.	粉 가루 분 碎 부술 쇄
焚書坑儒 1급 분서갱유	진시황이 민간 서적을 불사르고 선비들을 구덩이에 묻어 죽인 일.. 정부를 비난한다는 죄를 씌워 460명의 학자를 묻어 죽였으나 책들은 사실상 참고를 위해 몇 벌씩 정부 사고에 보관되어 있었다함	焚 불사를 분 坑 구덩이 갱
不顧廉恥 3급 불고염치	염치 즉 정직함과 부끄러움을 돌아보지 않음.	顧 돌아볼 고 廉 청렴할 렴
不俱戴天 2급 불구대천	한 하늘 아래서는 같이 살 수 없는 원수.	俱 함께 구 戴 일 대

不立文字 불립문자	도를 깨달음은 문자나 말로 전하는 것이 아닌 마음으로 전하는 것.	立 설 립 字 글자 자
不問可知 5급 불문가지	묻지 않아도 가히 알 수 있음.	問 물을 문 知 알 지
不問曲直 5급 불문곡직	옳고 그름을 따지지 않고 함부로 일을 처리함.	曲 굽을 곡 直 곧을 직
不辨菽麥 불변숙맥	콩과 보리를 구별 못할 만큼 세상 물정에 어두움.	辨 분별할 변 菽 콩 숙
不撓不屈 1급 불요불굴	어려움에도 결심을 휘지도 굽히지도 않는 굳센 마음.	撓 휠 요 屈 굽을 굴
不要不急 5급 불요불급	필요하지도 않고 급하지도 않음.	要 구할 요 急 급할 급
不遠千里 6급 불원천리	먼 길도 마다하지 않고 찾아옴.	遠 멀 원 里 거리단위 리
不撤晝夜 2급 불철주야	밤낮을 가리지 않고 일에 힘쓰는 모양.	撤 거둘 철 晝 낮 주
不恥下問 3Ⅱ 불치하문	아랫사람에게 묻는 것을 부끄러워하지 아니함.	恥 부끄럼 치 問 물을 문
不擇之筆 불택지필	명필은 붓을 고르지 않고도 능란하게 쓸 수 있음.	擇 가릴 택 筆 붓 필
不偏不黨 3Ⅱ 불편부당	어느 쪽으로도 치우치지 않고 무리 짓지도 않음.	偏 치우칠 편 黨 무리 당
朋友有信 3급 붕우유신	친구 사이에는 믿음이 있어야 함.	朋 벗 붕 信 믿을 신

사자성어	뜻	한자
鵬程萬里 2급 붕정만리	붕새의 날아가는 길이 만리로 트임. 전도양양한 장래를 뜻함.	鵬 봉새 붕 程 길 정
悲憤慷慨 1급 비분강개	의롭지 못한 것을 보고 의기가 북받치어 슬퍼하고 개탄함.	憤 성낼 분 慷 슬퍼할 강
比翼連理 비익연리	비익조·연리지. 화목한 부부 또는 서로 깊이 사랑하는 남녀 관계. 比翼鳥 : 암수의 눈과 날개가 하나씩이어서 짝을 지어야만 날 수 있다는 전설상의 새 連理枝 : 두 나무의 가지가 맞닿아서 결이 서로 통하게 된 나뭇가지	翼 날개 익 連 이을 련
非一非再 4ll 비일비재	같은 현상이 한두 번이 아니고 많음.	非 아닐 비 再 두 재
貧者一燈 4ll 빈자일등	가난한 이가 바친 등불 하나. 물질의 많고 적음보다 정성이 중요함. 어느 왕이 만 개의 등을 밝혀 자신의 초대를 받고 돌아가는 석가님을 전송하는데 새벽이 되어 다른 등이 다 꺼지고 등불 하나만이 남아 알아보니 가난한 여인이 정성으로 바친 등이었다는 이야기에서...	貧 가난할 빈 燈 등불 등
貧賤之交 빈천지교	가난하고 천할 때 사귄 친구(를 잊지 말아야 함 = 貧賤之交 不可忘).	賤 천할 천 交 사귈 교
憑公營私 빙공영사	공사(公事)를 빙자하여 사리(私利)를 꾀함.	憑 기댈 빙 營 만들 영
氷炭之間 3ll 빙탄지간	얼음과 숯과 같이 성질이 상반되어 전혀 어울릴 수 없는 사이.	炭 숯 탄 間 사이 간
徙家忘妻 사가망처	이사할 때에 깜박 잊고 아내를 두고 감. 건망증이 아주 심함.	徙 옮길 사 妻 아내 처
四顧無親 3급 사고무친	의지할 친척이 없어 몹시 외로움.	顧 돌아볼 고 親 친할 친

士農工商 5급 사농공상	선비·농부·장인·상인의 네 가지 계급.	農 농사 농 商 장사 상
四面楚歌 사면초가	사면이 적에게 포위된 경우나 고립된 상태. 한(漢)나라에 항복한 초(楚)병을 모아 초나라 노래를 부르게 하자 한군(漢軍)에게 포위를 당하고 있던 항우(項羽)가 이를 듣고 이미 초병이 한군에게 거의 항복하여 더 이상 가망이 없음을 예감하였다는 고사.	楚 초나라 초 歌 노래 가
斯文亂賊 사문난적	교리에 어긋나는 언동으로 斯文 즉 유교를 어지럽히는 사람.	斯 이 사 亂 어지러울 란
四分五裂 3Ⅱ 사분오열	하나의 집단이 이념·이익 등으로 갈라져 혼란스러운 상태.	分 나눌 분 裂 찢을 렬
邪不犯正 사불범정	사악한 것이 올바른 것을 범하지 못함. 정의가 반드시 이김.	邪 간사할 사 犯 범할 범
砂上樓閣 3Ⅱ 사상누각	모래 위에 세운 누각처럼, 기초가 튼튼치 못해 오래 가지 못함.	樓 다락 루 閣 집 각
死生決斷 4Ⅱ 사생결단	죽기 아니면 살기로 끝장을 내려고 대듦.	決 정할 결 斷 끊을 단
事親以孝 사친이효	어버이 섬기기를 효로써 하여야 함.	事 섬길 사 親 어버이 친
四通五達 4급 사통오달	길이나 교통망 등이 사방으로 막힘 없이 통함.	通 통할 통 達 이를 달
事必歸正 4급 사필귀정	일은 반드시 바른 데로 돌아감.	歸 돌아갈 귀 正 바를 정
山林綠化 5급 산림녹화	황폐한 산에 식목·산림 보호 등을 통하여 초목이 무성하게 함.	綠 푸를 록 化 될 화

山紫水明 3ⅠI 산자수명	산은 단풍으로 붉고, 물은 맑아서 밝음. 아름다운 자연의 경치.	紫 자줏빛 자 明 밝을 명
山戰水戰 6급 산전수전	산에서 싸움, 물에서 싸움. 세상 살면서 겪은 온갖 고생과 어려움.	戰 싸울 전 水 물 수
山川草木 6급 산천초목	산·강·풀·나무, 자연.	川 내 천 草 풀 초
殺身成仁 4급 살신성인	자신을 희생하여 인을 이룸. 옳은 일을 위해서라면 죽음도 불사함.	成 이룰 성 仁 어질 인
三綱五倫 삼강오륜	유교 도덕의 기본이 되는, 세 규율과 사람이 지켜야 할 다섯 도리. 三綱 : 君爲臣綱·夫爲婦綱·父爲子綱 五倫 : 君臣有義·父子有親·夫婦有別·長幼有序·朋友有信	綱 벼리 강 倫 인륜 륜
三顧草廬 삼고초려	훌륭한 인재를 구하기 위하여 여러 번 찾아가 예를 다하는 일. 유비(劉備)가 제갈량(諸葛亮)의 초가를 세 번이나 찾아가 마침내 군사(軍師)로 삼은 일.	顧 돌아볼 고 廬 오두막집 려
森羅萬象 3ⅠI 삼라만상	우주 사이에 벌려 있는 수많은 사물과 현상.	森 빽빽할 삼 羅 벌릴 라
三歲之習 삼세지습	세 살 버릇이 여든까지 감. 三歲之習 至于八十(삼세지습 지우팔십)	歲 해 세 習 익힐 습
三旬九食 3ⅠI 삼순구식	한 달 30일에 아홉 끼니밖에 먹지 못함. 몹시 궁핍한 생활.	旬 열흘 순 食 먹을 식
三人成虎 삼인성호	세 사람이 짜면 저잣거리에 호랑이가 나타났다는 거짓말도 할 수 있음. 근거 없는 말일지라도 여러 사람이 하게 되면 이를 믿게 됨.	成 이룰 성 虎 범 호
三從之道 3ⅠI 삼종지도	여자는 어려서는 아버지를, 시집가서는 남편을, 남편이 죽은후에는 아들을 따라야 한다는 봉건시대의 도덕관.	從 따를 종 道 길 도

桑田碧海 3II 상전벽해	뽕나무 밭이 푸른 바다로 변함. 세상일의 변천이 몹시 심함.	桑 뽕나무 상 碧 푸를 벽
塞翁之馬 3급 새옹지마	인생의 길흉화복은 예측할 수 없음. 변방에 사는 늙은이의 말이 달아났다. 후에 한 마리의 준마를 데리고 돌아왔는데 손자가 그 말을 타다 떨어져 절름발이가 되었다. 얼마 후 적이 쳐들어와 젊은이들이 모두 싸움터로 나아가 죽은 이가 많았으나 손자는 불구자이므로 전쟁터에 나가지 않아 목숨을 부지할 수 있었다는 고사.	塞 변방 새 翁 늙은이 옹
色卽是空 색즉시공	색(눈에 보이는 모든 것)에 의해서 표현되는 모든 유형의 사물은 공허한 것임. ↔ 空卽是色 : 공허한 것은 유형의 사물과 다르지 않음.	卽 곧 즉 空 빌 공
生口不網 생구불망	산 입에 거미줄 치지 않음. 아무리 가난해도 그럭저럭 먹고 살 수 있음.	生 살 생 網 그물 망
生巫殺人 생무살인	선무당이 사람 잡음. 어설픈 사람이 나섰다가 도리어 화를 부름.	巫 무당 무 殺 죽일 살
生不如死 4II 생불여사	살아 있는 것이 죽느니 못함. 몹시 곤란한 지경에 빠져 있음.	如 같을 여 死 죽을 사
生死苦樂 6급 생사고락	살고 죽는 일과 괴롭고 즐거운 일.	苦 괴로울 고 樂 즐길 락
西施矉目 서시빈목	무턱대고 남의 흉내를 냄. 월(越)나라의 절세미인 西施는 가슴앓이병이 있어 늘 눈살을 찌푸리고 다녔음에도 아름답게 보였다. 이것을 본 마을의 추녀가 자신도 예쁘게 보이려고 가슴에 손을 얹고 西施 흉내를 내어 눈살을 잔뜩 찌푸리고 다니자 마을 사람들이 모두 질겁을 하였다는 이야기.	施 베풀 시 矉 찡그릴 빈
先見之明 3II 선견지명	앞일을 미리 내다보는 총명함.	先 먼저 선 明 밝을 명
先公後私 4급 선공후사	공적인 일을 먼저 하고 사적인 일은 뒤에 함.	公 공변될 공 私 개인 사

先禮後學 선례후학	먼저 예의를. 나중에 학문을. 모든 일에 있어서 예의가 먼저.	禮 예도 례 後 뒤 후
雪膚花容 2급 설부화용	눈 같은 살결과 꽃 같은 얼굴. 미인의 아름다운 용모.	膚 살갗 부 容 얼굴 용
雪上加霜 3Ⅱ 설상가상	눈 위에 서리가 더해짐. 불행한 일이 연거푸 일어남.	加 더할 가 霜 서리 상
說往說來 4Ⅱ 설왕설래	일의 시비(是非)를 따지느라 말로 옥신각신함.	說 말씀 설 往 갈 왕
纖纖玉手 2급 섬섬옥수	여자의 가냘프고 고운 손.	纖 가늘 섬 玉 구슬 옥
聲東擊西 성동격서	동쪽을 칠 듯이 말하고 실제는 서쪽을 침. 기만술로 적을 침.	聲 소리 성 擊 칠 격
世俗五戒 세속오계	신라의 원광법사가 지은 화랑의 다섯 가지 계율. 事君以忠 事親以孝 交友以信 臨戰無退 殺生有擇	俗 풍속 속 戒 경계할 계
小貪大失 3급 소탐대실	작은 것을 탐하다 큰 것을 잃음.	貪 탐할 탐 失 잃을 실
束手無策 3Ⅱ 속수무책	손을 묶은 듯 아무 대책이 없음.	束 묶을 속 策 꾀 책
送舊迎新 4급 송구영신	지난 해를 보내고 새해를 맞이함.	送 보낼 송 舊 예 구
宋襄之仁 송양지인	송나라 양공(襄公)의 인정. 쓸데없거나 어리석은 인정의 비유. 강을 건너 쳐들어오는 초나라가 전열을 가다듬기 전에 치는 것은 군자답지 못하다 하여 공격을 미루다 전열을 가다듬은 초나라에 참패한 송나라 양공을 비웃었던 고사.	宋 송나라 송 襄 도울 양

首丘初心 3Ⅱ 수구초심	여우가 죽을 때 머리를 자기가 태어났던 쪽으로 두고 죽는다는 데서. 고향을 그리워하는 마음을 뜻함.	首 머리 수 丘 언덕 구
壽福康寧 3Ⅱ 수복강녕	오래 살고 복을 누리며 건강하고 평안함.	壽 오래살 수 寧 편안할 녕
手不釋卷 수불석권	손에서 책을 놓지 않음. 부지런히 공부함. 여몽(呂蒙)은 무식한 장수였으나 오왕(吳王) 손권의 충고로 손에서 책을 놓지 않고 공부하여 유식하게 되었다는 故事. 후에 여몽은 유비의 의형제인 관우와의 전투에서 승리를 하여 관우를 죽음에 이르게 함.	釋 놓을 석 卷 책 권
首鼠兩端 1급 수서양단	구멍에서 머리만 내밀고 좌우를 살피는 쥐. 어찌할 바를 몰라 진로·거취를 결정하지 못하는 상태.	鼠 쥐 서 端 끝 단
漱石枕流 수석침류	돌로 양치질 하고 흐르는 물을 베개로 삼는다. 실수를 인정치 않고 억지를 씀. . '돌을 베개 삼고 흐르는 물로 양치질하는 생활을 하고 싶다'는 말을 거꾸로 잘못 하였으나 자신의 실수를 인정치 않고 "돌로 양치질한다는 것은 이를 닦는 다는 것이고, 흐르는 물을 베개 삼는다는 것은 쓸데없는 말을 들었을 때 귀를 씻기 위함이네"라고 했다는 故事	漱 양치질할 수 枕 베개 침
袖手傍觀 1급 수수방관	팔짱만 끼고 곁에서 보고만 있음. 응당 힘을 쓰거나 해야 할 일에 아무런 참여도 하지 않고 내버려둠.	袖 소매 수 傍 곁 방
水魚之交 3Ⅱ 수어지교	물과 물고기의 관계처럼 서로에게 필요하며 떨어질 수 없는 친밀한 관계.	魚 물고기 어 交 사귈 교
守株待兎 3Ⅱ 수주대토	그루터기를 지켜보며 토끼를 기다림. 고지식하고 융통성이 없음. 송(宋)나라 때 한 농부가 그루터기에 부딪쳐 죽는 토끼를 보고 그 후로는 일은 하지 않고 그루터기를 지키며 토끼가 걸려 죽기만 기다렸다는 故事.	守 지킬 수 株 그루터기 주

사자성어	뜻	한자
羞花閉月 수화폐월	꽃도 부끄러워하고 달도 숨을 만큼 아름다운 여인의 미모. 진(晉)나라 헌공(獻公)의 애인인 여희(麗姬)의 미모를 극찬한 말.= 沈魚落雁(침어낙안) : 물고기는 물속으로 깊이 숨고 기러기는 넋을 잃고 바라보다가 떨어짐.	羞 부끄러울 수 閉 닫을 폐
宿虎衝鼻 3II 숙호충비	자는 범 코침 주기. 공연히 화를 자초함.	綱 벼리 강 倫 인륜 륜
脣亡齒寒 3급 순망치한	입술이 없으면 이가 시리다. 이해관계가 서로 밀접하여 한쪽이 망하면 다른 한쪽도 화를 면하기 어려움.	脣 입술 순 寒 찰 한
乘勝長驅 3급 승승장구	이긴 기세를 타고 계속 몰아침.	乘 탈 승 驅 몰 구
視金如石 시금여석	금보기를 돌같이 하라. 재물에 욕심을 부리지 말 것.	視 볼 시 如 같을 여
是是非非 4II 시시비비	잘잘못 또는 옳은 것과 그른 것을 공정하게 판단함.	是 옳을 시 非 아닐 비
始終如一 4II 시종여일	처음이나 끝이 한결 같음.	始 처음 시 終 끝 종
始終一貫 3II 시종일관	처음부터 끝까지 똑같은 방침이나 태도로 나아감.	始 처음 시 貫 꿸 관
食少事煩 3급 식소사번	먹을 것은 적고 할 일은 많음.	事 일 사 煩 번거로울 번
識字憂患 3II 식자우환	학식이 있는 것이 도리어 근심을 사게 됨.	識 알 식 憂 근심 우
信賞必罰 4II 신상필벌	공이 있는 자에게는 반드시 상을 주고, 죄가 있는 자에게는 반드시 벌을 줌. 법 집행을 엄정히 함.	賞 상줄 상 罰 벌할 벌

身言書判 4급 신언서판	사람을 평가하는 네 가지 조건. 풍채·언변·문필·판단력.	書 글 서 判 가를 판
身體髮膚 2급 신체발부	몸·머리털·피부. 몸 전체	髮 터럭 발 膚 살갗 부
身土不二 신토불이	자신이 태어난 땅에서 나는 농산물이 자신의 몸에 좋음.	身 몸 신 不 아닐 부
實事求是 4Ⅱ 실사구시	실제로 있는 일에 근거하여 진리를 구함.	實 열매 실 求 구할 구
深思熟考 3Ⅱ 심사숙고	깊이 오래 잘 생각함.	深 깊을 심 熟 익을 숙
深山幽谷 3Ⅱ 심산유곡	깊은 산 그윽한 골짜기.	幽 그윽할 유 谷 골짜기 곡
十伐之木 십벌지목	열 번 찍어 안 넘어 갈 나무 없음. 꾸준히 노력하면 성공함.	伐 칠 벌 之 의 지
十匙一飯 십시일반	열 사람이 밥 한 술씩 보태면 밥 한 그릇이 됨. 여러 사람이 힘을 합하면 한 사람을 돕는 일은 쉽다.	匙 숟가락 시 飯 밥 반
十日之菊 십일지국	국화는 9월 9일이 절정이므로, 이미 때가 지났음을 뜻함.	之 ~의 지 菊 국화 국
十中八九 8급 십중팔구	예외 없이 거의 모두를 뜻함.	八 여덟 팔 九 아홉 구
阿鼻叫喚 3급 아비규환	참혹한 고통 가운데 살려 달라고 울부짖는 상태. 阿鼻地獄 : '무간지옥(無間地獄)'이라고도 하며 고통을 끝없이 받는 지옥. 叫喚地獄 : 끓는 가마솥이나 뜨거운 쇠집 속에서 고통으로 울부짖는 지옥.	叫 부르짖을 규 喚 소리칠 환

사자성어	뜻	한자
我田引水 (3II 아전인수)	자기 논에 물 끌어 대기. 자기에게만 이롭게 행동함.	我 나 아 / 引 끌 인
惡因惡果 (악인악과)	나쁜 원인에는 나쁜 결과가 따름.	因 인할 인 / 果 열매 과
惡戰苦鬪 (4급 악전고투)	악조건을 무릅쓰고 죽을 힘을 다하여 싸우는 싸움.	苦 쓸 고 / 鬪 싸움 투
眼高手卑 (안고수비)	눈은 높고 뜻은 크나 재주가 없어 따르지 못함.	眼 눈 안 / 卑 낮을 비
安貧樂道 (안빈낙도)	가난한 생활을 하면서도 편안한 마음으로 분수를 지키며 지냄.	貧 가난할 빈 / 樂 즐길 락
安心立命 (7급 안심입명)	생사·이해를 초월하여 마음 편히 천명을 따름.	安 편안할 안 / 命 명할 명
眼下無人 (4II 안하무인)	방자하고 교만하여 남을 업신여김.	眼 눈 안 / 無 없을 무
殃及池魚 (앙급지어)	연못 물고기에게 닥친 재앙. 엉뚱하게 당하는 재난. 송(宋)나라의 성문(城門)에 난 불을 해자(垓字)의 물로 끄는 바람에 물고기가 다 말라 죽고 말았다는 옛일에서 온 말	殃 재앙 앙 / 及 미칠 급
仰天而唾 (앙천이타)	하늘 보고 침 뱉기. 남을 해치려다 도리어 자기가 당함.	仰 우러를 앙 / 唾 침 타
哀乞伏乞 (3급 애걸복걸)	애처롭게 사정하며 자꾸 빌고 간절히 원하는 것.	哀 슬플 애 / 伏 엎드릴 복
愛人如己 (4II 애인여기)	남 사랑하기를 자기 몸처럼 함.	愛 사랑 애 / 如 같을 여
藥房甘草 (4급 약방감초)	한약에 항상 감초가 들어가듯. 무슨 일에나 빠짐없이 끼는 사람이나 사물.	房 방 방 / 甘 달 감

사자성어	뜻	한자
弱肉強食 4II 약육강식	약한 것이 강한 것에게 먹힘. 강한 자만이 살아남는 생존경쟁 세계.	弱 약할 약 強 굳셀 강
羊頭狗肉 3급 양두구육	양 머리를 내걸고 개고기를 팖. 겉과 속이 다름:겉은 훌륭하게 보이나 속은 그렇지 아니함.	羊 양 양 狗 개 구
梁上君子 3급 양상군자	들보 위의 군자. 도둑을 점잖게 부르는 말. 후한(後漢) 때 진식(陳寔)이라는 사람의 집 들보에 도둑이 숨어 있는데, 진식이 아들과 손자들을 불러 "사람은 처음부터 악하지 않으나 스스로 노력하지 않으면 저 들보 위의 군자와 같이 된다"고 훈계하니 도둑이 놀라 내려와 용서를 구했다는 고사.	梁 들보 량 君 임금 군
養虎遺患 양호유환	호랑이를 길러서 근심을 남김. 화근(禍根)이 될 만한 일을 내버려 두어 후에 크게 후회함.	養 기를 양 遺 남길 유
魚東肉西 4II 어동육서	제사음식을 차릴 때 생선은 동쪽에 고기는 서쪽에 놓음.	東 동녘 동 西 서녘 서
魚頭肉尾 3II 어두육미	물고기는 머리 쪽이 맛있고 짐승고기는 꼬리 쪽이 맛이 좋음.	頭 머리 두 尾 꼬리 미
漁父之利 3II 어부지리	둘이 다투고 있는 사이에 엉뚱한 사람이 이익을 봄. 조개가 입을 벌리고 쉬고 있을 때 도요새가 조갯살을 쪼아 먹으려 부리를 넣자 조개가 입을 굳게 닫아 서로 싸우고 있을 때 지나가던 어부가 이 둘을 손쉽게 잡았다는 고사.	漁 고기잡을 어 利 이로울 리
語不成說 5급 어불성설	말이 조금도 이치에 맞지 않음.	成 이룰 성 說 말씀 설
抑強扶弱 3II 억강부약	강자를 누르고 약자를 도와줌.	抑 누를 억 扶 도울 부
億兆蒼生 3II 억조창생	수많은 일반 백성들.	億 억 억 蒼 무성할 창

사자성어	뜻	한자
言飛千里 언비천리	발 없는 말이 천리 감. 말은 빠르게 멀리 퍼짐.	飛 날 비 千 일천 천
言語道斷 4II 언어도단	말로 표현할 길이 끊어짐. 너무 어이가 없어 말로써 할 수 없음.	道 길 도 斷 끊을 단
言中有骨 4급 언중유골	예사로운 말 속에 뼈처럼 단단한 속뜻이 들어 있음.	有 있을 유 骨 뼈 골
掩耳盜鈴 엄이도령	귀를 막고 방울을 훔침. 모든 사람이 그 잘못을 알고 있는데 얕은 꾀로 남을 속이려 함.	掩 가릴 엄 鈴 방울 령
嚴妻侍下 3II 엄처시하	아내에게 쥐여사는 남자를 조롱하는 말.	嚴 엄할 엄 侍 모실 시
如履薄氷 3II 여리박빙	살얼음을 밟는 것처럼 아슬아슬하고 불안한 지경.	履 밟을 리 薄 엷을 박
如坐針席 여좌침석	바늘방석에 앉은 것 같음. 몹시 불안하거나 거북한 상태.	坐 앉을 좌 針 바늘 침
如出一口 4II 여출일구	여러 사람의 말이 한 사람이 말한 것 같이 한결같음.	如 같을 여 出 날 출
易子教之 역자교지	자식을 서로 바꾸어 가르침.	易 바꿀 역 敎 가르칠 교
易地思之 3II 역지사지	처지를 바꾸어 상대방의 입장에서 생각함.	思 생각 사 之 그것 지
緣木求魚 4급 연목구어	나무에 올라가서 물고기를 구함. 불가능한 일을 억지로 하려 함.	緣 인연 연 求 구할 구
鳶飛魚躍 연비어약	솔개가 날고 물고기가 뛴다. 온갖 동물이 생(生)을 즐김.	鳶 솔개 연 躍 뛸 약

連戰連勝 4II 연전연승	싸울 때마다 승리함.	連 이어질 련 勝 이길 승
榮枯盛衰 3급 영고성쇠	인생이나 사물의 성함과 쇠함.	榮 영화 영 衰 쇠할 쇠
五車之書 3II 오거지서	다섯 수레에 실을 만큼 책이 많음.	車 수레 거 書 책 서
五穀百果 4급 오곡백과	쌀·보리·콩·조·기장의 오곡과 온갖 과실.	穀 곡식 곡 果 과실 과
五里霧中 3급 오리무중	안개 속에 있어서 길을 찾기 어려운 것처럼, 무슨 일에 대하여 방향이나 갈피를 잡을 수 없는 상태.	里 거리단위 리 霧 안개 무
寤寐不忘 1급 오매불망	자나 깨나 잊지 못함.	寤 깰 오 寐 잠잘 매
吾鼻三尺 3급 오비삼척	내 코가 석자. 자기 사정이 급박하여 남을 돌보아 줄 겨를이 없음.	吾 나 오 鼻 코 비
烏飛梨落 3급 오비이락	까마귀 날자 배 떨어짐. 공교롭게도 같은 때에 일이 생겨서 남에게 의심받게 됨.	烏 까마귀 오 梨 배 리
傲霜孤節 3급 오상고절	서릿발이 심한 속에서도 굴하지 않고 거만하게 외로이 지키는 절개. 국화(菊花)를 고상하는 일컫는 말.	傲 거만할 오 霜 서리 상
吳越同舟 2급 오월동주	적국인 오나라와 월나라 사람이 함께 배를 탐. 사이가 나쁘더라도 필요한 경우 서로 협력함.	越 월나라 월 舟 배 주
烏合之卒 3II 오합지졸	까마귀가 모인 것처럼 규율이 없는 병졸.	烏 까마귀 오 卒 병사 졸
玉骨仙風 4급 옥골선풍	살빛이 옥처럼 희고 고결하여 신선과 같은 풍채.	骨 뼈 골 風 풍채 풍

屋上架屋 옥상가옥	지붕 위에 거듭 지붕을 더함. 공연히 쓸모없는 일을 더함	屋 지붕 옥 架 걸칠 가
玉石俱焚 옥석구분	옥과 돌이 함께 불에 탐. 선악의 구별 없이 함께 멸망함.	俱 함께 구 焚 불사를 분
溫故知新 4ll 온고지신	옛 것을 익히고 그것을 미루어 새 것을 앎.	溫 배울 온 故 옛것 고
蝸角之爭 1급 와각지쟁	달팽이 뿔 위에서의 싸움. 하찮은 일로 벌이는 싸움.	蝸 달팽이 와 角 뿔 각
臥薪嘗膽 1급 와신상담	패배나 실패를 딛고 일어서기 위하여 괴로움을 참고 견딘다. 臥薪 : 오왕(吳王) 부차(夫差)는 섶(薪 섶나무, 땔나무 신) 위에서 자다(臥 누울 와). 嘗膽 : 월왕(越王) 구천(勾踐)은 매일 쓸개를 핥으며 원수를 갚기 위해 고생을 참고 견딤.	嘗 할을 상 膽 쓸개 담
曰可曰否 3급 왈가왈부	어떤 일에 대하여 옳다거나 그르다거나 하고 말하는 모양.	可 옳을 가 否 아닐 부
外柔內剛 외유내강	겉으로는 부드럽고 순하나 속은 곧고 꿋꿋함.	柔 부드러울 유 剛 굳셀 강
樂山樂水 6급 요산요수	산수의 경치를 좋아함. 군자(君子)는 중후함이 산과 같아 산을 좋아하고, 지자(智者)는 지혜로움이 흐르는 물처럼 막힘이 없어 물을 좋아함.	樂 즐길 락 樂 좋아할 요
搖之不動 3급 요지부동	흔들어도 꼼작하지 않음.	搖 흔들 요 動 움직일 동
龍頭蛇尾 3ll 용두사미	용머리에 뱀꼬리. 시작은 거창하나 끝은 보잘것없음.	頭 머리 두 尾 꼬리 미
龍尾鳳湯 3ll 용미봉탕	맛이 좋고 매우 진귀한 음식.	鳳 봉황새 봉 湯 끓일 탕

龍虎相搏 용호상박	용과 호랑이가 싸우듯 실력 비슷한 두 강자의 싸움.	相 서로 상 搏 칠 박
愚公移山 우공이산	미력(微力)하더라도 끊임없이 노력하면 성공하게 됨. 우공이라는 노인이 생활에 불편을 주는 산을 없애려고 매일 흙을 파서 강에다 내다 버렸다. 사람들이 비웃었으나 우공은 "내가 죽더라도 자자손손 계속한다면 언젠가는 평지가 되겠지"라 하자 이에 놀란 산신이 "이러다간 내 산이 없어 질지도 모를 일이야"하며 산을 옮겨 평지가 되었다.	愚 어리석을 우 移 옮길 이
牛刀割鷄 우도할계	소 잡는 칼로 닭을 잡음. 작은 일에 지나치게 크게 대처함.	割 나눌 할 鷄 닭 계
愚問賢答 우문현답	어리석은 질문에 현명한 대답.	愚 어리석을 우 賢 재치있을 현
雨順風調 5급 우순풍조	비가 순하게 오고 바람이 조화롭게 붊. 농사에 알맞게 날씨가 순조로움.	順 순할 순 調 고를 조
右往左往 4Ⅱ 우왕좌왕	방향을 정하지 못하고 오락가락함.	右 오른 우 往 갈 왕
優柔不斷 3Ⅱ 우유부단	어물어물하며 딱 잘라서 결단을 내리지 못함.	優 머뭇거릴 우 柔 여릴 유
牛耳讀經 4Ⅱ 우이독경	소귀에 경 읽기. 아무리 일러주어도 알아듣지 못해 효과가 없음.	讀 읽을 독 經 책 경
雨後竹筍 우후죽순	비 온 뒤 무럭무럭 자란 죽순. 어떤 일이 한꺼번에 갑자기 일어남.	後 뒤 후 筍 죽순 순
雲雨之情 운우지정	남녀의 육체적인 사랑을 고상하게 이르는 말.	雲 구름 운 情 뜻 정
遠交近攻 원교근공	먼 나라와 우호관계를 맺고, 이웃나라를 공략.	遠 멀 원 攻 칠 공

遠族近隣 원족근린	먼 친척보다 도우며 살아가는 가까운 이웃이 낫다.	族 겨레 족 隣 이웃 린
危機一髮 4급 위기일발	거의 여유가 없는 매우 위급한 순간.	危 위태할 위 髮 터럭 발
衛正斥邪 위정척사	바른 것을 지키고 간사한 것을 물리침. 조선 말기 주자학(朱子學)을 지키고 천주학(天主學)을 물리치자는 주장.	衛 지킬 위 斥 물리칠 척
韋編三絶 위편삼절	책을 맨 가죽 끈이 세 번이나 끊어질 정도로 공자(孔子)가 주역(周易)을 여러 번 읽었다는 데서, 책을 많이 읽음.	韋 가죽 위 編 엮을 편
有口無言 5급 유구무언	입이 있으나 말이 없음. 변명할 말이 없음.	有 있을 유 無 없을 무
柔能制剛 유능제강	부드러움이 강함을 제압함.	柔 부드러울 유 剛 굳셀 강
有名無實 5급 유명무실	이름만 있고 실질적인 능력을 갖추지 못함.	名 이름 명 實 열매 실
流芳百世 3II 유방백세	향기가 백대(百代)에 걸쳐 흐름. 꽃다운 이름을 후세에 길이 전함.	流 흐를 류 芳 꽃다울 방
有備無患 4II 유비무환	준비가 있으면 근심이 없음.	備 갖출 비 患 근심 환
唯我獨尊 3급 유아독존	이 세상에서 자기 혼자만이 잘났다고 하는 일.	唯 오직 유 獨 홀로 독
類類相從 4급 유유상종	같은 무리끼리 서로 왕래하며 사귐. 이 말은 낮은 수준에 쓰는 말이니 고매한 이들의 만남에는 조심해서 사용해야 함 (뛰어난 이는 몰려다님을 꺼려함).	相 서로 상 從 좇을 종
悠悠自適 3II 유유자적	속세를 떠나 아무것에도 얽매이지 않고 자기가 하고 싶은대로 하며 마음 편히 사는 것.	悠 한가로울 유 適 나아갈 적

有終之美 유종지미	시작한 일을 끝까지 잘하여 훌륭한 성과를 올림.	有 있을 유 終 끝 종
有志事成 유지사성	뜻을 가지고 노력하면 이루고자 하는 일이 이루어짐.	志 뜻 지 成 이룰 성
隱忍自重 3Ⅱ 은인자중	마음속으로 참으며 자기의 몸가짐을 신중히 함.	隱 숨길 은 忍 참을 인
陰德陽報 4Ⅱ 음덕양보	남이 모르게 덕행을 쌓는 사람은 뒤에 그 보답을 저절로 받음.	陰 그늘 음 報 갚을 보
吟風弄月 3급 음풍농월	바람을 노래하고 달과 장난을 함. 자연의 아름다움을 노래함.	吟 읊을 음 弄 가지고놀 롱
泣斬馬謖 읍참마속	울며 마속의 목을 베다. 기강확립을 위하여 아끼는 사람이지만 엄벌에 처함. 제갈량(諸葛亮)의 절친인 마량(馬良)의 동생이자 그가 아끼는 부하 장수인 마속이 명령에 따르지 않고 전술을 펼치다 대패하자 군율에 따라 목을 베게 한 후 돌아와 괴로워 울었다는 고사.	斬 벨 참 謖 사람이름 속
意馬心猿 의마심원	생각은 말처럼 날뛰고 마음은 원숭이처럼 안절부절못함. 사람 마음이 억누를 수 없는 번뇌·욕정 때문에 항상 어지러움.	意 뜻 의 猿 원숭이 원
疑心暗鬼 의심암귀	의심하는 마음은 없는 귀신도 만들어 낸다. 마음속에 의심이 생기면 무서운 망상(妄想) 등이 일어나 불안해지거나 상대를 믿지 못하는 등 판단이 빗나가게 됨.	疑 의심할 의 暗 어두울 암
異口同聲 4급 이구동성	입은 달라도 소리는 같음. 여러 사람의 말이 한결같음.	異 다를 이 聲 소리 성
以卵擊石 4급 이란격석	계란으로 바위 치기. 약한 것으로 강한 것을 이겨 낼 수 없음.	以 -로써 이 擊 칠 격
已發之矢 이발지시	이미 시위를 떠난 화살. 이왕 시작된 일을 중지하기 어려움.	已 이미 이 矢 화살 시

사자성어	뜻	한자
以心傳心 5급 이심전심	마음과 마음으로 뜻을 전함.	以 -로써 이 / 傳 전할 전
以熱治熱 4II 이열치열	열은 열로써 다스림. 열이 날 때에는 땀을 내거나, 더위를 뜨거운 차를 마시며 이겨냄. 힘에는 힘으로, 강한 것에는 강한 것으로 상대함.	熱 더울 열 / 治 다스릴 치
已往之事 3II 이왕지사	이미 지나간 일.	已 이미 이 / 往 갈 왕
利用厚生 4급 이용후생	편리한 기구를 잘 이용하여 삶을 넉넉하게 함.	利 이로울 리 / 厚 두터울 후
二律背反 이율배반	서로 모순되거나 대립되는 두 명제가 같은 타당성을 가지고 주장되는 일.	律 법 률 / 背 등 배
以夷制夷 이이제이	오랑캐로 오랑캐를 제어(制御)함. 한 세력을 이용하여 다른 세력을 제압함.	夷 오랑캐 이 / 制 억제할 제
泥田鬪狗 3급 이전투구	진흙탕 속에서 싸우는 개. 명분(名分)이 서지 않는 일로 악착같이 꼴사납게 싸우는 모양.	泥 진흙 니 / 狗 개 구
離合集散 4급 이합집산	떨어지고 합치고 모이고 흩어짐.	離 떠날 리 / 散 흩어질 산
益者三友 익자삼우	사귀어서 도움이 되는 세 종류의 벗.정직한 사람·신의(信義)가 있는 사람·학식이 있는 사람.	益 이로울 익 / 友 벗 우
人格陶冶 인격도야	사람된 바탕과 타고난 성질을 갈고 닦음.	陶 질그릇 도 / 冶 불릴 야
因果應報 4II 인과응보	과거나 전생의 선악의 인연에 따라서 내생에 그에 따르는 보답을 받게 됨. 또는 원인에 상당하는 결과가 따름.	應 응할 응 / 報 갚을 보
人口膾炙 인구회자	사람의 구미에 맞는 회와 고기처럼 널리 자주 입에 오르내림.	膾 날고기 회 / 炙 구운고기 자

사자성어 | 427

人面獸心 3II 인면수심	사람 얼굴에 짐승 마음을 가진 마음이 잔인하고 흉악한 사람.	面 낯 면 獸 짐승 수
人命在天 인명재천	사람의 목숨은 하늘의 뜻에 달려 있음.	命 목숨 명 在 있을 재
人死留名 4II 인사유명	사람은 죽어서 이름을 남긴다. 인생을 헛되이 살지 말라는 말. 虎死留皮 人死留名(호사유피 인사유명)이라지만 도리어 호랑이는 가죽 때문에 죽고 사람은 쓸데없는 명예욕 때문에 많이 죽는다.	留 남을 류 名 이름 명
人山人海 7급 인산인해	사람이 산과 바다처럼 많이 모임.	山 메 산 海 바다 해
仁者無敵 인자무적	남을 착하고 바르게 대한 자에게는 적이 없음.	仁 어질 인 敵 원수 적
人之常情 인지상정	사람이라면 누구나 가지는 보통의 마음.	常 항상 상 情 본성 정
一刻千金 4급 일각천금	매우 짧은 시간도 천금처럼 귀함.	千 일천 천 金 금 금
一擧兩得 4II 일거양득	한 가지 일로 두 가지 이득을 얻음.	擧 움직일 거 得 얻을 득
日久月深 3II 일구월심	날이 오래고 달이 깊어 감. 세월이 갈수록 바라는 마음이 더욱 간절해짐.	久 오랠 구 深 깊을 심
一口二言 6급 일구이언	한 입으로 두 말을 함. 말을 이랬다저랬다 함.	口 입 구 言 말씀 언
一騎當千 3급 일기당천	말 탄 한 사람이 천 사람의 적을 감당함. 무예나 능력이 아주 뛰어남.	騎 말탈 기 當 대적할 당

사자성어	뜻	한자
日暖風和 2급 일난풍화	날씨가 따뜻하고 바람이 온화함.	暖 따뜻할 난 和 화할 화
一刀兩斷 3II 일도양단	한 칼로 둘로 나눔. 머뭇거림 없이 일을 과감히 처리함.	兩 둘 양 斷 끊을 단
一蓮托生 3급 일련탁생	불교에서, 죽은 뒤에 극락왕생(極樂往生)하여 같은 연꽃에 몸을 의탁함. 어떤 일의 선악이나 결과에 관계없이 끝까지 행동과 운명을 함께함.	蓮 연꽃 련 托 맡길 탁
一網打盡 1급 일망타진	한 번 그물을 쳐서 물고기를 다 잡듯. 어떤 무리를 한꺼번에 잡음.	網 그물 망 盡 다할 진
一脈相通 4II 일맥상통	처지나 성질, 생각 등이 한줄기로 서로 통함.	脈 줄기 맥 通 통할 통
一罰百戒 4급 일벌백계	한 사람을 벌주어 백 사람을 경계함. 또는 다른 사람들의 경각심을 불러일으키기 위하여 본보기로 중한 처벌을 하는 것.	罰 벌줄 벌 戒 경계할 계
一絲不亂 4급 일사불란	질서나 체계가 정연(整然)하여 조금도 어지러운 데가 없음.	絲 실 사 亂 어지러울 란
一瀉千里 일사천리	물이 쏜살같이 흘러 천리를 감. 사물이 거침없이 매우 빠르게 진행됨.	瀉 물흐를 사 里 거리단위 리
一石二鳥 4II 일석이조	한 가지 일로 두 가지의 이득을 얻음.	石 돌 석 鳥 새 조
一笑一少 일소일소	한 번 웃으면 한 번 젊어짐. 웃으면 젊어짐.	笑 웃을 소 少 젊을 소

一心同體 일심동체	여러 사람이 굳게 뭉쳐 한마음. 한 몸 같음.	同 같을 동 體 몸 체
一魚濁水 3급 일어탁수	한 마리의 물고기가 온 냇물을 흐림. 한 사람의 잘못으로 여러 사람이 피해를 입음.	魚 물고기 어 濁 흐릴 탁
一言半句 4Ⅱ 일언반구	하나의 말과 반 구절. 아주 짧은 말.	半 반 반 句 글귀 구
一葉知秋 일엽지추	오동잎 한 잎 떨어지는 것을 보고 가을이 온 것을 앎. 한 가지 일을 보고 앞으로 닥쳐올 일을 미리 짐작함.	葉 잎 엽 秋 가을 추
一衣帶水 4Ⅱ 일의대수	한 줄기의 띠와 같이 좁은 강물이나 바닷물.	衣 옷 의 帶 띠 대
一以貫之 3Ⅱ 일이관지	하나의 이치로써 모든 일을 꿰뚫음.	以 -로써 이 貫 꿸 관
一日三秋 7급 일일삼추	하루가 세 가을 즉 삼년. 하루가 삼년처럼 매우 지루하거나 몹시 애태우며 기다림.	日 날 일 秋 가을 추
一日之長 3Ⅱ 일일지장	하루 먼저 태어나서 나이가 조금 위가 됨. 조금 뛰어남.	之 -의 지 長 길 장
一長一短 6급 일장일단	장점도 있고 단점도 있음.	長 길 장 短 짧을 단
一場春夢 3Ⅱ 일장춘몽	헛된 영화나 덧없는 일.	場 마당 장 夢 꿈 몽
一朝一夕 6급 일조일석	하루 아침, 하루 저녁처럼 짧은 시일.	朝 아침 조 夕 저녁 석
一觸卽發 3Ⅱ 일촉즉발	한 번만 닿아도 폭발할 것 같이 매우 위험한 상태.	觸 닿을 촉 發 터질 발

一寸光陰 일촌광음	아주 짧은 시간. 勿謂今日不學而有來日 勿謂今年不學而有來年 日月逝矣歲不我進　　嗚呼老矣是誰之愆 少年易老學難成　　　一寸光陰不可輕 未覺池塘春草夢　　　階前梧葉已秋聲 　　　　　　　　　　　　 - 勸學文 오늘 배우지 않아도 내일이 있다고 말하지 말며, 금년에 배우지 않아도 내년이 있다고 말하지 말라. 날과 달은 가고 세월을 내가 따라가지 못하니, 슬프다 늙어서 후회한들 이것이 뉘 허물이겠는가. 소년은 늙기 쉽고 배움은 이루기 어려우니 짧은 시간이라도 가볍게 여기지 말라. 연못가에 봄풀이 돋는 것을 미처 깨닫지 못했는데 뜰 앞의 오동잎이 벌써 가을소리를 알리는구나.	寸 짧을 촌 陰 그늘 음
日就月將 4급 일취월장	어떤 일이나 학문이 날로 달로 진보함.	就 나아갈 취 將 발전할 장
一波萬波 4Ⅱ 일파만파	하나의 물결이 연쇄적으로 많은 물결을 일으킴. 한 사건이 그 사건으로 그치지 않고 잇따라 많은 사건으로 번짐.	波 물결 파 萬 일만 만
一片丹心 3Ⅱ 일편단심	한결같은 참된 충성이나 정성. 조선(朝鮮) 건국 초기 고려(高麗) 충신 정 몽주의 마음을 떠보기 위해 후에 조선 3대 태종(太宗)이 된 이 성계의 아들 방원이 정 몽주를 찾아 "이런들 어떠하리 저런들 어떠하리..."라는 시를 읊자. 이에 정 몽주는 "이 몸이 죽고 죽어 일백 번 고쳐 죽어 백골이 진토되고 넋이야 있던 없던 임향한 일편단심 고칠날이 있으랴"라고 하였다는 故事에서.	片 조각 편 丹 붉을 단
一筆揮之 3Ⅱ 일필휘지	글씨를 단숨에 힘차고 시원하게 쭉 써 내려감.	筆 붓 필휘 揮 두를 휘
一喜一悲 4급 일희일비	한편으로 기쁘고 한편으로는 슬픔.	喜 기쁠 희 悲 슬플 비
臨機應變 3Ⅱ 임기응변	그때그때의 형편에 따라 즉각 그 자리에서 일을 처리함.	應 응할 응 變 변할 변

立身揚名 3II 입신양명	학문연마를 통하여 자신의 몸을 수양하고 세상에 나아가 출세를 하여 세상에 이름을 드높임.	揚 떨칠 양 名 이름 명
立錐之地 입추지지	송곳 하나 꽂을 만한 아주 좁은 공간. 진(秦)나라가 많은 나라를 멸망시킨 뒤 송곳을 세울 정도의 좁은 땅까지 빼앗아 버렸다는 이야기에서...	立 설 립 錐 송곳 추
自家撞着 1급 자가당착	자기가 한 말이나 행동의 앞뒤가 서로 맞지 않음.	撞 부딪칠 당 着 닿을 착
自强不息 4II 자강불식	스스로 힘쓰고 쉬지 아니함.	强 굳셀 강 息 쉴 식
自激之心 3II 자격지심	어떠한 일에 대하여 스스로 미흡하게 여기는 마음.	自 스스로 자 激 부딪칠 격
自給自足 5급 자급자족	자기의 수요를 자기가 생산하여 충당함.	給 줄 급만 足 족할 족
煮豆燃萁 자두연기	형제간에 서로 시기하고 다툼. 제위(帝位)에 오른 조조(曹操)의 맏아들 비(丕)는 셋째인 식(植)의 글재주를 늘 시기해 오던 차에 어떤 일을 문제 삼아 동생에게 "일곱 걸음을 옮기는 사이에 시를 짓도록 하라" 명하자 조식은 이렇게 읊었다. "콩대를 삶아서 콩을 삶으니 가마솥 속의 콩이 우는구나(煮豆燃萁 豆在釜中泣)."	煮 삶을 자 萁 콩대 기
自問自答 6급 자문자답	스스로 묻고 스스로 답함.	問 물을 문 答 대답할 답
自斧斫足 자부작족	제 도끼에 제 발등 찍힌다. 자기 일을 자기가 망침.	斧 가마솥 부 斫 찍을 작
子孫萬代 6급 자손만대	자손과 손자들이 계속해서 이어져 나감.	孫 손자 손 代 세대 대
自繩自縛 1급 자승자박	자기 줄로 자기를 묶음. 자기가 한 말이나 행동 때문에 자기 자신이 꼼짝 못하게 되는 일.	繩 새끼줄 승 縛 묶을 박

사자성어	뜻	한자
自業自得 자업자득	자기가 저지른 일의 결과로 자기 자신이 받는 일.	業 일 업 得 얻을 득
自中之亂 3II 자중지란	자기네 한동아리 안에서 일어나는 분쟁.	之 -의 지 亂 어지러울 란
自初至終 4II 자초지종	어떤 일의 처음부터 끝까지.	自 시작할 자 至 끝날 지
自暴自棄 3급 자포자기	절망상태에 빠져 스스로를 사납게 하고 스스로를 버림.	暴 사나울 포 棄 버릴 기
自畵自讚 4급 자화자찬	자기가 한 일을 스스로 칭찬함.	畵 그림 화 讚 칭찬할 찬
作舍道傍 작사도방	길가에 집짓기. 여러 사람의 구구한 의견에 귀 기울이면 일을 이루지 못함 길가에 집을 짓는 사람이 행인들이 제각기 다른 의견을 내놓는 바람에 3년이 지나도 집을 짓지 못하였다 함(作舍道傍 三年不成).	舍 집 사 傍 곁 방
作心三日 6급 작심삼일	작정한 결심이 사흘을 가지 못함.	作 지을 작 心 마음 심
藏頭露尾 장두노미	머리는 감추었으나 꼬리가 드러남. 흔적 없이 감추기는 어려움. 꿩은 위기에 처할 경우 꼬리 쪽은 노출시킨 채 머리만 감추는 특성이 있다. 이처럼 자신이 한 일 등을 들키지 않도록 감추지만 어리석은 자의 행동이나 수법에는 한계가 있음을 뜻함.	藏 감출 장 露 드러낼 로
張三李四 4급 장삼이사	장씨의 셋째 아들. 이씨의 넷째 아들. 그저 평범한 사람들.	張 베풀 장 李 오얏 리
才勝德薄 3II 재승덕박	재주는 다른 사람보다 낫지만 덕이 부족함.	勝 뛰어날 승 薄 엷을 박

藏頭露尾 장두노미	머리는 감추었으나 꼬리가 드러남. 흔적 없이 감추기는 어려움. 꿩은 위기에 처할 경우 꼬리 쪽은 노출시킨 채 머리만 감추는 특성이 있다. 이처럼 자신이 한 일 등을 들키지 않도록 감추지만 어리석은 자의 행동이나 수법에는 한계가 있음을 뜻함.	藏 감출 장 露 드러낼 로
張三李四 4급 장삼이사	장씨의 셋째 아들, 이씨의 넷째 아들. 그저 평범한 사람들.	張 베풀 장 李 오얏 리
才勝德薄 3Ⅱ 재승덕박	재주는 다른 사람보다 낫지만 덕이 부족함.	勝 뛰어날 승 薄 엷을 박
賊反荷杖 적반하장	도둑이 도리어 몽둥이를 든다. 잘못한 사람이 도리어 성을 냄.	荷 들 하 杖 지팡이 장
積善餘慶 적선여경	남에게 착한 일을 많이 하면 언젠가는 경사스러운 일이 있게 됨.	餘 말미 여 慶 경사 경
積小成大 적소성대	작은 것도 쌓이면 크게 이루어짐.	積 쌓을 적 成 이룰 성
適者生存 적자생존	환경에 적응하는 것은 살고 적응하지 못하는 것은 도태되어 사라짐.	適 나아갈 적 存 생존할 존
適材適所 4Ⅱ 적재적소	적당한 인재를 적당한 자리에 씀.	適 마땅할 적 材 재목 재
赤潮現象 3급 적조현상	프랑크톤이 너무 많이 번식되어 바닷물이 빨갛게 보이는 현상. 이 현상이 나타나면 바닷속에 산소가 부족하게 되어 어패류가 죽게 됨.	潮 바닷물 조 象 모양 상
積土成山 적토성산	흙을 쌓아서 산을 이룬다. 작은 것도 많이 모이면 큰 것을 이룸.	積 쌓을 적 成 이룰 성
電光石火 6급 전광석화	번갯불이나 부싯돌의 불이 번쩍이는 것처럼,몹시 짧은 시간이나 매우 빠른 동작.	電 번개 전 光 빛 광

사자성어	뜻	한자
前代未聞 전대미문	지금까지 들어본 적이 없는 진귀한 일.	未 아직 미 聞 들을 문
前途洋洋 전도양양	앞길이 훤하게 열려 발전성이 큰 모양.	途 길 도 洋 큰바다 양
前無後無 5급 전무후무	전에도 없었고 앞으로도 없을 만큼 있기 어려운 일.	前 앞 전 後 뒤 후
全心全力 전심전력	온 마음과 힘을 오로지 한 곳에만 기울임.	全 모두 전 力 힘 력
前人未踏 전인미답	이제까지 아무도 발을 들여놓거나 도달한 사람이 없는 곳.이제까지 그 누구도 손을 대본 일이 없는 것.	前 앞 전 踏 밟을 답
戰戰兢兢 2급 전전긍긍	몹시 두려워하여 조심하는 모양.	戰 두려울 전 兢 삼갈 긍
輾轉反側 전전반측	몸을 이리저리 뒤척이며 도무지 잠을 이루지 못함.	輾 돌아누울 전 轉 구를 전
前車覆轍 전차복철	앞 수레가 엎어진 바퀴자국.앞 사람의 실패를 거울삼아 주의하라는 교훈.	覆 뒤집힐 복 轍 바퀴자국 철
前虎後狼 전호후랑	앞문에 호랑이, 뒷문에는 이리가 들어옴.재앙이 끊임없이 닥침.	虎 범 호 狼 이리 랑
轉禍爲福 3ǁ 전화위복	재앙이 바뀌어 오히려 복이 됨.	轉 바뀔 전 爲 될 위
絶世佳人 절세가인	당대에 견줄만한 사람이 없을 정도의 매우 뛰어난 미인.	絶 뛰어날 절 佳 아름다울 가
切磋琢磨 절차탁마	옥돌을 자르고, 갈고, 쪼고, 문질러 빛을 냄. 학문이나 인격을 닦음.	磋 갈 차 琢 쫄 탁

切齒腐心 3II 절치부심	분하고 원통하여 이를 갈고 마음을 썩힘. 원수를 갚기 위해 혹은 일의 성공을 위해 이를 악물고 노력함.	切 갈 절 腐 썩을 부
漸入佳境 3II 점입가경	점점 아름다운 즉 재미있는 경지로 들어감.	漸 점점 점 境 지경 경
點滴穿石 점적천석	낙숫물이 돌을 뚫음. 작은 것도 모이고 쌓이면 큰 힘을 발휘함. 작은 힘이라도 끊임없이 계속하면 언젠가는 성공할 수 있음.	滴 물방울 적 穿 뚫을 천
頂門一鍼 1급 정문일침	정수리에 침을 놓음. 잘못된 점의 급소를 찌르며 하는 따끔한 충고.	頂 정수리 정 鍼 침 침
井底之蛙 정저지와	우물 안의 개구리. 세상 물정에 어둡고 시야·식견이 좁음.	底 바닥 저 蛙 개구리 와
堤潰蟻穴 제궤의혈	큰 방죽도 개미구멍으로 무너짐. 堤(둑 제) = 隄 사소한 결함이라도 곧 바로 손쓰지 않으면 큰 재난을 당하게 됨.	潰 무너질 궤 蟻 개미 의
蚤肝出食 조간출식	벼룩의 간을 내 먹다. 극히 어려운 처지에 있는 사람에게서 금품을 뜯어냄.	蚤 벼룩 조 肝 간 간
糟糠之妻 1급 조강지처	지게미와 쌀겨 즉 변변치 못한 음식 등 가난을 참고 고생을 같이 하며 남편을 뒷바라지한 아내.	糟 지게미 조 糠 쌀겨 강
朝令暮改 3급 조령모개	아침에 내린 명령이 저녁에 바뀜. 법령이나 언행을 자주 바꿈.	令 명령 령 暮 저물 모
朝變夕改 5급 조변석개	아침에 변한 것을 저녁에 다시 고침. 일을 자주 뜯어 고침.	變 변할 변 改 고칠 개
朝三暮四 3급 조삼모사	간사한 꾀로 남을 우롱함. 눈앞의 차별만 알고 어리석어 그 결과가 같음을 모름. 원숭이를 기르는 이가 먹이를 아침에 3개 저녁에 4개 주겠다고 하니 원숭이들이 성을 내자, 아침에 4개 저녁에 3개를 준다고 하자 기뻐했다는 이야기에서 유래(由來).	朝 아침 조 暮 저물 모

사자성어	뜻	한자
俎上之肉 조상지육	도마 위의 고기. 저항할 수도 위기를 모면할 수도 없는 상황.	俎 도마 조 肉 고기 육
鳥足之血 3ll 조족지혈	새 발의 피. 양, 크기, 힘 등이 필요한 만큼에 비하여 극히 적음.	鳥 새 조 血 피 혈
足脫不及 3ll 족탈불급	맨발로 뛰어도 따라가지 못함. 능력·역량 따위가 너무 뛰어나 다른 사람이 따라갈 수 없음.	脫 벗을 탈 及 미칠 급
存亡之秋 3ll 존망지추	서리 내리는 가을에 초목이 존속하느냐 망하느냐가 결정되듯, 존속과 멸망 또는 죽음과 삶이 결정되는 절박한 시기.	存 있을 존 亡 망할 망
種豆得豆 4ll 종두득두	콩을 심어 콩을 거둠. 원인에 따라 그에 맞은 결과가 생김.	種 씨앗 종 得 얻을 득
縱橫無盡 3ll 종횡무진	가로세로로 즉 자유자재로 행동하여 거침이 없는 상태.	縱 세로 종 盡 다할 진
左顧右眄 1급 좌고우면	좌를 돌아보고 우를 곁눈질하다. 무슨 일에 바로 결정을 짓지 못하고 망설임.	顧 돌아볼 고 眄 곁눈질 면
坐不安席 3ll 좌불안석	불안, 근심 등으로 한군데에 오래 앉아 있지 못함.	坐 앉을 좌 席 자리 석
坐食山空 좌식산공	벌지 않고 앉아서 놀고먹으면 산더미 같은 재산도 결국 다 없어짐.	食 먹을 식 空 빌 공
坐井觀天 3ll 좌정관천	우물 안에 앉아서 하늘을 봄. 견문(見聞)이 좁음.	井 우물 정 觀 볼 관
左之右之 3ll 좌지우지	왼쪽으로 가게하고 오른쪽으로 가게 함. 사람이 어떤 일이나 대상을 제 마음대로 다루거나 휘두름.	左 왼 좌 之 갈 지
左衝右突 3ll 좌충우돌	왼쪽으로 찌르고 오른쪽으로 부딪침. 이리저리 마구 치고 받음.	衝 찌를 충 突 부딪칠 돌

성어	뜻	한자
主客一體 5급 주객일체	주인과 손님이 한 몸. 구별 없이 어떤 대상에 완전히 동화된 경지.	主 주인 주 客 손님 객
主客顚倒 1급 주객전도	주인과 손님 또는 사물의 경중·완급·선후의 위치가 서로 뒤바뀜.	顚 꼭대기 전 倒 넘어질 도
晝耕夜讀 3Ⅱ 주경야독	낮에 밭 갈고 밤에 글을 읽음. 어려운 환경에서도 꿋꿋이 공부함.	晝 낮 주 耕 밭갈 경
走馬加鞭 1급 주마가편	달리는 말에 채찍을 가함. 잘하는 사람에게 더 잘하라고 독려(督勵)함.	加 더할 가 鞭 채찍 편
走馬看山 4급 주마간산	달리는 말 위에서 산을 보듯. 사물의 겉만 대강 보고 지나감.	走 달릴 주 看 볼 간
酒池肉林 주지육림	술이 연못을 이루고 고기가 숲을 이룸. 극히 호화스러운 술잔치.	酒 술 주 池 못 지
竹馬故友 4Ⅱ 죽마고우	죽마를 타고 놀던 옛 친구.	故 옛 고 友 벗 우
啐啄同機 줄탁동기	모든 일에는 적절한 시기가 있음. 병아리가 알을 깨고 나오려고 알을 쫄 때(啐 알안 에서쫄 줄) 어미가 밖에서 이를 도와 적절한 시점에 쪼아(啄 어미가밖에서쫄 탁) 생명의 탄생(誕生)을 도와줌. 사업·사제(師弟)의 만남·자식에 대한 부모 교육도 시기(時機)가 중요하다는 말	同 같을 동 機 때 기
衆寡不敵 3Ⅱ 중과부적	많은 무리를 적은 수로써 대적할 수 없음.	衆 무리 중 寡 적을 과
衆口難防 4Ⅱ 중구난방	여러 사람의 입은 막기 어려움.	難 어려울 난 防 막을 방
竹馬故友 4Ⅱ 죽마고우	죽마를 타고 놀던 옛 친구.	故 옛 고 友 벗 우

啐啄同機 줄탁동기	모든 일에는 적절한 시기가 있음. 병아리가 알을 깨고 나오려고 알을 쫄 때(啐 알안 에서쫄 줄) 어미가 밖에서 이를 도와 적절한 시점에 쪼아(啄 어미 가밖에서쫄 탁) 생명의 탄생 (誕生)을 도와줌. 사업·사제(師弟)의 만남·자식에 대한 부모 교육도 시기(時機)가 중요하다는 말	同 같을 동 機 때 기
衆寡不敵 3Ⅱ 중과부적	많은 무리를 적은 수로써 대적할 수 없음.	衆 무리 중 寡 적을 과
衆口難防 4Ⅱ 중구난방	여러 사람의 입은 막기 어려움.	難 어려울 난 防 막을 방
櫛風沐雨 즐풍목우	바람에 빗질하고 비에 머리감음. 객지를 방랑하며 온갖 고생을 함.	櫛 빗 즐 沐 머리감을 목
知己之友 2급 지기지우	자기를 알아주는 절친한 벗.	知 알 지 己 자기 기
舐犢之愛 지독지애	어미소가 송아지를 핥아주는 사랑. 자식을 깊이 사랑함.	舐 핥을 지 犢 송아지 독
芝蘭之交 지란지교	지초와 난초의 사귐. 좋은 감화를 주고받는 고상한 사귐.	芝 지초 지 蘭 난초 란
指鹿爲馬 3급 지록위마	사슴을 가리켜 말이라 함. 윗사람을 농락하여 권세를 휘두름. 진(秦)나라 환관(宦官)인 조고(趙高)가 자기를 반대하는 사람을 가려내기 위해 2세(世) 황제 호해(胡亥)에게 사슴을 바치며 말이라 하며 주위 신하들의 반응을 보아 '아니다'라고 하는 사람은 모조리 법률로 얽어 감옥에 넣었던 일에서...	指 가리킬 지 鹿 사슴 록
支離滅裂 1급 지리멸렬	갈가리 흩어지고 찢기어 갈피를 잡을 수 없음.	支 갈라질 지 離 떨어질 리
知命之年 3Ⅱ 지명지년	천명을 아는 나이. 50세를 이르는 말.	知 알 지 命 명할 명

知斧斫足 지부작족	아는 도끼에 발등 찍힘. 믿었던 일이 어그러지거나 친한 사람에게 해를 입음.	斧 도끼 부 斫 찍을 작
至誠感天 4Ⅱ 지성감천	지극한 정성에 하늘이 감동함.	至 이를 지 誠 정성 성
池魚之殃 지어지앙	연못 물고기에게 닥친 재앙. 엉뚱하게 당하는 재난. 송(宋)나라의 성문(城門)에 난 불을 해자(垓字)의 물로 끄는 바람에 물고기가 다 말라 죽고 말았다는 옛일에서 온 말.	池 연못 지 殃 재앙 앙
知彼知己 지피지기	상대를 알고 나를 앎. 知彼知己 百戰不殆(지피지기 백전불태) : 적을 알고 나를 알면 백전을 치르도 위태롭지 않다는 뜻(不殆를 百勝백승으로 씀은 잘못. – 知彼知己 하였더라도 항상 이길 수 있는 것은 아니므로) 彼己 저 피자기 기 志學之年 지학지년학문에 뜻을 둘 나이인 15세를 달리 일컫는 말.	志 뜻 지 學 배울 학
直木先伐 직목선벌	곧은 나무가 먼저 베어짐. 강직하고 곧은 사람이 먼저 다른 사람에게 해를 입게 됨.	直 곧을 직 伐 칠 벌
眞金不鍍 진금부도	황금은 도금을 하지 않아도 빛남. 진짜 실력자는 스스로 꾸미거나 알릴 필요가 없음.	眞 참 진 鍍 도금할 도
珍羞盛饌 1급 진수성찬	진귀하고 맛있는 음식을 많이 차림.	羞 맛있는음식 수 饌 음식 찬
盡忠報國 4급 진충보국	충성을 다하여 나라의 은혜를 갚음.	盡 다할 진 報 갚을 보
進退兩難 4Ⅱ 진퇴양난	나아갈 수도 물러설 수도 없는 궁지에 빠짐.	進 나아갈 진 退 물러날 퇴
進退維谷 3Ⅱ 진퇴유곡	앞뒤가 함정이라 이러지도 저러지도 못하는 상황.	維 맬 유 谷 골짜기 곡
塵合泰山 1급 진합태산	티끌 모아 태산.	塵 티끌 진 泰 클 태

嫉逐排斥 1급 질축배척	시기하고 미워하여 쫓아 물리침.	嫉 시기할 질 斥 물리칠 척
滄海一粟 1급 창해일속	넓은 바다에 좁쌀 하나. 광대한 것에 섞여 있는 아주 작은 것. 이 세상에 있어서의 인간의 존재가 덧없음.	滄 큰바다 창 粟 조 속
妻城子獄 처성자옥	처자식이 있는 사람은 거기에 얽매어 자유롭게 활동할 수 없음.	妻 아내 처 獄 감옥 옥
跖狗吠堯 척구폐요	'척'이라는 도둑이 기르는 개가 요 임금 같은 성인을 보고도 짖음. 1. 사람은 각기 그 상전을 위해 선악을 가리지 않고 충성함. 2. 악한 자와 한패가 되어 어진 이를 미워함. 3. 못된 사람에게 물들면 착한 사람을 도리어 못된 사람으로 알고 덤빔.	跖 발바닥 척 吠 짖을 폐
天高馬肥 3Ⅱ 천고마비	하늘은 높고 말은 살찜. 가을날의 맑고 풍성한 정경. '날씨가 좋고 말이 살찌면 멀리까지 북방 오랑캐가 원정을 할 수 있으니 주의하라'는 말이 현재는 날씨 좋은 가을의 뜻으로 쓰임.	馬 말 마 肥 살찔 비
千慮一得 4급 천려일득	천 번 생각하여 하나를 얻음. 어리석은 사람도 많은 생각을 하다보면 한 가지쯤은 얻을게 있음.	慮 생각할 려 得 얻을 득
千慮一失 4급 천려일실	천 번의 생각 중에 한 번의 실수. 지혜로운 사람도 실수는 있게 마련임.	慮 생각할 려 失 잃을 실
天方地軸 2급 천방지축	하늘로 땅으로 방향을 모르고 함부로 날뜀. 어리석은 사람이 주책없이 덤벙거림.	方 방위 방 軸 굴대 축
天生緣分 4급 천생연분	하늘이 내어준 연분. 결혼하여 잘 살아가는 부부.	緣 인연 연 分 나눌 분
千辛萬苦 3급 천신만고	갖은 애를 쓰는 온갖 고생.	辛 매울 신 苦 쓸 고

天壤之差 3II 천양지차	하늘과 땅과 같이 아주 큰 차이.	壤 흙 양 差 다를 차
天佑神助 2급 천우신조	인간의 힘으로 불가능한 것을 하늘과 신의 도움으로 가능케 함.	佑 도울 우 助 도울 조
天衣無縫 2급 천의무봉	천녀가 입는 옷은 바느질 자국이 없음. 시나 문장이 자연스럽고 훌륭하여 흠잡을 만한 곳이 없음.	衣 옷 의 縫 꿰멜 봉
天人共怒 4II 천인공노	하늘과 사람이 함께 분노할 만큼 증오스럽거나 용납될 수 없음.	共 함께 공 怒 성낼 노
天長地久 천장지구	하늘과 땅은 영원히 변치 않음.	長 길 장 久 오랠 구
千載一遇 3II 천재일우	천년에 한 번 만남. 좀처럼 얻기 어려운 좋은 기회.	載 실을 재 遇 만날 우
天井不知 천정부지	하늘 높은 줄 모름. 물가 따위가 한없이 오르기만 할 경우.	井 우물 정 知 알 지
千差萬別 4급 천차만별	온갖 사물들이 여러 가지로 차이와 구별이 있음.	差 다를 차 別 다를 별
千篇一律 4급 천편일률	천 가지 책이 하나의 내용과 형식으로 됨. 많은 사물이 한결같아 단조롭고 비슷비슷함.	篇 책 편 律 법률 률
徹頭徹尾 3II 철두철미	처음부터 끝까지 빼놓지 않고 모두.	徹 통할 철 尾 꼬리 미
徹天之寃 1급 철천지원	하늘에 사무치는 원한.	徹 뚫을 천 寃 원통할 원
靑雲之志 청운지지	높고 큰 뜻을 가리키는 말. 雲 구름, 높은하늘 운. 靑雲 : 푸르고 높은 하늘 즉 높은 벼슬. 입신출세(立身出世).	靑 푸를 청 志 뜻 지

사자성어	뜻	한자
青出於藍 2급 청출어람	한해살이 풀인 쪽에서 뽑은 푸른색이 쪽보다 더 푸름. 제자가 스승보다 나음. 쪽이란 풀로 푸른색을 내지만, 사람의 노력이 가해짐으로써 쪽 자체보다 아름답고 진한 색을 낼 수 있다. 이처럼 스승에게 배우지만, 더욱더 익히고 정진(精進)함으로써 스승보다 더 훌륭한 사람이 될 수 있다는 권학(勸學)의 말.	於 -에서 어 藍 쪽 람
清風明月 6급 청풍명월	맑은 바람과 밝은 달. 결백하고 온건한 사람의 성격.	風 바람 풍 明 밝을 명
草綠同色 6급 초록동색	풀빛과 녹색은 같은 색깔. 같은 처지의 사람끼리 함께 행동함.	草 풀 초 綠 푸를 록
焦眉之急 초미지급	눈썹에 불이 붙은 것과 같이, 매우 위급한 상황.	焦 그을릴 초 眉 눈썹 미
初志一貫 초지일관	처음에 품은 뜻을 이루려고 끝까지 밀고 나감.	初 처음 초 貫 꿸 관
蜀犬吠日 촉견폐일	촉나라 강아지가 해를 보고 짖다. 식견이 좁은 사람. 험준한 산으로 둘러싸인 촉나라는 항상 운무(雲霧)가 끼어 좀처럼 해를 볼 수가 없는데, 태어 난지 얼마 되지 않은 강아지가 어느 날씨 좋은 날 떠오르는 해를 보고 놀라 짖었다는 데서...	蜀 촉나라 촉 吠 짖을 폐
寸鐵殺人 4ll 촌철살인	짧막한 말이나 문장으로 사람의 마음을 찔러 감동시킴.	鐵 쇠 철 殺 죽일 살
追友江南 추우강남	친구 따라 강남 가기. 친구가 가면 먼 길이라도 따라감. 하기 싫어도 남이 권하므로 결국 따라 하게 됨.	追 따라갈 추 友 벗 우
秋風落葉 5급 추풍낙엽	가을바람에 떨어지는 나뭇잎. 세력이나 형세가 갑자기 기울거나 시듦.	落 떨어질 락 葉 잎 엽
春雉自鳴 2급 춘치자명	봄에 꿩이 스스로 욺. 시키거나 요구하지 않아도 때가 되면 스스로 알아서 하는 것.	雉 꿩 치 鳴 울 명

春夏秋冬 (7급) 춘하추동	봄·여름·가을·겨울의 1년 4계절.	夏 여름 하 冬 겨울 동
出將入相 (4II) 출장입상	나가서는 장수 들어와서는 재상. 문무를 겸비한 사람.	將 장수 장 相 재상 상
忠言逆耳 (4II) 충언역이	충고하는 말은 귀에 거슬리지만 자신을 이롭게 함.	忠 충성 충 逆 거스를 역
取捨選擇 (3급) 취사선택	취할 것과 버릴 것을 가림.	取 취할 취 捨 버릴 사
醉生夢死 (3II) 취생몽사	취한 듯 살고 꿈꾸는 듯 죽음. 아무 의미 없이 한 평생을 살아감.	醉 취할 취 夢 꿈 몽
置之度外 (3II) 치지도외	내버려 두어 문제로 삼지 아니함.	置 둘 치 度 법도 도
七去之惡 (3II) 칠거지악	유교 도덕에서 아내를 내쫓을 수 있는 일곱가지 이유. 不順舅姑(불순구고) 無子(무자) 淫行(음행) 嫉妬(질투) 惡疾(악질) 口舌(구설) 盜竊(도절) - 시부모에게 순종하지 않는 것 자식을 못 낳는 것 행실이 음탕한 것 질투하는 것 나쁜 병이 있는 것 말썽이 많은 것 도둑질하는 것.	去 버릴 거 惡 악할 악
七步之才 칠보지재	문재에 뛰어난 재주. 제위(帝位)에 오른 조조(曹操)의 맏아들 비(丕)는 셋째인 식(植)이 반역음모 혐의를 받았을 때 죽일 수도, 용서할 수도 없어 자기가 "일곱 걸음을 옮기는 사이에 시를 지으면 죄를 사해 주겠다" 하자 조식은 이렇게 읊었다. "콩대를 삶아서 콩을 삶으니 가마솥 속의 콩이 우는구나(煮豆燃豆萁 豆在釜中泣).	步 걸음 보 才 재주 재
七縱七擒 (1급) 칠종칠금	일곱 번 놓아주고 일곱 번 잡음. 상대방을 마음대로 다룸. 삼국시대 제갈량(諸葛亮)이 남만(南蠻)을 힘이 아닌 문명·문화·전략전술 등의 우월함을 통하여 굴복시키고자 적장 맹획(孟獲)을 일곱 번 사로잡았다 일곱 번 놓아 주었다는 옛일에서 由來.	縱 놓을 종 擒 사로잡을 금

沈魚落雁 침어낙안	물고기는 물속 깊이 숨고 기러기는 넋 잃고 바라보다 떨어짐. 최고의 미인. 진(晉)나라 헌공(獻公)의 애인인 여희(麗姬)의 미모를 극찬한 말. 閉月羞花(폐월수화) : 달은 구름 뒤로 모습을 감추고 꽃은 부끄러워 숨는다.	沈 가라앉을 침 雁 기러기 안
快刀亂麻 쾌도난마	잘 드는 칼로 얽힌 삼을 자름. 복잡한 일을 단번에 처리함.	快 날카로울 쾌 麻 삼 마
他山之石 3Ⅱ 타산지석	다른 산의 하찮은 돌도 자기 돌을 가는데 도움이 됨. 다른 사람의 하찮은 언행도 자기의 지식과 인격을 닦는데 도움이 됨.	他 다를 타 之 −의 지
卓上空論 4Ⅱ 탁상공론	책상 위에서 현실을 무시한 채 벌이는 헛된 토론이나 이론.	卓 높을 탁 空 헛될 공
貪官汚吏 1급 탐관오리	탐욕이 많고 행실이 깨끗하지 못한 관리.	貪 탐할 탐 汚 더러울 오
泰山北斗 3Ⅱ 태산북두	태산과 북두칠성을 우러러보듯 사람들로부터 가장 존경받는 사람.	泰 클 태 斗 별이름 두
泰然自若 태연자약	충격을 받아도 움직임이 없이 자연스러움.	然 그러할 연 若 같을 약
兎死狗烹 토사구팽	토끼 사냥이 끝나면 사냥개는 삶아 먹힘. 필요할 때에는 소중히 여기다가 끝나면 버려짐. 한(漢)의 고조(高祖) 유방(劉邦)이 건국 공신(功臣)인 한신(韓信)이 두려워 제거하려 하자 한신이 "날랜 토끼가 죽으면 좋은 개가 삶아지고, 높이 나는 새가 없어지면 좋은 활은 들어간다(狡兎死良狗烹, 高鳥盡良弓藏)"라고 말한데서...	狗 개 구 烹 삶을 팽
波瀾重疊 1급 파란중첩	물결이 거듭 닥침. 어려운 일이 복잡하게 겹침.	重 거듭 중 疊 겹쳐질 첩
破邪顯正 3Ⅱ 파사현정	그릇된 것을 깨뜨리고 올바르게 바로잡음.	邪 간사할 사 顯 나타날 현

破釜沈舟 파부침주	솥을 깨고 돌아갈 배를 가라앉힘. 승리하지 않으면 돌아가지 않겠다는 굳은 결의. 항우(項羽)가 조나라를 구하기 위한 거록(鉅鹿)의 싸움에서 밥 짓는 솥을 깨고 타고 돌아갈 배를 가라앉히고 병사들에게는 3일분의 식량만을 나누어주어 진(秦)나라 군을 격파한 일에서...	釜 가마솥 부 沈 가라앉힐 침
破顔大笑 3Ⅱ 파안대소	얼굴 표정을 밝게 하여 한바탕 크게 웃음.	顔 얼굴 안 笑 웃을 소
破竹之勢 3Ⅱ 파죽지세	대를 쪼개는 것과 같은 거침없는 기세.	破 깰 파 勢 기세 세
八方美人 6급 팔방미인	어느 모로 보아도 미인. 모든 면에서 능통한 사람.	方 사방 방 美 아름다울 미
廢愚入賢 폐우입현	어리석은 자를 내보내고 현명한 이를 자리에 둠. 조선(朝鮮) 태종(太宗)의 장자인 양녕대군은 장자로서 세자로 책봉되었으나 어느 날 부왕(父王)이 하는 말 "아쉽구나, 충녕(후에 세종대왕)이 양녕과 바뀌어 태어났더라면 좋았을 것을..."을 듣고 부왕의 뜻이 이루어지도록 공부를 팽개치고 놀기 등으로 물의를 일으켜 결국 충녕이 세자가 될 수 있도록 하였다 함.	廢 폐할 폐 愚 어리석을 우
抱腹絶倒 3급 포복절도	배를 안고 몸을 가누지 못할 정도로 몹시 웃는 모양.	腹 배 복 倒 넘어질 도
飽食暖衣 3급 포식난의	배불리 먹고 따뜻한 옷 입음. 넉넉하고 편안한 생활.	胞 배부를 포 暖 따뜻할 난
表裏不同 3Ⅱ 표리부동	겉과 속이 다름.	表 겉 표 裏 속 리
風樹之嘆 풍수지탄	효도하고 싶어도 효도할 어버이가 계시지 않은 데 대한 한탄. 樹欲靜而風不止 子欲養而親不待 수욕정이풍부지 자욕양이친부대 나무가 고요하고자 하나 바람이 멎지 않고 자식이 봉양하려 하나 어버이는 기다려 주지 않는다.	樹 나무 수 嘆 탄식할 탄

風前燈火 4II 풍전등화	바람 앞의 등불처럼 매우 위급한 상태.	前 앞 전 燈 등불 등
皮骨相接 3II 피골상접	살가죽과 뼈가 맞붙을 정도로 몹시 마름.	相 서로 상 接 붙을 접
彼此一般 3II 피차일반	저편이나 이편이나 서로 같음.	彼 저 피 此 이 차
匹夫匹婦 3급 필부필부	평범한 남녀.	匹 혼자 필 婦 여자 부
必死則生 필사즉생	오로지 죽기로 싸우면 그것이 곧 사는 길이다. 必生則死 : 오로지 살려고 비겁하면 그것이 곧 죽음이다. 위기에 처한 나라를 구하려는 충신의 각오.	必 오로지 필 則 곧 즉
夏爐冬扇 1급 하로동선	여름에 화로, 겨울에 부채. 격이나 철에 맞지 않는 물건제 때를 만나지 못해 쓸 데 없는 물건.	爐 화로 로 扇 부채 선
下石上臺 3II 하석상대	아랫돌 빼서 윗돌을 굄. 임시변통으로 이리저리 둘러맞춤.	石 돌 석 臺 대 대
下學上達 하학상달	아래를 배워 위에 달함. 낮고 쉬운 것을 배워 깊고 어려운 것을 깨달음.	學 배울 학 達 이를 달
鶴首苦待 3II 학수고대	학의 머리처럼 길게 늘여 애타게 기다림.	鶴 학 학 待 기다릴 대
漢江投石 4급 한강투석	한강에 돌 던지기. 아무리 해도 전혀 효과가 없는 일.	漢 강이름 한 投 던질 투
緘口無言 1급 함구무언	입을 다물고 아무 말도 없음.	緘 봉할 함 無 없을 무
含憤蓄怨 함분축원	분함을 품고 원한을 쌓음.	含 머금을 함 憤 성낼 분

咸興差使 3Ⅱ 함흥차사	심부름 간 사람이 소식도 없고 돌아오지도 않음. 差使 : 중요한 임무를 위해 파견하던 임시직. 조선 3대 왕에 오른 太宗이 2차의 난으로 노여움에 차 있는 태조 이성계를 서울로 모셔오고자 咸興에 사람을 보냈으나 태조는 이들을 오는 대로 죽이거나 잡아 가두어 버렸기에 보내면 깜깜 무소식이란 故事에서 由來.	咸 다 함 興 일 흥
恒茶飯事 3Ⅱ 항다반사	항상 차 마시고 밥 먹는 일. 일상에 흔히 있는 일.	恒 항상 항 茶 차 다·차
虛心坦懷 1급 허심탄회	감춤이 없이 솔직한 태도로 품은 생각을 터놓고 편하게 함.	坦 평탄할 탄 懷 품을 회
虛張聲勢 4급 허장성세	헛되이 소리와 세력만 키워 허세를 부림.	張 크게할 장 勢 기운 세
虛虛實實 4Ⅱ 허허실실	일부러 허점을 드러내 보이거나 상대의 허를 찌르거나 하는 전략.	虛 빌 허 實 열매 실
軒軒丈夫 3급 헌헌장부	추녀 같이 반듯하게 생기고 의젓하며 당당한 사내. 추녀 : 처마 네 귀의 기둥 위에 번쩍 들린 크고 긴 서까래.	軒 추녀 헌 丈 어른 장
懸頭刺股 현두자고	머리를 천장에 매달고 허벅지를 찔러 가며 공부함.	懸 매달 현 股 넓적다리 고
賢母良妻 3Ⅱ 현모양처	어진 어머니이면서 착한 아내.	賢 어질 현 妻 아내 처
螢雪之功 3급 형설지공	어려운 처지에서도 학문에 힘써 이룬 공. 중국 진(晉)나라 차윤(車胤)이 여름에는 반딧불을 이용하여 책을 읽었고, 손강(孫康)이 겨울에 눈빛(雪光)을 이용, 어려움 속에서도 굴하지 않고 공부하여 성공했다 함	螢 반딧불 형 功 공로 공
糊口之策 1급 호구지책	가난하여 겨우 입에 풀칠하며 살아가는 방책.	糊 풀칠할 호 策 방책 책

사자성어	뜻	한자
好事多魔 2급 호사다마	좋은 일에는 마귀 즉 방해되는 일이 많음.	事 일 사 魔 마귀 마
虎視眈眈 1급 호시탐탐	범이 먹이를 노려보듯. 기회를 노리고 형세를 살핌.	視 볼 시 眈 노려볼 탐
浩然之氣 3Ⅱ 호연지기	하늘 아래 공명정대하여 조금도 부끄럼이 없는 도덕적 용기.	浩 넓을 호 氣 기운 기
好衣好食 4Ⅱ 호의호식	좋은 옷과 좋은 음식. 잘 입고 잘 먹음.	衣 옷 의 食 먹을 식
胡蝶之夢 호접지몽	나비가 된 꿈. 인생의 덧없음. 전국시대 사상가(思想家)로 시비(是非)·선악(善惡)·진위(眞僞)·미추(美醜)·빈부(貧富)·귀천(貴賤)을 초월한 무위자연(無爲自然)을 제창한 장자(莊子)가 어느 날 꿈속에서 나비가 되어 놀다가 깨어 '내가 꿈속에서 나비가 된 것일까? 아니면 내가 본시 나비인데 지금 사람이 된 꿈을 꾸고 있는 것인가' 하고 생각했다는 데서…	胡 오랑캐 호 蝶 나비 접
惑世誣民 1급 혹세무민	세상을 미혹시켜 어지럽히고 백성을 속이는 일.	惑 미혹할 혹 誣 속일 무
魂飛魄散 1급 혼비백산	혼이 날아가고 넋이 흩어짐. 몹시 놀라서 넋을 잃음.	魂 넋 혼 魄 넋 백
昏定晨省 3급 혼정신성	저녁에는 잠자리를 보아드리고 이른 아침에는 안부를 살핌. 부모를 잘 섬기고 효성을 다함.	昏 저물 혼 晨 새벽 신
紅爐點雪 3Ⅱ 홍로점설	벌겋게 단 화로에 떨어지는 한 점의 눈. 큰일에 작은 힘이 아무런 도움이 되지 아니함. 도를 깨달아 마음 속이 탁 트여 막힘이 없음.	爐 화로 로 點 점 점
弘益人間 3급 홍익인간	널리 인간세계를 이롭게 함.	弘 넓을 홍 益 유익할 익

紅爐點雪 3II 홍로점설	벌겋게 단 화로에 떨어지는 한 점의 눈. 큰일에 작은 힘이 아무런 도움이 되지 아니함. 도를 깨달아 마음 속이 탁 트여 막힘이 없음.	爐 화로 로 點 점 점
弘益人間 3급 홍익인간	널리 인간세계를 이롭게 함.	弘 넓을 홍 益 유익할 익
畵龍點睛 1급 화룡점정	용을 그릴 때 마지막에 눈을 그려 완성시킨다는 데서, 사물의 완성에 있어 가장 중요한 부분. 화가가 부탁을 받고 벽에 용을 그리게 되었다. 그런데 눈동자만은 그리지 않고 남겨 놓아 사람들이 그 이유를 묻자, "눈동자를 그리면 용이 살아 날아올라가 버립니다"라고 화가가 말하자 무슨 농담이냐며 독촉하자 눈동자를 그려 넣으니 갑자기 뇌성과 함께 날아올라갔다는 故事.	點 점찍을 점 睛 눈동자 정
畵蛇添足 3급 화사첨족	뱀 그리는데 발을 더함. 쓸데없는 짓을 하여 도리어 잘못되게 함. 뱀을 빨리 그리는 내기를 하였다. 제일 먼저 그린 사람이 시간이 남아 쓸데없이 없는 발까지 그려 도리어 실패하였다.	蛇 뱀 사 添 더할 첨
花朝月夕 6급 화조월석	꽃피는 아침과 달뜨는 저녁. 경치가 좋은 시절.	花 꽃 화 朝 아침 조
畵中之餠 1급 화중지병	그림의 떡. 탐이 나도 어찌해 볼 도리가 없는 사물.	畵 그림 화 餠 떡 병
會者定離 4급 회자정리	만나면 헤어지는 것이 정해진 이치. 인생의 무상함.	定 정할 정 離 헤어질 리
橫說竪說 1급 횡설수설	조리 없는 말을 더벅머리 애송이처럼 되는대로 지껄임.	橫 엉뚱할 횡 竪 더벅머리 수
孝悌忠信 1급 효제충신	부모에 효도 · 형제간의 우애 · 충성과 신의.	孝 효도 효 悌 공경할 제
後起之秀 3II 후기지수	후배 중 우수한 인물.	起 일어날 기 秀 빼어날 수

사자성어	뜻	한자
朽木糞墻 1급 후목분장	썩은 나무에 조각할 수 없고 썩은 담장은 고칠 수 없음. 정신이 썩은 사람은 가르칠 수가 없음. 하고자 하는 마음이 없는 사람은 해 볼 도리가 없음. 공자의 제자인 재여(宰予)가 낮잠을 자는데 화가 난 공자(孔子)가 그에게 '후목분장'이라고 꾸짖었다 함.	朽 썩을 후 墻 담장 장
後生可畏 후생가외	후에 태어난 어린이는 장래가 유망하여 앞으로 어떠한 인물이 될지 모르기에 한편으로 두렵다는 뜻.	可 가히 가 畏 두려울 외
後時之歎 3ll 후시지탄	때가 늦었음을 탄식함.	後 늦을 후 歎 탄식할 탄
厚顔無恥 3ll 후안무치	낯이 두꺼워 부끄러움을 모름.	厚 두터울 후 恥 부끄러울 치
訓蒙字會 3ll 훈몽자회	어린이나 초학자에게 글을 가르치기(訓蒙) 위해 지은 한자 모음집. 조선 중종(中宗) 때 최세진(崔世珍)이 지은 한자 학습서로, 3360자의 한자에 우리 말 새김과 음을 달아 놓았기 때문에 우리 중세 국어 연구에 매우 중요한 자료임.	訓 가르칠 훈 蒙 어린이 몽
諱疾忌醫 1급 휘질기의	병을 숨기고 의원을 꺼림. 자신의 결점을 숨기고 고치지 않음.	諱 꺼릴 휘 疾 병 질
興亡盛衰 3ll 흥망성쇠	흥하고 망하고 성하고 쇠함.	盛 풍성할 성 衰 쇠할 쇠
興盡悲來 4급 흥진비래	즐거운 일이 다하면 슬픈 일이 옴. 세상일이 돌고 돎.	盡 다할 진 悲 슬플 비
喜怒哀樂 3ll 희노애락	기쁨과 노함. 슬픔과 즐거움. 인간 생활에서 일어나는 온갖 감정.	怒 성낼 노 哀 슬플 애
虎尾亂放 호미난방	잡고 있는 범의 꼬리를 놓기가 어려움. 위험한 일에 손을 대었다가 그냥 계속하기도 어렵고 그만두기도 어려운 경우.	尾 꼬리 미 放 놓을 방

찾아보기

ㄱ

가 伽 128
가 佳 282
가 假 275
가 價 094
가 加 128
가 叚 275
가 可 127
가 呵 127
가 嘉 128
가 家 129
가 暇 275
가 架 128
가 柯 127
가 歌 127
가 苛 127
가 街 093, 282
가 袈 128
가 跏 128
가 迦 128
가 駕 128
각 刻 262
각 却 032, 135
각 各 130
각 脚 135
각 覺 065
각 角 095
각 閣 130
간 刊 131
간 墾 276

간 奸 131
간 姦 038
간 干 045, 131
간 幹 131
간 懇 090, 276
간 柬 277
간 癎 132
간 看 076
간 竿 131
간 簡 132
간 肝 131
간 艮 275
간 艱 090, 276
간 艱 276
간 間 132
갈 喝 277
갈 曷 277
갈 渴 277
갈 葛 277
감 ニ 028
감 嵌 071
감 感 260
감 敢 132
감 減 260
감 甘 071
감 監 133
감 瞰 132
감 紺 071
감 鑑 133
갑 匣 030, 134
갑 甲 134

갑 閘 134
강 糠 105
강 剛 278
강 岡 278
강 康 105
강 强 048
강 江 145
강 綱 278
강 講 281
강 鋼 278
강 降 050
개 介 024
개 個 142
개 凱 157
개 慨 056
개 改 156
개 概 056
개 皆 134
개 蓋 135
개 開 104
객 客 130
갱 坑 322
갱 更 138
거 去 033, 135
거 居 142
거 巨 135
거 拒 135
거 據 267
거 擧 209
거 距 135
거 車 100

건 乾 022
건 件 067
건 健 136
건 巾 044
건 建 046, 136
건 腱 136
건 虔 268
건 鍵 136
걸 乞 022
걸 傑 089
검 儉 315
검 劍 315
검 檢 315
격 擊 136
격 格 130
격 檄 298
격 激 298
격 膈 115
격 隔 115
격 鬲 115
견 堅 275
견 牽 067
견 犬 067
견 絹 302
견 肩 086
견 見 094, 137
견 遣 152
결 抉 318
결 決 318
결 潔 291
결 結 082

결 缺 082, 318	계 桂 282	곤 丨 020	관 觀 279
결 訣 318	계 械 140	곤 困 035	관 貫 148
겸 兼 137	계 溪 262	곤 坤 203	관 關 147
겸 謙 137	계 界 024	골 骨 113	관 萑 279
경 京 023, 138	계 癸 074	공 供 146	관 館 147
경 鯨 023	계 系 141	공 公 146	광 光 040
경 傾 140	계 繫 136	공 共 146	광 廣 270
경 冂 026	계 繼 045	공 功 029	광 曠 270
경 卿 175	계 計 095	공 孔 039	광 狂 067
경 境 139	계 階 134	공 工 043, 145	광 鑛 270
경 巠 278	계 鷄 116	공 廾 047	괘 掛 282
경 庚 046	고 古 142	공 恐 145	괴 魁 054
경 徑 049, 278	고 告 141	공 恭 146	괴 乖 201
경 慶 117	고 固 142	공 攻 053	괴 塊 115
경 敬 139	고 姑 038, 142	공 空 145	괴 壞 324
경 景 023, 138	고 孤 070	공 貢 145	괴 怪 034
경 更 138	고 庫 046	과 咼 279	괴 愧 115
경 硬 138	고 故 142	과 寡 110	교 交 148
경 竟 139	고 敲 053, 143	과 戈 051	교 僑 280
경 競 080	고 枯 142	과 果 147	교 喬 280
경 經 278	고 稿 143	과 瓜 070	교 嬌 280
경 耕 085	고 考 068	과 科 054	교 巧 221
경 警 139	고 膏 143	과 誇 266	교 敎 053
경 輕 278	고 苦 142	과 課 147	교 校 148
경 鏡 139	고 藁 143	과 過 279	교 橋 280
경 頃 140	고 雇 143	곽 郭 263	교 矯 280
경 驚 139	고 顧 143	관 冠 026, 218	교 絞 148
계 係 141	고 高 114, 143	관 官 147	교 較 148
계 啓 052	고 鼓 119	관 寬 137	교 郊 148
계 契 291	곡 哭 193	관 慣 148	구 丘 151
계 季 039	곡 曲 144	관 棺 147	구 丨 280
계 卂 048	곡 穀 210	관 灌 279	구 久 021
계 戒 051, 140	곡 谷 096, 144	관 管 147	구 鳩 022

구 九 022, 149	군 軍 100, 152	근 僅 283	기 技 053	
구 俱 151	군 郡 050, 151	근 勤 283	기 旗 155	
구 具 151	굴 屈 152	근 菫 283	기 旣 056	
구 萻 281	굴 掘 152	근 斤 055	기 期 155	
구 區 031, 150	궁 宮 284	근 根 276	기 杞 156	
구 口 034	궁 弓 048	근 筋 081	기 棄 302	
구 句 150	궁 窮 100	근 謹 283	기 棋 155	
구 寇 218	권 券 281	근 近 069	기 機 154	
구 懼 254	권 勸 279	금 今 153	기 欺 155	
구 拘 150	권 卷 281	금 擒 079	기 气 062	
구 敎 149	권 拳 281	금 琴 153	기 氣 062	
구 構 281	권 權 279	금 禁 168	기 汽 062	
구 歐 150	궐 亅 022	금 禽 079	기 畸 157	
구 求 149	궐 厥 301	금 金 103	기 畿 154	
구 溝 281	궤 几 027	금 錦 181	기 祈 078	
구 狗 150	궤 潰 152	급 及 154	기 箕 155	
구 球 149	궤 軌 149	급 急 048	기 紀 156	
구 究 080, 149	귀 歸 317	급 扱 154	기 綺 157	
구 臼 088	귀 貴 152	급 汲 154	기 記 156	
구 舊 088	귀 鬼 115	급 級 154	기 豈 157	
구 苟 150	귀 龜 121	급 給 261	기 起 156	
구 購 281	규 叫 280	긍 矜 077	기 飢 112	
구 軀 100	규 圭 282	긍 肯 059	기 騎 157	
구 邱 151	규 奎 282	기 企 059	기 驥 155	
구 韭 109	규 硅 282	기 其 155	기 麒 155	
구 驅 150	규 糾 280	기 器 193	긴 緊 275	
구 鳩 149	규 規 094, 137	기 基 155	길 吉 034	
구 鷗 150	균 均 035	기 奇 157		
국 國 268	균 菌 035	기 寄 157		
국 局 251	균 龜 121	기 崎 157	● ㄴ	
국 菊 081	극 克 142	기 己 044, 156		
군 君 151	극 劇 267	기 幾 154	나 奈 158	
군 群 083, 151	극 極 266	기 忌 156	나 拏 158	

나 那 050	니 尼 032, 159	당 塘 161	도 稻 088
낙 諾 216	니 泥 159	당 當 192	도 跳 238
난 暖 307	닉 匿 031	당 糖 161	도 逃 238
난 煖 307	닉 溺 206	당 葬 059	도 途 208
난 難 108		대 代 161	도 道 112
날 捺 158		대 垈 161	도 都 228
남 南 031	● ㄷ	대 大 038	도 鍍 162
남 男 029		대 對 314	도 陶 082
납 納 082	다 多 037	대 帶 162	독 毒 060
낭 囊 300	다 茶 208	대 待 189	독 瀆 172
낭 娘 165	단 丹 021	대 臺 088, 243	독 犢 172
낭 朗 165	단 但 160	대 袋 161	독 獨 316
내 乃 154	단 單 160	대 貸 161	독 督 199
내 內 025	단 團 231	대 隊 129	독 篤 113
내 奈 158	단 壇 160	댁 宅 318	독 讀 172
내 耐 084	단 斷 045	덕 德 244	돈 敦 263
녀 女 038	단 旦 160	도 倒 243	돈 豚 097
녁 疒 074	단 檀 160	도 刀 028	돌 突 080
년 年 214	단 段 060	도 到 243	동 冬 027, 036
념 念 153	단 短 077	도 圖 270	동 凍 027, 163
녕 寧 234	단 端 283	도 塗 208	동 動 241
노 努 158	단 耑 283	도 導 112	동 同 163
노 奴 158	달 達 206	도 島 042	동 憧 164
노 怒 158	담 擔 314	도 屠 041	동 東 163
노 駑 158	담 曇 056	도 度 162	동 棟 163
농 濃 144	담 淡 212	도 徒 099	동 洞 163
농 農 101, 144	담 膽 314	도 挑 238	동 瞳 164
뇌 惱 283	담 談 212	도 桃 238	동 童 164
뇌 腦 283	답 畓 073	도 渡 162	동 銅 163
뇨 尿 041	답 答 261	도 濤 198	두 二 023
뉴 紐 256	답 踏 073	도 盜 076, 140	두 斗 054
능 能 159	당 唐 161	도 禱 198	두 豆 096
	당 堂 192		

455

두	頭 110	략	掠 138	렬	裂 166	뢰	賴 098
두	鬥 114	략	略 130	렴	廉 137	뢰	雷 217
두	讀 172	량	兩 025	렵	巤 285	료	了 022
둔	屯 042	량	凉 138	렵	獵 285	료	僚 147
둔	鈍 042	량	梁 226	령	令 167	료	料 054
득	得 160	량	浪 165	령	嶺 167	룡	龍 121
등	燈 074	량	糧 103	령	零 167	루	婁 285
등	登 074	량	良 090, 165	령	靈 217	루	屢 285
등	騰 281	량	諒 138	령	領 167	루	樓 285
		량	量 103	령	齡 120	루	淚 052
● ㄹ		려	勵 306	례	例 166	루	漏 217
		려	呂 284	례	禮 096	루	累 167
라	羅 254	려	慮 267	례	隸 105	류	劉 175
라	螺 167	려	旅 055	로	勞 323	류	柳 175
락	樂 164	려	麗 117	로	擄 267	류	流 043
락	絡 130	려	黎 118	로	爐 271	류	溜 175
락	落 130	력	力 029	로	老 068	류	留 175
란	丹 021	력	轢 100	로	耂 068	류	類 110
란	亂 164	력	厤 284	로	虏 267	륙	六 025
란	卵 175	력	曆 284	로	路 106	륙	坴 286
란	欄 277	력	歷 284	로	露 106	륙	陸 286
란	蘭 277	력	鬲 115	로	鹵 117	륜	侖 286
람	濫 133	련	憐 089	록	彔 285	륜	倫 286
람	籃 133	련	戀 284	록	祿 285	륜	淪 286
람	藍 133	련	練 277	록	綠 285	륜	輪 286
람	襤 133	련	聯 147	록	錄 285	률	律 086
람	覽 133	련	蓮 166	록	鹿 117	률	栗 168
랑	廊 165	련	連 166	론	論 286	률	率 069
랑	狼 165	련	鍊 277	롱	弄 047	륭	隆 072
랑	郞 165	련	繼 284	롱	瓏 121	릉	凌 287
래	來 024	렬	列 166	롱	籠 121	릉	夌 287
랭	冷 167	렬	劣 029	롱	聾 121	릉	稜 287
		렬	烈 166	뢰	耒 085	릉	綾 287

456

릉 陵 287
리 利 168
리 吏 188
리 履 290
리 李 058
리 梨 168
리 理 103
리 罹 255
리 裏 103
리 里 103
리 離 079
린 隣 089
림 林 168
림 臨 087
립 立 080

ㅁ

마 摩 118
마 痲 118
마 磨 118
마 馬 113
마 魔 118
마 麻 118
막 幕 169
막 漠 169
막 莫 169
만 娩 173
만 慢 287
만 晚 173
만 曼 287
만 滿 025
만 漫 287
만 萬 306
만 蔓 287
만 蠻 284
만 鰻 287
말 末 177
망 亡 170
망 妄 170
망 忘 170
망 忙 170
망 惘 170
망 望 170
망 網 170
망 网 083
망 罔 170
망 茫 170
매 埋 103
매 妹 177
매 媒 174
매 寐 177
매 昧 177
매 梅 060, 171
매 每 060, 171
매 煤 174
매 買 172
매 賣 172
매 魅 177
맥 脈 062
맥 貊 097
맥 麥 036, 117
맹 孟 173
맹 猛 173
맹 盟 056
맹 盲 076
맹 黽 119
멱 冖 026
면 免 173
면 勉 173
면 宀 039
면 眠 062
면 綿 181
면 面 107
면 麵 107
면 麵 117
멸 滅 200
명 冥 026
명 名 174
명 命 167
명 明 056
명 皿 076
명 銘 174
명 鳴 116
모 侮 171
모 冒 026
모 募 169
모 慕 169
모 暮 169
모 某 174
모 模 169
모 母 171
모 矛 077
모 耗 085
모 謀 174
모 貌 097
목 木 058
목 牧 067
목 目 076
목 睦 286
몰 歿 174
몰 沒 174
몽 夢 026
몽 蒙 129
묘 卯 175
묘 墓 169
묘 妙 195
묘 廟 237
묘 描 176
묘 猫 176
묘 苗 176
무 務 217
무 戊 195
무 撫 176
무 无 056
무 武 176
무 母 060
무 無 176
무 舞 176
무 茂 195
무 貿 175
무 霧 217
문 問 104
문 文 054
문 紋 054
문 聞 085
문 門 104
물 勿 029
물 物 029
미 味 177
미 微 177

미	未 177	반	磻 182	배	胚 184	별	別 028
미	眉 076	반	般 090, 179	배	輩 107, 187	병	丙 074
미	米 081	반	返 178	배	配 102	병	兵 025
미	美 083	반	飯 178	백	伯 181	병	屛 041
미	薇 177	발	拔 288	백	白 075, 181	병	甁 071
미	迷 081	발	撥 179	백	百 181	병	病 074
민	憫 054	발	潑 179	번	煩 110	병	竝 080
민	敏 171	발	犮 288	번	番 182	보	保 183
민	民 062	발	癶 074	번	繁 171	보	堡 183
밀	密 260	발	發 179	번	飜 111	보	報 263
밀	蜜 260	발	跋 288	벌	伐 182	보	寶 082
		발	醱 179	벌	筏 182	보	普 184
ㅂ		발	髮 114, 288	벌	罰 083	보	步 183
		발	魃 288	벌	閥 182	보	甫 289
박	博 293	방	倣 180	범	凡 027	보	補 289
박	拍 181	방	傍 180	범	帆 027	보	褓 183
박	朴 032	방	匚 030	범	犯 032	보	譜 184
박	泊 181	방	妨 180	범	範 242	보	輔 289
박	珀 268	방	房 180	법	法 135	복	畐 290
박	舶 090	방	放 180	벙	丰 291	복	伏 067
박	薄 293	방	方 055, 180	벽	僻 288	복	卜 032
박	迫 181	방	芳 180	벽	劈 288	복	復 290
반	伴 178	방	訪 180	벽	壁 288	복	攵 053
반	半 178	방	邦 291	벽	碧 075	복	服 263
반	反 178	방	防 050	벽	辟 288	복	福 290
반	叛 178	배	倍 293	변	便 138	복	腹 290
반	搬 179	배	北 030	변	變 284	복	複 290
반	斑 054	배	培 293	변	辨 101	복	覆 290
반	槃 179	배	拜 052	변	辯 101	본	本 058
반	潘 182	배	排 107, 187	변	邊 087	봉	俸 291
반	班 070	배	杯 184	변	釆 102	봉	夆 292
반	盤 179	배	盃 184	별	丿 021	봉	奉 291
		배	背 030			봉	封 282

봉 峯 292	부 賦 176	비 庇 061	사 似 225
봉 棒 291	부 赴 099	비 悲 107, 187	사 斯 155
봉 烽 292	부 部 293	비 批 061	사 使 188
봉 縫 292	부 釜 064	비 比 061	사 厶 033
봉 蜂 292	부 卜 050	비 毛 061	사 史 188
봉 逢 292	부 附 185	비 毫 061	사 司 190
봉 鳳 027	북 北 030	비 毬 061	사 嗣 190
부 不 184	분 分 185	비 混 061	사 四 035
부 付 185	분 噴 294	비 碑 187	사 士 036
부 傅 293	분 墳 294	비 秘 260	사 寫 088
부 剖 293	분 奔 047	비 肥 321	사 寺 189
부 副 290	분 奮 254	비 誹 187	사 射 190
부 否 184	분 憤 294	비 費 186	사 巳 044
부 咅 293	분 焚 063	비 非 107, 187	사 師 320
부 夫 038	분 粉 185	비 飛 111	사 思 051
부 計 099	분 紛 185	비 鼻 119	사 捨 089
부 婦 317	분 賁 294	빈 嚬 183	사 斜 054
부 孚 292	불 不 184	빈 嬪 188	사 查 247
부 孵 292	불 佛 186	빈 殯 188	사 死 059
부 富 290	불 弗 186	빈 瀕 183	사 獅 320
부 専 293	불 拂 186	빈 貧 185	사 砂 196
부 府 185	붕 崩 186	빈 賓 188	사 社 078
부 復 290	붕 朋 186	빈 頻 183	사 祀 044
부 扶 038	붕 棚 186	빙 冫 027	사 祠 190
부 斧 064	붕 硼 186	빙 氷 063	사 私 033
부 浮 292	비 備 072	빙 聘 221	사 糸 082
부 父 064	비 匕 030		사 絲 082
부 符 185	비 匪 030		사 舍 089
부 簿 293	비 悲 061	● 人	사 蛇 092
부 缶 082	비 卑 187		사 詐 294
부 腐 185	비 妃 156	사 作 294	사 詞 190
부 膚 268	비 婢 187	사 事 022	사 謝 190
부 負 098	비 尾 061	사 仕 036	사 賜 211

459

사 赦 098	상 相 191	석 夕 037	성 性 194
사 辭 164	상 祥 206	석 席 162	성 成 051, 195
사 邪 066	상 箱 191	석 惜 194	성 星 194
사 飼 190	상 裳 192	석 昔 194	성 盛 195
삭 削 252	상 觴 095	석 晳 232	성 省 196
삭 數 285	상 詳 206	석 析 232	성 聖 227
삭 朔 301	상 象 097	석 石 078	성 聲 085
삭 索 193	상 賞 192	석 釋 301	성 誠 195
삭 識 297	상 霜 191	선 亘 295	성 醒 102
산 山 042	새 塞 260	선 仙 024	세 世 020
산 散 191	색 塞 260	선 先 024	세 貰 020
산 産 072	색 索 193	선 善 206	세 勢 303
산 算 047	색 色 091	선 宣 295	세 歲 200
살 撒 191	생 牲 193	선 旋 073	세 洗 024
살 殺 060	생 生 072, 193	선 禪 160	세 稅 319
삼 參 033	생 甥 072	선 線 251	세 細 082
삼 彡 049	생 省 196	선 船 090	세 說 319
삼 森 168	서 序 207	선 選 146	소 召 196
삽 揷 296	서 庶 162, 194	선 鮮 116	소 巢 295
상 上 020	서 徐 208	설 楔 291	소 小 040
상 傷 299	서 恕 209	설 舌 089	소 少 040, 195
상 像 129	서 敍 208	설 褻 303	소 所 052
상 償 192	서 暑 228	설 設 210	소 掃 317
상 喪 193	서 書 086	설 說 319	소 昭 196
상 嘗 192	서 棲 250	설 雪 106	소 消 252
상 孀 191	서 瑞 283	설 薛 120	소 燒 304
상 尚 192	서 緒 228	섬 殲 109, 295	소 疋 073
상 常 192	서 署 083	섬 纖 109, 295	소 疎 073, 196
상 床 046	서 西 094	섬 韱 295	소 笑 215
상 想 191	서 誓 232	섭 攝 052	소 素 193
상 桑 168	서 逝 232	섭 涉 183	소 蔬 196
상 爽 065	서 黍 118	성 城 195	소 蘇 116
상 狀 065	서 鼠 119	성 姓 194	소 訴 055

460

소 騷 113	수 搜 296	순 盾 200	시 矢 077
속 俗 096	수 收 280	순 瞬 089	시 示 078
속 屬 316	수 數 285	순 筍 200	시 等 189
속 束 197	수 樹 058	순 純 042	시 視 094
속 粟 168	수 殊 240	순 脣 245	시 試 047
속 續 172	수 殳 060	순 順 043	시 詩 189
속 贖 172	수 水 063	술 戌 200	시 豕 097
속 速 197	수 獸 193	술 術 317	식 式 047
손 孫 141	수 瘦 296	술 述 317	식 息 087
손 損 219	수 睡 197	숭 崇 238	식 拭 047
손 遜 141	수 秀 197	습 拾 261	식 植 244
솔 率 069	수 繡 199	습 濕 264	식 殖 244
송 松 146	수 誰 253	습 習 084	식 蝕 092
송 訟 146	수 讐 255	습 襲 121	식 食 112
송 誦 305	수 輸 308	승 丞 201	식 飾 112
송 送 069	수 遂 129	승 乘 201	신 伸 203
송 頌 146	수 酬 222	승 僧 242	신 信 095
쇄 刷 041	수 隋 296	승 勝 281	신 娠 101
쇄 殺 060	수 隨 296	승 升 201	신 愼 245
쇄 鎖 103	수 雖 253	승 承 201	신 新 055
쇠 衰 093	수 需 084	승 昇 201	신 晨 245
수 修 307	수 須 110	시 侍 189	신 申 203
수 受 198	수 首 112	시 匙 030	신 神 203
수 叟 296	숙 叔 199	시 始 320	신 臣 087
수 囚 035	숙 孰 263	시 媤 051	신 身 100
수 垂 197	숙 宿 199	시 寺 189	신 辛 101
수 壽 198	숙 淑 199	시 尸 041	신 辰 101, 245
수 嫂 296	숙 熟 263	시 市 202	실 失 203
수 守 039	숙 肅 199	시 戠 297	실 室 243
수 帥 320	순 巡 043	시 施 055	실 實 148
수 愁 079	순 循 200	시 是 202	심 審 182
수 手 052	순 旬 200	시 時 189	심 尋 040
수 授 198	순 殉 059, 200	시 柿 202	심 心 051

461

심 沈	308	알 歹	059	약 蒻	298	엄 嚴	132
심 深	052	알 軋	100	약 藥	164	엄 广	046
심 甚	071	알 謁	277	약 躍	311	업 業	314
십 十	031	암 巖	132	약 龠	121	여 予	207
십 拾	261	암 暗	109	양 壤	300	여 余	208
쌍 雙	105	압 壓	212	양 孃	300	여 女	209
씨 氏	062	압 押	134	양 揚	299	여 如	209
		압 鴨	134	양 攘	300	여 汝	209
		앙 仰	297	양 易	299	여 與	209
● ㅇ		앙 卬	297	양 楊	299	여 輿	209
아 亞	203	앙 央	204	양 樣	213	여 餘	208
아 兒	024	앙 怏	204	양 洋	206	역 亦	210
아 我	051	앙 殃	204	양 羊	083, 206	역 域	268
아 牙	066	앙 秧	204	양 襄	300	역 屰	301
아 芽	066	애 哀	205	양 讓	300	역 役	210
아 西	094	애 曖	051	양 釀	300	역 易	211
아 阿	127	애 埃	223	양 陽	299	역 疫	210
아 雅	066	애 愛	051	양 養	206	역 睪	301
아 餓	112	애 涯	282	어 御	214	역 譯	301
악 嶽	215	애 隘	226	어 於	207	역 逆	301
악 惡	203	액 厄	033	어 漁	116	역 驛	301
악 握	243	액 液	037	어 瘀	207	연 宴	039
악 樂	164	액 額	130	어 語	213	연 延	211
안 安	039, 204	야 也	205	어 魚	116	연 捐	302
안 岸	042	야 夜	037	억 億	224	연 沿	211
안 鞍	108	야 揶	205	억 憶	224	연 演	227
안 按	204	야 耶	205	억 抑	297	연 然	212
안 案	204	야 野	207	억 臆	224	연 煙	308
안 眼	276	약 岳	151	언 彦	300	연 燃	212
안 雁	254	약 弱	206	언 焉	207	연 燕	063
안 鞍	204	약 敫	298	언 言	095	연 研	265
안 顔	300	약 約	309	언 諺	300	연 硯	078
		약 若	216	엄 儼	132	연 筵	211

462

연 緣 129	오 午 214	왜 歪 184	우 佑 216
연 肙 302	오 吳 214	왜 矮 220	우 偶 305
연 衍 266	오 吾 213	외 外 032	우 優 037
연 軟 100	오 鳴 214	외 猥 215	우 又 034
연 鉛 211	오 娛 214	외 畏 215	우 友 034
열 悅 319	오 悟 213	요 僥 304	우 右 216
열 熱 303	오 惡 203	요 堯 304	우 宇 216
열 閱 319	오 汚 266	요 夭 215	우 寓 306
염 厭 212	오 烏 214	요 妖 215	우 尤 041
염 染 149	오 誤 214	요 天 038	우 愚 305
염 炎 212	옥 屋 243	요 幺 045	우 憂 037
염 艷 091	옥 沃 215	요 搖 304	우 牛 067
염 鹽 117	옥 獄 215	요 撓 304	우 禹 305
엽 枼 302	옥 玉 070	요 曜 311	우 羽 084
엽 葉 302	온 溫 076	요 樂 164	우 迂 216
영 瑩 323	온 穩 223	요 腰 094	우 遇 305
영 影 049	옹 壅 303	요 要 094	우 郵 197
영 映 204	옹 擁 303	요 謠 304	우 雨 106, 217
영 榮 323	옹 甕 071, 303	요 遙 304	운 云 217
영 永 063, 213	옹 翁 146	요 邀 298	운 耘 085
영 泳 213	옹 雍 303	요 饒 304	운 運 152
영 營 323	와 渦 279	욕 慾 144	운 雲 217
영 英 068, 204	와 瓦 071	욕 欲 058, 144	운 韻 109
영 詠 213	와 臥 087	욕 浴 096	울 鬱 114
영 迎 297	와 訛 269	욕 辱 101	웅 熊 159
예 埶 303	완 完 218	용 傭 072	웅 雄 254
예 藝 303	완 緩 307	용 勇 305	원 元 218
예 譽 209	완 頑 218	용 容 216	원 原 033, 218
예 豫 207	왈 曰 057	용 庸 072	원 員 219
예 銳 319	왕 尢 041	용 用 072	원 園 306
예 預 207	왕 往 049	용 甬 305	원 圓 219
오 五 213	왕 王 070	용 踊 305	원 夗 306
오 傲 298	왜 倭 220	우 于 216	원 怨 306

원 援 307	유 唯 253	음 淫 227	이 而 084
원 源 218	유 幼 045	음 蔭 153	이 耳 085
원 爰 307	유 幽 045	음 陰 153	이 隶 105
원 苑 306	유 悠 307	음 音 109	익 弋 047
원 袁 306	유 惟 253	음 飮 112	익 益 226
원 遠 306	유 愈 308	읍 泣 080	익 翼 084
원 院 218	유 攸 307	읍 邑 321	인 人 024
원 願 218	유 有 057	읍 阝 050	인 仁 023
원 鴛 306	유 柔 077	응 凝 225	인 儿 024
월 月 057	유 油 221	응 應 254	인 刃 226
월 越 099	유 游 223	의 依 093	인 印 175
위 位 080	유 猶 222	의 儀 224	인 因 227
위 偉 219	유 由 221	의 宜 247	인 垔 308
위 僞 220	유 内 079	의 意 224	인 姻 227
위 危 032	유 維 253	의 擬 225	인 寅 227
위 口 035	유 裕 144	의 椅 157	인 攵 046
위 圍 219	유 誘 197	의 疑 073, 225	인 引 226
위 委 220	유 蹂 077	의 矣 223	인 忍 226
위 威 200	유 遊 223	의 義 224	인 湮 308
위 尉 221	유 遺 152	의 蟻 224	인 認 226
위 慰 221	유 酉 102, 222	의 衣 093	인 靱 108, 226
위 爲 220	육 肉 086	의 誼 247	일 一 020
위 緯 219	육 育 086	의 議 224	일 日 056
위 胃 220	윤 允 256	의 醫 222	일 壹 036
위 萎 220	윤 潤 223	이 二 023	일 溢 226
위 衛 093, 219	윤 閏 223	이 以 225	일 逸 173
위 謂 220	율 聿 086	이 夷 225	임 任 227
위 違 219	융 融 115	이 姨 225	임 允 308
위 韋 107, 219	은 恩 227	이 已 044	임 壬 227
유 乳 292	은 銀 090, 276	이 易 211	임 賃 227
유 儒 084	은 隱 223	이 異 146	입 入 025
유 宥 058	을 乙 022	이 痍 225	잉 剩 201
유 兪 308	음 吟 153	이 移 079	

ㅈ

자 刺 309
자 姉 202
자 姿 246
자 子 039
자 字 039
자 恣 246
자 慈 264
자 束 309
자 滋 264
자 玆 264
자 瓷 071
자 磁 264
자 紫 246
자 者 068, 228
자 自 087
자 諮 246
자 資 246
자 雌 246
작 作 294
작 勺 309
작 昨 294
작 灼 309
작 炸 294, 309
작 爵 064, 229
작 酌 222, 309
작 雀 105
잔 戔 312
잔 棧 312
잔 殘 312
잔 盞 312
잠 暫 248

잠 潛 314
잠 蠶 314
잡 雜 253
장 丈 228
장 匠 030
장 場 299
장 墻 270
장 壯 065, 228
장 奬 065
장 將 065
장 帳 104
장 張 104
장 掌 192
장 檣 229
장 爿 065
장 狀 065
장 璋 229
장 章 229
장 樁 081
장 腸 299
장 臟 229
장 莊 228
장 藏 229
장 裝 228
장 贓 229
장 長 104
장 障 229
재 再 026
재 哉 310
재 在 035
재 宰 101
재 才 230
재 材 230

재 栽 310
재 災 063
재 裁 310
재 財 230
재 載 310
재 齋 120
쟁 爭 064, 230
쟁 崢 230
쟁 諍 230
쟁 錚 230
저 氐 310
저 低 310
저 咀 247
저 底 310
저 抵 310
저 沮 247
저 狙 247
저 著 228
저 貯 234
저 邸 310
적 商 311
적 寂 199
적 摘 311
적 敵 311
적 滴 311
적 的 075, 309
적 笛 221
적 籍 194
적 績 250
적 翟 311
적 賊 140
적 赤 098

재 跡 210
적 蹟 099, 250
적 迹 210
적 適 311
전 傳 231
전 全 025
전 典 144
전 前 231
전 剪 231
전 塡 245
전 塼 231
전 專 231
전 展 232
전 戔 312
전 戰 160
전 殿 232
전 澱 232
전 煎 231
전 田 072
전 箋 312
전 箭 231
전 轉 231
전 細 072
전 錢 312
전 電 217
전 顚 245
전 餞 312
절 切 028
절 卩 032
절 折 232
절 竊 102
절 節 242
절 絶 091

465

점 占 032, 233	정 貞 233	조 潮 057, 237	죄 罪 083
점 店 233	정 釘 234	조 照 196	주 丶 021
점 漸 248	정 錠 235	조 燥 295	주 主 240
점 粘 233	정 靖 106	조 爪 064	주 住 240
점 點 233	정 靜 106, 230	조 眺 238	주 周 241
접 接 251	정 頂 234	조 祖 247	주 呪 265
접 椄 251	정 鼎 119	조 租 247	주 奏 291
접 蝶 302	제 制 236	조 窕 238	주 宙 221
정 丁 234	제 劑 120	조 組 247	주 州 239
정 挺 046	제 堤 202	조 藻 295	주 晝 086
정 井 023	제 帝 236	조 調 241	주 朱 240
정 亭 234	제 弟 236	조 趙 252	주 柱 240
정 停 234	제 悌 236	조 造 141	주 株 240
정 偵 233	제 提 202	조 鳥 116	주 注 240
정 呈 233	제 濟 120	족 族 055	주 洲 239
정 定 235	제 祭 237	족 足 099	주 珠 240
정 幀 233	제 第 236	존 存 039	주 疇 198
정 庭 235	제 製 236	존 尊 222	주 舟 090
정 廷 046, 235	제 諸 228	졸 辛 031	주 誅 240
정 征 049	제 蹄 236	졸 拙 052	주 走 099
정 情 252	제 除 208	종 宗 238	주 週 241
정 打 234	제 際 237	종 從 239	주 酒 102
정 挺 235	제 題 202	종 慫 239	주 鑄 198
정 政 235	제 齊 120	종 種 241	주 駐 113
정 整 235	조 兆 238	종 終 027	죽 竹 081
정 正 059, 235	조 助 247	종 綜 238	준 蠢 092
정 淨 230	조 嘲 237	종 縱 239	준 俊 313
정 町 234	조 弔 048	종 鍾 241	준 夋 313
정 碇 235	조 操 295	좌 佐 043	준 峻 313
정 程 233	조 早 068	좌 坐 239	준 浚 313
정 精 252	조 朝 057, 237	좌 左 043	준 準 254
정 艇 235	조 條 307	좌 座 239	준 竣 313
정 訂 234	조 棗 309	좌 挫 239	

준 蠢 256	지 誌 036	● ㅊ	창 艙 249
준 遵 222	지 識 297		창 菖 248
준 駿 313	지 遲 067	차 且 247	창 蒼 249
중 中 020, 241	직 直 244	차 借 194	창 邑 114
중 仲 020, 241	직 織 297	차 叉 034	채 債 250
중 眾 092	직 職 297	차 差 043	채 彩 049, 249
중 重 241	진 塵 117	차 次 246	채 採 249
즉 卽 242	진 振 245	차 此 246	채 菜 102, 249
증 症 074	진 珍 313	차 茶 208	채 采 102, 249
증 證 096	진 疹 313	차 遮 194	책 冊 026
증 增 242	진 盡 076	착 搾 314	책 策 309
증 憎 242	진 眞 245	착 捉 099	책 責 250
증 曾 242	진 診 313	착 着 083	처 凄 250
증 蒸 201	진 辰 101, 245	착 近 069	처 妻 250
증 贈 242	진 進 253	착 錯 194	처 悽 250
지 之 021	진 鎭 245	찬 讚 248	처 處 091
지 只 025	진 陣 100	찬 贊 248	척 刺 309
지 地 205	진 陳 163	찰 察 237	척 別 211
지 志 036	진 震 245	찰 擦 237	척 尺 251
지 持 189	진 参 313	참 慘 033	척 彳 049
지 指 244	질 姪 243	참 慙 248	척 戚 199
지 支 053	질 桎 243	참 斬 248	척 拓 078
지 旨 244	질 疾 203	참 昝 314	척 斥 055
지 智 077	질 秩 203	창 倉 249	척 滌 307
지 枝 053	질 室 243	창 創 249	척 陟 183
지 止 059	질 質 098	창 唱 248	천 千 031
지 池 205	집 執 263	창 彰 229	천 天 038
지 知 077	집 集 105	창 昌 248	천 川 043
지 紙 062	징 徵 246	창 暢 299	천 泉 251
지 肢 053	징 懲 246	창 槍 249	천 淺 312
지 脂 244		창 滄 249	천 舛 089
지 至 088, 243		창 窓 080	천 薦 207
지 芝 021		창 脹 104	천 賤 312

천 踐	312	초 焦	063, 255	추 錐	255	치 夂	037
천 遷	069	초 礁	255	추 隹	105, 253	치 侈	037
철 哲	232	초 礎	073	축 丑	256	치 幟	297
철 凸	042	초 秒	195	축 畜	073	치 恥	085
철 徹	086	초 肖	252	축 祝	078, 265	치 治	320
철 鐵	103	초 艹	068	축 築	081	치 熾	297
첨 僉	315	초 草	068	축 縮	199	치 稚	253
첨 尖	040	초 蕉	255	축 蓄	073	치 緻	088
첨 添	215	초 超	196	축 蹴	041	치 置	244
첨 籤	109	촉 促	099	축 逐	129	치 致	088
첨 詹	314	촉 燭	315	춘 春	256	치 豸	097
첩 妾	251	촉 蜀	315	출 出	028	치 雉	255
첩 牒	066, 302	촉 觸	095, 315	출 朮	317	치 甾	119
첩 諜	302	촌 寸	040	충 忠	020	치 齒	120
청 廳	251	촌 村	040	충 虫	092	칙 則	257
청 晴	252	총 寵	121	충 蟲	092	친 親	094, 137
청 淸	106	총 息	316	충 衝	093	칠 七	028
청 聽	251	총 總	316	충 衷	205	칠 漆	063
청 請	252	총 聰	316	취 取	034, 257	침 侵	258
청 靑	106, 252	총 銃	256	취 吹	058	침 寢	258
체 切	028	촬 撮	257	취 就	041	침 枕	308
체 替	057	최 催	254	취 聚	257	침 沈	308
체 滯	162	최 崔	255	취 臭	087	침 浸	258
체 締	236	최 最	057, 257	취 趣	257	침 針	103
체 諦	236	추 帚	317	취 醉	222	칭 稱	079
체 逮	105	추 抽	221	측 側	257		
체 遞	267	추 推	253	측 廁	257		
체 體	113	추 椎	255	측 惻	257	● ㅋ	
초 初	028	추 秋	079	측 測	257		
초 憔	255	추 芻	316	충 充	256	쾌 夬	318
초 抄	195	추 趨	316	층 層	242	쾌 快	318
초 招	196	추 追	320	치 値	244		
초 梢	252	추 醜	222	치 夊	036		

ㅌ

타 他 205
타 唾 197
타 墮 296
타 妥 064
탁 乇 318
탁 卓 031
탁 琢 070
탁 度 162
탁 托 318
탁 拓 078
탁 擢 311
탁 濁 316
탁 濯 084, 311
탁 託 318
탄 彈 160
탄 歎 108
탄 炭 271
탄 誕 211
탈 奪 254
탈 脫 319
탐 探 052
탐 貪 153
탑 塔 261
탕 湯 299
탕 糖 161
탕 蕩 299
태 兌 319
태 台 319
태 太 021
태 息 320
태 態 159

태 殆 319
태 泰 291
태 胎 320
태 颱 111, 320
택 宅 318
택 擇 301
택 澤 301
토 兎 173
토 吐 035
토 土 035
토 討 040
통 洞 163
통 痛 305
통 統 256
통 通 305
퇴 自 320
퇴 堆 255
퇴 推 253
퇴 腿 276
퇴 退 276
투 投 210
투 透 197
투 鬪 114
특 特 189

ㅍ

파 巴 321
파 把 321
파 播 182
파 波 259
파 派 062

파 破 259
파 罷 159
파 頗 259
판 判 178
판 板 178
판 版 066, 178
판 販 178
팔 八 025
패 敗 098
패 牌 066
패 貝 098
패 閉 104
편 便 138
편 偏 321
편 扁 321
편 片 066
편 篇 321
편 編 321
편 遍 321
편 鞭 108
평 坪 045
평 平 045
평 評 045
폐 幣 322
폐 廢 179
폐 弊 322
폐 敝 322
폐 肺 202
폐 蔽 322
포 勹 029
포 包 258
포 哺 289
포 圃 289

포 布 044
포 抱 258
포 捕 289
포 暴 258
포 浦 289
포 砲 078
포 胞 258
포 脯 289
포 褒 183
포 逋 289
포 鋪 289
포 飽 258
폭 暴 258
폭 爆 258
폭 幅 290
표 剽 259
표 慓 259
표 標 259
표 漂 259
표 票 259
표 表 093
표 豹 097
표 影 114
품 品 087
풍 楓 111
풍 諷 111
풍 豊 096
풍 風 111
피 避 288
피 彼 259
피 披 075
피 疲 075
피 皮 075, 259

피 被 075	한 韓 107	향 向 034	형 兄 265
필 匹 031	할 割 261	향 鄕 050	형 刑 265
필 必 260	함 含 153	향 響 109	형 型 265
필 畢 269	함 咸 260	향 香 113	형 形 049
필 竟 139	함 檻 133	허 墟 267	형 荊 265
필 筆 081	함 艦 133	허 虛 267	형 螢 323
핍 乏 021	함 銜 266	허 許 214	형 衡 266
	함 陷 050	헌 憲 261	혜 兮 266
	합 合 261	헌 獻 067	혜 匸 031
● ㅎ	항 亢 322	헌 軒 131	혜 彗 048
	항 巷 261	험 險 315	혜 惠 231
하 下 020	항 恒 295	험 驗 315	혜 慧 048
하 何 127	항 抗 322	혁 赫 098	호 乎 266
하 夏 037	항 港 261	혁 革 108	호 互 023
하 河 127	항 航 322	현 峴 042	호 呼 266
하 瑕 275	항 降 050	현 弦 069	호 好 038
하 荷 127	항 項 110	현 眩 069	호 弧 070
하 蝦 275	해 亥 023, 262	현 懸 264	호 戶 052
하 賀 128	해 偕 134	현 玄 069, 264	호 浩 141
하 遐 275	해 奚 262	현 現 070, 137	호 湖 142
학 學 065	해 害 261	현 絃 069	호 狐 070
학 瘧 268	해 楷 134	현 縣 264	호 皓 141
학 虐 268	해 海 171	현 見 137	호 胡 142
학 謔 268	해 解 095	현 賢 275	호 虍 091
학 鶴 116	해 該 262	현 顯 264	호 虎 091, 267
한 厂 033	해 諧 134	혈 穴 080	호 號 091
한 寒 260	해 駭 262	혈 血 092	호 護 298
한 恨 276	해 骸 262	혈 頁 110	호 豪 097
한 旱 131	핵 劾 262	혐 嫌 137	혹 惑 268
한 汗 131	핵 核 262	협 劦 323	혹 或 268
한 漢 108	행 幸 263	협 協 323	혼 婚 269
한 罕 131	행 行 093	협 脅 323	혼 昏 269
한 閑 104	향 享 263	형 亨 022	혼 魂 115

홀 忽 029	황 黃 270	희 匈 029
홍 弘 048	회 回 270	흔 痕 276
홍 洪 146	회 廻 046	흠 欠 058
홍 紅 145	회 悔 171	흠 欽 058
홍 鴻 145	회 懷 324	흡 吸 154
화 化 269	회 會 057	흥 興 209
화 和 079	회 灰 271	희 喜 271
화 火 021, 063	회 裏 324	희 囍 271
화 畵 086	회 誨 171	희 希 044
화 禍 279	획 劃 086	희 戲 267
화 禾 079	획 獲 298	희 稀 044
화 花 269	획 畫 086	
화 華 269	횡 衡 266	
화 話 089	효 嚆 143	
화 貨 269	효 孝 039	
화 靴 108, 269	효 效 148	
확 確 254	효 曉 304	
확 穫 298	효 爻 065	
환 丸 263	후 侯 324	
환 喚 324	후 候 324	
환 奐 324	후 厚 033	
환 患 020	후 喉 324	
환 換 324	후 後 036	
환 歡 279	훈 訓 095	
환 環 270	훼 毀 060	
환 還 270	휘 揮 152	
활 活 089	휘 輝 152	
활 豁 096	휘 麾 113	
활 滑 113	휴 休 024	
황 凰 027	휴 携 254	
황 況 265	휼 恤 092	
황 皇 075	흉 凶 028	
황 荒 043	흉 胸 028	

471